中國人應知的 The Knowledge Of Chinese

國學常識 插圖本 ①

中華書局編輯部————編著

審訂人：祝鼎民

撰稿人：

職官典制	尹英傑	楊慶茹	左漢林
法律文化	梁景明		
民生禮俗	楊慶茹	鄧　潔	左漢林
衣食住行	李　怡	潘忠泉	
體育娛樂	湯穀香		
哲學宗教	陳聲柏	田　飛	
語言文學	張素鳳	左漢林	賈光華
書畫藝術	陳培站	潘永耀	王成聚
	楊　剛	王碧鳳	
戲曲曲藝	梁　彥	吳　荻	
建築園林	孫　燕		
中華醫藥	羅　浩		

前言

不知您是否意識到，也許您說的每一句話裏都包含著"文化"——

"員外"一詞是怎麼來的？"走後門"是怎麼來的？成語"十惡不赦"是怎麼來的？爲何要在午時三刻行刑？古人所說的"三姑六婆"是指哪些人？爲什麼女孩待嫁叫"待字閨中"？丟了官爲什麼常說丟了"烏紗帽"？"……

這些問題，都可以在這套《中國人應知的國學常識》裏找到答案。

這裏所說的"國學"，與"中國傳統文化"同義，它不僅寫在典籍裏，更活在我們的生活裏、流淌在我們的血液中。除了經典常識、制度法律、教育科技，傳統的民生禮俗、戲曲曲藝、體育娛樂……也是本書要介紹的內容。

這裏所說的"常識"，有兩個重點：一是基礎知識、基本概念，二是讀書時經常遇到、在日常生活中經常使用、大家知其然但未必知其所以然的問題。

中國傳統文化博大精深，包羅萬象，還不是一本書所能囊括的。本書只是採用雜誌欄目式的方式，選取其中部分內容分門別類進行介紹。許多重要內容、基本常識將在以後各冊中陸續回答。

我們約請的作者，都是各個領域的專業研究者，每一篇簡短的文字背後其實都有多年的積累，他們努力使這些文字深入淺出、嚴謹準確。同時，我們給一些文字選配了圖片，使讀者形成更加直觀的印象，看起來一目了然。

無論您是什麼學歷，無論您是什麼年齡，無論您從事的是什麼專業，只要您是中國傳統文化的愛好者，您都可以從本書中獲得您想要的——

假如您是學生，您可以把它當做課業之餘的休閒讀物。

假如您身在職場、工作繁忙，它"壓縮餅乾式"的編排方式，或許能成爲您快速了解傳統文化的捷徑。

假如您退休在家，您會發現這樣的閱讀輕鬆有趣，滋養心靈……

中國人應知的
國學常識 **總目**

中國人應知的
國學常識 # 目錄

民生禮俗

衣食住行

哲學宗教

建築園林

中華醫藥

中國人應知的

國學常識

The Knowledge
of Chinese

職官典制

中國人應知的
國學常識 **職官典制**

 | 01

"司馬"原來是姓嗎？

"司馬"一姓大家都很熟悉，歷史上也有司馬相如、司馬遷、司馬光等著名的文學家、史學家。其實，"司馬"是古代的官名，後來以官爲姓，成爲姓氏之一。

司馬作爲官職，在西周時開始設置，與司徒、司空並稱"三有司"，亦稱"三有事"。司馬爲朝廷重臣，掌管軍政與軍賦，常常統兵出征，所率軍隊爲六個師或八個師不等，相當於大將軍。

春秋時，各諸侯國官制中都有司馬一職。有的諸侯國還設有大司馬，此外還有左司馬、右司馬作爲司馬的屬官。不僅在官制中有司馬一職，在軍隊中也設有此類官稱，如晉軍中有司馬，是低於軍尉的官職。

戰國時，軍將或軍師常常被稱爲司馬，如《戰國策·齊策》記載"禽燕之司馬而反千里之齊，安平君（田單）之功也"，燕司馬就是指燕將騎劫。在軍隊的將帥之下，還設有很多司馬之職，分別承擔不同的任務。此外，地方的縣、都也有司馬的官，如秦有縣司馬。春秋戰國的銅官璽中還包括很多的縣、都的司馬之璽。

司馬的官職到了漢代曾一度被取消，漢武帝時，改太尉爲大司馬，後世用作兵部尚書的別稱，侍郎稱作少司馬。漢代大將軍統管五部，每部各設軍司馬一人。

魏晉至宋代，司馬爲軍府之官，總理軍府事務，參與軍事計畫。隋、唐兩代，州、郡、府中各設有司馬一人，位在別駕、長史之下。白居易《琵琶行》中就有："座中泣下誰最多？江州司馬青衫濕。"而到了明、清兩代，司馬則成爲府同知的別稱了。

| 02

洗馬是幹什麼的？

"洗馬"，是古代官名。"洗"並非讀xǐ，而是通"先"，亦稱"先馬"。洗馬並非洗刷馬匹之意，也不是指馬夫，而是在馬前馳驅之意。秦漢時期，洗馬爲太子的侍從官，太子出則作爲前導。晉代時其職責改爲掌管圖籍，南朝時洗馬隸屬於典經局，隋唐時則設司經局洗馬一職，沿襲至清代。清代司經局所設之洗馬用滿漢各一人，從五品。在歷史上許多名人都做過洗馬之職，如魏徵曾做過太子李建成的洗馬；清末重臣張之洞四十三歲時，還只是一個洗馬的官。

 | 03

"員外"一詞是怎麼來的？

員外是員外郎的簡稱，是一種官職，有"正額之外"增設之意。三國時期魏末最早設置了員外散騎常侍，晉朝初年又設置員外散騎侍郎，都是皇帝的侍從官。南北朝時，又新設了殿中員外將軍、員外司馬等。到了隋朝，員外的地位進一步提升，成爲尚書省二十四司內各司次官。唐、宋、遼、金、元、明、清沿隋制，以郎中、員外郎爲六部各司正副主官，員外已身居顯赫之位了，雖名爲"員外"，其實在編制定員之內。在清代，除了六部外，理藩院、太僕寺、內務府等也有員外郎一職。

不過自明朝以後，員外逐漸成爲一種閑職，失去了往日的榮光。由於當時地主和商人通常可以通過捐銀兩的方式來獲取員外一職，所以，"員外"逐漸失去了其本來含義，而專指一些有錢人了。

| 04

什麼是斜封官？

"斜封官"，也被稱作"墨敕斜封官"，是唐朝的非正式任命的官員，由於任命狀是斜封著從側門交付於中書省執行，且其上所書"敕"字用墨筆(與中書省黃紙朱筆正封的敕命不一樣)，故此得名。"斜封官"也是當時人們對由非正式程序任命的官員的一種蔑視性稱呼。

在唐朝，官吏的任命制度有嚴格的既定的程序，即先由吏部注官，再經過門下省過官，最後經過中書省對皇帝頒下的任命狀進行"宣署申覆"。皇帝和宰相掌管五品以上的高級官員的授職和遷轉以及六品以下的一些清要官職的任命權，吏部主要主持六品以下的中低級官員的授職升遷。此外，兵部也掌握一部分由門蔭入仕者的授職之權。但是唐中宗、睿宗時期，韋后、安樂公主、太平公主等擅寵用事，貪污受賄，公開賣官鬻爵，違反正常任官制度，而是由皇帝或以皇帝名義直接任命。被任命的斜封官名稱有員外、同正、試、攝、檢校、判、知官等，有時可達數千人。墨敕斜封官的授官方式導致朝政混亂，遭到部分官員的強烈反對。但直到唐玄宗登基之後，才在姚崇等的協助下，罷免了中宗以來的斜封官，並規定此後不得以此法任官，從而結束了長期以來冗官濫吏充斥的局面。

 | 05

"節度使"是怎樣的官職？

節度使是唐時都督帶使持節者的稱謂，其首次出現，是在唐睿宗景雲年間(710~712)，然而正式和有計劃地設置節度使這一官職，則是在繼睿宗之後的唐玄宗開元年間，分別設立了安西、北庭、河西、隴右、朔方、河東、范陽、平盧、劍南、嶺南十個節度使。節度使是唐朝武官的一種，主要掌管軍事、防禦外敵，而沒有管理州縣民政的職責，然而後來漸漸地節度使也開始過問民政。唐朝後期的節度使勢力大大加強，已經到了獨攬地方軍政大權的地步。"安史之亂"的爆發以及此後藩鎮割據局面的形成，正是節度使權力過重造成的惡果。

 | 06

被張飛暴打的"督郵"是負責什麼工作的？

《三國演義》中有張飛暴打督郵的情節，那麼督郵是負責什麼工作的官呢？督郵這個官職開始設置於西漢中期，是各郡的重要屬吏。見於記載的有"督郵曹掾"、"督郵掾"、"都郵"等，通稱"督郵"。督郵的職責除督送郵書外，又代表太守巡行屬縣，督察長吏和郵驛，宣達教令，兼司捕亡等。一郡分為數部的，每部各有督郵一人。

 | 07

魯智深人稱"魯提轄"，提轄是什麼官？

通過《水滸傳》中"魯提轄拳打鎮關西"一章，我們知道了經略府的提轄官魯智深。那麼提轄是什麼樣的官職呢？

提轄首先是一種指揮官，為"提轄兵甲盜賊公事"的簡稱。宋代一路或一州所置的武官，主要掌管本區軍隊訓練，督捕盜賊等事務；二是事務官，宋朝時，在左藏庫（儲藏皇家金銀錢帛）、文思院（掌管製造宮廷所用的金銀器物等奢侈品）、雜買務雜賣場（掌採辦宮廷、官府雜物）、榷貨務都茶場（掌管茶、鹽、香、礬等物品的專賣）四處均設立了提轄官。此外，還設立了督催檢查綱運的提轄官。北宋末年，為了應付日益突出的財政危機，官府就在各地尋找礦產，開採鑄錢，在各地設置了五路坑冶提轄措置專司，如提轄措置京東路坑冶司、河東路提轄措置坑冶錢監司、提轄措置河北路坑冶鑄錢司等。

但是提轄官並非是宋朝才有，如遼朝就設置有四類提轄官：一是為了護衛幹魯朵和皇帝陵寢和后妃宮帳，設立宮衛提轄官，如有戰事，他們要奉命出征；二是在路一級行政單位也設置了提轄官，高於州刺史，主要掌管番漢相涉及抓捕盜賊的事情；三是在貴族的領地頭下州也設置了提轄官，主要掌管頭下州的錢帛賦稅；四就是職位不高，擁有多項任務的一般的提轄官，這類提轄官數量很多。

 | 08

"縣令"、"縣長"、"知縣" 這些名稱是怎麼來的？

先說縣令，秦國的商鞅變法，合併那些小鄉為縣，縣令就是縣的長官。戰國末年，郡縣兩級制形成，縣屬於郡，縣令成為郡守的下屬。而到了秦至南北朝時，縣的行政長官有了大小區分，大縣稱令，小縣稱長。秦、漢法令規定，人口超過萬戶以上的縣為大縣，不足萬戶的縣為小縣。到了唐代，稱佐官代理縣令為 "知縣事"。宋代則經常派遣朝廷官員為縣的長官，管理一縣行政，亦稱 "知縣事"，簡稱知縣，如果當地駐有戍兵，知縣則兼兵馬都監或監押，兼管軍事。到了明、清兩代，知縣就成為一縣的正式長官了。

 | 09

三班衙役指什麼人？

三班衙役是指衙門裏的勤雜人員，他們一般分成三個部分。

一是站班皂隸，類似今天的法警，負責跟隨長官左右護衛開道，審判時站立在大堂的兩側，增加莊嚴氣氛，維持秩序，押送罪犯，執行刑訊及笞杖刑。電視劇中官員出場時喊堂威的就是他們。二是捕班快手，類似今天的刑事員警，負責傳喚被告、證人，偵緝罪犯、搜尋證據。也被稱為 "觀察"。三是壯班民壯，他們負責把守城門、衙門、倉庫、監獄等要害部門，巡邏城鄉道路，類似今天的武裝員警。這類人也被稱為 "都頭"。

在當時的習俗中，衙役在社會的最底層，很少有平民和這個階層的人通婚。《水滸傳》中，武松做過都頭，後來被發配到滄州，張團練把自己妻子的婢女玉蘭許給他做妻子，武松就十分感激。因為在地位上，他還不如玉蘭高。

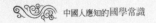

在古代的法律上，也規定了除民壯外，其他衙役都是賤民，子孫要在脫離衙役身份的三代後才能參加科舉考試。

 | 10

宋江人稱"宋押司"，押司是什麼身份？

我們讀《水滸傳》的時候，發現宋江被稱爲宋押司，而且人們十分敬重他。那麼，押司是做什麼的？

原來，押司就是衙門裏的書吏，也就是書寫文書的人員。他們雖然被正式的士大夫階層看不起，但畢竟屬於官吏階層。而且衙門中的書吏要比官多，他們代表官府同百姓打交道。他們也享有免役的特權。

在穿戴上，他們可以穿長衫（雖然只能是黑色），和秀才一樣可以結一根長長的儒條衣帶，腳蹬靴子；而普通百姓只能穿短衫，蹬高幫鞋。

更重要的是，書吏又掌握著一定權力，可以滿足人們的權勢欲望。而且歷代法律都允許書吏在供職一定年限後，經過考核沒有過錯，就可以得到做官的出身。

書吏的收入也是很可觀的。雖然衙門的俸祿很少，但是按照規矩，他們每幹一件稍微涉及錢財的案子，或者是要他們出面的政府事務，都可以從中得到好處，算是手續費，可以自己拿到手裏。因此，在《水滸傳》裏，宋江雖然是書吏，卻可以逢人給錢，逢難救濟，得到"及時雨"的美稱。

 | 11

"太守"是怎樣的官職？

太守這一職位原來是戰國時代對郡守的尊稱，到了西漢景帝時，郡守才改稱成太守。太守是一郡最高的行政長官，朝代不斷更換，但太守這一官職卻一直沿用了下來。到了南北朝時期，新增加的州、縣日漸增多，各郡之間所管轄境地相對地縮小，州、郡之間的地域區別不大了，所以到了隋初，就把州留下，把郡廢除了，因此太守的權力也被所謂的州刺史給剝奪了，這樣，州刺史就代替了太守的官職，太守則不再是正式官名了，而成爲刺史或知府的別稱。到了明清時期，則專門用來稱呼知府了。

 | 12

道台的官級有多高？

道台是中國古代地區級行政長官，亦稱"道員"、"觀察"，品級相當於三品或正四品官員。清朝時，我國實行省、道、府、州、縣五級行政區劃制，道在清代是省的派出機構，稱爲分守道和分巡道，是正式行政區劃，分守道專掌錢谷，分巡道專掌刑名。道台就是對道一級行政長官的尊稱。在清代，道員也不盡管轄地方，也有專門承管省內某個具體方面工作的，被稱爲專業道員，如提學道、兵備道、糧儲道、鹽法道、河工道等，李鴻章就曾擔任過福建糧儲道。

 | 13

"總督"和"巡撫"哪個權力大？

總督和巡撫合稱"督撫"，都是從明朝開始設置的。那時，政府派大臣處置地方軍政事務，有兩種頭銜，全稱分別是"總督某地等處地方提督軍務糧餉兼巡撫事"和"巡撫某地等處地方提督軍務兼理糧餉"，前者就是總督，後者就是巡撫，都屬於臨時性質，事罷還朝。

在清朝的時候，地方行政制度實行的是督撫制。當時全國劃分爲23個省，每個省設一名巡撫，爲主管一省民政的最高長官。總督權力比巡撫大，但與巡撫之間沒有直接的隸屬關係。總督和巡撫都是對上直接聽命於皇帝，不同的是總督可以管數省，側重軍事，巡撫只管一省，側重民政。當時全國設八大總督，分別爲直隸、兩江、閩浙、兩湖、陝甘、四川、兩廣、雲貴總督。

14

清代"貝勒"是官職名嗎?

"貝勒"在滿語中寫作"beile",在《金史》中被稱作"孛堇"或"勃極烈",是部落酋長之意,其複數被稱為"貝子"。

起初,貝勒是一個擁有實權的官職,地位僅次於"皇帝"。清太祖努爾哈赤就曾被稱為"淑勒貝勒",意為"聰睿的貝勒"。此外,努爾哈赤也用貝勒稱其子侄。努爾哈赤建立後金政權以後,他的次子代善、侄子阿敏、五子莽古爾泰、八子皇太極被封為大貝勒、二貝勒、三貝勒、四貝勒,四大貝勒每月一位輪流執政,處理一切國家大事,取代五大臣議政制度。四大貝勒職位可謂一人(努爾哈赤)之下,萬人之上。但是到了崇德元年(1636),定宗室世爵為九等,第三等為多羅貝勒(多羅,滿語,即為國家之意),簡稱貝勒。乾隆十三年(1748),又定宗室封爵為十四等,第五等為多羅貝勒,亦以封蒙古貴族。在清朝前期,貝勒領兵出征,享有政治、經濟特權。隨著滿族統治者不斷地學習漢族官制,"貝勒"這一實權稱謂逐漸演變成一個無實權的虛位——爵位名稱。

15

大學士為什麼稱"中堂"?

"學士"原是掌管文學著作的官,唐代開始設置,當時由宰相兼管"學士",就把宰相稱為"大學士"。到了宋代,大學士的含義有所變化,"學士"中資望特別高的人,被稱為"大學士"。明代,設大學士若干人,替皇帝批答奏章,參議政務,官階五品。如果兼任尚書、侍郎,還可以加官到一品,成為事實上的宰相,俗稱"閣老"。清代的大學士是內閣的主官,官階為正一品,一般稱為"中堂"。

"中堂"之說起於北宋(一說起於唐),唐宋時期把政事堂設置在中書省內,是宰相處理政務的地方,中堂因宰相在中書省內辦公而得名,後來把宰相也稱為中堂。

元代繼續沿用這個稱呼，沒有多少變化。明朝時候，統治者爲了進一步集中權力而不設宰相、中書省等機構，宰相的權力轉移到內閣，由內閣來處理國家政務。明代大學士實際掌握宰相的權力，他們的辦公處在內閣，中書居東西兩房，大學士居中，所以稱大學士爲中堂。清朝繼承了這一做法，內閣的首輔大學士以及協辦大學士都被稱爲中堂，大學士成了宰相的別稱。清朝共設置六部，每部有尚書二人，一漢一滿，在大堂上左右對坐，分庭抗禮，如果某個大臣以大學士的身份管部，就坐在大堂中間，稱爲“中堂”。不過這只是虛名，並不代表實際權力，實權由軍機處掌握。

16

古代官署爲什麼被稱爲“衙門”？

眾所周知，“衙門”是古代對官署的稱呼。其實它最初是軍事用語，是用來稱謂軍旅營門的。

衙門本作“牙門”。在古代，常常用猛獸鋒利的牙齒象徵武力，軍營門外常常放有猛獸的爪、牙。後來爲了方便，就用木刻的大型獸牙代替真的猛獸牙齒，還在營中的旗杆頂端裝飾獸牙，懸

縣衙八字門

掛的也是齒形的牙旗。由此，營門也就被稱爲“牙門”了。大約到了唐代，“牙門”逐漸被移用於官府，“牙門”也被誤傳爲“衙門”。正如唐人封演在《封氏聞見記》中所說：“近俗尚武，是以通呼公府爲‘公牙’，府門爲‘牙門’。音稍訛變，轉而爲‘衙’也。”衙門一詞廣泛流行開來。宋以後，“衙門”就徹底取代“牙門”，成爲官署的代稱。

17

什麼是九品中正制？

九品中正制也叫"九品官人法"，是我國魏晉南北朝時期實行的人才選拔制度。"中正"指的是有名望的推薦官，人才的等級就由他們評定。一般各州郡的中正官都由本籍人在中央任職的官員兼任，他們的職責是根據家世、才、德，評定轄區內士人的品級、等級。品級分上、中、下三等，每等又分上、中、下三級，共分成九級，即上上、上中、上下、中上、中中、中下、下上、下中、下下。朝廷根據品級的高低任命官職，大官多由品級高的人擔任，品級低的人多擔任小官。九品芝麻官就屬於最低級別的下下級官員了。

那麼，這一制度是從何時開始實行的呢？東漢末年由於戰亂，人口流動頻繁，使過去鄉舉裏選的人才評定方法已難以推行，舊有的人才檔案已經失去作用，要想選拔出好的人才，必須建立新的人才檔案，因此曹操建立了九品官人法作為臨時選拔人才的一種方法。西元221年吏部尚書陳群重申和修訂，並經曹丕同意，將其正式頒佈全國。由於中正官大多是由當時的豪門大族擔任，為了維護他們自己的利益，鞏固其統治地位，因此在評品論級時他們往往只看門第高下，出現了"上品無寒門，下品無勢族"的局面。望族的紈絝子弟平步青雲，坐取公卿，而那些有才能的人卻受到排擠，難以施展抱負和才幹。由此，九品中正製成了保護士族世襲政治特權的官僚選拔制度，遠遠背離了量才授官、以期公正的初衷。到了隋代，這一制度被科舉制所取代。九品中正制在中國歷史上持續了400多年。

18

明代的東廠、西廠是怎麼回事？

東廠是明代的特務機構。"靖難之役"後，明成祖朱棣為了清除建文帝朱允炆餘黨，緝查謀反、大逆及所謂"奸黨"，同時，也用來對付政治上的反對派，於1420年在北京東安門外設立東廠。東廠在各地都設有分支機構。東廠的首領稱爲東廠掌印太監，也稱廠主和廠督，是宦官中僅次於司禮監掌印太監的第二號人物。除此以外，東廠中設提督太監一人，由有權勢的太監擔任。下設掌班、領班、司房四十餘人，十二顆管事，按子丑寅卯排列，各領檔頭辦事，共計百餘名。其下有番役千餘人，番役就是我們俗稱的番子。檔頭和番役具體負責偵緝工作。

東廠的偵緝範圍非常廣，上至朝廷會審大案，下至普通百姓的日常生活，如柴米油鹽的價格。東廠派人聽審錦衣衛審訊重犯，查看重要衙門的文件，如兵部的各種邊報、塘報。東廠的人還潛入各個衙門內，監視官員的言行。東廠的觸角延伸到各個領域，權力在錦衣衛之上，只對皇帝負責，可以不經過司法手續，隨意監督緝拿臣民，從而開明代宦官干政之端。東廠與明朝命運相始終，存在了224年，東廠所辦的案件中，冤案層出不窮，官民深受其害，在人民心目中，東廠就儼如一座地獄。

西廠，可謂東廠的同胞怪胎。由太監汪直擔任首領。當時在京城出現"妖狐夜出"的神秘案件，接著妖道李子龍用旁門左道蠱惑人心，圖謀不軌。明憲宗爲了加強偵刺力量，於成化十三年（1477）設立西廠。廠址設在靈濟宮前，以舊灰廠爲廠署總部。西廠主要從禁衛軍中選拔軍官，人員擴充速度極快，其勢力超過了東廠。西廠在全國佈下偵緝網，對懷疑之人，不經皇帝批准就強行嚴刑逼供。汪直等人的過激行爲，使朝野上下怨聲載道。西廠一度被撤銷，但很快得以恢復。隨後西廠勢力擴大，汪直的權力極度膨脹，引起皇帝的警覺。在其後的權力角逐中，汪直失敗，伴隨著汪直被逐出京城，西廠也壽終正寢了。

 | 19

明代的錦衣衛主要負責什麼？

錦衣衛是皇帝的侍衛機構，也是明朝的特務機構。它是由明太祖朱元璋所設御用拱衛司演變而來的，1384年正式改立。錦衣衛的長官被稱爲指揮使，由皇帝指派親信心腹擔任。錦衣衛下轄17個所和南北鎮撫司。

錦衣衛擁有三項職能，一是具有皇帝禁衛軍的作用，執掌侍衛、展列儀仗和隨同

明錦衣衛木印

皇帝出巡。其中比較著名的爲"大漢將軍"。大漢將軍在錦衣衛中自成一營，初期人數約1500人，到明末一度增加到5000餘人。二是皇帝的私人員警。朱元璋爲了加強中央集權，將錦衣衛的功能提升，特令其掌管刑獄，賦予其巡察緝捕之權。他們直接聽命於皇帝，可以逮捕任何人，皇帝要逮人，也通過錦衣衛去抓並且讓他們審訊。錦衣衛下轄的南北鎮撫司從事偵察、逮捕、審問活動；北鎮撫司負責傳達、受理皇帝欽定的案件，擁有自己的監獄，可以自行逮捕、刑訊、處決，不必經過一般司法機構。三是"執掌廷杖"。廷杖制度始自明朝，是皇帝用來教訓不聽話的士大夫的一項酷刑，行刑者是錦衣衛校尉，他們受過嚴格的訓練，技藝嫻熟。由此看來，說錦衣衛是爪牙走狗並不爲過。

 20

內閣是什麼樣的機構？

內閣是明、清最高官署名。主要秉承皇帝的意旨辦事，直接爲皇帝服務，堪稱皇帝的秘書廳。內閣發軔於明太祖朱元璋時期的"殿閣大學士"。朱元璋爲了加強中央集權，罷黜丞相，仿宋代制度，置華蓋殿、武英殿、文淵閣、東閣諸"大學士"，侍奉皇帝左右，備皇帝顧問。爲了防止擅權，這些大學士的品級都非常低，品秩從五品，大權則集中於皇帝一人。到了明成祖朱棣時，延攬大學士入內閣，正式有"內閣"之名。大學士秉承皇帝的意旨辦理一些政務，儼然智囊團。內閣大學士雖無宰相之名，卻有宰相之實。內閣大學士級別也有了高低之別，首輔是內閣的首席閣臣。

　　清承明制，內閣仍為皇帝身邊最為重要的辦事機構，負責代擬意旨及詔令的傳達等，但也進行了一些變革，最主要的是內閣中的最高官員大學士設滿、漢各二人，最初為滿一品、漢五品，後改漢為二品，到雍正時，才規定滿、漢均為正一品。但雍正時期設置軍機處後，商議大政、備皇帝顧問、擬寫諭旨、記錄國家大事的職權，已完全被軍機處取代，內閣從此就形同虛設了。

21

清代軍機處是負責什麼的？

軍機處值房

　　軍機處，本意就是辦理軍機事務的地方，初設於雍正七年（1729）。當時，清軍在西北與準噶爾蒙古激戰，為及時處理軍報，防止機密洩漏，開始設立"軍機房"，不久改稱"辦理軍機處"。西北戰事結束後，原本作為臨時機構性質的軍機處並沒有被裁撤，職權反而大大擴充，"軍國大計，罔不總攬"。軍機處內設軍機大臣、軍機章京。軍機大臣，正式稱謂是"軍機處大臣上行走"，俗稱"大軍機"，由皇帝親信的滿漢大學士、各部尚書、侍郎、總督等官員奉特旨擔任，有些也由軍機章京升任，人數無固定限額，任期亦無固定期限。軍機章京，俗稱"小軍機"，亦稱"司員"，初期由軍機大臣在內閣中書等機構中選調，乾隆時期，改由內閣、六部、理藩院等衙門中錄用。由於軍機處並非國家正式機關，所以軍機大臣、軍機章京均為兼職，既無品級、也無俸祿。軍機大臣的任命、職務均無制度可遵循，完全秉承皇帝的旨意。軍機處的職責就是每天面見皇帝，有時甚至一天數次，彙報各地奏摺，商議處理軍國要務，對皇帝的諭旨以軍機大臣名義下發等等。軍機處直接服務於皇帝，從而使皇權專制達到了極點。直至宣統三年（1911）皇族內閣成立後，軍機處才被裁撤。

 | 22

"帝" 與 "后" 有怎樣的區別和聯繫？

"帝" 和 "后" 在古漢語中都是最高統治者的稱號。"帝" 最初是指傳說中的部落酋長。海內外的中華兒女都說自己是炎黃子孫，黃帝和炎帝就是傳說中上古時的部落首領。後來，各部落、各朝代都把最高統治者神化，稱他們為 "皇帝"、"天子"，把他們與天聯繫在一起，使他們具有了神的特性。所以 "帝" 是天帝、上帝的意思，他們是宗教或神話傳說中的最高的天神，萬物的主宰。

"后" 原來也是君主、主宰的意思。與 "帝" 不同的是，他是地上的統治者。《詩經》中記載："商之先后，受命不殆，在武丁孫子。" 大禹的兒子啟就被稱為 "夏后氏"，還有傳說中射日的后羿。皇帝的正妻被稱為皇后，是因為她主宰著六宮，在後宮有著至高無上的權力。

 | 23

"陛下" 一詞最初來源何處？

大家都知道，"陛下" 一詞是臣子對君主的稱呼，自秦以後只用來稱呼皇帝一人。而其實，"陛下" 中的 "陛" 即指由台榭下段通向台頂的臺階。"陛" 有時是土築，有時是木構，有時還有花哨的形式，如 "飛陛"。又因為古代只有王或者諸侯有資格建造台榭作為自己的居所，久而久之，"陛" 就特指君主宮殿的臺階。

那麼，為什麼 "陛下" 一詞由一個建築構件，變成了一種尊稱呢？因為在古代，這條通往君主的臺階是有侍衛把守的，只有經過陛下的允許才可登階升殿，見到君主，"皇帝陛下" 即是通過陛下的衛士向皇帝轉達的意思，表示卑者向尊者進言。蔡邕《獨斷》卷上：「謂之陛下者，群臣與天子言，不敢指斥天子，故呼在陛下者而告之，因卑達尊之意也。」後來，「陛下」就成爲對帝王的敬辭。《史記·秦始皇本紀》：「今陛下興義兵，誅殘賊，平定天下，海內爲郡縣，法令由一統。自古以來未嘗有，五帝所不及。」也就是說，到了西漢，以「陛下」代指皇帝已經被普遍接受了。　　　（孫燕　撰寫）

保和殿后陛大石雕

 | 24

「山呼」是什麼意思？

古書上談到百官拜見封建皇帝時，總是「山呼萬歲」。爲什麼要在萬歲前面加上「山呼」？這是怎樣的一個儀式呢？

《漢書·武帝紀》中說，元封元年(前110)春，武帝帶領群臣登上嵩山，隨從的官員們都聽見從山中隱隱傳來三聲高呼萬歲的聲音。武帝把這件事記在了自己下的詔書中。這本來是很荒唐的，但後世的統治者卻當成「祥瑞」，把「三呼萬歲」規定成臣子朝見皇帝的定規，稱之爲「山呼」。《元史·禮樂志》中記載了具體的儀式：朝見皇帝的人，先跪左膝，掌管朝見儀式的司儀官高喊「山呼」，朝見人叩頭並應和說「萬歲」；司儀官再喊「山呼」，朝見人還是照上次的樣子叩頭並應和說「萬歲」；最後司儀官喊「再山呼」，朝見人再叩頭，應和說「萬萬歲」。這個儀式存在了許多年，皇帝們聽到了無數次的「萬歲」、「萬萬歲」，卻沒一個如願的。

| 25

"諡號"與"廟號"是怎麼回事？

　　諡號是封建時代的皇帝、大臣、士大夫等重要人物死後，後人根據他們生前的事蹟和功過給予的稱號，含有褒善貶惡的意思，其實是又添了一個別名而已。帝王的諡號是由大臣們議定的。文、武、景、烈、昭、穆等都是表示褒揚的諡號，如周武王、漢武帝等；靈、厲、煬等是表示批評的諡號，如周厲王、隋煬帝；懷、愍、哀等是表示哀憐的諡號，如楚懷王。臣子的諡號是由朝廷賜予的，如諸葛亮諡號"忠武"，岳飛諡號"武穆"；還有一些諡號是由親友、門人給予的，如陶淵明諡號"靖節"、陳寔諡號"文范先生"，這些被叫做私諡。

　　廟號是封建皇帝死後，在太廟裏奉祀時的名號。一般是開國的皇帝稱祖，後來的繼承者稱宗。如漢高祖劉邦、宋太祖趙匡胤、明太祖朱元璋、唐太宗李世民、明太宗朱棣等等。廟號起於漢朝，最初非常嚴格，按照功德的標準而定，所以並不是每一個皇帝都有廟號。唐朝以後，每個皇帝都有了廟號。

 | 26

古代官員的"品"、"級"是怎麼回事？

　　品是指古代官員的等級。漢代以俸祿的多少來表示官的等級，如萬石、二千石、千石、八百石等級別。因為每一種官職都有固定的俸祿級別，所以有時以俸祿級別指官職，如郡守俸祿為二千石，二千石遂為郡守的通稱。魏晉開始，官分九品，以一品為最高。隋代自九品至一品官，稱為流內，不入九品的稱為流外。流外也有品級，用來安排胥吏，明清則總稱為不入流。有些官稱並無實際職務，只是授予年老有病的舊臣或有一定勳勞的人，作為領取俸祿和享受某種禮遇的依據，而不負實際責任，這樣的官叫做散官。

27

古代官員的工資爲什麼稱“俸祿”、“薪俸”？

現代人的勞動報酬叫做工資，古代官員也發工資，但往往以“俸祿”和“薪俸”這樣的字眼代替，這樣的叫法其實是來自工資的最初發放形式。“祿”最初的意義是上天所賜給的福分。在古人的眼中，帝王就是上天派來的神，他們是天子，是代替上帝給人間賜福的神。當他們把土地、奴隸等賜予大臣、親戚時，這些東西就是“祿”了。而且當時只有有爵位的人才有“祿”，其他小官吏或平民百姓只能得到糊口的糧食，所以“祿”是分封制的產物，是統治階級內部按等級對土地、民衆的分配。“俸”是奉的分化字，它是中央集權的官僚制度發展的產物。早期的“俸”是按照賢能程度、功勞大小的標準以糧食的形式發放的，有時也將糧食折合成錢發放。可見，“俸”與“祿”最初的性質是不同的。隨著時代的發展，俸祿也常常作爲一個詞使用，泛指朝廷發給的錢銀或糧食。

“薪”的本義是柴草，“薪”和“水”在人們的生活中是不可或缺的，它們常結合在一起使用，指的就是爲了生存而進行的採集柴草、儲備飲水的活動。古代的官府除了給官員發“俸”外，也經常以各種名目發些生活費，稱爲“薪”。據史料記載，發“薪”的形式也不一樣，有時是發柴草，有時也折合成錢銀，這樣，“薪俸”也就成爲一個詞了。直到今天，我們口語中還經常以“發薪水”代替發工資。

28

“丁憂”是什麼意思？

“丁憂”亦稱“丁艱”，是古代遭父母之喪的通稱。早在周朝時期，我國就產生了子女爲父母守喪三年的丁憂喪俗。春秋戰國之際，儒家宣導重喪，《孟子·離婁下》中記載“養生者不足以當大事，惟送死可以當大事”。

漢代以後，“丁憂”服喪被納入法律，匿喪不舉、“丁憂”期間作樂、喪期未滿求取仕途、生子、兄弟別籍分家、嫁娶、應試等都被視爲"不孝"犯罪,將會受嚴厲的刑律懲罰,判處1年至3年不等的徒刑,或遭到流放。

對於仕宦官員,除了應遵守普遍性的行爲之外,還有些特殊性的要求,即三年"丁憂"必須解官去職,脫離職權崗位,唐朝時就將此項規定付諸立法條文。有些官員因爲丁憂期間貪戀權位而丟官喪命。如後唐天成年間,滑州掌書記孟升因母喪隱瞞不報,最後被"賜自盡"。而大詩人白居易,其母由於看花墜井而死,在丁憂期間,白居易作了《賞花》及《新井》的詩,被認爲有傷官德孝道而遭一貶再貶,從京師到江州刺史,後又被貶爲司馬。相反,在丁憂期間,若"丁憂"守喪孝行卓著,則可以越級提拔,受到朝廷的嘉獎。如《明史·孝義傳》記載:明代,徐州人權謹"遷光祿署丞……母年九十終,廬墓三年,致泉湧兔馴之異。有司以聞,仁宗命馳驛赴闕,出其事狀,令侍臣朗誦大廷,以示百僚,即拜文華殿大學士"。由此看來,丁憂已經由一種習俗、一種倫理而逐漸演變成一種政治資源了。

 | 29

什麼叫"奪情"?

"奪情"可以說是丁憂制度的重要組成部分,也可以說是丁憂制度的權宜之舉。"奪情"還稱"奪哀",主要包括兩個方面,一是,朝廷對一些大臣要員,雖然遭受父母之喪,也不放其解職離崗,要求其繼續留任,素服辦公。如光緒八年(1882),直隸總督李鴻章母亡,需丁憂居喪,但當時李鴻章不僅經管各國通商事務,還兼管訓練直隸軍隊和北洋水師,他人不可替代。於是,清朝政府就催他行孝百日後,即刻回任。二是,官員喪期未滿,由於朝廷的需要,也會特許其終止服喪守制,在丁憂期間起復任職。如唐朝張九齡居喪後,唐玄宗令其起復中書侍郎同平章事。

奪情可以說是對丁憂的必要補充。仕宦官員遭父母之喪,需丁憂守制,解職離崗三年。但是對朝廷重臣而言,丁憂守制不利於國家政務的正常運行,在形勢緊迫如邊患危機、發生兵戰之時,朝廷用人之急也會與丁憂制度發生衝突,此時,奪情正是"移孝爲忠",以公義而掩私情。

| 30

"走後門"是怎麼來的？

"走後門"，是指用託人情、行賄等不正當的手段，通過內部關係以達到某種目的。南宋學者羅大經《鶴林玉露》說："今若直前，萬一蹉跌，退將安托？要須留後門，則庶幾進退有據。"此處的"留後門"指的是辦事應留有退路，否則萬一遇到挫折，就沒有退路了。可見並沒什麼貶義。

"走後門"一詞的現代意思據說來源於宋代的一幕宮廷劇。相傳宋徽宗繼位之後，重用蔡京爲相。宋哲宗時期的官吏遭到了蔡京的極力排擠和打擊，激起了人們強烈的不滿。藝人們就利用朝廷宴會的機會，用喜聞樂見的方式諷刺了蔡京等人的行爲：一位官員正襟危坐於案堂之上，正在處理公務。他勒令一個哲宗年間出家的和尚還俗，又下令將一個哲宗年間出家的道士的道袍脫下來，令其還俗。正在此時，一個下屬上前請奏說："如何處置當今國庫發下的舊朝一千貫俸錢？"這位官員思忖片刻，低語道："就從後門搬進來吧。"從此，"走後門"一詞就流傳開來，成爲了依靠不正當手段達到目的的代名詞。

 | 31

什麼是"伴食宰相"？

伴食宰相，顧名思義是指陪著一起吃飯的宰相。此語出自《舊唐書·盧懷愼傳》："開元三年，遷黃門監。懷愼與紫微令姚崇對掌樞密，懷愼自以爲吏道不及崇，每事皆推讓之，時人謂之伴食宰相。"大意是說，盧懷愼在玄宗開元三年（715）被擢升爲宰相，和姚崇一起同掌機要，盧懷愼自認爲在做官處理政事的能力上比不上姚崇，於是什麼事都推給姚崇，自己什麼都不拿主意，不發表意見，被當時人譏諷爲伴食宰相。後世用這個詞來諷刺無所作爲、不稱職的官員。

中國人應知的
國學常識
The Knowledge
of Chinese

法律文化

中國人應知的國學常識 法律文化

| 32

中國古代的法律體系是怎樣的？

中國古代的法律體系被稱爲中華法系。中華法系的法律，對於道德所希望的一切事情，都想用刑的力量去強制人民遵循，"出於禮則入於刑"。當道德範疇的內容隨民生而變的時候，法律思想也隨著道德思想而變，成爲中華法系的生命所在。《大戴禮記·盛德》載："刑法者，所以威不行德法者也。"戰國時李悝集諸國法典所著《法經》六篇，是中國最早的成文法典，其內容主要是刑事法律。商鞅接受《法經》入相於秦，改法爲律；漢代蕭何又參照秦律作"九章律"；三國時期的魏國參酌漢律改定刑制"作新律十八篇"；大唐貞觀年間撰成唐律十二篇，形成了中國封建社會的完整的法律體系。其後，宋朝的刑統、元朝的典章、明代的大明律、清代的大清律，大同小異。中華法系中刑法與民法不分，刑法與刑事訴訟法相混，直到清末籌備立憲變法，刑法才獨立出來。清宣統二年（1910）十二月公佈的《大清刑律》是中國歷史上第一部現代意義上的刑法典（但因清政府的覆滅而未能施行），中華法系從此解體，而以大陸法系爲藍本的新刑法開始在中國施行。

| 33

"憲法"是中國古代最高的法律嗎？

憲法一詞是從拉丁文翻譯過來的，本原於costituio，其原意是"組織"、"確立"的意思。日本人借用爲constitution的意譯，我國近現代也沿用了"憲法"這個名稱。

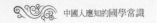

近代意義上的憲法，不僅是法的表現形式，而且在一國法律體系中居於最高的地位，是"法律的法律"。

我國古籍中也有"憲法"一詞，如《尚書》中有"監于先王成憲"，《國語‧晉語九》中有"賞善罰奸，國之憲法也"，《舊唐書》中有"永垂憲則，貽範後昆"等，這些指的是典章制度和法令的公佈，是法的一種表現形式，並且主要是指刑法而言，而不是作為國家根本大法的最高的法律。

 | 34

中國歷史上哪部法典最有名？

我國法律發展史上，人們一致公認最具代表意義的刑法典，是產生於唐朝並影響了以後整個封建時期法典制訂的《唐律疏議》。《唐律疏議》是唐朝《永徽律》的律文註釋全書，因為在《永徽律》執行過程中對律文的理解有差異，故由長孫無忌等進行了疏解，每條下附有說明和解釋，隨律頒行，由於它是官方編寫，又由皇帝命令頒行全國，具有極大權威性，成為了唐代官吏審理案件的標準。唐時原稱《疏律》，其後宋朝沿用，直到元朝才通稱為《唐律疏議》。

《唐律疏議》是一部儒家倫理化的法典，用儒家倫理化思想全面指導立法和法律註釋，並積澱、衍化為律疏的原則和規則。唐代的統治者總結了漢代"引經決獄"、魏晉南北朝的儒生注律和倫理入法的立法成果和歷史經驗，將儒家倫理觀念確定為制定律疏的指導思想。《唐律疏議》的律文解釋中，既重視疏注詞義，又不忘闡明法理，根據戰國秦漢魏晉南北朝至隋以來的封建法律理論，對律文的內容敍述其源流，對其含義加以發揮，對不完備的地方加以補充，使唐律內容更加豐富。對於律文中某些難以理解的難題，採用生動的問答方式作進一步的闡釋，辨異析疑，還大量引用書外法令作為必要補充。《唐律疏議》不僅完整保存了唐律，還保存了大量唐代的令、格、式的內容，同時記載了大量有關唐代政治、社會經濟的資料，是研究唐代階級關係、等級關係以及官制、兵制、田制、賦役制的重要依據。

《唐律疏議》不但集中體現了唐代初年封建統治集團的法律思想，並且注重鼓吹君主專制、封建倫理和等級制度，爲維護封建統治作出了卓著的貢獻，堪稱古代律學的一大傑作，歷來受到封建統治者的高度評價。唐以後各朝封建法典的制定和解釋，都引其爲藍本，廣爲參考。

 35

什麼是"法"、"律"？

甲骨文中未發現"法"字，西周銅器銘文中"法"字的古體是"灋"。許慎在《說文解字》中解釋爲："灋，刑也。平之如水，從水。灋所觸不直者去之，從灋去。""灋"在傳說中是生性正直的神羊——獨角獸；"去"就是斷案時由神羊觸審，被神羊所觸的人敗訴；"水"代表神意裁判公平、不偏不倚、平之如水，描述了一幅神羊裁判的圖畫。儘管戰國時期已有了簡化的"法"字，但其古體一直保留到秦漢時期。周代已經有"法"的存在，《禮記·月令》："命有司修法制"，《周禮》"以八法治官府"。但現代意義上的"法"的大量使用是在戰國時期法家學派誕生以後，晉國有"被廬之法"、"夷搜之法"，魏國有"法經"、"國法"，燕國有"奉法"。

"律"出自原始社會黃帝時代"師出以律"（《周易·師》）的故事。黃帝命伶倫把竹竿截成竹筒，鑽上眼，用嘴吹，發出各種聲響，用來指揮軍隊的前進和後退。竹筒的聲響"律"體現了軍隊的紀律，有軍法、戰時號令的作用，又延伸出"規範"的含義，"範不一而歸於一"，以後帶有軍刑意義的都稱爲律。後來，商鞅變法"改法爲律"，以"律"爲新制定的法律的總稱，但其影響並不限於秦國。雲夢秦簡《爲吏之道》摘有魏安釐(xī)王時的戶律和奔命律，說明至少在秦始皇統一前，魏國已經使用了律的名稱。律既表現爲綜合性法典，也表現爲單行法規。此後，中國歷代的正式法典都稱律，秦律被漢朝繼承，號稱"九章律"；漢律被改編爲曹魏的"新律"；西晉"泰始律"被東晉及南朝沿用；北朝有"北魏律"、北周的"大律"、"大齊律"；隋朝有"開皇律"；唐朝有最具代表性的唐律及其疏議；明朝有"大明律"，清朝繼之改稱"大清律例"。但民國時的立法，法典又改"律"爲"法"了。

| 36

成文法是何時出現的？

在周朝以前，法律是秘而不宣的，實行臨事制刑，禮刑不固定結合，對一定違禮行為施用何種刑罰全憑執法者的決斷，斷獄者必須用心體會禮的要求。

春秋時期，爭取法律公開成為推行社會改革的一項內容。西元前538年，鄭國子產（鄭穆公的孫子）把刑法鑄在鼎上。這種用固定的法律維繫社會秩序的做法遭到了保守貴族的批評。晉國大夫叔向認為，道德習慣的控制力遠遠大於成文法，單純依靠法律可能讓刁民鑽空子，反而會增加社會動亂，而子產回答，就是要通過鑄刑書建立新的道德（《左傳·昭公六年》）。子產執政一年後，鄭國出現了路不拾遺、夜不閉戶的安定秩序。西元前513年，晉國的趙鞅和荀寅把前執政者范宣子制定的刑法鑄在鼎上公佈，稱為刑鼎。西元前501年，鄭國的思想家鄧析私自修改鄭國刑法，並刻在竹簡上，是為"竹刑"。鄧析的做法觸怒了執政大夫駟顓(zhuān)，以"詐偽之民"將其殺害，但鄧析的刑法還是被採用了。後來，各諸侯國的法令編纂接踵而起，晉國有被盧，楚國有茅門、僕區，齊國有軌里。西元前407年，魏相李悝綜合各諸侯國的成例，擬定了中國歷史上第一部系統化的刑法典《法經》，法律秘密時期宣告結束，中國進入法律公開的歷史時期。

 | 37

"三尺法"是什麼？

西漢武帝時，廷尉杜周不依法辦案，而是專門迎合漢武帝的旨意斷獄。有人指責他"不循三尺法"，他理直氣壯地回答："三尺安出哉？前主所是著為律；後主所是疏為令。當時為是，何古之法乎！"（《漢書·杜周傳》）

在紙張發明以前，法律一般是鑄在鼎上的，而在鄧析私造"竹刑"以後，竹簡成為記載法律的主要材料。秦漢時，用於書寫文字的竹簡長短不一，一般短簡用於繕寫傳記、雜文，而長簡用於繕寫經典，三面有棱的簡則用做兒童識字的課本。皇帝冊封諸侯的策書是用二尺或一尺長的簡，平時的詔書則用一尺長的簡，民間繕寫的傳記、書信等也都用一尺長的簡。漢代的律令是記載在長簡上的，史書記載"二尺四寸之律，古今一也"（《鹽鐵論·紹聖篇》），居延漢簡中繕寫法律的漢簡中最長的一支（甲編第2551號）簡長0.675米（漢制一尺爲0.233米）。不過，從考古發掘的實物看，簡策的長度並不嚴格遵循制度的規定，有的簡策是有出入的。實際上，漢代人是舉大數概略地把用於繕寫律令竹簡的長度叫做"三尺"的，並把"三尺法"作爲法律的代稱。宋代王觀國《學林》認爲："法律者，一定之制，故以三尺竹簡書之，明示其凡目，使百官萬民巡守之。故謂之三尺。"

舊時，衙門的公堂是依據法律審理案件的地方，審案時放文房四寶及捕簽、荆簽、驚堂木等審案所需物品用的桌案，也被俗稱爲"三尺法桌"或"三尺公案"。

 38

"發號施令"的"令"是指什麼？

《尚書·囧命》有"發號施令"。《說文解字》曰："令，發號也"。令是君主專制時代由皇帝根據時事需要隨時在律之外發佈的命令、文告，其法律效力高於律，可以變更或代替律的有關規定。秦始皇規定皇帝"令曰詔"，從此詔令連稱。秦漢時，皇帝發佈的法令都以詔令形式頒行。西漢令極多，涉及面廣，有考核官吏的《功令》，限制刑具的《箠(chuí)令》，管理監獄的《獄令》，尊養老人的《養老令》等，以致"盈於幾閣，典者不能遍睹"（《漢書·刑法志》），編爲令甲、令乙、令丙，以方便官吏檢索。曹魏立國以後，在律典之外制定了"令典"。晉朝進一步進行完善，律典是定罪量刑的法典，而令典是規定制度的法典。律典、令典並列的法典體系歷南北朝、隋、唐、宋均未改變。明朝時，令典已不再是官府和社會各方面的制度大全，僅按朝廷六部大概規定一些最重要的制度。清朝以後不再制定令典，令僅是一般法令的泛稱。

39

"作奸犯科"的"科"是指什麼？

針對某種事類的單行科罪條文在漢代叫"科"。漢代的科有處罰藏匿罪犯的"首匿之科"、懲罰逃亡人的"亡逃之科"、懲罰投寄匿名信的"投書棄市之科"等。《後漢書·陳寵傳》載："漢興以來，三百二年，憲令稍增，科條無限"。科是對律令的具體詮釋或補充。科有兩個含義，一是科刑，即對犯罪者處以刑罰；二是科條，即關於規定犯罪與刑罰的法令條文。

40

"刑"、"罰"是指什麼？

在戰國以前，"刑"往往用以專門表示法律，也指征伐戰爭和施用肉刑。但戰國時期成文法以各種形式公佈之後，"法"作爲表示法律最恰當的用字逐漸深入人心，而"刑"以後一般專指刑罰。漢文帝以責打身體、強迫勞役等代替肉刑，並強調要使犯罪人改過自新，刑罰改革遠遠領先世界其他地區。不過，當時的"刑罰"並不是說對犯罪人用刑以示懲罰，因爲"刑"與"罰"是有區別的，"刑"是指肉刑和死刑，而"罰"則指以金錢贖罪，有謂"五刑不簡，正於五罰"（《尚書·呂刑》）。後來才泛指對罪犯實行懲罰的強制方法，"刑罰者，懲惡之藥石也"（《明史·刑法志》）。

41

什麼叫"刑"？"五刑"和"九刑"分別指什麼？

刑是戕（qiāng）的借字，"刀、戕，刑也"（《集韻·唐韻》）。刑必留下創傷、疤痕，因而周代常以刑、殺並稱。古人也經常兵、刑並提，"刑出於兵"，"大刑用甲兵"（《漢書·刑法志》），兵刑同制。在反覆使用過程中，刑逐漸與兵分離，逐漸系統化。

五刑是對中國古代法律中規定的五種主要刑罰手段的概括稱呼，從最初形成到完善有一個較長時期的發展過程。"五刑"的最早記載見於《尚書》，據說是黃帝時期東夷的領袖蚩尤和苗民所發明的"五虐之刑"（《尚書·呂刑》），即"劓（yì）、刵（èr）、椓（zhuó）、黥、麗"。禹滅三苗後，皋陶吸收三苗"舊五刑"的刑制，續成"墨、劓、刖、宮、大辟"五刑，割耳的刑罰施行在軍中，新增的刖刑是砍掉腿或是敲掉膝蓋骨。《國語·魯語上》從施刑方法上總結，以甲兵、斧鉞、刀鋸、鑽笮（zuó）、鞭撲為五刑。

早期的五刑是通行於漢文帝之前的肉刑和死刑，斷獄者有了定制可循，相對於夏桀、商紂等前代濫造酷刑是歷史的進步。晉時以"死、髡（kūn）、完、作、贖"為五刑，是隋唐五刑的濫觴和過渡。北朝時的北齊以"死、流、耐、鞭、杖"為五刑；北周改耐刑為徒刑；隋朝去鞭刑加笞刑，確定五刑刑名為"死、流、徒、杖、笞"。唐朝沿用而改其順序為由輕至重，將五刑定型為"笞、杖、徒、流、死"。除五刑外，還有許多使用於朝堂內外的法外刑罰。直到清朝新刑律頒佈，才開始建立了以自由刑為中心的，由死刑、無期徒刑、有期徒刑、罰金、拘役等五種刑名組成的新體系。

《左傳·昭公六年》載："夏有亂政而作禹刑，商有亂政而作湯刑，周有亂政而作九刑。"在早期史籍中，有不少關於西周九刑的記載，如"刑書九篇、周法九篇"。"九刑"應該是周公旦所作的刑書九篇。五刑是主要刑，而流、鞭、撲、贖是輔助刑，合稱九刑。

42

秋審是怎樣審判的？

《舊唐書·刑法志》載，立春至秋分停止決囚，同時對待決之囚實行三複奏的制度。明英宗天順年間創立朝審制度，清朝在繼承朝審制度的同時又另立審判外省死刑重案的秋審制度，《清史稿·刑法志》曰："秋審亦原於明之奏決單，多至前會審決之"。按清律，死刑分為"斬立決"、"絞立決"和"斬監候"、"絞監候"兩類。前者立即處死，後者緩期處決，延至秋天由九卿重審。因爲複審各省死刑案件是在秋季舉行，因而稱作"秋審"。

凡屬秋審案件，各省督撫應將人犯提解省城，帶領在省城的按察使、道員等官進行會勘（共同勘驗），並擬出處理意見，報送刑部。各省限五月內將案件報至刑部，經刑部、大理寺等法司劾核後，由刑部將原案材料和法司、督撫"勘語"刊印成"招冊"（案件卷冊）分送九卿、詹事、科、道各一份。至八月在天安門外金水橋西會同審理，即爲秋審。由於死罪人犯在各省關押，秋審僅憑招冊進行書面審核。經過秋審的案件分爲情實、緩決、可矜、有疑、留養承祀五類。由刑部會同大理寺等機關集中審核後奏請皇帝裁決，凡是已經勾去的，立即發"勾決"諮文通知有關地方執行死刑。

 | 43

封建社會在什麼情況下會大赦天下？

爲了緩解社會矛盾，古代朝廷往往對於大多數已發現、未發現的犯罪行爲都予以赦免，即"大赦"。由於赦免範圍廣大，表示皇帝的恩德，又稱之爲"德音"。最早見於史冊的赦令是《春秋》所載莊公二十二年（前672）"春王正月，肆大眚"，大赦之名則起於秦莊襄王元年（前249）"大赦罪人"。秦始皇從不赦免罪人；而漢朝吸取教訓，將大赦作爲緩和社會矛盾的手段，凡皇帝踐祚、改元、立皇后及太子，甚至上帝冠、郊祀、封禪、巡狩、祥瑞、災異都要頒佈大赦，如《漢書·宣帝紀》載"鳳凰集魯郡，群鳥從之，大赦天下"，兩漢總共發佈大赦令186次，平均2.24年一次。大赦最頻繁的是三國兩晉南北朝時期，大赦多達428次，兩晉平均1.35年一次，南朝平均1.22年一次。改朝換代而"與民更始"，新帝登基要"蕩滌積弊"，皇帝結婚生子需"普天同慶"，打了勝仗要顯示"皇朝武功"，發生災荒要"罪己寬民"，有了祥瑞吉兆要"奉天承運"，都要施行大赦。由於頻繁濫赦，大大降低了法律的權威，每當王朝統治力量比較強大時，大赦相當有節制，大赦不再作爲緩和統治危機的手段時，大赦頻率才逐漸降低。

44

成語 "十惡不赦" 是怎麼來的?

十惡的部分罪名（如大逆、不敬、不孝、不道）在秦漢的法律中已經出現，到北齊時形成 "十條重罪"，隋朝《開皇律》在北齊律的基礎上進一步概括爲 "十惡之條"。有關十惡的規定，被隋以後的封建法典所沿用。

唐律中對十惡作了具體的規定，"謀反" 是顛覆國家的行爲；"謀大逆" 是懷著不滿心情破壞宗廟山陵及宮闕的行爲；"謀叛" 是背離本國、裏通外國的行爲；"惡逆" 是毆打謀殺祖父母、父母和殺伯叔父母、姑、兄、姊、外祖父母、夫、夫的祖父母、父母的行爲；"不道" 是殺一家三口人和肢解人等無視人道的行爲；"大不敬" 是偷盜天子用來祭神的東西和天子的車、衣、物的行爲；"不孝" 是向官府告父母的狀和對祖父母、父母等進行詛咒謾罵等行爲；"不睦" 是謀殺或賣緦(sī)麻以上親屬，妻子向官府告或毆打丈夫及大功以上尊長、小功尊屬的；"不義" 是殺本屬府主、刺史、縣令等頂頭上司和受業老師等違背義理的行爲；"內亂" 是強姦或者通姦小功以上親、父祖妾等近親相奸的行爲。

在十惡中，謀反、大逆、反叛、大不敬違反人道大義，惡逆、不孝、不睦、內亂違反人道大倫，不道、不義違反生人大義，都是天理所不容、人道所不齒、王法所必誅的，因而常赦不原。"十惡" 觸犯了皇帝至高無上的尊嚴，或者違反了儒家的倫理綱常，直接侵犯了國家的統治基礎和統治秩序，被視爲最嚴重的特殊重罪，都處以重刑，並不得適用有關減免刑罰的 "八議" 制度。

45

封建社會能做到 "法律面前人人平等" 嗎?

封建法律不僅嚴格規定了良、賤、上、下、尊、卑的等級區分，以及與其身份地位相應的權利義務關係，皇親、國戚、貴族、官僚都享有法定特權，犯罪可以得到寬免。秦、漢、魏、晉、南北朝的法律中，貴族、官僚、地主都享有種種寬免特權。

"八議"是封建法律維護皇親國戚、達官顯貴在訴訟中的法律特權的規定。"八議"來源於奴隸制社會的西周時期對貴族管理給予特殊照顧的"八辟"制度："一曰議親之辟，二曰議故之辟，三曰議賢之辟，四曰議能之辟，五曰議功之辟，六曰議貴之辟，七曰議勤之辟，八曰議賓之辟"（《周禮·秋官·司寇》）。魏律改稱"八議"，其後歷代相襲。親，就是皇帝的高祖兄弟、曾祖從兄弟、祖再從兄弟、父三從兄弟、自身的四從兄弟，太皇太后和皇太后的曾祖兄弟、祖從兄弟、父再從兄弟、自身的三從兄弟，皇后的祖的兄弟、父的從兄弟、自身的再從兄弟，以及皇帝、太皇太后、皇太后、皇后依禮法服制與此相同的。故，就是皇帝的故舊。賢，是言行可以效法有大德行的賢人君子。能是政治、軍事等方面有大才能的人。功，是能斬將搴旗、摧鋒萬里或率眾歸化、寧濟一時、匡救艱難的對國家有大功勳的人。貴是依照官職品位三品以上的職事官、二品以上散官及一品以上爵位的人。勤是在位的軍政要員、外交使節能忠於職守、於國有大勤勞的人。賓是前兩個朝代皇帝的後裔。這些人犯死罪，都可以奏請皇帝予以減免，流罪以下減一等。所以，封建社會不可能做到"法律面前人人平等"。

46

"刑不上大夫" 指的是什麼？

"刑不上大夫"，最早見於《禮記·曲禮》。這裏的刑就是指法，從夏禹刑開始，經商湯刑、周九刑，到周穆王時期的呂刑，規定了五刑和定罪量刑的原則。有關殷商、周的史籍中並不乏大夫甚至比大夫地位高的貴族被判刑、處死，商紂曾醢(hǎi)九侯、脯鄂侯、剖比干的心，周公曾殺管叔和蔡叔，春秋戰國時大臣被誅戮的事例更是屢見不鮮，可見貴族並非都不加限制地享有法外特權。不過，大夫以上貴族犯罪在訴訟程序以及適用刑法上是與庶民、奴隸不同的，主要表現在可以不像一般人一樣出庭受審，可以贖刑或者繳納罰金免除其罪，有的應處死刑的可以予以放逐，即使判處死刑，在行刑時也有別於常人。主要是因為他們都屬於貴族，不同程度上總有一定的血緣關係，爲了在被統治者面前保持貴族作爲一個整體的尊嚴，不宜讓他們終身帶著曾受刑辱的標記，但不是說他們犯罪後可以不負法律責任、不受刑罰制裁。雖然戰國時"法不阿貴"的主張已被提出，但是由於產生特權的基礎還存在，"刑不上大夫"原則逐漸演變爲封建法律中的"議"、"請"、"減"、"官當"等特權制度。

 | 47

三司會審包括哪三司？

三司會審是中國古代的一種審判制度。"三司"是中國古代三個主要的中央司法機關，源於戰國時期的太尉、司空、司徒三法官，後世也稱三法司。漢代的三法司是廷尉、御史中丞和司隸校尉；唐代以刑部尚書、御史中丞、大理卿爲三司使；明清兩代以刑部、大理寺、都察院爲三法司。

漢代以來，凡遇重大案件，由主管刑獄機關會同監察機關、司法機關共同審理。隋朝由刑部、御史台會同大理寺實行三法司會審。唐代則實行"三司推事"制度，遇有呈報中央的申冤案件，由門下省給事中、中書省中書舍人、御史台御史等小三司審理；重大案件由大理寺卿、刑部尚書、御史中丞共同審判；對於地方上未決、不便解京的重大案件，則派監察御史、刑部員外郎、大理評事充任"三司使"，前往當地審理。明代時定制，由大理寺、刑部、都察院三機關組成三法司，會審重大案件；遇有特大案件，則由三法司會同各部尚書、通政史進行"圓審"；皇帝親自交辦的案件，由三法司會同錦衣衛審理。清朝繼承了三司會審制度，並增設熱審、秋審、朝審制度。

 | 48

九卿會審包括哪九卿？

九卿會審，即九卿議刑，是對特別重大案件由中央機關九個部門的官員集議審理的一種制度，"會九卿鞠之，謂之圓審"（《明史‧刑法志》）。唐朝實行中央機關對死刑判決的大型合議制，首創封建法律史上的"九卿議刑"制度。貞觀元年，唐太宗李世民曾親自詔令："自今以後，大辟罪皆令中書、門下四品以上及尚書九卿議之"。明清稱"九卿會審"，不限於對死刑的"議刑"，凡重大案件由九卿大臣會鞫，並形成了制度，即由吏部、戶部、禮部、兵部、刑部、都察院、通政使司和大理寺九個部門組成最高一級審判組織，但其所判決的案件，仍需報皇帝最後核准，才能執行。唐朝、明朝時，九卿是三法司與吏、戶、禮、兵、刑、工各部尚書及通政史，清朝時為吏、戶、禮、兵、刑、工各部尚書、都察院左都御史、通政史和大理寺卿。

49

古代的刑訊逼供是怎樣的？

古代判案中的拷訊

在封建制度下，斷案重口供，為了取得口供，古人創造了一系列訊囚的辦法。《魏書》中說："捶楚之下，何求而不得。"古時的法庭上，往往都放著拶(zǎn)子、竹篦、夾棍、杠子之類的刑具。夾棍是對男人進行拷問的刑具，是在三根木四面相合的地方各鑿圓窩，拷問時在圓窩地方夾住嫌疑人兩腳的腳腕，執刑人從兩側用力夾緊，使受刑人疼痛難忍。拶子是對女人進行拷問的刑具，拶子是用五根圓棒二條繩子連起來做成的，把嫌疑人的四指夾起來，然後把繩子勒緊，使受刑人痛苦難忍而招供。審訊拷問的時候使用笞或杖，叫訊囚杖，笞杖由腿和臀分受，願意由背和腿平均分受的也可以允許，有時犯人背靠柱子，在柱子後邊把手綁上，往腿上打。古代酷吏的刑訊方法多種多樣，"或有用大棒、束杖、車輻、鞋底、壓踝、杖桄(guàng)之屬，楚毒備至"(《隋書·刑法志》)，"或倒懸石縋其首，或以醋灌鼻，或以鐵圈箍其首而加楔，至有腦裂髓出者"(《資治通鑑》)，還有用竹簽子刺指("簽爪")、吊髮、熏目、烙鐵、油紙燒足趾等名目。

50

古代的"比"、"例"指的是什麼？

比即是中國古代的一種斷獄原則，又是兩漢到南北朝時曾通行的一種法律形式。《禮記‧王制》鄭玄注："已行故事曰比。"律無專條，取其相近者比擬用之謂之比。秦朝時很多案件的判決以"廷行事"即法庭成例為依據，如《法律答問》："毆大父母，黥為城旦舂。今毆高大父母，何論？比大父母。"漢初肯定比附之制，漢高祖七年，"詔廷尉所不能決，謹具為奏，傳所當比律令以聞。"在轉向比附情況下，"決事比"發展成為一種獨立的法律形式，在法律沒有規定的情況下取已經判決的案例作為審判的標準。由於以比斷獄，司法機構出現了"奸滑巧法，轉相比況"，同罪異論，"所欲活，則傅生議；所欲陷，則予死比"。作為獨立的法律形式，漢之後比不復存在，有關內容併入其他法律形式。北宋時原有"凡律所不載者，一斷於敕"的規定，後來為彌補敕的不足，如遇律、令、格、式所不載，則引具有法律效力的判例斷案，使"例"成為一種法律形式，明清採用律例合編的體例，與宋朝的例的廣泛運用有密切關係。

51

古代犯罪可以花錢免刑嗎？

古代刑法中允許犯罪的人繳納一定的財物抵免刑罰，這個制度就是贖刑。贖刑起源於傳說中的堯舜時代，《尚書‧舜典》說"金作贖刑"。戰國時期的司法實踐中，案情有疑問而無法查清、定罪量刑遇到困難無法確認或者犯罪者"意善功惡"時，墨、劓、刖、宮、大辟都可以用金抵免。漢朝時將贖刑作為國家聚斂財富的手段，允許用納錢、出縑、輸作贖免刑罰，漢惠帝時買爵三十級就可以免去死罪；漢武帝時納錢五十萬可以減死罪一等，司馬遷被處宮刑本可以用錢贖刑，但由於家貧不足以自贖。隋唐以後，贖刑形成了非常嚴密具體的制度，每種刑罰都規定了相應贖金的數量，哪些情況適用贖刑制度也做了明確的規定。唐朝時，應當議、請、減及九品以上官及七品以上官員親屬，犯流罪以下的，都可以用金錢贖罪。清朝時，官員犯笞、杖、徒、流及雜死罪的都可以納贖，老、幼、廢疾及婦女犯徒刑罰的收贖，官員正妻、有財力的婦女以及過失殺人的在杖一百後餘罪可以贖罪。

歷朝歷代用於贖罪的財物不同，漢代以前是用銅；漢時用以黃金計價的粟、縑（細絹）；晉、宋、齊用金、絹；北齊、北周用絹；唐、宋用銅、金以及牛馬雜物；元用中統鈔；明用鈔、錢，間或納米，甚至可用工作抵償；清用銀。贖刑對後世司法、刑罰的腐敗起到了很壞的影響，正所謂"衙門口朝南開，有理沒錢莫進來"。

 | 52

爲何要在午時三刻行刑？

我國古代非常注意死刑執行的時間，除了重要罪犯或在非常時期應立即處決的，從古代一直到清朝都是定在秋後處決。因爲秋季草木凋零，呈現一派肅殺之氣，行刑順應天道肅殺之威。在執行死刑的具體日期上也有一定限制，如大祭祀日、致齋日、朔日、望日、上弦日、斷屠日、二十四節氣、假日、閏月全月以及雨未霽、天未晴都不能施刑。行刑的具體時辰也有規定，白天行刑必須等到午時，夜間行刑必須等到天明，這是各代的通例。

"午時三刻"行刑並非古代法律的明確規定，而見於戲劇、小說。古代的時刻是兩套計時單位，一晝夜爲十二時辰，劃爲一百刻。午時約合上午十一時至下午十三時之間，午時三刻是將近正午十二時，太陽掛在天空中央，是地面上陰影最短的時候。在古人看來，此時是一天中陽氣最盛的時候。而且，中國古代一直認爲殺人是"陰事"，無論被殺的人是否罪有應得，其鬼魂總是會纏繞作出判決的法官、監斬的官員、行刑的劊子手等與其有關聯的人。在陽氣最盛的時候行刑，可以壓抑鬼魂不敢出現，這是習慣上在"午時三刻"行刑的最主要原因。中國傳統文化強調"報應"和"因果輪迴"，認爲"積善之家，必有餘慶；積不善之家，必有餘殃"（《周易·坤卦》）。作爲法官、監斬官、劊子手個人來說，單靠法律護身還不足以避免殺人獲得的報應，還必須靠"午時三刻"的陽氣以及其他手段匡正怯邪。

| 53

古代的肉刑何時開始廢除？

　　漢文帝十三年（前167），齊國太倉令淳于意因犯罪被告發，朝廷下詔將其押解長安，淳于意無子，臨行前罵五個女兒在自己有危難時沒有一點用處。他的小女兒緹縈向朝廷上書說："我傷心人死不能復活，遭受肉刑不能再復原，想改過自新也辦不到。我願到官府作奴婢贖父親的刑罰，使他有自新的機會。"（《史記·孝文本紀》）漢文帝思之再三，肯定了自新的觀點，按照丞相張蒼的意見，下令廢除肉刑。儘管漢文帝並未徹底廢除肉刑，但使城旦、笞刑和死刑取代了延續兩千餘年的黥、劓、剕三種肉刑，也開啓了廢除宮刑的先例，從而奠定了笞、杖、徒、流、死封建五刑的基礎。促成這次刑法史上重大改革的是緹縈，但她並不是引起漢文帝考慮改變刑律的根本原因，實際上是因為統治者需要更多的勞動力。儘管犯罪者可以改過自新的思想被普遍接受，許多人仍不忘"斬止可以禁惡"。由於三國兩晉南北朝時期農民暴動頻發，"複肉刑"的議論不絕於耳，幾經反覆，肉刑一直沒有真正複行。北宋時由於農民起義狂瀾迭起，為求酷刑威嚇，施行刺配刑，雖然沒有複肉刑之議，卻承五代之制而實際恢復了古代肉刑中的黥刑（刺）。後世統治者雖輕易不願蒙不仁之名，在法律條文上仍規定只用"笞杖徒流死"五刑，但有時也使用一些肉刑，任意而不任法。

 | 54

為何犯人害怕"三推六問"？

　　《天雨花》第六回載："犯人不敢呼冤者，怕見三推六問刑。"在古代，"重大之獄，三推六問"（《二刻拍案驚奇》卷二一），經過反覆審訊後記錄下證詞口供，獲得"自證爰（yuán）書"以考證驗供定案。"爰書，自證不如此言，反受其罪，訊拷三日複問之，知與前詞同否也"（《史記·酷吏列傳》張晏注）。由於官府在審理案件時，是要進行拷訊逼迫犯人招供的，雖然最後刑罰是一次執行的，但拷訊時所用的酷刑則是由問官隨意施用，"三推六問，吊拷繃扒，打得小人受不過，只得屈招了"（元孫仲章《勘斗巾》第三折）。

55

炮烙刑罰是誰所創？

炮烙之刑

炮烙，也叫炮格，是夏商時青銅刑具，其下部是以青銅方柱為支架平放，支撐上部的臥式銅柱。施刑方法是先在銅柱上塗油，在其下麵加炭生火燒熱，叫有罪的人走在銅柱上邊，失足墜入火炭中燒死（《列女傳》）。傳說炮烙是夏桀所創，他看見螞蟻爬在燒熱的銅斗上，爪被燒燙，墜火而死，於是置銅格作炮格之法（《史記索隱》）。一次，夏桀在瑤台看炮格施刑，問關龍逢看了是否高興，關龍逢答高興。夏桀問為何沒有惻怛之心？關龍逢譏諷說，天下人都反對而君王以為有趣，我是大臣怎能不高興？夏桀便說：我做事你總看不慣，今天聽你說，如在理我接受，說得不對就處死你。關龍逢知夏桀不可救藥，便說：我看你頭頂危石，足履薄冰，沒有頭頂危石而不被砸毀，足履薄冰而不陷溺的。夏桀自認受天命而主宰天下，說：你說我已臨絕境，難道不知道自己已死到臨頭嗎？也讓你嘗嘗炮烙的滋味。關龍逢臨難不懼，"歌而赴火"。不過，關龍逢死於炮烙的說法只見於《符子》，《史記‧夏本紀》和《竹書紀年》中都沒有提到，而商紂王施用炮烙之刑的記載很多，似更符合史實。

56

“丹書鐵券”就是免死金牌嗎？

鐵券制度最早濫觴於戰國時的銅節。西漢時期，劉邦為了鞏固其統治，籠絡功臣，頒給功臣丹書鐵券，作為褒獎。當時的鐵券還沒有免罪和免死等許諾，僅是封侯的憑證。南北朝至隋唐時期，北魏孝文帝頒發給宗室、親近大臣的鐵券是作為護身防家之用。南朝的宋齊梁陳四代，頒發鐵券已較為普遍，開始有免死免罪的功用。隋唐以後，頒發鐵券已成常制，凡開國元勳、中興功臣以及少數民族首領都賜給鐵券，也給寵臣、宦官頒

錢鏐鐵券

發鐵券。唐以後，券詞有所封的爵銜、官職及受封的功績等，另刻有“卿恕九死，子孫三死，或犯常刑，有司不得加責”之類的字樣。有了鐵券，持有鐵券的功臣、重臣及其後代，可以享受皇帝賜予的種種特權，本人或後世犯罪時可以此為證推念其功予以赦減。到宋元明清時期，鐵券的頒賜逐漸趨於完備。明代起就規定有整套制度，朝廷根據功臣、重臣爵位的高低分為七個等次，各依品級頒發鐵券，不得逾越。明代鐵券依照唐制，除謀反、謀大逆，一切死刑皆免，免後革爵革薪。漢時鐵券上的文字是用丹砂填字，因而稱為“丹書鐵券”。梁時用銀填字，稱為“銀券”。隋時用金填字，因而也叫“金券”，後世也稱鐵券為“金書鐵券”。由於鐵券可以世代相傳，也被稱為“世券”。不過，無論鐵券的形制如何演變，內容如何豐富，都是皇帝賜給功臣世代享受優遇或免罪的帶有獎賞和盟約性質的憑證，其目的始終沒有超出“表德彰義，率世勵俗”的範疇，與現代的勳章、獎章的涵義在一定程度上吻合。

57

爲什麼給犯人剃光頭？

漢代的笞刑和髡刑

據說現在給犯人剃光頭是爲了便於管理，但在古代，剃光頭是一種刑罰，叫髡刑。這一刑罰最早見於《周禮·秋官·掌戮》："髡者使守積。"髡刑與墨、劓、荆、宮等肉刑同屬損害人身體完整的刑罰，因爲古人將髮作爲"體"的一部分。三國曹魏時有完刑，實際也是髡刑，就是完全剃去受刑者的頭髮，使其頭成丸狀。古時男子蓄髮，並以之爲美，長髮更美，剃髮無異於去首。髡首有標記的作用，常人不去頭髮，罪犯去頭髮，讓人一看就知道誰是罪犯。髡刑主要是作爲附加刑使用的，秦時對刑徒加施髡刑，漢代在完城旦舂刑上加施髡鉗，魏晉以前一般都是與徒刑並用，因而髡首也成爲徒刑的別稱。不過，北齊時髡刑變成了流刑的附加刑。與髡首相近的一種刑罰是耐刑，耐只是剃去犯人的鬢、鬚，是秦時最輕的虧傷人體的刑罰，因而成爲對少數民族首領、郎中以上有身份的人施加的特殊刑罰。

58

古人犯罪後可由別人代受刑罰嗎？

明初，山陽地方一個老頭犯罪應該受杖刑，他幾個兒子向衙門請求代替父親挨打，朱元璋批示說 "今此人身代父母，出於至情。朕爲孝子屈法以激勸天下，其釋之"（《典故紀聞》）。這種犯人犯了罪，因子孫兄弟請求代替受刑而加以赦免或減輕，就是代刑。最初，代刑並不是法律上的制度，只是皇帝爲鼓勵倫常孝悌之道的特許裁決。其實，代刑早在漢朝時就有了，漢明帝就曾發過詔書，徙邊者，"父母同產欲相代者，恣聽之"（《後漢書》）。到了明朝，代刑發展成爲國家規定的制度，代刑不僅是子孫的權利，而且也成爲法定的義務。明憲宗時規定："凡民八十以上及篤疾有犯應永戍者，以子孫發遣。"（《明史》）

 59

"網開三面" 的 "網" 原本是用來幹什麼的？

"網開三面" 源於《呂氏春秋·異用》記載的商湯的故事，"湯見祝網者置四面，其祝曰：'從天墜者，從地出者，從四方來者，皆離（罹）吾網。' 湯曰：嘻，盡之矣！非桀其孰爲此也？' 湯收其三面，置其一面，更教祝曰：'昔蛛蝥（máo）作網罟（gǔ），今之人學紓。欲左者左，欲右者右，欲高者高，欲下者下，吾取其犯命者。' 漢南之國聞之曰：'湯之德及禽獸矣。' 四十國歸之。" 原來 "網開三面" 的 "網" 原本是用來捕鳥的，後人講這個故事時也稱之爲 "湯罟"、"祝網"、"夏網"、"解網"、"開三面"、"一面開網"、"開三面網"、"去三面網"、"網袪三面"、"商王解網"、"解罟師網"、"一面施鳥網"、"網羅三面解"、"殷王解網羅" 等。

在偵查破案中，對於投案自首、主動退贓、交代揭發問題的犯罪分子從寬處理，可以促使犯罪分子分化瓦解，從而達到偵破全案的目的。"網開三面" 用於案件處理，就是形容法網寬仁，從寬處理罪犯，給罪犯以生路。

60

古代的執法者在審訊中如何察言觀色？

《周禮・秋官・小司寇》記載了最早的證據法，"以五聲聽獄訟，求民情"。"五聲"就是辭聽、色聽、氣聽、耳聽、目聽，其要旨是求民情。"聲"與"聽"，並不是真"聽"，而是就其言辭氣色，以耳目察之。具體而言，辭聽者聽其出言，不直則煩；色聽者觀其顏色，不直則赧然；氣聽者觀其氣息，不直則喘；耳聽者觀其聽聆，不直則惑；目聽者觀其眸子，視不直則眊焉。古人以嚴肅態度對待這種理訟辦法，相信這是一種合理而有效的證據法，規定進法典，要求執法者在審訊中察言觀色，注意當事人的表情，通過"五聽"結合其陳述，核實證據，然後進行判決。

61

"桎梏"是什麼東西？

桎梏

桎梏是古代木制的獄具，包括桎、梏、拲(gǒng)，都是束縛囚犯手腳的獄具。桎是木制腳鐐，用圓木或方木中間鑿洞，讓罪囚把雙腳伸進去後用繩索捆牢，有的用木楔連鎖，視其罪行輕重來決定時間長短。梏是首械，即頸枷，與後世的木枷刑具類似，犯人示眾時要在枷板上寫明罪囚的姓名以及罪名，意在告示他人。拲是木制手銬，兩手共一木，與後世的鐵手銬類似。1937年殷墟小屯一處囚禁奴隸的地牢中出土的陶俑手腕上都帶著拲，男俑手拲在身後，類似近代的背銬，女俑手拲在身前。西周時將被囚者的罪行分為上中下三等分別使用不同的獄具，給予不同的約束。《周禮・秋官・掌囚》記載："上罪梏拲至桎，中罪桎梏，下罪梏。"即，對重大犯罪者要頸戴梏並用拲縛住雙手，同時用桎限制雙腳的行動自由；一般的犯罪者需要頸戴梏，足帶桎；而輕微犯罪者只是頸戴梏。京劇《玉堂春》中的蘇三所戴的刑具就是梏拲合一的。王的同族只是拲手，有爵者只是桎足。桎、拲、梏三種械具都是木質的，後世概括為"三木"，故三種械具全部加身的罪囚被稱作"三木犯人"。

 | 62

打屁股的刑罰是什麼刑？

漢文帝廢肉刑，將早在奴隸社會就已有的笞刑取代黥、劓、刖左趾，使笞刑成為漢代重要的刑種。漢景帝時，制定《箠令》，規定用於笞刑的刑具應是長五尺、本大一寸、末薄半寸且平節的竹板，受刑的部位是臀部，行刑者不能換人。魏晉時，婦女受笞刑不能打臀部，而要打背部。隋朝時笞刑被正式定為新五刑之一；唐以後笞刑的刑具改為用大頭二分、小頭一分半的荊條；清朝時小荊條改為長五尺五寸、大頭一寸五分、小頭一寸的小竹板。雖然笞刑並非損傷肢體的肉刑，但笞打也觸及犯人的皮肉，往往笞刑沒有執行

熟皂隸打重板子

完就把人打死了，也是一種酷刑，直到辛亥革命後才被廢除。

南朝梁武帝將杖刑正式列入刑書，使其成為法定刑，實際上杖刑也主要是打屁股，所用的"杖"是生荊製作的。廷杖也屬於杖刑，不過是一種十分特殊的杖刑。廷杖的下令施刑者是皇帝，受刑的是朝廷大臣，受刑地點多是在朝廷上，施刑由太監指揮。廷杖最早也出現在漢代，不過使廷杖成為制度是明太祖朱元璋，明代還形成了一套比較固定的廷杖程序。明嘉靖初年，發生"議大禮"事件，受廷杖的大臣就有一百三十四人，打死十七人。

| 63

棄市是如何執刑的？

棄市即"刑人於市，與眾棄之"，語出於《禮記・王制》，"市，眾所聚，與眾人共棄之也"（《釋名》），是古代在市這樣的人較爲集中的地方將犯人處死，並將屍體暴露在街頭。棄市是在鬧市上執行，其目的是儆嚇後來者，使人們因畏懼犯罪將會受到酷刑而不去犯罪。棄市在秦、漢、魏、晉各代極爲流行，南朝宋、齊、梁、陳，北朝魏均有棄市的法定刑，北齊、北周及隋唐以後法律已沒有棄市的法定刑，但隋唐兩代以後執行死刑一般都用棄市。棄市刑致人死亡的方法各代不一，秦時爲腰斬，漢代爲斬首，魏晉以下爲絞刑。

 | 64

千刀萬剮是什麼刑罰？

"千刀萬剮"是凌遲的俗稱。凌遲是在一人之身加施多種殘酷懲罰手段，先殘害人的肉體，然後再傷及其生命的極其殘忍的刑罰，也叫臠割、剮、寸磔（zhé）。之所以用凌遲作爲刑名，是取其緩慢之義。這種殘酷的刑罰最早出現在五代時期，當時審犯人時，或用長釘刺入手足，或以短刀臠（luán）人肌膚，以致一連好幾天，受刑人雖已活不成，但還未死去。宋眞宗認爲這個刑罰太過殘忍，而予以禁止。到宋仁宗時，又提出對特別犯罪的首犯和主犯使用凌遲。不過，此刑並未在宋朝正式入律，而是在遼國成爲法定的刑種，元明清各代均沿用，直至清光緒三十一年（1905）才正式被廢除。凌遲的具體行刑方式並不一致，有切八刀的，也有切二十四刀、三十六刀、七十二刀和一百二十刀的，甚至有切上千刀的，最高紀錄是劉瑾，共計割了四千七百刀。行刑順序是先切臉面，次切手足，其次切胸腹，最後梟首。

| 65

徒刑的"徒"是什麼意思？

　　徒刑是拘役迫使犯人服勞役。《周禮·秋官·司圜》："凡害人者，弗使冠飾而加明刑焉，任之以事而收教之。能改者，上罪三年而舍，中罪二年而舍，下罪一年而舍。"此即以後的徒刑。商周時期貴族出行都坐車，"徒"的本義是步行，因而衍生出地位卑賤的服役者的字義。前秦時犯罪人受刑後總稱為"刑徒"，受肉刑後還要服苦役，男犯有"城旦"、"鬼薪"、"隸臣"、"司寇"等，女犯有"舂"、"白粲"、"隸妾"等苦役。漢文帝廢除肉刑，將服苦役作為主刑使用，奠定了後世徒刑的基礎。曹魏將這些苦役刑歸納為髡刑、完刑、作刑等三類。五代後周時，法律正式將勞役刑定名為"徒刑"，隋代將徒刑定為五刑之一，歷代相沿，犯罪人白天服役晚上關押的刑罰制度直到清末都未改變，但刑等、刑期以及執行細節歷代有所不同。清末改革法律，採用了西方的徒刑制度，分為有期徒刑、無期徒刑兩種，但保留了徒刑分五等的傳統。1928年中華民國刑法典才廢除了五等制度。

 | 66

刺配屬於什麼刑罰？

　　流刑是將罪犯遣送到邊遠地區服勞役，開始於秦漢時期。南朝時宋的"黥刖之制"是在犯人兩頰刺墨"劫"字，切斷其兩腳筋，再流放到遠州，實際把黥、刖、流三種刑罰都用了，這種制度發展到五代、宋、遼成為刺配刑。後晉天福年間開始的刺配，是用墨刺面並將犯人流放。宋代將刺配的內容和規定加以固定，將決杖、刺面、配役三刑合一。被刺配者，首先要被脊杖二十或四十，然後根據犯罪情節的輕重，把所犯事由、發配地名和勞役專案等內容刺在臉上，俗稱"打金印"，最後由差人把罪犯押到幾千里以外的牢城。起初刺配是作為對死刑的寬恕之法使用的，因為宋朝皇帝使用頻繁而變成流刑的一種特殊形式。宋代把罪犯發配到軍中或官辦作坊、鹽亭服勞役，叫充軍。明朝時"流"有安置、遷徙、口外爲民和充軍，充軍就是發配到邊遠駐軍地服勞役，分極邊、煙瘴、邊遠、邊衛、沿海、附近軍，有終身，有永遠（《明史·刑法志》）。

67

古代犯人的重體力勞動有哪些？

城旦是秦漢時一種從事重體力勞動的勞役刑。城旦所服勞役主要是"治城"，築城、築牆是城旦的主要事役，不過在漢代城旦刑並不一定就讓犯罪的人修築城，也可以是從事修陵墓，從事像築牆一樣繁重的活，還可以從事勞動強度低於治城的其他勞役。雖然名不副實，但漢代仍舊使用舊名。城旦服勞役一般是在拘繫看押狀態下進行的，穿紅色囚衣，戴紅色氈巾，還要戴木枷、黑索和脛鉗等附加刑具。不過，城旦在"守署"或"爲安事"時又是比較自由的。司空系統的官吏和城旦司寇負責看守城旦，因爲需監管的城旦有二十人就要有一名城旦司寇，人手不夠時那些已經服城旦勞役三年以上的犯人中勝任者可以經選拔擔任。舂和城旦是同一種刑罰，是因受刑者性別不同而區分的，男爲城旦女爲舂，因爲舂米對女子而言也是重體力勞動。

68

"斬"、"轘"、"磔"、"劓"、"絞"、"梟"等各有什麼不同？

刑制中最重要的刑罰莫過於死刑。古代的死刑有"斬"、"轘"、"磔"、"劓"、"絞"、"梟"等各種不同的方式。

斬，最早見於《周禮·秋官·掌戮》："掌戮，掌斬殺賊諜而搏之"，是以刀斧等利器將犯人腦袋砍下的刑罰。自周秦到明清，是歷代王朝法律規定的死刑，漢、魏、晉和北魏均承秦腰斬之制，南北朝之後斬刑一般是斷頭，重者也斬腰。由於斬刑使人身首異處，如木之斷而分異、殊絕，五代常以殊死指代斬刑，或將應受斬刑處罰的犯罪稱殊死之罪。

轘，最早見於《左傳·桓公十八年》："而轘高渠彌"，也稱車裂，俗稱"五馬分屍"，即將人體四肢和頭部分別繫於五輛車上，驅馬分馳，撕裂屍體，此刑一直延續至南北朝。

磔，《漢書·景帝紀》注："謂張其屍也"，是張裂犯人肢體，令其乾枯，不得收，通行於秦和漢代前期，漢景帝中元二年改為"棄市"。

剮，開始於宋代，元、明、清三代沿用，是割肉離骨的酷刑。

絞，源自周秦，最早見於《左傳·哀公二年》："絞縊以戮。"古代將用帛、繩等勒死或吊死稱為絞，漢以前不見絞罪之名，春秋時多稱"縊"，北齊、北周時作為法定死刑的一種。隋開皇律將絞斬定為死罪二等，唐律將絞列入正刑，除元代有斬無絞外，其他各朝都把絞刑列入正刑，直到清末。春秋戰國至秦漢時期，絞刑為以繩索束人脖頸而懸吊，使犯人窒息而死。明清時的絞不用懸吊，而是以人縛勒罪人之頸而使之死亡。

梟，最早見於《史記·秦始皇本紀》："衛尉竭、內史肆、左弋竭、中大夫令齊等二十人皆梟首"，《史記集解》："懸首於木上曰梟"，即斬下被處刑的人頭高掛在木杆上示眾。漢代對謀反、大逆用梟首刑。隋唐宋律曾將梟首廢除，但明清對強盜仍適用梟首。

 | 69

盜竊就是偷東西嗎？

竊，按《說文解字》的解說"盜自中出曰竊"，盜與竊本義是相通的，竊也就是盜，因而逐漸形成了"盜竊"這個與"盜"和"竊"同義的雙音節詞。不過，古代"竊"是動詞，不作名詞使用。而盜即指盜竊行為，也稱盜竊者，如"竊賄為盜"（《左傳·文公十年》）、"竊貨曰盜"（《荀子·修身》），又如"鄭國多盜"。盜是貪欲皿中之物而私取，竊是從穴中取米，早期的盜竊應是以偷竊食物為主要目標的。"偷"在先秦西漢並不作為"偷竊"用，原為"苟且"義，後來才有"竊取"的意思。

70

"獄"最初是指什麼？監獄在古代有哪些名稱？

"獄"字最早出現在商朝末期，《周禮·秋官·大司寇》注："獄謂相告以罪名者，獄從犬從言，兩犬相齧必先相爭，人之相爭亦類是。故從犬犬相爭必以言相爭，而後有獄。"表示爲防守因訟而被拘者之意。古代"獄"有時也用以表示訴訟，稱獄是相告以罪名，或許訴訟後必有一方敗訴被監禁，所以演化出這個意思。

夏的第七代帝王芬用土築成圓形獄城"圜(yuán)土"（《竹書紀年》），用以集中收押犯人。夏桀多次在"夏台"軟禁商的首領（《史記·夏本紀》），因商湯地位顯赫，本是在都城陽翟大饗諸侯的"鈞台"成了夏囚禁人犯場所的代稱。夏還有"牖裏"、"念室"等土牢，但這些稱謂並非通稱。

殷商的監獄叫"羑(yǒu)裏"，還設有"冰圉（yǔ）"、"艾圉"、"戈"、"旁方"、"東對"等監獄，史書上有稱爲"動止"的，但商朝因襲夏制把監獄仍稱爲"圜土"。

西周時期有了一定規模的監獄體系，還建立了短期監禁的"嘉石"制度，"圜圉"是囚禁罪犯並強制進行教育使之改過的"通常之獄"，而關押有罪但夠不上肉刑的輕犯人"罷民"的獄城仍叫"圜土"，地方的監獄稱爲"狴(bì)"或"犴（àn）獄"，暫時羈留嫌疑犯的場所叫"稽留"。監獄名稱和設置的變化，可以看出獄制的發展和完善。

戰國時期沿用周制稱監獄爲"圜圉"，宮中所設獄名爲"永巷"。秦時監獄也稱"圜圉"，中央設有廷尉獄（也叫咸陽獄）。

從漢代開始，監獄始稱爲"獄"，一直使用到元朝。到明朝時，始稱獄爲"監"，取其監察之意，清代以後才合稱爲"監獄"，成爲一個固定的名詞，民間俗稱則是"監牢"。中國近代有集中營、反省院、罪犯習藝所、勞動感化院、自新學藝所等稱謂。新中國建立初期有看守所、拘役所、勞改隊、勞動改造機關等稱呼。

| 71

詔獄是什麼獄？

詔獄之名始見於《漢書‧文帝紀》，漢文帝四年，"絳侯周勃有罪，逮詣廷尉詔獄"。大概下廷尉治罪的都稱爲詔獄，漢代大臣周勃、周亞夫、趙廣漢等人都曾下廷尉詔獄。詔獄是由皇帝直接掌握的監獄，是奉皇帝詔令拘繫王公、將相大臣、后妃以及宮內女宦、皇族等朝廷欽犯的特殊牢獄。詔獄與一般監獄的區別，一是關押的都是犯了罪的朝廷大臣、皇親國戚和重要案犯，二是詔獄實際是法外之獄，是由皇帝掌握的，皇帝親自處理案犯，不受當時法律的限制，往往一張詔書可以決定案犯生死。漢時詔獄數量較多，有廷尉詔獄和中都官詔獄之分，中都官詔獄有上林獄（囚禁管理皇帝花苑中禽獸宮館失職致罪的人員）、若盧獄（囚禁將相大臣）、左右都司空獄（囚禁列侯二千石犯罪的官員）、掖庭獄（囚禁宮中女犯）、都船獄（囚禁官署士卒）等，與廷尉詔獄不同，中都官詔獄不設專職刑官，而是由各官署長官監理刑獄。因爲皇帝的詔敕都出於近侍之手，詔獄爲宦官、奸臣、酷吏迫害異己提供了條件，漢代的若盧詔獄、上林詔獄、宋的詔獄以及明代錦衣衛典詔獄，多是宦官濫用皇帝的詔敕而興，實際上並不是詔獄。漢杜周爲廷尉時，"廷尉及中都官詔獄逮至六七萬人"（《漢書‧杜周傳》）。明中期以後，錦衣衛附於廠，詔獄審案多視太監旨意，任意創制、使用酷刑，甚至私斃犯人，如天啓時，許顯純掌鎮撫司，依附魏忠賢，理汪文言及東林黨人獄，常令犯人受盡"全刑"而殺。

 | 72

三字獄是怎麼來的？

三字獄作爲妄告誣陷的代稱，有何來歷？

三字獄就是"莫須有"三字，是秦檜誣陷岳飛時講的話，語出《宋史‧岳飛傳》（卷三六五）。當時岳飛志在抗金，收復河山，而秦檜專權賣國，於西元1141年十月用十二道金牌調岳飛回京城，並誣陷岳飛有謀反之心，將岳飛和其子岳雲投入監獄，最後在風波亭將岳飛父子縊死。韓世忠感到氣憤不平，親自質問秦檜：岳飛父子犯有什麼罪？秦檜以"莫須有"三個字做了回答。後人因此說岳飛的冤獄是"三字獄"，並用"莫須有"表示憑空捏造。後遂以"莫須有"代稱被妄告誣陷的罪名。

 73

什麼叫班房？

現在把"監獄"俗稱為"班房"，但"班房"在古代並不是監獄的代稱，而是由州縣衙門的"三班衙役"開辦的臨時看守所。因為傳喚到的被告、證人以及捕獲的通緝犯、嫌疑犯帶到衙門，要臨時看管等候升堂審判。因為沒有州縣長官的命令，不能將人關進州縣監獄。而一些查無報案又沒有贓據的疑犯，或者一些辦無重罪、放又擾民的輕罪慣犯，即使經過了堂審，也往往會被指令由捕快暫時看管。所以，捕快需要自己設法找地方看管。一般地，捕快們就在自己家裏弄一個"阱房"，裝上柵欄，把人關在裏邊。也有的找一些無主的空倉、冷鋪作為看管地點。由於衙役們碰頭的地方叫"班房"，所以"押館"、"卡房"、"官店"等捕快自辦的拘留所統稱為"班房"。

 74

為什麼在衙門裏當差的叫皂隸，這是一種職業嗎？

當差，舊時指在衙署中任服、服役，或是舊制中的罰作勞役。隋唐以後，官府的吏、役一律由百姓尤其是有一定家產的平民無償承擔。這種徭役稱作職役、差役。宋代王安石變法後，逐漸以募役代替派差，即免除納稅戶當差，改由州縣官府出錢募人應役，募役的費用由管內住戶按照戶等高下分別攤納。

秦漢時巡邏、緝拿等是由貧民身份的士伍等擔任。魏晉到唐宋時，衙門的司法勤雜工作是徵發當地農民充任，唐稱"色役"，宋代稱"職役"，元明清稱"差役"，官僚士大夫家庭可以免役。實際上北宋王安石變法後很少真正徵發農民充役，明朝推行一條鞭法後，正式取消徵發實役而全部採用募役。

　　明初規定衙門裏當差的必須身穿皂色長袍，頭戴一種四方形的帽子，在耳旁插上一根孔雀毛或綴上一些黃色的流蘇。這種打扮原來是元朝時色目貴族的裝束，朱元璋為了肅清"胡俗"，特意以此為賤役之服，要求衙門裏當差的人員一律身穿黑袍，以示輕賤，並留下了"皂隸"這個名稱。後來皂隸的服裝顏色改為青色，帽子也改為一半紅一半黑的高筒帽。皂隸和其他衙役一樣，並非職業，而是一種勞役。

 | 75

訟師形象爲什麽大多醜惡？

　　春秋時鄭國的鄧析，專門幫人打官司，小案子要人一件衣服，大案子要人一條褲子作為報酬。《呂氏春秋》記載，鄧析教人"以非為是，以是為非"，"所欲勝，因勝；所欲罪，因罪"，弄得鄭國"是非無度，而可與不可日變"，因而被殺掉了。

　　訟師為民間提供打官司的服務，受到了立法的嚴禁，如南宋時敕令規定聚集生徒教授辭訟文書的要杖一百，再犯的不得因大赦減免刑罰。明清時撰寫"構訟之書"的要比照"淫詞小說例，杖一百流三千里"。由於訟師翻手為雲、覆手為雨，一言可以活人，一言可以罪人，特別是有些訟師接受委託後，為一己私利，或開脫罪行或誣陷他人，不惜違背良心，混淆黑白，玩弄法律於股掌之中，經常使好人蒙冤受屈，使壞人逍遙法外，因而被貶稱為"訟棍"。因為儒家主張"無訟"、"息訟"，訟師自然成為各級官員以及主要作為官員候補隊伍的士大夫的眼中釘，在他們所撰寫或整理的小說戲曲中，訟師總是醜惡的壞蛋形象。因此，訟師始終未得到也不可能得到官方的認可，不具有合法的資格和相應的訴訟地位。但儘管受到歧視，因為社會需要，有利可圖，以幫人打官司為生的訟師還是一直存在著。

| 76

"王子犯法"眞的"與庶民同罪"嗎？

　　"刑不上大夫"在西周以後被法律明文中予以取締，但這種理念和意識在職官制度上一直存在，或多或少常有所表露。"王子犯法，與庶民同罪"是新興地主階級針對奴隸主貴族的等級特權提出的法律原則，旨在從政治上打擊和限制奴隸主貴族的特權。所謂"同罪"只是一種相同或相似意義上的同罪，是爲了維護統治的需要，並不是王子犯了法眞的就會和百姓一樣被定罪受處罰。法律規定得很清楚，只要是沾了"官"的邊，就可以享有"當"、"贖"、"議"、"請"等一系列免罰減罪的規定。儘管爲了維護整個封建統治秩序，也懲治過統治集團中一些惡名昭著者，但與"法律面前人人平等"並不能相提並論。

 | 77

梟首示衆是怎樣的刑罰？

　　傳說母梟爲幼梟捕食，等到母梟精疲力竭不能再喂幼梟時，幼梟便一起啄食母梟的肉。母梟無力躲避，便用嘴齧（niè）住樹枝，任憑幼梟啄食。幼梟將母體啄食乾淨後，樹枝上只剩下母梟之首。《史記正義》："懸首於木上曰梟。"梟首，就是先斬首致人死亡，然後將割下來的腦袋懸於竿上。作爲刑罰，最早見於商末，《史記·殷本紀》："斬紂頭，懸之白旗。"可見，商紂王是被梟首示衆了。到秦時梟首成爲法定刑罰，《秦會要補訂》有"懸首於木上杆頭，以示大罪，秦刑也。"漢代初期梟首即爲五刑之一，歷代沿用。隋文帝開皇元年更定新律廢除了梟首刑，但後世的帝王爲泄己憤偶爾用之。梟首刑的目的不只在於懲罰罪人本人，因爲人死亡之後，對其屍體的任何處罰對其本人都毫無意義。懸首於木，主要是爲了儆嚇活著的人，讓他們知道犯罪的後果，知道身首異處、懸首高竿以示衆的可怕，知道一人懸首將給家庭帶來的奇恥大辱。

78

變法的商鞅是如何死的？

　　著名變法主持人商鞅曾因太子犯法而對其師傅公孫賈施以黥刑，公孫賈對此懷恨在心。秦孝公死後，太子繼位爲秦惠文王，公孫賈借機說商鞅欲反。於是，秦惠文王將商鞅車裂於咸陽市。車裂古時也稱轘或車轘，早在春秋時就有相當普遍的使用，齊國"轘高渠彌"（《左傳‧桓公十八年》），楚國將夏征舒"轘諸栗門"（《左傳‧宣公十一年》）。車裂就是把犯人的頭和四肢分別綁在五輛車上，套上馬匹，向不同的方向拉，把人的身體撕裂。車裂還稱體解，慷慨悲歌欲救燕患而刺秦王的荊軻就是被體解的。有時執行刑罰時不用車，而直接用五條牛或馬來拉，所以車裂俗稱"五牛分屍"或"五馬分屍"，《東周列國志》第八十九回就記載了"咸陽市五牛分商鞅"的故事。漢代沒有車裂的法定刑，而三國的東吳以及北魏、北齊、北周都有車裂刑。楊堅稱帝建立隋朝後，認爲"梟首轘身，義無所取"，又"不益懲肅之理，徒表安忍之懷"，廢除車裂刑，但又被隋煬帝楊廣恢復了。唐朝廢棄隋代苛政，也不再使用車裂，唐末和五代時偶爾又見，五代以後只有遼代曾有規定，其他各代正式規定的死刑中基本上見不到"車裂"了。

79

方孝孺爲什麼被誅十族？

　　在一損俱損、一榮俱榮的封建社會，人始終隸屬於一定家庭，一切行爲幾乎同自己的家庭融爲一體，個人是家庭的一個組成部分，對一定犯罪行爲的懲罰不僅及於一身，常牽連到親屬，稱之爲"族誅"。"族"的刑罰，也叫參夷或夷三族，就是一個人犯罪滅絕三族。秦文公二十年（前746）"法初有三族之罪"（《史記‧秦本紀》），"秦用商鞅，連相坐之法，造參夷之誅"（《漢書‧刑法志》），三族是指父母、兄弟、妻子，一說指父族、母族、妻族。漢高後元年（前187），法律上廢除三族刑，但由於新垣平"謀為逆"案發，又使用三族刑處罰謀反、大逆類的犯罪。後世有誅九族的刑罰，九族是從高祖到玄孫的直系親屬以及旁系親屬中的兄弟、堂兄弟等。明時朱棣以武力從其侄子建文帝手中奪取帝位，命方孝孺為其起草登極詔書。方孝孺認為朱棣是篡奪帝位，拒絕起草詔書，令朱棣大怒，方孝孺投筆於地，明確表示寧死不起草詔書。朱棣威脅說，你就不怕我滅你九族？方孝孺答道，滅十族我也不怕。朱棣大怒，於是將方孝孺的門生廖鏞、杜嘉猷等收為一族，與其九族並加誅戮，共殺八百七十多人。

80

漢朝的淮南王英布為何又稱為黥布？

英布是與韓信、彭越齊名的漢朝開國大將，《史記》和《漢書》中都稱其黥布。相傳英布小的時候相面的人說他"當刑而王"，英布在成年後因犯法被判受黥刑，遂以為應驗而欣然受黥。在參加建造驪山墓的工程時，英布廣交豪傑，後逢陳勝、吳廣揭竿起義，便起兵反秦。楚漢交兵時，經劉邦等人積極爭取，英布歸漢，並為漢統一天下立下累累戰功，被封為淮南王。英布就是因為曾經受黥刑而被司馬遷、班固稱為黥布。

黥刑是從夏商的墨刑繼承而來的肉刑，屬於五刑中最輕的一種，戰國、秦朝時使用普遍。施刑的方法是用利器刻犯人的皮膚，然後在刻痕上塗墨，使犯人的皮膚傷癒後留下深色的傷疤。黥刑屬於小刑，當時使用鑿為施刑的工具，後世才用針刺。起初黥刑是鑿額部，因而又稱天刑（"黥鑿其額曰天"）。秦朝時刺墨的位置上有了不同的區分，對奴妾是黥面額中央及顴部（《秦簡‧法律答問》）。由於被黥面的人臉上帶有標記，一般不會逃跑，在戰國時常被貴族用做守門人，黥也從主刑逐漸變為作為其他刑罰附加手段而存在的附加肉刑，直到被漢文帝廢除。不過，黥的標記作用也被後世所運用，南朝宋明帝統治時期，劫竊執官仗等應處斬刑的罪犯遇赦時，會在兩頰黥上"劫"字。宋代實施的刺配中的刺復活了古代黥刑，刺墨的位置有刺面、刺額角和刺耳後等區別，又因受杖、徒刑罰的不同而刺不同的圖形，因配役的遠近不同而區別深淺。元代用刺刑較多，刺墨的位置分出刺臂、刺項等幾種情況，並區分了初犯、再犯、三犯。明清相沿不廢，直到清末修律才徹底廢除。

 81

除肉刑外，遠古還有什麼刑罰？

有虞氏部落的聯盟首長舜對違反風俗習慣和制度的氏族成員的懲罰，不用暴力，也不用殘害肢體的肉刑，而是利用象徵性的刑罰去處罰。《尚書》把這種方法稱為"象刑"，"唐虞之象形，上刑赭衣不純，中刑雜屨，下刑墨幪，以居州里，而民恥之。"第一個懲罰犯罪的方法是讓犯人戴黑色額巾，飾髮向上，黑色髮簪，大巾覆衣。這種特殊頭飾的單一懲罰方法不能滿足分別罪行輕重的需要，於是制定了其他象刑。犯輕微的罪就給他蒙上黑色頭巾，犯中等罪就讓他穿上特殊的鞋子，犯應處死的罪就讓他穿上赭石顏色沒有領子的衣服，使犯罪的人感到羞恥，精神上很痛苦，不敢犯罪。對應後世的"五刑"，後人認為象刑也有五種，《慎子》："有虞之誅，以幪巾當墨，以草纓當劓，以菲履當刖，以艾韠當宮，布衣無領當大辟。"實際上，自古沒有肉刑也就不會有象刑，不過，為了維護五帝仁德聖明的形象，人們總是沉浸在實行象刑的黃金時代的治世仰慕、嚮往中，舜也被作為慎殺的楷模。

 82

曹操割髮代首是不是詐術？

曹操以法治軍、嚴於治吏，並且堅持以嚴肅剛正的態度對待法律。一次行軍途中，為了不讓隊伍損壞百姓的莊稼，曹操下令經過麥田時士卒不能踏倒麥子，否則要處死。而曹操的馬受驚跑進麥田，踩倒麥子，曹操讓軍中主簿議罪，主簿以春秋之義"罰不加尊"為其開脫。曹操不太滿意，認為發佈法令而自己違犯還怎能約束臣下士卒，但軍中主帥不可殺，於是便斷髮自刑，拔出佩劍割下自己頭髮扔在地上。清末著名法學家沈家本說，割髮代首是"操之詐"。不過作為一軍主帥、一國權臣能以法律己、引法自責已經是很難得的了。以髮代首，並非兒戲，因爲古代頭髮不是隨便可以去除的，"身體髮膚，受之父母"(《孝經》)，都不應傷損，他人傷損是傷害，自損則是不孝。在先秦時，和人毆鬥，如果把對方鬍鬚眉毛拔光，會受城旦刑。如果用劍把別人的髮髻削下來，也要受城旦刑。曹操制定的魏武軍令中也規定了"違令者髡翦以徇"的條目，剪掉頭髮的髡刑是當時違反法令的懲罰方法，可見曹操斷髮自刑是鄭重其事的。

中國人應知的

國學常識
Knowledge
Chinese

民生禮俗

中國人應知的 國學常識 **民生禮俗**

 | 83

何謂"姓氏"？"姓"與"氏"是一回事嗎？

古人的名字極為複雜，由姓、氏、名、字、號五個部分組成。所以，姓、氏最早是分開的，不是一個詞。

具體說來，姓產生在前，氏產生於後。"姓"的本意是女人生的子女，代表了一種血緣關係，是家族基因的延續，在母系社會，同一個母親所生的子女就是同姓。隨著同一祖先的子孫繁衍增多，特別是到了伏羲氏族社會時期，一個家族往往會分成若干支散居各處。各個分支的子孫除了保留姓以外，另外為自己取一個稱號作為標誌，這就產生了"氏"。也就是說，姓是一個家族的所有後代的共同稱號，而氏則是從姓中派生出來的分支。氏族社會時期實行族外婚，同一氏族的人不能結婚，這樣，"姓"就起到了"別婚姻"的作用。

姓產生後，世代相傳，一般不會更改，比較穩定；而氏則會有一個人的後代有幾個氏或者父子兩代不同氏的情況。另外，不同姓之間可能會以同樣的方式命氏，因此會出現姓不同而氏相同的現象。

到了階級社會，貴族除了有姓之外，還往往以國名、官位為氏。"氏"也就成了區別貴賤的標誌。只有貴族男子及其後代才有"氏"，而奴隸和平民百姓是沒有"氏"的。

春秋戰國時期，宗法制度逐漸瓦解，姓氏制度也發生根本變革。這時氏開始轉變為姓。戰國以後，平民也有姓，百姓遂成為民眾的通稱。秦漢以後，姓與氏合一，遂稱"姓氏"。

84

何謂 “名字” ？ “名” 和 “字” 是一回事嗎 ？

名字是人與人之間的特定稱呼，是一個人的符號標誌。今天，中國人的名字大多比較簡單，都由 “姓” 和 “名” 兩部分組成。 “姓” 是沿襲祖輩、代表血緣關係的， “名” 則凝聚著長輩殷切的希望。

而在中國古代，名和字卻是分開使用的。 “名” 是指一個人在社會上所用的符號，帶有鮮明的個人烙印， “字” 則往往是名的解釋和補充，是與 “名” 相表裏的，故又稱表字。更爲重要的是，古人只有到了成年後才能取字，《禮記‧檀弓上》說： “幼名，冠字。” 這裏的 “冠” 指的是古代男子的成人禮，意思是說，男孩長到二十歲舉行 “結髮加冠” 的成人禮的時候，就要取字。這是出於對成年男子的尊重和避諱，以後大家就不能直呼其名了。而女孩到十五歲舉行 “及笄(jī)” 的成人禮時才取字。

古人的 “字” 通常由 “名” 衍生而來，《白虎通‧姓名》說： “或旁(傍)其名爲之字者，聞名即知其字，聞字即知其名。” 可見，古人的 “名” 與 “字” 在意義上大體相近或有關聯。一種情況是名和字意義相同或相近。例如屈原，名平，字原。又如諸葛亮，字孔明， “亮” 與 “明” 同義。另一種情況是名和字的意思正相反。例如曾點，字皙。《說文》： “點，小黑也” ，而 “皙，人色白也” 。又如宋代理學家朱熹，字元晦， “熹” 與 “晦” 就是反義。有一些名與字援引經史載記，使用典故。比如陸羽，字鴻漸（《易經‧漸卦》： “鴻漸于陸，其羽可用爲儀” ）。另外還有一些人名、字間很難發現其中意義上的聯繫。如：張耒，字文潛。若非陸游《老學庵筆記》卷四裏記錄了 “張文潛生而有文在其手，曰耒，故以爲名，而字文潛” ，估計人們很難猜透其名字意義上的關聯。

85

古人的號是怎麼起的？

古人的名字中除了姓、氏、名、字外，還經常有個"號"，比如，李白姓李名白字太白，號青蓮居士。那麼，古人名字裏的"號"又是怎麼回事呢？

"號"也叫別稱、別字、別號，是一種固定的別名。稱別人的號是爲了表示尊敬，自己稱號一般只用於自己的作品中。

早在周朝時，人們就已經開始取號。對此，《周禮》解釋說，"號，謂尊其名，更爲美稱焉"，意思是說，號是人在名、字之外的尊稱或美稱。封建社會的中上層人物（特別是文人）往往以住地和志趣等爲自己取號（包括齋名、室名等）。如我們熟知的唐代杜甫號少陵野老、白居易號香山居士，宋代蘇軾號東坡居士、辛棄疾號稼軒居士，明代唐寅（字伯虎）號六如居士，清代鄭燮號板橋等。宋以後，文人之間大多以號相稱，有些別號的使用率甚至超過名、字，如蘇東坡、鄭板橋。到了明清時代，人們把取號視爲一種時髦，上至皇帝，下至一般黎民百姓，幾乎人人有號。

號不像取姓名那樣要受家族、行輩的限制，而是由使用者本人所起，因而可以更自由地抒發或彰顯使用者的某種審美趣味。別號中常見的"道人"、"山人"、"居士"、"翁"、"叟"之類就是自號者鄙視利祿、看透紅塵的志趣體現。宋代歐陽修晚年號"六一居士"，即所謂的六個"一"：一萬卷書、一千卷古金石文、一張琴、一局棋、一壺酒加上他本人一老翁，足見其審美品位！歐陽修還有個"醉翁"的號，想必大家也會想到他在《醉翁亭記》中"醉翁之意不在酒，在乎山水之間也。山水之樂，得之心而寓之酒也"那樣動情的心志抒發吧。當然，也有很多官僚縉紳和封建文人所取的各種動聽的別號只是附庸風雅、沽名釣譽的幌子而已。

| 86

什麼樣的人可以稱爲"祖"、"宗"？

"祖宗"在現代漢語中是作爲一個詞出現的，指一個家族的上輩，尤其指較早的先人，也泛指民族的祖先。

古漢語中，"祖"和"宗"各自有著不同的含義。"祖"最初泛指祖先。在宗法制度下，人們特別看重家族的始祖及歷代祖先的身份地位，祖先的地位可以決定一個人的血緣和這個人在家族譜系中的地位，所以，歷代貴族掌權以後，都要爲始祖和歷代祖先建立廟宇，這個祖廟也被叫做"祖"。而"宗"就是始祖之後歷代先人的廟。後來，也把開始創業的人叫做"祖"，繼承大業的後來人叫做"宗"了。如從漢代起，帝王的廟號，始帝稱爲太祖、高祖或世祖，以後的嗣君稱爲太宗、世宗等。"祖宗"連用，指的就是祖先。

 | 87

"家族"的含義是什麼？

我國古代，把始祖廟叫做"祖"，始祖之後歷代先人的廟叫做"宗"。宗法制奉行嫡長子繼承制，嫡長子享有建立、奉祀歷代宗廟的特權，被稱爲"宗子"，他的弟兄們則被稱爲"別子"、"支子"或"庶子"，仍屬於原有的家族，到曾孫的後代，已滿五代，古時奉行"五世而遷"，這時就要從宗子之族分出，作爲一個家族的分支，另建祖廟。奉祀支子的廟叫做祖廟，標誌這一分支的始祖；支子的後代子孫另立宗廟，以標誌這一分支從哪裏來，那麼這同祖廟的一支就稱做"一族"。綜上所述，所謂家族，就是奉祀同一宗廟的家族分支，是以宗廟爲中心聚集起來的人群，它是以血統爲標準劃分的。

| 88

"六親" 是指哪些人？

對於 "六親" 包括哪些人，歷代有很多種說法，代表性的有三種：一據《老子》王弼注，以父子、兄弟、夫婦爲六親；二據《左傳》說，以父子、兄弟、姑姊（父親的姐妹）、甥舅、婚媾（妻的家屬）及姻亞（夫的家屬）爲六親；三據《漢書·賈誼傳》顏師古注引應劭注，以父、母、兄、弟、妻、子爲六親。後人比較贊同第三種說法，因爲此說在血緣和婚姻關係中是最親近的。

不過，後來 "六親" 也用來指外祖父母、父母、姊妹、妻兄弟之子、從母之子、女之子了。《史記·管晏列傳》載："上服度則六親固。" 唐代張守節對此做了解釋："六親，謂外祖父母一，父母二，姊妹三，妻兄弟之子四，從母之子五，女之子六也。"

而到了今天，"六親" 已經泛指親屬了。

 | 89

古人怎麼排行？

現代人給家中兄弟姐妹排行一般用老大、老二、老三、老四表示，既簡單又明瞭。不過古人爲兄弟姐妹排行可有講究，他們按照從大到小的順序給出一個名稱，分別以 "伯、仲、叔、季" 表示。"伯" 就是老大，也可以用 "孟" 表示，不過 "孟" 多指庶出的老大；"仲" 是老二；"叔" 是老三；"季" 是最小的。古人在 "字" 前常加排行的次序。大家都知道我國古代大教育家孔子字仲尼，他在家就是排行老二。下一輩稱呼上一輩時，如果是父親的哥哥，就叫做伯父，這和我們現代的稱呼是一致的；父親的大弟弟稱爲仲父；仲父下面的一個弟弟稱爲叔父，最小的叔叔稱爲季父。不過現在父親的所有弟弟都被稱爲叔父了。《史記·項羽本紀》中 "其季父項梁" 說的就是項羽最小的叔叔叫項梁。後來，"伯仲" 常常連用在一起代指兄弟，有時也表示不相上下。如陸游《書憤》："出師一表眞名世，千載誰堪伯仲間？" 意思

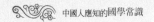

就是說《出師表》這篇文章眞是舉世聞名，千百年來誰能與諸葛亮不相上下呢？

 | 90

古代對百姓都有哪些稱呼？

　　百姓是古代最常用來稱呼普通民衆的詞，除此之外，關於百姓的稱呼還有很多，比如黎民，《禮記‧大學》載：“以能保我子孫黎民。”這裏的黎民就解釋爲“衆也”。與此相近的還有黎庶、黎首、黎元等，如杜甫名篇《自京赴奉先縣詠懷五百字》中有詩句：“窮年憂黎元，歎息腸內熱。”也有一種說法認爲，這裏的“黎”是“黑”的意思，與古代百姓所戴頭巾有關，古時候百姓是將頭髮挽成髻，包上頭巾，而當時規定百姓只能用黑色頭巾，故稱百姓爲黎民。

　　黔首也是用來稱呼老百姓的，這在戰國就比較流行。《呂氏春秋》、《戰國策》、《韓非子》等書中就都出現過黔首這個詞。“黔”即“黑”的意思，當時的老百姓不能戴冠，黑黑的頭髮露在外面，所以被稱爲“黔首”。另一種說法也是認爲百姓只能用黑色頭巾。秦始皇統一六國後，於秦始皇二十六年“更名民曰黔首”。

　　古代社會等級森嚴，普通人只能穿著麻織的布，質粗而價低，所以“布衣”也成了百姓的代稱。百姓又稱作白衣、白士、白丁，是指沒有功名的人，如劉禹錫《陋室銘》裏就說：“談笑有鴻儒，往來無白丁。”

　　除此之外，百姓還被稱爲庶民，庶也即衆多的意思。另外，“氓”也是古代對百姓（多指失去土地從外遷來的居民）的稱呼。如《詩經‧衛風》中就有《氓》篇，寫了一個負心的小伙子。而草民、生民、平民、小民、民衆、丁口也都有百姓的意思。

 | 91

古代“奴”、“隸”是怎樣的人？

　　“隸”最初是個動詞，是捕獲的意思。在我國古代，最初被作爲奴隸的人大多是戰俘和戰爭中搶掠來的人口，他們沒有人身自由，依附於主人，主人像擁有私有財產一樣對其掌有生殺大權，所以這種被役使的人就被叫做"隸"。漢代以後，奴隸的來源由戰俘變為罪犯及其家屬了，這時才有了"奴"這種稱呼的盛行，奴在當時是沒有性別之分的。但是在古漢語中"奴"和"婢"常常對稱使用，那麼"奴"就專指男性奴隸，而"婢"就專指女性奴隸了，如《宋書‧沈慶之傳》"耕當問奴，織當訪婢"。後來，"奴隸"常結合在一起使用，專指沒有人身自由，供人役使的人。

 92

古人所說的"三姑六婆"是指哪些人？

一些明清時代的小說裏，經常提到三姑六婆。元人陶宗儀在他的筆記《輟耕錄》中記載了三姑六婆的身份。具體說，三姑六婆原是古代中國民間女性的幾種職業。三姑是：尼姑、道姑、卦姑；六婆則是指牙婆、媒婆、師婆、虔婆、藥婆、穩婆。

尼姑和道姑，比較好理解，她們分別是佛教、道教的出家者。卦姑則是專門占卦算命，並以此為營生的女子。六婆中，牙婆是專為人買賣奴婢、妾侍的人口販子；媒婆是專為人介紹姻親的婦女；師婆是專門畫符施咒、請神問命的巫婆；虔婆則是指賊婆或鴇母；藥婆是專賣安胎藥、墮胎藥之類藥品的婦人；穩婆就是專門接生小孩兒的接生婆。六婆雖是各有分工，但一人有時也可以身兼數"婆"。

清代李汝珍在小說《鏡花緣》中曾寫道："吾聞貴地有三姑六婆，一經招引入門，婦女無知，往往為其所害，或哄騙銀錢，或拐帶衣物。"可見，由於三姑六婆所從事的工作多不是什麼正當營生，所以在舊時代的小說文本裏，往往給人留下走街串巷、不務正業、搬弄是非、媒介淫惡、唯利是圖、推銷迷信、愚昧無知等等相當惡劣的印象。清代"揚州八怪"之一的鄭板橋就曾再三告誡家中婦女，不可與"三姑六婆"之流有任何來往。

| 93

中國人的年齡是怎麼計算的？

中國人計算年齡往往有虛歲與周歲之分，周歲指的是一個人的實際年齡，虛歲則是在周歲上加一歲或兩歲。這其中的道理是什麼呢？

其實，這種計算年齡的方式與我國古代的曆法有一定的聯繫。我國古代通用的曆法是陰曆，與今天全世界通用的曆法——西曆（我們習慣稱陽曆）相對，陰曆也叫夏曆或農曆、舊曆。古人在長期的農業生產中習慣了用陰曆來計算農時，漸漸地也習慣了用陰曆來計算很多方面的事情。虛歲的計算就是一個例子。在古代，雖然沒有統一的虛歲計算標準，但大多數人都認為，孩子從出生時就應該記為一歲，因為十月懷胎在古人看來是萬物有靈的體現。而以後每過一個農曆新年（即春節，而非陽曆新年）就增加一歲，這樣虛歲往往比周歲要大。如果是臘月（陰曆十二月）出生，一過春節就記為兩歲，因此虛歲比周歲還要大兩歲。所以，我們現在把計算虛歲的方法總結起來就是：以計算年齡的時間為標準，若計算時間是在過了農曆新年到生日期間，則虛歲＝周歲＋2（即虛兩歲）；若計算時間是在生日過後到農曆新年期間，則虛歲＝周歲＋1（即虛一歲）。而周歲的計算方法相對來說就比較簡單了，只需按照西曆的年、月、日計算即可。舉個例子來說，我們要在2009年8月8日記算1981年6月8日出生的人的虛歲和周歲，因為2009年的農曆新年還沒過，此人的當前虛歲則應該是29歲，而他的當前周歲則應該是28歲（西曆2009年6月8日滿28周歲）。

 | 94

"壯"、"強"、"艾"各指多大年齡？

古代男子三十歲為壯，按照《禮記・曲禮上》的說法："三十曰壯，有室。"意思就是說三十歲時，人的身體發育已經完成，已經是壯年，應該有家室了。成家就要擔負起責任，所以，孔子在《論語》中說"三十而立"。

古代四十稱"強"。《禮記·曲禮上》記載："四十曰強,而仕。"意思是說男子到了四十歲,智慧、氣力皆強盛,就可以出仕做官了。後遂以"強仕"爲四十歲的代稱。如《梁書·張綱傳》:"且年甫強仕,方申才力。"

艾則是指男子五十歲。《禮記·曲禮上》:"五十曰艾,服官政。"孔穎達疏:"髮蒼白如艾也。"艾草的顏色爲蒼白色,也就是說人到了五十歲的時候,頭髮就蒼白如艾。也指五十歲以上的老人。如桓寬《鹽鐵論·未通》曰:"五十以上曰艾老。"唐代劉禹錫在《汝州謝上表》中也有"伏蒙聖澤,救此天災,疲羸再蘇,幼艾同感"的句子。

 | 95

"壯丁"是些什麼人?

從生理角度來看,人的一生常可以分爲幼年、童年、少年、青年、壯年和老年,這是現代人的分法。古人把三十歲以上作爲壯年,《禮記·曲禮上》有"三十曰壯,有室;……七十曰老,而傳。"就是說三十歲已經是壯年,應該有家室了;七十歲到了老年,要把家政傳給別人了。

"丁"也是強壯的意思,也是指成年人,不過它是從勞動能力角度著眼,是根據政府律令的規定劃分的。我國古代都是按年齡段規定勞役時間和徵收賦稅的數量,對於成"丁"的年齡,各個朝代有所不同,有十六歲、二十歲、二十一歲、二十六歲等不同的說法,總之是和賦稅、勞役相聯繫的,普遍低於生理年齡的標準。可見古時的壯丁不只限於三十歲以上,十五六歲就被作爲成年人出兵役、勞役的現象並不少見。漢樂府民歌中的《十五從軍征》就是一個很好的例子,"十五從軍征,八十始得歸",揭露了漢代兵役制度的殘酷。

 | 96

花甲、古稀、耄耋、期頤之年各指多大歲數?

花甲,是指人到六十歲。這與我國古代干支紀年有關。十天干與十二地支按順序錯綜搭配成六十個單位，每一干支代表一年，六十年周而復始形成一循環，故稱爲"六十花甲子"。《西遊記》第二十回："（老者）道：'癡長六十一歲。'行者道：'好！好！好！花甲重逢矣。'"

古稀之年是指人到七十歲。語出自杜甫《曲江》詩："酒債尋常行處有，人生七十古來稀。"

耄（mào）是指人八十、九十歲。《禮記·曲禮上》："八十、九十日耄。"耋（dié）則是指七十、八十歲的意思。《毛傳》："耋老也，八十日耋。"杜預注："七十日耋。"今人順應雙音詞的語言習慣，把兩個字合在一起，用"耄耋之年"借指七十至九十歲。

所謂"期頤之年"則是指人一百歲。《禮記·曲禮上》曰："百歲曰期頤。"朱熹解釋說："周匝之義（即轉過一圈的意思）。""謂百年已周。"所以，期頤即人活得圓滿，壽高百歲之意。

97

"糟糠之妻"的說法是怎麼來的？

將妻子稱爲"糟糠"出自《後漢書·宋弘傳》裏記載的一個典故："（光武帝）謂弘曰：'諺言貴易交，富易妻，人情乎？'弘曰：'臣聞貧賤之知不可忘，糟糠之妻不下堂。'"原來光武帝劉秀的姐姐湖陽公主死了丈夫，光武帝想在朝廷大臣中爲她擇一合適夫婿。湖陽公主說："宋弘氣度威正，品德高尚，朝中官員都不及他。"於是光武帝特意召見宋弘，想探問一下宋弘有無此意，他對宋弘說："俗語說，人貴了要換掉一批舊友，人富了要另娶一位新妻，這是人之常情吧？"宋弘回答："我知道的是，人貴了不可以忘卻貧賤時結交的知己；人富了不可以拋棄貧窮時娶的妻子。"光武帝只好打消了讓宋弘娶湖陽公主的念頭。後來，人們便把與自己生死相依、同甘共苦的妻子稱爲"糟糠"了。

| 98

爲什麼把原配夫妻稱爲“結髮夫妻”呢？

“結髮”原是古人成人禮的一部分，就是束髮。古時候，不論男女都要蓄留長髮。男子在二十歲的時候舉行冠禮，就把頭髮盤成髮髻，謂之“結髮”；女子則在十五歲舉行笄禮。笄，即簪子。自周代起就規定女子在訂婚後出嫁前行笄禮。一般在十五歲舉行，如果一直待嫁未許人，則年至二十也行笄禮。受笄時也要改變幼年的髮式，將頭髮綰成一個髻，然後用黑布將髮髻包住，再以簪插定髮髻。古代無論男女，只要舉行了成人禮，就意味著到了成年，代表著一個人到了可以結婚成家的年紀了。

到了漢代，“結髮”成了新婚夫妻成婚的儀式之一。漢代蘇武有詩雲：“結髮爲夫妻，恩愛兩不疑。”宋孟元老《東京夢華錄·娶婦》中記載：“男左女右，留少頭髮，二家出匹緞、釵子、木梳、頭鬚之類，謂之合髻。”在洞房花燭夜，飲交杯酒之前，新郎新娘就床而坐，各自剪下自己的一絡頭髮，再把這兩縷長髮相互綰結纏繞起來，以誓結髮同心、生死相依。古人還有詩總結：“交絲結龍鳳，鏤彩結雲霞。一寸同心縷，千年長命花。”髮“結”在一起，有牢固、結合、結伴之意，也寓意著新婚夫婦恩愛纏綿、白頭偕老。因而“結髮”自然就有了成婚的意思，人們也就稱首次結婚的男女爲“結髮夫妻”了。在《古詩爲焦仲卿妻作》裏就有“結髮同枕席，黃泉共爲友”的句子。

 | 99

岳父爲何被稱作“泰山”？

泰山本是我國著名的“五岳”之首，不過這個詞在古代卻常常用來指稱岳父，像《水滸傳》裏林冲就稱自己的岳丈爲“泰山”。那麼，岳父難道還眞與那座名岳“泰山”有關嗎？

　　自唐代開始，"泰山"、"岳父"便成了妻父的專稱。唐人段成式在《酉陽雜俎·語資》中講到了這個岳父別稱的由來：唐明皇李隆基泰山封禪時，當時的宰相張說被任命為封禪使。按照當時慣例，封禪以後，三公以外的隨行官員都可晉升一級。張說的女婿鄭鎰本是九品小官，封禪之後卻連升四級，驟遷五品。唐明皇大宴群臣的時候，看見鄭鎰穿著緋紅的五品官服，很是奇怪，就問鄭鎰為什麼升得這麼快。鄭鎰一下子懵了，不知道該怎麼回答。旁邊一個宮廷戲子黃幡綽把話接過來說："這都是泰山的力量！""泰山"在此一語雙關，與其說是泰山成全了鄭鎰，不如說是他的岳父。

　　此後，泰山也就成為了妻父的代稱。又因泰山又稱"東岳"，所以，又將妻父稱為"岳父"、"岳翁"、"家岳"，妻母則稱為"岳母"或"泰水"了。

 100

岳父為何又被稱作"丈人"？

　　丈人本是古時對老年男子的尊稱。如《論語》中就有"遇丈人，以杖荷蓧(diào)"、"子路從而後，遇丈人"這樣的句子。宋朝人在《猗覺寮雜記》和《雞肋編》中考證認為，是自唐朝以後，丈人這個詞才特指妻父的。證據是，唐朝文學家柳宗元在《祭楊憑詹事文》中記載："子婿謹以清酌庶羞之奠，昭祭於丈人之靈。"但進一步考證，認為這個詞特指妻父的時間可能還要更早。因為陳壽在《三國志·蜀書·先主傳》裏提到："獻帝舅車騎將軍董承"，董承是獻帝劉協的表叔，親上加親，女兒給劉協做了"貴人"，董承也就成了獻帝的"舅"，即"丈人"。南朝宋人裴松之注釋為："（董承）於獻帝為丈人，蓋古無丈人之名，故謂之舅也。"意思是，這以前對妻父沒有"丈人"的叫法，只有"舅"的稱謂。而"舅"在魏晉以前一直是丈夫父親的專有稱呼，有了丈人這個稱謂，妻子的父親與丈夫的父親就可以有所區別了。

| 101

古代爲什麼將丈夫的父母稱爲“舅姑”？

今天的舅指的是母親的兄弟，姑指的是父親的姐妹，而在古代，舅指公公（丈夫的父親），姑指婆婆（丈夫的母親）。爲什麼會有這種稱呼呢？這與古代的婚姻習俗有關。

古人認爲同姓爲婚，其生不蕃，因此嚴格禁止在本氏族內部通婚，不論男女必須與外氏族通婚，這樣構成了一個婚姻集團，往往同部落的兩個氏族世代互爲婚姻。這樣，兩個通婚的氏族彼此嫁女，實際上是姑舅結親：女方的公公正是母親的兄弟輩，所以應該稱“舅”；女方的婆婆正是父親的姊妹輩，所以應該稱“姑”，這樣一來，公公與舅舅、婆婆與姑姑就“一身而二稱”了。

 | 102

爲什麼把女婿稱爲“東床”？

把女婿稱爲“東床”，出自一個與古代大書法家王羲之有關的著名典故。

王羲之是東晉當朝宰相王導的侄子。據《晉書·王羲之傳》記載，當朝太尉郗鑒有個女兒，到了婚嫁年齡，郗鑒便派門客到丞相王導家中爲自己的女兒擇婿。王導對來人說：“我家幾個子侄都在東廂房，請到那兒去看看吧。”門客看過之後，回去稟告郗鑒：“王家的幾個子弟都非常不錯，然而一聽說我是來爲您選婿的，一個個馬上正襟危坐。只有一個年輕人，好像不知道這件事一樣，依舊袒露著肚皮在東床上吃東西，毫不理會。”郗鑒聽後大喜，拍手道：“正此佳婿邪！”後來一問，才知道這人就是王羲之，郗鑒就把女兒嫁給了他。

由於王羲之在書法上的巨大成就，再加上他出身名門望族，自然是挑選女婿的最佳對象了。因此，“東床快婿”一時成了佳話，流傳下來，東床也就成爲了女婿的代稱。

| 103

爲什麼姐妹的丈夫互稱"連襟"？

襟，即衣襟，"連襟"意即衣襟相連，現在指的是姐妹的丈夫之間的稱呼。不過這個稱謂最早與姐妹的丈夫並不相關，不過是指彼此知心的朋友。現在所見，"連襟"一詞最早出現在唐代詩人駱賓王的《秋日與群公宴序》："既而誓敦交道，俱忘白首之情；款爾連襟，共挹青田之酒。"既是"群公"，當然是指一些知心朋友了。稍後，杜甫的《送李十五丈別》詩中也有"人生意頗合，相與襟袂連"之句。李十五丈是杜甫晚年寓居川東時認識的一位當地的李姓老翁，二人性情相投，關係很好。後來，杜甫離開四川東下湖湘，臨別之時，寫下了這首詩。可見連襟也是用來形容他與李十五丈的密切關係的，並無今意。

到了宋朝，"連襟"一詞的含義已與今天差不多，並在民間通行。當時對姐妹的丈夫叫法比較多，但連襟一詞頗爲流行。北宋末，著名學者洪邁有個堂兄在泉州做幕賓，洪邁妻子的姐夫在江淮一帶做節度使，寫了一封薦書，薦洪邁的堂兄去京城供職。事成之後，洪邁的堂兄甚爲感激，托洪邁替寫了一份謝啓，裏邊有這樣幾句："襟袂相連，夙愧末親之孤陋；雲泥懸望，分無通貴之哀憐。"這裏的"襟袂相連"，就是用來形容姐妹的丈夫之間的密切關係了。

後來，"連襟"一詞逐漸成爲姐妹的丈夫間的專用稱謂了。

 | 104

爲什麼把未出嫁的女孩叫"黃花閨女"？

所謂"黃花"，其實指的是古時婦女額前的一種裝飾，又稱"花黃"。當時的婦女喜歡用黃顏色的粉在額頭上畫出各種花鳥形狀，或是用金黃色紙剪成花鳥形狀貼在額頭。這種習俗大約起於南北朝，盛行於隋唐。《木蘭辭》中就有"當窗理雲鬢，對鏡貼花黃"之說。

關於這一習俗的由來，還有一個美麗的傳說。相傳，南北朝劉宋時，宋武帝的女兒壽陽公主有一次睡在含章殿簷下，有梅花恰巧落在她的額頭上，梅花漬染，在她額頭形成梅花之形，拂之不去。此後壽陽公主便經常將梅花貼在額前，宮人們也紛紛效仿。此後就有所謂梅花妝，簡稱梅妝。這種妝飾傳到宮外後，民間女子也紛紛效仿，或用菊花或用黃紙剪出花樣貼在前額，後來逐漸發展成"貼黃花"的習俗。由於這種妝飾在未婚的女孩子中比較流行，漸漸地，"黃花閨女"就成為了未婚女孩的代稱。

| 105

為什麼女孩待嫁叫"待字閨中"？

將女孩待嫁叫"待字閨中"，是與古代人取名字的禮俗有關係的。現代人一般只有一個比較正規的大名，作為社會交往中代表個人的符號。而在古代，人們取名字要更加講究：出生三個月後要由父親為孩子取名，作為幼年時對他（她）的稱呼。到成年後，還要在名之外取一個莊重、正規的別名"字"。古代男子二十歲要舉行結髮加冠儀式，代表成年，要取一個"字"作為別名；女子十五歲舉行笄禮，又叫上頭、上頭禮，即改變幼年的髮式，把頭髮盤起來，插上簪子，從此代表成年了，也要取"字"作為別名。這就是《禮記·曲禮上》所說"女子許嫁，笄而字"。有了"字"就表示已經成年了，標誌著到了嫁人的年齡了，所以在特定的語言環境中"字"就有了出嫁的意思，那麼女孩待嫁也就叫做"待字閨中"了。

| 106

古代結婚主要有哪些程序？

古人結婚講究三書六禮，極為周全。所謂三書，就是奉行六禮應備有的文書，即聘書、禮書和迎書。聘書是男家交予女家的用作確定婚約的書束。禮書是女家詳細列明過大禮時的物品和數量的書信。迎書則是迎親當日，男方送給女方的書束。

而六禮則是指納采、問名、納吉、納征、請期、親迎等六種禮節。納采即提親，問名則是問女方的名字和出生年月，這兩項主要由男方請的媒人負責。納吉又稱過文定，男家會請算命先生根據男女雙方的年庚八字推算雙方是否相配，以決定這婚事是否吉利。八字相合，這門親事也就定下來了。納征亦稱納幣，即男方家以聘禮送給女方家，又稱過大禮，是三書六禮中保留下來比較完整的，沿襲至今仍是婚嫁禮儀中最為重要的環節。女家接受男方的聘禮，稱之為許纓。請期又稱擇日，即男家擇定婚期，備禮告知女方家，求其同意。最後就是親迎了，即新郎親至女家迎娶。親迎是夫妻關係是否完全確立的基本依據。凡未親迎而夫死，女可以改嫁。而一旦舉行了親迎之禮後夫死，按禮俗規定，新婦就只能認命"從一而終"了。

六禮已畢，只意味著完成了成妻之禮，還需在次日完成"謁舅姑"，即拜見公婆。若公婆已故，則於三月後至家廟參拜公婆神位，稱為"廟見"。

今人的婚俗其實是在三書六禮的基礎上進行了精簡，更適合今天快節奏的生活和萬事崇簡的現代理念。

 | 107

古人什麼時候結婚？

我國古代，結婚的"婚"最初是寫作黃昏的"昏"的。至於為什麼這樣寫，還是有一定緣由的。

原始氏族社會時期，尤其是母系氏族向父系氏族過渡時期，曾經盛行過搶婚的風俗。一般是男方糾集一幫人，利用黃昏時刻去搶掠婦女成婚。《白虎通》說："婚姻者何謂？昏時行禮，故曰婚。"意思是結婚要在夜間進行，這正是古代掠奪婚的真實寫照。後來，這種通過搶掠而成婚的風俗就成為了一種儀式，男方依然是在黃昏時到女方家裏迎親，女方在黃昏時跟著男方出門。這也便是為什麼寫作"昏"的最直接原因了。後來為了與黃昏的"昏"區別開來，就加了一個"女"字旁，寫作"婚"了。直到現代，仍然很盛行夜間迎親的習俗，據說是為了不見人，其實是古代婚俗的遺跡。而搶親的習俗也仍然為一些少數民族沿襲，為婚禮製造了熱烈、緊張而浪漫的氣氛。

108

爲什麼古時新娘出嫁要在頭上蓋一塊紅布？

蓋頭出現在婚禮中的歷史很長，出嫁蓋紅蓋頭的習俗也曾經在我國許多地區廣泛流傳。宋代吳自牧《夢粱錄‧嫁娶》中有這樣的描述："（兩新人）並立堂前，遂請男家雙全女親，以秤或用機杼挑蓋頭，方露花容。"可見在當時的婚俗中，新娘就是蓋著蓋頭的。

新娘戴蓋頭婚俗一般的做法是新娘出嫁上轎前戴上蓋頭，到夫家拜堂時或入洞房後，由新郎用秤桿或機杼等物挑去。這一做法始於東漢。因東漢魏晉時期，社會動盪不安，人們來不及履行繁瑣的婚姻儀式，遇到良辰吉日就匆忙完婚。這種"拜時婚"不符合當時"禮"的程序，因而就用紗布蒙住新娘頭臉以遮羞。這在當時本屬權宜之計，後人卻習非爲是，使之成爲世代沿襲和傳承的婚姻習俗。到了南北朝時的齊，那裏的婦女普遍用頭巾來避風禦寒。而發展到唐朝初期，蓋頭便演變成一種用以遮羞的從頭披到肩的帷帽。開元天寶年間，唐明皇李隆基標新立異，命令宮女以"透額羅"罩頭，就是讓婦女在唐初的帷帽上再蓋一塊薄紗遮住面額作裝飾。

蓋頭的來歷還有一個傳說，據唐朝李冗的《獨異志》載：在宇宙初開的時候，天下只有伏羲和女媧兄妹二人。爲了繁衍人類，兄妹倆商議之後決定配爲夫妻，但他倆又覺得十分害羞。於是他倆向天禱告說："天若同意我兄妹二人爲夫妻，就讓空中的幾個雲團聚合起來；若不許，就叫它們散開吧。"話音一落，天上的幾個雲團就聚合爲一了。於是，兄妹倆就成親了。新娘子女媧爲了遮蓋羞顏，就用草結成扇子來遮擋面龐。後人以輕柔、美觀的絲織品代替草編的扇，逐漸形成了蓋蓋頭的婚俗。

之所以選用紅色的蓋頭，是因爲紅色在古人心中是吉祥喜慶的象徵。

109

交杯酒怎麼喝？

喝交杯酒是古代婚禮的重要儀式之一，當時叫"合巹（jǐn）"。

"合巹"中的"巹"是瓢的意思，古人習慣把一個匏（páo）瓜（葫蘆）剖成兩個瓢，將兩瓢的柄相連，內盛酒，夫婦共飲，表示從此成為一體，故名"合巹"。《禮記》有載："所以合體，同尊卑，以親之也。"即夫妻共飲合巹酒，不但象徵夫妻合二為一、永結同心，而且也含有讓夫婦同甘共苦的深意在裏面。

宋代以後，合巹之禮逐漸演變為新婚夫妻在洞房裏共飲交杯酒。《東京夢華錄‧娶婦》記載：新人"用兩盞以彩結連之，互飲一盞，謂之交杯酒。飲訖，擲盞並花冠子於床下，盞一仰一合，俗云大吉，則眾喜賀。然後掩帳訖"。這個儀式的象徵意義是意味深長的。喝完交杯酒後，"合巹"禮畢。但古人將合巹杯擲於地上，就有了占卜的意思，通過看兩個杯的俯仰來看日後夫婦是否和諧。杯子一仰一合，則大吉大利。這裏進行合巹禮就不是用瓢了，而是一種造型奇特的杯子，叫"合巹杯"。晉和唐宋文獻中，都有關於"合巹杯"的記載，而明代胡應麟的《甲乙剩言》中更是詳細地描繪了"合巹玉杯"："形制奇特，以兩杯對峙，中通一道，使酒相過。兩杯之間承以威鳳，鳳立於蹲獸之上。"明清時期還有玉雕合巹杯流傳至今，比如清乾隆時期的玉鷹熊合巹杯。據說，鷹熊有英雄之意，象徵丈夫的英武豪氣。

 110

為什麼把完婚的新房稱作"洞房"？

"洞房"一詞出現很早，不過最初並不是指結婚的新房。據說，漢代大才子司馬相如曾賦了一首《長門賦》，描述了失寵的陳皇后得知武帝許諾朝往而暮來，於是苦苦等待。可是天色將晚，還不見君王幸臨，於是她獨自徘徊，只好"懸明月以自照兮，徂清夜於洞房"。這裏的洞房就不是指新人完婚的新房，而是指幽深而又豪華的居室。北周時庾信《三和詠舞》詩中有"洞房花燭明，燕餘雙舞輕"句，這裏的洞房首次與花燭"攜手"，但也不是描寫新房的。

到了唐代，洞房一詞頻頻用來指代男歡女愛的場所，藉以描寫"閨情"。如"落葉流風向玉台，夜寒秋思洞房開"（沈佺期《古歌》），"莫吹羌笛驚鄰里，不用琵琶喧洞房"（喬知之《倡女行》）等都是例證。這些"洞房"還不是專門指新婚臥房的辭彙。由於盛唐時佛教流行，洞房還曾用來指僧人的山房，王維就有"洞房隱深竹，清夜聞遙泉"（《投道一師蘭若宿》）的詩句。

直到中唐以後，洞房才漸漸引申爲新婚婚房。詩人朱慶餘在《近試上張籍水部》詩中留下了膾炙人口的詩句："洞房昨夜停紅燭，待曉堂前拜舅姑。"宋人洪邁在《容齋隨筆》裏更有"洞房花燭夜，金榜題名時"的佳句流傳後世。此後，洞房也就慢慢成爲新婚夫婦新房的專稱，一直沿用至今。

 111

古代的冥婚是怎麼回事？

古代有爲死去的未婚者尋找配偶的習俗，謂之"冥婚"，也叫"陰婚"。

冥婚早在周代時就已開始流行，當時政府還曾明令禁止，《周禮·地官》"禁遷葬者與嫁殤者"中的"遷葬"和"嫁殤'指的就是冥婚。但此種習俗一直流傳了下來，而且受到了統治者的肯定和宣導。曹操就曾爲其夭折的小兒子曹沖聘甄氏亡女與之合葬。

冥婚不單單只在兩個死人之間舉行，有些有錢有勢的家庭爲了不使已死的兒子有未曾娶妻的缺憾，甚至會聘娶活著的女子嫁給死人。婚後，女子只能一輩子與一塊木牌位同居，既不能改嫁，也不能怠慢公婆和"丈夫"。歷代也有不少女子受禮俗影響頗深，在訂親納采後，如果未婚夫猝死，便抱著"姻緣天定"、"好女不事二夫"等觀念，與木牌位舉行婚禮，自願守著丈夫牌位，終生不渝。

由於冥婚形式的盛行，古代還逐漸形成了一整套較爲完整的冥婚禮俗。當時民間甚至出現了許多專營此事的鬼媒人，這些鬼媒人收受雙方家長的答謝錢財，操辦冥婚儀式。

　　冥婚習俗直到清代仍頗爲盛行，到了清末，隨著西方文明的大量傳入，才逐漸式微。但直到新中國建立前，仍在部分地區流傳。

 | 112

古代對"死"主要有哪些叫法？

　　古人對"死"的稱呼有著嚴格的規定，死者的身份、地位不同，其"死"的叫法也各不相同，絕對不能混淆。據《禮記・曲禮下》記載："天子死曰崩，諸侯死曰薨，大夫死曰卒，士曰不祿，庶人曰死。"也就是說"崩"是天子專用的；諸侯死則稱爲"薨"，秦漢以後也用於高級官員的死亡；大夫死叫"卒"；士人死則叫"不祿"；而只有平民百姓的死才能稱爲"死"。不過，後來隨著時代發展，這種情況也逐漸有所變化，其限制也不再那麼嚴格。唐代時，二品以上官員死稱薨，五品以上稱卒，自六品以下以至平民百姓都稱死。清代皇室成員中，皇帝、皇后和皇太后等身故稱"崩"，皇貴妃以下到嬪、王、公、侯、伯的世爵之死稱"薨"。

 | 113

爲正義事業而獻身爲什麼叫"犧牲"？

　　現在我們往往用"犧牲"來表示爲正義事業而獻身或捨棄自身利益，其實，"犧牲"在古代指的是用於祭祀的禽畜，通常是指馬、牛、羊、雞、犬、豕等，也就是後世所稱的"六畜"，而其中最常用的是牛、羊、豕三牲。

　　在古代，"國之大事，唯祀與戎"，所以古人對宗廟祭祀非常重視，不但制定了嚴格、複雜的禮制規儀，對於祭品也有著嚴格的規定：用於祭祀的禽畜必須要用純色，而且必須是完整的，只有純色、完整的牲畜，才能叫做"犧牲"。如《國語・周語上》記載："使太宰以祝、史帥狸姓，奉犧牲、粢盛、玉帛往獻焉，無有祈也。"《左傳》莊公十年也有："犧牲玉帛弗敢加也，必以信。"後來，犧牲的含義逐漸寬泛，也用來泛指用其他動物所作的祭品了。

正是由於犧牲最初是用作祭祀的，這些祭品是在捨棄自己生命而爲大家祈福，犧牲一詞後來也就逐漸有了自我奉獻的意思。

 | 114

"墳"與"墓"有何區別？

根據現代考古發現及史書記載，我國古代人死之後，一般只挖好墓穴將人掩埋，當時是不堆起土堆的，這種不起土堆的掩埋之地就是墓。其實"墳"最初的意義和"墓"沒有聯繫，它就是指高出地面的土堆。如《楚辭·九章》中就有"登大墳以遠望兮"，指的就是登上大的土堆向遠處張望。到了奴隸社會後期和封建社會，等級制度的劃分越來越嚴格，一些統治者在死後大修墓穴，並且把地面封土的大小也作爲了一種身份的象徵，到後來發展到連平民百姓死後也要在墓上封土了，於是"墳"和"墓"就緊密地聯繫在一起。一直到現在，我們說到葬處都是"墳""墓"連用，甚至把"墓"字省略，只說"墳"了。

中國人應知的

國學常識

The Knowledge
of Chinese

衣食住行

中國人應知的
國學常識
衣食住行

| 115

古代 "衣" 和 "裳" 有什麼不同？

　　古時衣服上曰衣，下曰裳。上衣，省稱 "衣"，以障蔽身體。《說文·衣部》："衣，依也。" 段玉裁注："依者，倚也。衣者，人所倚以蔽體者也。" "裳"，亦作 "常"，是專用於遮蔽下體的服裝，男女尊卑均可穿著。由於古代紡織工具簡陋，布的幅面很狹窄，所以一件下裳通常需用七幅布帛拼合而成，前三後四，樣子像一幅腰圍，另在腰部施褶，褶的多少視具體情況而定，兩側還各開一道縫隙。兩漢以後，裳漸由裙取代，惟在貴族祭祀和朝會時穿著的禮服中保留遺制。《後漢書·輿服志下》："行大射禮於辟雍，公卿諸侯大夫行禮者，冠委貌，衣玄端素裳。" 裳與裙大致相同，惟裳被製成兩片，彼此分離，一片蔽前，一片擋後，上用布帶繫結於腰，裙則多被做成一片，穿時由前圍向臀後。隨著時代的發展，"衣"、"裳" 連用，往往泛指衣服。

| 116

古代的禮服都是什麼樣子的？

　　中國古代的服飾與禮制緊密結合，如祭祀著祭服、朝會著朝服、公務著公服、居喪著凶服等，服飾從質料、色彩、花紋、款式無不爲禮制所規範，被賦予天道倫理和身份地位的諸多涵義，成爲封建政治的圖解和符號。

　　傳說，從黃帝堯舜到夏商西周時期的統治者都穿著一種上衣下裳的服裝。《後漢書‧輿服志》：“黃帝、堯、舜垂衣裳而天下治，蓋取諸乾巛。乾巛有文，故上衣玄，下裳黃。”這種服裝的樣式和顏色是出於對天地的崇拜而產生的，故此，冠冕衣裳作爲祭服之制沿用了兩千多年。

　　秦始皇深受陰陽五行學說的影響，以黑色爲尊貴之色，並進一步規範禮服制度。兩漢四百年間，袍服一直被當作禮服。袍服的領子以祖領爲主，大多裁成雞心式，並以大袖爲多，領、袖都飾有花邊。唐代至明代最具時代特色的禮服是常服，它是內有夾層的圓（盤）領連體長衣。此服皇帝與官員均可穿著，前者著黃色，後者以緋、紫、綠色等區別等級。而明代對常服最大的改進是洪武二十五年（1392）以後，朝廷要求文武官員袍服的胸前和後背各綴一方形補子，文官用飛禽，武官用走獸，以示區別，“衣冠禽獸”之稱由此得來。此制被後來的清朝所沿用，稱爲“補服”。

　　到了清朝，禮服制度在保留滿洲習俗禮儀的同時，吸收了漢族服飾中的一些特點，但徹底廢棄了冠冕衣裳爲祭祀之服，以及通天冠、絳紗袍服的傳統制度。

 | 117

鳳冠霞帔是什麼樣的服飾？

明萬曆孝靖皇后鳳冠

　　鳳冠霞帔，舊時女子出嫁時的裝束，以示榮耀；也指官員夫人的禮服。鳳冠是一種以金屬絲網爲胎，上綴點翠鳳凰，並掛有珠寶流蘇的禮冠。早在秦漢時期，鳳冠就已成爲太后、皇太后、皇后的規定服飾。明代鳳冠有兩種形式，一種是后妃所戴，冠上除綴有鳳凰外，還有龍等裝飾。明制，皇后禮服的冠飾有九龍四鳳，皇妃、公主、太子妃的鳳冠九翬（huī）四鳳。另一種是普通命婦所戴的鳳冠，一品至七品命婦的鳳冠沒有鳳，只綴珠翠、花釵，但習慣上也稱爲鳳冠。

明代霞帔

清代霞帔

　　霞帔亦稱"霞披"、"披帛"，以其豔麗如彩霞，故名。披帛以一幅絲帛繞過肩背，交於胸前。宋代定爲命婦冠服，非恩賜不得服，且隨品級的高低而不同。明代自公侯一品至九品命婦，皆服用不同繡紋的霞帔，其形狀宛如一條長長的彩色掛帶，每條霞帔寬三寸二分，長五尺七寸，服用時繞過脖頸，披掛在胸前，下端垂有金或玉的墜子。清代霞帔演變爲闊如背心，下施彩色旒（liú）蘇，是誥命夫人專用的服飾。中間綴以補子，補子所繡紋樣圖案，一般都根據其丈夫或兒子的品級而定，惟獨武官的母、妻不用獸紋而用鳥紋。鳳冠霞帔本是宮廷命婦的著裝，平民女子只有出嫁時才可以穿著，因爲按照禮俗，大禮可攝勝，就是祭禮、婚禮等場合可向上越級，不算僭越，因此，著鳳冠霞帔結婚的習俗一直保留到建國前。

| 118

"冠冕堂皇"一詞是怎麼來的？

秦始皇像，頭戴冠冕

冠冕是古代帝王、官吏的帽子，尤其冕是作爲吉服即祭服的冠式，因此遂成爲身份地位的象徵。冕是帝王、諸侯及卿大夫在舉行祭祀等大典時所戴的大禮冠，外表黑色，裏面朱色，由"冠"與"延"組成。冕頂有一長方板，稱爲"延"，其前圓後方，象徵天圓地方；前低於後約一寸，有前傾之勢，以示俯伏謙遜。延的前後懸掛珠玉串飾，以五彩絲線編織爲藻，藻上穿以玉珠，一串玉珠即爲一旒，服時各按等秩，以十二旒爲貴，乃帝王所服。冕冠垂旒之意，除用來表明等級外，還可使戴冠者目不斜視，以免看到不正之物，"視而不見"即由此得來。

延的下部即爲冠，古稱"冠卷"，其兩旁各有一個對穿的小孔，稱"紐"，用以貫穿玉筓(jī)，以使冠體固結於髻。筓的兩端繞頷下繫絲帶，謂之"紘(hóng)"；筓的兩端又各用一條名叫"紞(dǎn)"的小絲繩掛下一個綿丸，謂之"黈(tǒu)纊(kuàng)"或"纊"，纊下端飾玉，謂之"瑱(zhèn)"。因兩瑱正臨左右兩耳，故又名充耳、塞耳。古人用瑱充耳，目的是以戒妄聽，"充耳不聞"即由此得來。

西周之時定制：天子之冕十二旒，諸侯九旒，上大夫七旒，下大夫五旒，此後歷代之制大略相同。南北朝以後，只有帝王可以戴冕，因用以專稱皇帝的禮冠。王維《和賈舍人早朝大明宮之作》就有：“九天閶闔開宮殿，萬國衣冠拜冕旒。”因此，“冠冕堂皇”就用來形容人的外表莊嚴或正大的樣子了。

119

馬弁、武弁指的什麼人？

弁（biàn）是古代一種尊貴的冠，爲男子穿禮服時所戴，即吉禮之服用冕，通常禮服用弁。弁制出商周，主要有爵弁、皮弁、韋弁三種。爵弁用於祭祀，是爲文冠。它是沒有上延的冕，其形廣八寸，長一尺二寸，前小後大，用極細的葛布或絲帛做成，色似雀頭赤而微黑。皮弁用於田獵戰伐，是爲武冠。它以白鹿皮做成，形制似兩掌相合，上銳下廣，其各個縫合處綴有一行行玉石，稱爲“璂（qí）”，同時，爲區分等級，天子以下皮弁之璂逐次遞減。韋弁爲天子諸侯大夫兵事服飾，用熟皮製成，淺朱色，制如皮弁。由漢至明，弁的形制雖有差異，但始終是禮服的主要內容之一。

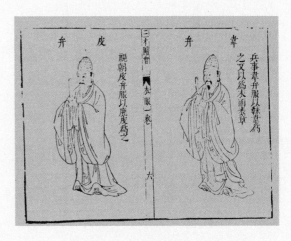

《三才圖會》之“韋弁、皮弁”

由於古代武官戴皮弁，後來，“武弁”專指低級武官。至於“馬弁”，原也指低級武官，後專指當官的身邊所帶隨從，特別是騎馬的隨從。

120

丟了官爲什麼常說丟了"烏紗帽"？

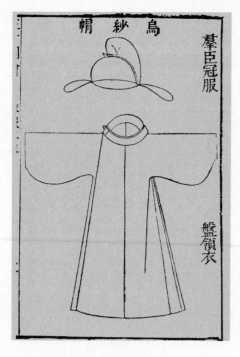

《三才圖會》之"烏紗帽"

烏紗帽原是民間常見的一種便帽，東晉成帝咸和九年（334），成帝讓在宮廷中做事的官員都戴一種黑紗製成的帽子，叫做"烏紗帽"。後來，南朝宋明帝時，建安王劉休仁創制了一種用黑紗抽邊的半透明帽子，亦稱"烏紗帽"。這種帽子很快就在民間流行，無論官民貧富都可以戴服。

隋唐時期，天子百官士庶都戴烏紗帽。但爲適應封建社會的等級制度，隋朝用烏紗帽上的玉飾多少顯示官職大小：一品有九塊，二品有八塊，三品有七塊，四品有六塊，五品有五塊，六品以下就不准裝飾玉塊了。

到了宋朝時，烏紗帽的形狀有了改變。據說宋太祖趙匡胤登基後，爲防止議事時朝臣交頭接耳，就下詔改變烏紗帽的樣式：在烏紗帽的兩邊各加一個翅，有一尺多長，並裝飾不同的花紋以區別官階高低。如此一來，朝臣們只要腦袋一動，軟翅便會隨之擺動，皇上居高臨下，就看得清清楚楚了。

明太祖朱元璋定都南京後，於洪武三年（1370）規定：凡文武百官上朝和辦公時，一律要戴烏紗帽，穿圓領衫，束腰帶。另外，取得功名而未授官職的狀元、進士，也可戴烏紗帽。從此，"烏紗帽"遂成爲官員的一種特有標誌。此時的烏紗帽以藤絲或麻編成帽胎，塗上漆後，外裹黑紗，呈前高後低式，兩側各插一翅。而自明世宗朝開始，烏紗帽的雙翅又做了一些變動，翅的長度縮短，其寬窄也改變了，官階越高，雙翅就越窄，官階越低，雙翅則越寬。

清初順治皇帝入關後，由於收留了眾多明朝的降臣，為籠絡人心，就允許不少地方官員仍穿著明朝朝服，並戴烏紗帽。但等到清室統治鞏固之後，遂下令將官員所戴烏紗帽全改為紅纓帽。可是，人們仍然習慣將"烏紗帽"作為官員的標誌。因此，丟了官也就常說丟了"烏紗帽"了。

 | 121

明清之際為何流行戴六合帽？

古時候，戴冠是上層男子的特權，下層男子只能戴巾、幘（zé）或帽。到了明代，巾帽式樣繁多，而民間使用最為廣泛的是網巾、平定四方巾和六合帽。六合帽，相傳為明太祖朱元璋創自洪武年間（1368～1398），世人皆可戴之。

六合帽，又稱六合一統帽，也稱六合巾、小帽、圓帽等，是以羅緞、馬尾或人髮所做，裁為六瓣，縫合一體，下綴一道一寸左右的帽檐。"六合"指天地東西南北，"六合一統"有天地四方由皇帝一人統帥、統領之意，此帽以"六合一統"為名，取意安定和睦，天下歸一。由於此帽在政治上有一定象徵意義，因此由政府規定成為全國通行的帽式，通常用於市民百姓，而官吏家居時也可戴服。

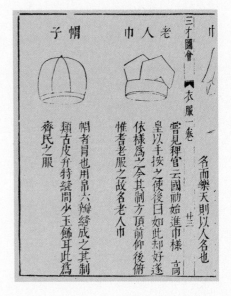

《三才圖會》之"六合帽"

六合帽影響深遠，瓜皮帽即是沿襲其制。滿族入關以後，受漢族傳統文化影響，也取其"六合一統"之意，加之清朝的髮辮，戴起來亦很方便，因此開始流行戴用此帽。因此帽分成六瓣，半圓形狀如半個西瓜皮，俗稱"瓜皮帽"。清代談遷《棗林雜俎》："清時小帽，俗稱'瓜皮帽'，不知其來久矣。瓜皮帽或即六合巾，明太祖所制，在四方平定巾前。"明朝六合帽頂只許用水晶、香木。到清朝一般用絲條結頂，講究的用金銀線結頂，也有用玉頂或紅珊瑚頂的，如遇喪事，帽頂則用黑或白。

122

"一統六合帽，平定四方巾"中的四方巾是怎樣的服飾？

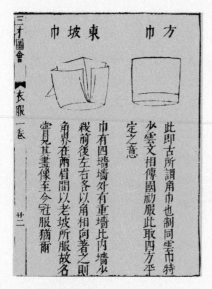

《三才圖會》之"四方巾"

四方巾，即四方平定巾，亦稱"方巾"、"四角方巾"，是明初頒行的一種方形軟帽。它是官員、儒士所戴的便帽，以黑色紗羅製成，可以折疊，呈倒梯形造型，展開時四角皆方。

據傳，明初士人楊維禎頭戴此巾參見太祖朱元璋，太祖未曾見過這種服飾，便詢問此巾之名，楊維禎為取悅他，回答說："此四方平定巾也。"太祖聽罷，龍顏大悅，詔布天下，複製此巾，令士庶服用。當時，頭戴四方平定巾，服裝可隨便穿著，不像其他服飾規定那麼嚴格。

四方平定巾初興時，高矮大小適中，其後處在不斷變化之中，到明末則變得十分高大，故民間常用"頭頂一個書櫥"來形容。清代葉夢珠《閱世編》卷八"冠服門"："（明人）其便服，自職官大僚而下至生員，俱戴四角方巾。……其後巾式時改，或高或低，或方或扁，或仿晉唐，或從時制，總非士林，莫敢服矣。"

123

步搖是什麼樣的首飾？

　　步搖是古代婦女的一種首飾，其製作多以黃金屈曲成龍鳳等形，其上綴以珠玉。步搖始見於漢代，最初只流行於宮廷與貴族之中。當時是在簪釵上裝飾一個可以活動的花枝狀飾物，花枝又垂以瓊玉，因在走動之時，簪釵上的珠玉會自然搖曳，遂得名"步搖"。《釋名・釋首飾》："步搖，上有垂珠，步則動搖也。"戴步搖者行動要從容不迫，以使垂珠伴隨身上的玉佩發出富有節奏的聲響，因此，步搖又被人稱爲"禁步"。此外，在漢代貴族婦女中，還實行過一陣加於冠上的步搖冠，則更富有富貴豪華之氣。

　　步搖屬於漢代禮制首飾，其形制與質地都是等級與身份的象徵。漢代以後，步搖才逐漸被民間百姓所見。魏晉南北朝之時，步搖花式愈繁，或伏成鳥獸花枝等狀，晶瑩輝耀，與釵鈿相混雜，簪於髮上。唐宋之後步搖形制變化多端，除金質稱爲金步搖以外，還出現了玉石、珊瑚、琉璃、琥珀、松石、晶石等珍貴材料製作的步搖。明代唐寅《招仙曲》詩曰："郁金步搖銀約指，明月垂瑠交龍椅。"由此可知明代步搖用"郁金"，是用金屬與珠寶鑲嵌的一種步搖形制。而明代步搖製作的焊接新工藝，就是將金累絲與金底托焊

北朝牛頭鹿角形金步搖

接在一起再嵌上珍珠寶石等作點綴，其耐久程度大大超過了雕琢、燗壓等傳統工藝技術。

　　清代步搖製作工藝與明代一脈相承。臺北故宮博物院藏有一件清代"點翠嵌珠鳳凰步搖"，就是使用了金屬焊接作底托，鳳身用翠鳥羽毛裝飾，其眼與嘴巴用紅色寶

石、雪白的米珠鑲嵌，兩面嵌紅珊瑚珠。鳳身呈側翔式，尖巧的小嘴上銜著兩串十多釐米長的小珍珠，墜角是一顆顆翡翠做成的小葫蘆。整個步搖造型輕巧別致，選材精良，實為罕見。

| 124

何謂"玉搔頭"？

　　玉搔頭即是玉簪。東晉葛洪《西京雜記》卷二曰："武帝過李夫人，就取玉簪搔頭。自此後宮人搔頭皆用玉。玉價倍貴焉。"後代遂稱玉簪為"玉搔頭"。

金鳳簪

　　簪，先秦稱"笄"，最早的笄由竹、木、玉、石、骨等材料製成。在商朝時，笄的種類和佩戴形式就已經非常多樣，到周朝時插戴方式遂制度化。秦漢之後，笄改稱"簪"，其製作有了金銀等貴重材料的運用，工藝也日趨繁複考究，逐漸擺脫了簡單的實用功能而跨入奢侈品的行列。簪的形制一頭尖，一頭大，嵌珠飾銀，描龍塑鳳。尤其是玉簪形制精美，玲瓏剔透，除了取其吉祥、辟邪保身或長佑平安之外，也成為貴族或者富貴人家炫耀財富身份的象徵，更是男女情愛寓語寄情之物。明劇《玉簪記》中，美女妙常送情郎趕考時，特贈簪一支："奴有碧玉簪一支，原為笄冠之用，今送你作加官之兆。"

　　唐宋以來是髮簪流行的時期，唐代敦煌壁畫中的眾多婦女就是插滿花簪的形象。明清時期，髮簪式樣十分豐富，主要變化多集中在簪首。它有各種各樣的形狀，常有花鳥蟲魚、飛禽走獸作簪首形狀，其中常見的花朵形象有梅花、蓮花、菊花、桃花、牡丹花和芙蓉花等。明代《天水冰山錄》中關於髮簪的記載就有"金桃花頂簪"、"金梅花寶頂簪"、"金菊花寶頂簪"、"金寶石頂簪"、"金廂倒垂蓮簪"、"金昆點翠梅花簪"等名稱。以動物為簪首的髮簪,常見的有龍鳳、麒麟、燕雀及游魚等,其中以鳳簪最多,製作也最為精緻。

125

古人當了官為什麼叫"釋褐"?

古代"褐(hè)"是指粗布短衣。褐最早用葛、獸毛編織,後來通常用大麻、獸毛織就,是古時貧賤的人或地位卑賤的人穿著的衣服。為便於勞動操作,褐多比較窄短,不同於官員所穿的寬袍大袖。《詩經‧豳風‧七月》中就有:"無衣無褐,何以卒歲?"因此,古時稱貧賤之人為"褐"或"褐夫"。

基於此,"釋褐"即指脫去平民衣服,謀得官職。西漢揚雄在《解嘲》篇中有"或釋褐而傅"之句,後來,新科進士及第授官亦稱為"釋褐"。唐代李翱《卓異記》"門生先為座主佩金紫"條就記:"李石,按石元和十三年及第,後二年賜緋,後二年賜紫,自釋褐四年之內,服金紫,量之前輩,實無其比。"

126

古人的"袍"是什麼樣的?

袍,亦稱袍服,是直腰身、過膝的外衣,多為兩層,冬季則納以綿絮。其制起源較早。五代馬縞《中華古今注》卷中"袍衫"條說:"袍者,自有虞氏即有之,故《國語》曰:'袍以朝見也。'秦始皇

康熙帝龍袍

三品以上綠袍、深衣，庶人白袍，皆以絹爲之。"戰國以後較爲常見，男女均可穿
著，主要分爲龍袍、官袍、民袍等。

龍袍，是皇帝專用的袍服，因袍上繡龍紋而得名，其制多爲盤領、右衽、明黃
色。唐代高宗朝規定臣民不得僭服黃色，於是龍袍別稱黃袍。龍袍上的各種龍章圖
案，歷代有所變化，但龍數一般爲九條，寓意"九五之尊"。清代龍袍還繡"水
腳"，即下擺等部位有水浪山石圖案，隱喻山河統一。

清代彩繪鑲寬邊旗袍

官袍，是文武官員用作朝服、
公服等的袍服，以一定顏色或圖
案表明官位等級。東漢永平二年
（59）開始將袍服定制爲朝服，以
所佩印綬爲主要官品標識。唐代官
員以紫、緋、綠、青的圓領袍服作
爲常服，武則天又頒繡袍，文官繡
禽、武官繡獸，是補服的起源。宋
代官袍袖子肥大，明確規定飾襴、
佩綬、圍鞓（tīng，皮革製成的腰
帶）等。元代官袍多以羅爲面料，並
以花紋大小表示級別。明代洪武年
間創立區別文武官員品級的補服制
度。清室官員常服袍的款式爲四開
衩，由帷帽上的頂珠花翎、外褂上

的方圓補子等組成等級森嚴的制度。

民袍，是平民日常生活所穿的袍服。周、秦、漢士人庶民的袍服衣料粗糙，唐代
以來，隨著社會的發展和民族服飾的交流，特別是元代蒙古袍、清代滿族袍的傳入，
民袍在款式造型上有過長擺和短擺、交領和圓領、右衽和左衽、大袖和小袖及半袖等
多種變化。當代旗袍和中國少數民族服裝中的袍服，正是由古代民袍發展演變而來。

| 127

布衣之交是什麼樣的交情？

　　"布衣之交"是指平民之間的交往、友誼，也指顯貴與無官職的人相交往。布衣，是用麻布或葛布製成的衣服。在中古棉花傳入我國之前，衣料主要是麻、葛及絲織品，但是一般只有貴族和官員穿絲織品，平民百姓只穿麻葛織物。西漢桓寬《鹽鐵論》中說到，古代普通人要到八九十歲才能穿絲綢衣服，在這以前，只能穿麻布衣服，所以"布衣"就成了"庶人"的代稱，而讀書人在沒有入仕之前也稱"布衣"。由此，布衣之交即有了平民之間、顯貴與平民之間往來的含義。如《戰國策·齊策三》中提到："衛君與文布衣交，請具車馬皮幣，願君以此從衛君遊。"

 | 128

古人把內衣叫什麼？

　　古人的內衣最早稱為"褻（xiè）衣"。"褻"意為輕浮、不莊重，可見古人對內衣的心態是回避和隱諱的。中國內衣的歷史源遠流長，最早見於先秦時期。《禮記·檀弓下》記載："季康子之母死，陳褻衣。敬姜曰：'婦人不飾，不敢見舅姑。將有四方之賓來，褻衣何為陳於斯？'命徹（撤）之。"

　　兩漢時期內衣稱"抱腹"、"心衣"，兩者的共同點是背部袒露無後片，質地多用平織絹，圖案多以愛情為主題。魏晉南北朝時期的內衣稱為"兩當"，它有前後兩片，既可當胸又可當背，材質多為色彩豐富、內有襯綿的織錦。唐代出現了一種無帶的內衣，稱為"訶子"，訶子常用"織成"（一種名貴織物）為面料，挺括而略有彈性，穿時在胸下繫束兩根帶子即可。

　　自宋代開始，女子有了束胸的習慣。此時內衣上可覆乳下可遮肚，用紐扣或帶子繫結，整個胸腹全被掩住，因而又稱"抹肚"。元朝內衣稱"合歡襟"，由後向前繫束是其主要特點，胸前用一排扣子繫合，或用繩帶等繫束。合歡襟的面料用織錦的居多，圖案爲四方連續。

明代內衣稱"闌裙"，外形與背心相似卻爲開襟，兩襟各綴有三條襟帶，肩部有襠，襠上有帶，腰側有繫帶，可起到調節腰部的效果。清代內衣稱"兜肚"，一般做成菱形。上世紀二三十年代，兜肚演變成小馬甲，面料以棉、絲爲主，形制窄小，通常用對襟，襟上施數粒紐扣，穿時將胸腰裹緊。小馬甲進一步發展並吸收了西方的某些特點，便成了現在的胸罩。

 | 129

兜肚是什麼樣的衣服？

兜肚是一種貼身的內衣，爲近似菱形的布片，有的有袋，用以貯物。穿時以細帶繫於頸間與腰際，包圍著胸部和腹部，具有保溫護腑的功能。

明代以來，婦女已普遍有使用兜肚的習慣，當時叫"兜子"，俗稱"抹胸"。是用交料兩塊斜裁，上尖下平而成。清代的抹胸有兩種款式，一種是短小貼身的，縛於胸腹之間，俗稱"兜肚"；另一種是束於腰腹之間的，稱爲"抹肚"。清代徐珂《清稗類鈔》說："抹胸，胸間小衣也，一名抹腹，又名抹肚；以方尺之布爲之，緊束前胸，以防風寒內侵者，俗稱兜肚。男女皆有之。"

清代兜肚一般做成菱形，上有帶，穿時套在頸間，腰部另有兩條帶子束在背後，下面呈倒三角形，遮過肚臍，達到小腹。材質以棉、絲綢居多。繫束用的帶子並不局限於繩，富貴之家多用金鏈，中等之家多用銀鏈、銅鏈，小家碧玉則用紅色絲絹。

兜肚的面上常有圖案，有印花有繡花，印花流行的多是藍印花布，圖案多爲"連生貴子"、"麒麟送子"、"鳳穿牡丹"、"連年有餘"等吉祥圖案。繡花兜肚較爲常見，刺繡的主題紋樣多是民間傳說，如劉海戲金蟾、喜鵲登梅、鴛鴦戲水、蓮花以及其他花卉草蟲，大多是趨吉避凶、吉祥幸福的主題。

130

馬甲、馬褂與馬有什麼關係？

　　舊時人們穿在長袍外面的背心或短褂，因便於騎馬，故名"馬甲"、"馬褂"。馬甲，又名背心、背子，無袖而短，通常著於衫外，古時婦女所著有長與衫同的，稱為長馬甲。發展至清代，男女均可穿著馬甲，有大襟、一字襟、對襟及琵琶襟等形制，長度多到腰際，並常綴有花邊。

　　馬褂是一種穿於袍服外的短衣，衣長至臍，袖僅遮肘，主要是為了便於騎馬，故稱為"馬褂"。滿人初入關時，只限於八旗士兵穿用。直到康熙、雍正年間，才開始在社會上流行，並發展成單、夾、紗、皮、棉等服裝，士庶都可穿著。時代不同，用料、顏色、綴飾也有差別。乾隆時曾流行毛朝外的皮馬褂，均用珍貴裘皮，非一般人所能置。辛亥革命後，政府曾把黑馬褂、藍長袍定為禮服，長袍馬褂一度流行全國。20世紀40年代後逐漸減少。

　　馬褂的樣式有琵琶襟、大襟、對襟三種。琵琶襟馬褂，因其右襟短缺，又叫缺襟馬褂，穿上它可以行動自如，常用作出行裝。大襟馬褂，則將衣襟開在右邊，四周用異色作為緣邊，一般作常服使用。大袖對襟馬褂可代替外褂而作為禮服使用，顏色多用天青色，大小官員在謁客時常穿此服，因其身長袖窄，也稱作"長袖馬褂"。

　　黃馬褂是皇帝特賜的服裝。有幸穿著這種賜服的人，主要有三類：一是隨皇帝"巡幸"的侍衛，所穿黃馬褂稱為"職任褂子"；二是行圍校射時，中靶或獲獵多者，所穿黃馬褂稱為"行圍褂子"；三是在治事或戰事中建有功勳

后妃馬褂

者，所穿黃馬褂稱爲"武功褂子"，同時，這些人還要被載入史冊。

131

古代的斗篷、風衣是用什麼做的？

古代斗篷、風衣功能相同，均是披用的外衣，通常無袖，也有虛設兩袖的長披風，目的是用以防風禦寒。二者的區別在於斗篷的質地有多種材料，而風衣是指絲織物所做的外衣。

后妃氅衣

斗篷，又名蓮蓬衣、一口鐘、一裹圓。據傳是從蓑衣演變而來，最初用棕麻編成，以禦雨雪，名謂"斗襏（bó）"，到明清時才多用絲織物製作，並不限於雨雪天使用，當時叫做"大衣"，是一種禦寒的服飾，有長式和短式、高領和低領之分。凡冬天外出，不論男女官庶，都喜披裹斗篷，但有個規矩，不能穿著這種服飾行禮，不然被視爲不敬。清代中葉以後，婦女穿著斗篷非常普遍，製作日益精巧，一般都用鮮豔的綢緞製作，上繡花紋，講究的還在裏面襯以皮毛。

此外，還有用鶴毛與其他鳥毛合撚成絨織成的斗篷，稱爲鶴氅。南朝宋劉義慶《世說新語·企羨》中提到："孟昶未達時，家在京口，嘗見王恭乘高輿，被鶴氅裘。"最初鶴氅的樣子，就是一塊用仙鶴羽毛做的披肩。鶴氅後來漸爲士大夫所接受，表現爲大袖、兩側開衩的直領罩衫，不加緣邊，中間以帶子相繫。

132

"紈絝子弟" 指什麼樣的人

紈絝子弟是指衣著華美的年輕人，舊時指官僚、地主等有錢有勢人家成天吃喝玩樂、不務正業的子弟。古稱精細有光的單色絲織物（絹）為紈，是一種珍貴的衣料，所謂"白縠之衣，薄紈之裏"的名貴衣料即是。漢代宮廷以紈素為多服，輕綃為夏服；而以細絹製成的團扇，稱紈扇，常為古代女子所持。

絝，通"袴"，是褲子形成過程中的一種稱法，其義為脛衣、套褲。《釋名‧釋衣服》云："袴，跨也，兩股各跨別也。"早在春秋時期，人們的下體已穿著褲，不過那時的褲子不分男女，都只有兩隻褲管，其形制和後世的套褲相似，無腰無襠，穿時套在脛上，即膝蓋以下的小腿部分，所以這種褲子又被稱為"脛衣"。古人在絝的外面，往往著有一條圍裙狀的服飾，那就是裳。衣、裳、絝三者並用，就可以將身體全部遮覆。由於絝都被穿在裏面，所以常用質地較次的布製成，而到了六朝時，那些世家子弟居然用白色的絲綢來做褲子，如此之奢靡，所以被稱為"紈絝子弟"。

《宋史‧魯宗道傳》中說："館閣育天下英才，豈紈絝子弟得以恩澤處耶？"

北方民族的滿襠之褲，在漢代為百姓所採用。唐代男子平常穿著以袍衫為主，袍衫之內有褲。婦女雖然喜歡穿裙，但褲子並沒有被廢棄，尤其在"胡服"盛行之時，皆以穿褲為尚。宋代以後流行的膝褲，也是一種脛衣。只是先秦時期的脛衣多貼體穿著，而宋明時期的膝褲還可加罩在長褲之外。明清男女穿膝褲者十分普遍。明代膝褲多

宋代婦女的開襠褲

製成平口，上達於膝，下及於踝，穿時以帶繫縛於脛。清代稱膝褲爲“套褲”，因爲它的長度已不限於膝下，也有遮覆住大腿的，所用質料有緞、紗、綢、呢等，也有做成夾褲或在夾褲中蓄以棉絮的，後者多用於冬季。除套褲以外，普通的長褲在明清兩代仍然被使用，既可襯在袍衫長裙之內，也可和襦襖等配用，穿著在外。

133

古代如何紮腰帶？

腰帶是束腰之帶，以絲或皮革製成，故前者稱大帶，後者稱革帶或韋帶。革帶以帶鉤或帶扣繫結，而大帶的繫紮卻頗爲講究。

大帶，爲祭服所用之絲帛帶，與革帶並用。早在先秦時期，大帶即施用於禮服，一直沿用至明末。繫束大帶時由後繞前，於腰前繫結，多餘部分下垂，謂之“紳”，因此又稱大帶爲“紳帶”。紳的長度多爲三尺，而紳自然下垂腰間，方合禮度。

唐墓壁畫上的搢笏圖

帶鉤裝束

古時臣下朝見君主，常執笏板以奏事，入朝前或退朝後往往插在紳帶間，故稱“搢(jìn)紳”、“縉紳”，後來，有官職的、做過官的人或儒者就稱“搢紳”了。此外，由“紳”的涵義引申爲“束紳之士”，簡稱爲“紳士”，並進而特指有一定地位和身份的士大夫階層。

134

古人如何稱呼鞋？

　　古代的鞋有許多種類，其中主要有舄(xì)、屨(jù)、屣(xǐ)、履、鞋、屐、靴等幾種。舄，複底之鞋，上層底為皮、葛等質，夏天用葛，以便透氣，冬天用皮，利於保暖；下層是設有防潮裝置的木制厚底，其形為內裝木楦，楦當中有凹槽，填以鬆軟之物，以便行禮時不畏濕泥，通常用於祭祀、朝會等重大場合。舄的穿著禮節，一般在祭祀升壇時脫下，祭畢降壇再穿上。

　　屨，用麻、葛等製成的單底鞋；屣，上古稱草鞋；履，原指單底之鞋，後泛指各類鞋子；鞋，最早是皮制鞋子的一種，中古以後成了鞋類的總稱。由於屨、履、鞋穿用得較為普遍，所以曾先後成為各種鞋的通稱，漢以前是屨，漢以後是履，宋以後是鞋。此外，還有屐，它是一種木底鞋，有平底和裝齒兩種，唐以前是旅遊用的鞋，在宋代以後基本上是專門的雨鞋，雨雪時當套鞋使用，以防打濕鞋襪。

有漢字銘文的五彩錦鞋

清宮后妃的高底鞋

　　靴，連筒之鞋，通常以皮革為之，穿時緊束於脛，原為西域少數民族所穿。《釋名・釋衣服》云："靴，跨也，兩足各以一跨騎也。"戰國時趙武靈王胡服騎射引入中原，用作軍服。與漢族傳統舄履相比，靴子不僅便於涉草，更適於騎射：靴筒高達於脛，有利於腿部保暖；小腿部位裹上靴筒，可減輕和馬鞍的摩擦；加之胡服下體穿褲，穿著靴子之後，還可將褲腿塞入靴筒等。

| 135

古代"足衣"指什麼？

古代足衣指的是襪子。襪，亦作"韤"、"韈"、"襪"等。《釋名·釋衣服》："韤，末也。在腳末也。"襪子有著漫長的發展歷史，早期以皮革製成。"韤"、"韈"均指皮質襪子，然前者指生皮襪，後者指熟皮襪，二者形制相近，多用高筒，同時爲了穿脫的方便，皮襪的筒部留有開口，但卻容易散熱，所以襪筒上又設計了帶子，用來將筒口束緊，穿著時以帶繫結於踝，此外，由於質地結實，也可以直接行走於地，以代鞋履。

古代襪子

大約到秦漢時期，襪子的質料由厚重的皮革改爲柔軟的布帛。曹植《洛神賦》就有："凌波微步，羅襪生塵。"西漢以後的襪子曾有實物出土，一般多以紡織品爲之，有羅襪、絹襪、錦襪、綾襪、布襪等，多作成高筒，又因布帛本身不具有彈性，穿著時容易滑落，故需以帶縛之。東漢以降，隨著紡織技術的改進，布帛襪子具有了一定的伸縮性，襪筒容易服貼於腿，因而不再需要開口和帶子。

 | 136

"五穀不分"中的"五穀"指什麼？

"谷（穀）"原來是指有殼的糧食，如稻、稷、黍等。"穀"字的音，就是從"殼"的音來的。"五穀"，古代有多種不同說法，漢代之前認爲是稻、黍、稷、麥、菽（豆），漢代之後認爲是麻、黍、稷、麥、菽。兩者的區別是：前者有稻無麻，後者有麻無稻。隨著社會經濟和農業生產的發展，"五穀"的概念在不斷演變，現在所謂"五穀"，實際只是糧食作物的總名稱，或者泛指糧食作物了。

　　古時還有“六穀”之說，指稻、黍、稷、粱、麥、苽六種農作物。《周禮·天官·膳夫》：“凡王之饋，食用六穀。”鄭玄注引鄭眾曰：“六穀：秫、黍、稷、粱、麥、苽。”秫即稻，苽即菰米。

 | 137

“五味俱全”中的“五味”指什麼？

　　五味指酸、甜、苦、辣、鹹五種味道，另一說是酸、甘、苦、辛、鹹五種味道。其實甜就是甘，辣就是辛。《禮記·禮運》：“五味，六和，十二食，還相為質也。”鄭玄注：“五味，酸、苦、辛、鹹、甘也。”《周禮·天官·疾醫》：“以五味、五穀、五藥養其病。”鄭玄注：“五味：醯、酒、飴蜜、薑、鹽之屬。”賈公彥疏：“醯則酸也，酒則苦也，飴蜜即甘也，薑即辛也，鹽即鹹也。”由此可知，鄭玄所注並不矛盾，後者不過指陳代表五味的五種調味品而已。此外，佛教教義中也有所謂“五味”，是指《涅槃經》所舉的譬喻，即乳味、酪味、生酥味、熟酥味、醍醐味，以此比喻華嚴、阿含、方等、般若、法華涅槃五時之教。

 | 138

“八珍”指的是什麼？

　　“八珍”，上古指的是八種烹飪方法。製作的美食，是只有王一級的人才可享用的，正如《周禮·天官·膳夫》所說：“凡王之饋，食用六穀，膳用六牲，飲用六清，羞用百有二十品，珍用八物。”這裏的“八珍”，按漢代鄭玄的說法是指淳熬、淳母、炮豚、炮牂、擣珍、漬、熬、肝膋。“八珍”後來成為了珍貴食品的代名詞。如《三國志·魏書·衛覬傳》中有：“飲食之肴必有八珍之味。”隨年代推移，“八珍”的內容不斷得以豐富，所指則各有不同。例如，明清時期，有“水陸八珍”，即海參、魚翅、魚脆骨、魚肚、燕窩、熊掌、鹿筋、蛤士蟆；有“山八珍”，即熊掌、鹿尾、象鼻（一說犴鼻）、駝峰、果子狸、豹胎、獅乳、獼猴頭；有“水八珍”，即魚翅、魚唇、海參、鮑魚、裙邊、乾貝、魚脆骨、蛤士蟆。後又有"上八珍"、"中八珍"、"下八珍"之分，而且有兩套關於上中下八珍的說法等等。

139

爲什麼把一些小零食叫"點心"？

現在我們所說的"點心"，指的是正餐以外的一些小零食，特別是一些美味的小糕點等。其實"點心"一詞早在唐代就已出現，所指範圍更廣，據南宋吳曾《能改齋漫錄·事始》記載："世俗例以早晨小食爲點心，自唐時已有此語。按，唐鄭參爲江淮留後，家人備夫人晨饌，夫人顧其弟曰：'治妝未畢，我未及餐，爾且可點心。'其弟舉甌已罄，俄而女僕請飯庫鑰匙，備夫人點心。"可見，點心最早指的是早晨時吃的一些小食品，當時如饅頭、餛飩等都可稱爲點心，現在我們將早飯稱爲"早點"，可能與此有關。

新疆吐魯番出土的唐代餃子、點心

關於"點心"一詞的來歷，還有這樣一個傳說：南宋抗金女英雄梁紅玉爲了慰勞士兵，命令製作各種美味糕餅，以表"點點心意"，"點心"由此得名。但"點心"一詞在唐代早已有之，則此故事僅爲傳說而已。

140

饅頭是怎麼來的？

中國人吃饅頭的歷史，至少可追溯到戰國時期。初稱"蒸餅"，不發酵，故有"牢丸"之稱，漢代人們懂得製發麵餅，稱"麵起餅"等。據說三國時期，諸葛亮以發酵的饅頭代替人頭祭瀘水，此後，饅頭開始成為宴會祭享的陳設之物。明代郎瑛《七修類稿‧事物》："蠻地以人頭祭神，諸葛之征孟獲，命以麵包肉為人頭以祭，謂之'蠻頭'。今訛而為饅頭也。"晉以後，有一段時間，古人把饅頭也稱作"餅"。凡以麵揉水作劑子，中間有餡的，都叫"餅"。

唐代以後，饅頭的形態變小，有稱作"玉柱"、"灌漿"的。宋時把有餡的餅叫做饅頭。宋代饅頭花色繁多，以餡而論，見諸文獻的就有糖肉饅頭、假肉饅頭、羊肉饅頭、筍肉饅頭、筍絲饅頭、魚肉饅頭、蟹黃饅頭、蟹肉饅頭、糖餡饅頭、辣餡饅頭等等，其中最著名的是太學生才可享用的"太學饅頭"，學生們還往往轉送給親朋好友嘗鮮，後來連南宋京城臨安的市場上都打出了太學饅頭的招牌。時至清代，饅頭的稱謂出現分野：北方謂無餡者為饅頭，有餡者為包子；而南方則稱有餡者為饅頭，無餡者也有稱作"大包子"的。時至今日，南北方人還都區分包子和饅頭。

 141

何謂"餛飩"？

餛飩是中國的傳統食品，源於中國北方。最早出現於三國時期。魏張輯《廣雅》云："餛飩，餅也。"餛飩是餅的一種，差別為其中夾餡，經蒸煮後食用；若以湯水煮熟，則稱"湯餅"。

古代中國人認為這是一種密封的包子，沒有七竅，所以稱為"渾沌"，依據中國造字的規則，後來才稱為"餛飩"。在這時候，餛飩與水餃並無區別。千百年來水餃並無明顯改變，但餛飩卻在南方發揚光大，有了獨立的風格。自唐朝起，正式區分了

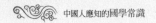

餛飩與水餃的稱呼。南宋時，當時臨安（今杭州）有每逢冬至吃餛飩的風俗，此後，我國開始盛行冬至食餛飩祭祖的風俗。

餛飩發展至今，更成爲製作各異，鮮香味美，遍佈全國各地，深受人們喜愛的著名小吃。而且各地還形成了不同的稱呼，江浙等大多數地方稱"餛飩"，廣東稱"雲吞"，湖北稱"包面"，江西稱"清湯"，四川稱"抄手"，新疆稱"曲曲"等等。

 | 142

何謂"珍饈"？

珍饈，也作"珍羞"，原是美食的意思，也可解釋爲美色，也可指比較美好、比較漂亮的東西。珍，更多的是山珍的意味，是山林野獸或者果蔬製作的食物，而饈卻沒有這些意思，泛指美味，二者結合代指珍奇名貴的食物。唐代李白《行路難》中也有："金樽清酒斗十千，玉盤珍羞值萬錢。"此外，民間還流傳著"八大珍饈"，即絲子雜燴、炒肉、酌蒸肉、虎皮丸子、塊子雜燴、渾煎雞、清蒸丸子、銀絲肚。

 | 143

《水滸傳》中武大郎賣的"炊餅"是什麼樣的？

炊餅，就是蒸餅，是一種圓形的乾體結構的麵製食品，外表有一層芝麻。炊餅外部有些乾焦，呈琥珀色，內部有一夾層，夾層內是鹽和胡椒粉等，外焦內柔，韌性十足，吃時必須口咬手撕，富有彈性。《水滸傳》第七十三回"黑旋風喬捉鬼梁山泊雙獻頭"曾提到燕青與李逵讓劉太公"煮下乾肉，做下蒸餅，各把料袋裝了，拴在身邊，離了劉太公莊上。"這裏的蒸餅就是炊餅。據說，因爲避宋仁宗趙禎的名諱，宮廷上下都把蒸餅喚作炊餅，這種叫法很快傳到了民間。在宋代，炊餅是人們的主要食品，大家習慣把無餡的稱爲炊餅，而把有餡的叫做饅頭，因此，實際上，武大郎叫賣的炊餅就是現在的饅頭。炊餅這種叫法，元明之際還在民間流行。入明以後，炊餅的叫法逐漸從大眾口語裏淡出，而直接以饅頭來稱呼原來實心的炊餅。

 | 144

麵條是怎麼來的？

麵條，是水煮的麵食，古稱湯餅。宋代黃朝英《緗素雜記·湯餅》云："餘謂凡以麵爲食具者，皆謂之餅，故火燒而食者呼爲燒餅，水瀹而食者呼爲湯餅，籠蒸而食者呼爲蒸餅。"湯餅最早見於史籍是北魏時期，它是將麵粉屬水和勻後，撕成片狀，扔入湯內煮，而這種麵是死麵，比較硬，所以古代又叫湯中牢丸。此外，湯餅又叫"托"，其意是一手托著麵，一手往鍋裏撕片，所以，它實際上是一種麵片湯。到了唐代，就不用手托，直接用刀切而成了，故此時湯餅又名爲"不托"。現在山西的刀削麵，就是由"托"轉爲"不托"的過渡形麵條，是古代飲食文化的珍貴遺產。

宋代稱麵條爲"索餅"、"索麵"、"濕麵"。大約在宋代已出現了掛麵，掛麵的做法是用和好的麵，揉搓成多根細圓條狀，粘附在圓棍上，然後掛在木架上，拉抻而成。之後，人們在此基礎上，逐步提高技術，加上適量的鹽，麵條越抻越細，終於製成線麵。

 | 145

茶有哪些稱呼？

茶，在古代是一物多名。清代郝懿行《爾雅義疏》記載："諸書說茶處，其字乃作荼，至唐代陸羽著《茶經》，始減一畫作茶。"《茶經》問世以前，除了"荼"以外，茶還有多種稱呼，如檟（jiǎ）、設（shè）、茗、荈（chuǎn）等。唐代以後，茶的別稱逐漸不使用了。

茶作爲飲料，在我國已有幾千年的歷史了。在漫長的歷史進程中，人們逐漸認識到了茶的保健功能，茶成爲日常生活的必需品。出於對茶的深情厚愛，人們爲茶取了不少高雅的名號。唐代陸羽《茶經》美譽茶爲"嘉木"、"甘露"，杜牧《題茶山》詩讚譽茶爲"瑞草魁"，施肩吾在詩中稱呼茶爲"滌煩子"；五代鄭邀《茶詩》贊稱茶爲"草中英"；北宋陶穀著的《清異錄》一書，對茶有"苦口師"、"水豹囊"、"森伯"、"清人樹"、"不夜侯"、"余甘氏"、"冷面草"等多種稱謂，蘇軾爲茶取名"葉嘉"，並著《葉嘉傳》，蘇易簡《文房四譜》稱呼茶爲"清友"，楊伯岩《臆乘・茶名》喻稱茶爲"酪蒼頭"；元代楊維楨《煮茶夢記》稱茶爲"凌霄芽"。

此外，對茶產品也有很多稱呼，如唐宋時的團餅茶喻稱"月團"、"金餅"，清代阮福《普洱茶記》所記載的"女兒茶"等。隨著名茶的出現，以名茶之名代替對茶的稱呼更是豐富多彩，如"滇紅"、"鐵羅漢"、"白牡丹"、"黃金桂"、"紫鵑"等，稱呼極多，美不勝收。

 146

酒有哪些稱呼？

中國釀酒歷史悠久，人們在飲酒贊酒的同時，總要給所飲的酒起個饒有風趣的雅號或別名。這些名字，大都由一些典故演繹而成，或者根據酒的味道、顏色、功能、作用、濃淡及釀造方法等而定，如歡伯、杯中物、金波、秬（jù）鬯（chàng）、白墮、凍醪（láo）、壺觴、壺中物、酌、酤、醑（xǔ）、醍醐、黃封、清酌、昔酒、縹酒、青州從事、平原督郵、曲生、曲秀才、曲道士、曲居士、曲薜（niè）、茅柴、香蟻、浮蟻、綠蟻、碧蟻、天祿、椒漿、忘憂物、掃愁帚、釣詩鉤、狂藥、酒兵、般若湯、清聖、濁賢等等。

例如，"歡伯"，因爲酒能消憂解愁，能給人們帶來歡樂，所以就被稱之爲歡伯。"杯中物"，因飲酒時，大都用杯盛著而得名。"金波"，因酒色如金，在杯中浮動如波而得名。"秬鬯"，這是古代用黑黍和香草釀造的酒，用於祭祀降神。"白墮"，這是一個善釀者的名字，後人以此代指酒。"凍醪"，即春酒，是寒冬釀造，以備春天飲用的酒。"壺觴"，本來是盛酒的器皿，後來亦用作酒的代稱。"醑"，本意爲濾酒去滓，後用作美酒代稱。"醍醐"，特指美酒。"黃封"，這是指皇帝所賜的酒，也叫宮酒。"清酌"，古代稱祭祀用的酒。"昔酒"，這是指久釀的酒。

"醪酒"，這是指綠色微白的酒。"香蟻"、"浮蟻"，因酒味芳香，浮糟如蟻而得名。"綠蟻"、"碧蟻"，指酒面上的綠色泡沫，也被作爲酒的代稱，等等。

 | 147

何謂"濫觴"？

"觴"，是古代的一種酒器，用於盛酒。古代文人玩的一種群體遊戲叫"流觴曲水"，意思是用酒杯盛上酒，放在上游河面循曲水而下。文人們列位於兩岸，看到酒杯停在自己面前了，就端起來一飲而盡。王羲之的名篇《蘭亭集序》："引以爲流觴曲水，列坐其次"、"一觴一詠，亦足以暢敍幽情"。

"濫"是"浮起"的意思。"濫觴"即"浮起酒杯"。《荀子·子道》曰："昔者江出於岷山，其始出也，其源可以濫觴。及其至江之津也，不放舟，不避風，則不可涉也，非維下流水多邪？"原意指江河發源之處水極少，只能浮起酒杯；後以指事物的起源。如唐劉知幾《史通·斷限》："若《漢書》之立表志……考其濫觴所出，起於司馬氏。"

 | 148

"房"和"屋"有什麽不同？

房，古代宮室中供人居住的房間，位於堂之後，室之兩側。在室之東者爲東房，室之西者爲西房，又叫右房。東房、西房都有門與堂相通，東房後部還有階通往後庭。後來，住宅內凡是居室皆可稱房，而這與上古的房專指東房、西房不同。

屋，本義是幄，後來"屋"指房屋，另造"幄"字。屋，從屍，從至。屍與房屋有關，至表示來到。屋即人來到這裏居住之意。因此，房屋一般指上有屋頂，周圍有牆，能防風避雨，禦寒保溫，供人們在其中生活和儲藏物資，並具有固定基礎的居住場所。

| 149

何謂"門當戶對"？

門指古代宮室的雙扇大門，戶指其內部堂、室、房之間的單扇門。文獻中的戶，一般是指室的戶，即室戶。《禮記‧禮器》中"未有入室而不由戶者"，即指室戶。佈局上，室戶偏東，堂、室之間的牖即窗偏西，分別位於堂的兩側，左右對稱。因此，門戶是指正門、入口。

此外，"門當戶對"也與"門戶"有些淵源。"門當"與"戶對"最初是指古代大門建築中的兩個重要組成部分。門當原本是指在大門前左右兩側相對而置的一對呈扁形的石墩或石鼓，用石鼓，是因為鼓聲宏闊威嚴、厲如雷霆，人們以為其能避鬼祟；戶對則是指位於門楣上方或門楣兩側的圓柱形木雕或磚雕，由於這種木雕或磚雕位於門戶之上，且為雙數，有的是一對兩個，有的是兩對四個，所以稱為戶對。用木頭雕刻的戶對位於門楣上方，一般為短圓柱形，每根長一尺左右，與地面平行，與門楣垂直；而用磚雕刻而成的戶對則位於門楣兩側，上面大多刻有以瑞獸珍禽為主題的圖案。

根據建築學上的和諧美學原理，大門前有門當的宅院必有戶對，所以，門當、戶對常常被同呼並稱。又因為門當、戶對上往往雕刻有適合主人身份的圖案，且門當的大小、戶對的多少又標誌著宅第主人家財勢的大小，所以，門當和戶對除了有鎮宅裝飾的作用，還是宅第主人身份、地位、家境的重要標誌。所以，門當戶對逐漸演變成社會觀念中衡量男婚女嫁條件的一個成語。

 | 150

"登堂入室"中的"堂"和"室"分別指建築物的哪個部分？

堂，古代宮室的主要部分之一，位於宮室主要建築物的前部中央，坐北朝南。堂前沒有門，而有兩根楹柱；堂的東西兩壁的牆叫序，堂內靠近序的地方分別叫東序、西序；堂的東西兩側是東堂（東廂）、東夾和西堂（西廂）、西夾；堂的後部有牆，把堂與室、房隔開，室、房有戶（即門）與堂相通。由於當時宮室是坐落在高出地面的台基上的，所以堂前有兩個階，東面的為東階，西面的為西階。堂用於舉行典禮、接見賓客和日常生活起居，而不用於寢臥。堂上的座位，以朝南為尊，所以有所謂"南面"（坐北朝南）之說。

室，古代宮室中供人居住寢臥的房間，位於堂之後，有戶與堂相通，同時，室與堂之間有牖（即窗）。室內的四個角落，稱為隅，以坐西向東為尊，其次為坐北向南，再次為坐南向北，最次為坐東向西。由於室在堂後，要入室必須先登堂，"登堂入室"由此得來。如《論語·先進》："由也，升堂矣，未入於室也。"後比喻學問或技能從淺到深，達到很高的水準。

 151

爲什麼常用"家徒四壁"來形容非常貧困？

壁，即牆壁。古人建房造牆，在很長一段時期不是用磚，而是築土成牆，即"版築"。我國很早就採用版築技術。《孟子·告子下》說："傅說舉於版築之間。"傅說是殷代國君武丁的相，他曾在傅岩地方為人築牆，為武丁訪得，舉以為相。所謂版築，就是築牆時用兩塊木板（版）相夾，兩板之間的寬度等於牆的厚度，板外用木柱支撐住，然後在兩板之間填滿泥土，用杵築（搗）緊，築畢拆去木板木柱，即成一堵牆。我國戰國時期發明了磚，但直到秦漢，磚是用來砌築墓室和鋪地面的，不用於造房。用磚來砌牆造房是比較後來的事，而且應用範圍有限，一般百姓民居仍用版築技術建造。直到今天，有的地區仍然使用這種辦法築牆。故此，"家徒四壁"就是家裏只有四面的牆壁，形容十分貧困，一無所有。如《漢書·司馬相如傳上》就有："文君夜亡奔相如，相如與馳歸成都。家徒四壁立。"

152

古代大門上的"鋪首"是做什麼用的？

鋪首是門扉上的環形飾物，大多鑄成獸首銜環之狀。以金爲之，稱金鋪；以銀爲之，稱銀鋪；以銅爲之，稱銅鋪。其形制，有冶蠡狀者，有冶獸吻者，有冶蟾狀者，蓋取其善守濟；又有冶龜蛇狀及虎形者，以用其鎮凶辟邪。鋪首的造型多種多樣，既有非常簡單形狀的，也有異常繁複逼眞的兇猛奇獸的頭部形狀的。小的鋪首直徑只有幾釐米，大的直徑要有幾十釐米。它們既能當做門拉手及敲門物件，起著實際作用，又能起到裝飾、美化大門門面的藝術效果。

獸首銜環在商周銅飾上早已有之。它是獸面紋樣的一種，有多種造型，嘴下銜一環，用於鑲嵌在門上的裝飾，一般多以金屬製作，作虎、螭、龜、蛇等形。它起源於史前人們對獸類的崇拜。漢代寺廟多裝飾鋪首，以作驅妖辟邪。後民間門扉上應用很廣，目的是避禍求福，祈求神靈像獸類敢於搏鬥那樣勇敢地保護自己家庭的人財安全。

普通人家的鋪首多爲熟鐵打製，大多數爲圓形、六角形，邊緣打製出花卉、草

廣州南越王墓石門上所嵌鎏金銅鋪首

漢畫像石墓門上鑿刻的鋪首銜環

木、卷雲形花邊圖案，配以圓圈狀的門環或菱形、令箭形、樹葉形門墜，既美觀大方，又結實耐用。王子王孫、達官顯貴、富甲豪紳家大門上的鋪首大致相同，但是在尺寸上要大了許多，氣派了許多。帝王家皇宮大門上的鋪首在尺寸、用料、工藝製作上，都達到了登峰造極的地步，鋪首的實用價值已經退為其次，而主要是為了彰顯皇家君臨天下的氣勢，鋪首的尺寸最大不說，用料是銅製鎏金，光耀奪目，造型多為圓形，穹隆凸起部鑿出獅子、老虎、螭、龜、蛇等猛獸、毒蟲的頭像，怒目圓瞪，齜牙咧嘴，為皇家把守大門。

153

古代屏風有哪些樣式？

屏風最初產生於西周，漢代開始普及，大都比較實用，多用來作臨時隔斷，或作遮蔽之用。到了明清時期，屏風不僅是實用傢俱，更是室內必不可少的裝飾品。屏風主要有帶座屏風、曲屏風、插屏和掛屏幾種形式。帶座屏風，又叫硬屏風，因屏風之腳插入底座而得名，扇數多為單數，以一、三、五居多，中間一扇較大，兩廂扇數對稱，扇間用走馬銷相銜，邊飾站牙，頂置屏帽。獨扇的帶座屏風，往往是大木雕屏風，木雕藝人習慣稱它為"落地屏風"，傳統上往往都是雙面透空雕，很少只有雕一面的。

曲屏風是一種可折疊的屏風，也叫軟屏風。它與硬屏風不同的是不用底座，且都

吐魯番墓室壁畫花鳥屏風

由雙數組成。最少兩扇或四扇，最多可達數十扇。有以硬木做框的，也有木框包錦的，包錦木框木質都較輕；屏心也和帶座屏風不同，通常用帛地或紙地刺繡或彩畫各種山水、花卉、人物、鳥獸等。一般說來，帶座屏風較重，曲屏風較輕。在陳設上，帶座屏風多陳設在居室正中的主要位置，而且相對固定。曲屏風則不然，在宮廷中，這種屏風多設在各宮正殿明間，屏前設寶座、條案、香筒、宮扇等物。這樣借後面的屏風擋住人們的視線，更突出了屏風前的陳設，造成一種莊嚴、肅穆的氣氛。

插屏一般都是獨扇，形體有大有小，差異很大。大者高3米有餘，小者只有20釐米，大者多設在室內當門之處，根據房間和門戶的大小，來確定插屏的高度。插屏和多扇座屏的作用相差不多，主要是用來擋風和遮蔽，在室內又有裝飾作用。

漢南越王墓出土的漆木屏風

清初出現掛屏，多代替畫軸在牆壁上懸掛。它一般成對或成套使用，如四扇一組稱四扇屏，八扇一組稱八扇屏，也有中間掛一中堂，兩邊各掛一扇對聯的。這種陳設形式，雍正、乾隆兩朝更是風行一時，在宮廷中皇帝和后妃們的寢宮內，幾乎處處可見。明代以前，屏風多趨於實用，主要用於遮蔽和作臨時隔斷，大多是接地而設，而掛屏則已脫離實用傢俱的範疇，成為純粹的裝飾品和陳設品。

 | 154

"床"、"榻"有什麼不同？

我國床榻出現得很早，傳說神農氏發明床，少昊始作簀（zé）床，呂望作榻。

五代《韓熙載夜宴圖》中的床榻形象

當時的床包括兩個含義，既是坐具，又是臥具。西漢後期，又現了"榻"這個名稱，是專指坐具的。西漢劉熙《釋名・釋床帳》說："長狹而卑曰榻，言其榻然近地也。小者曰獨坐，主人無二，獨所坐也。"榻與床的功能相似，區別是床較高較寬，周圍有圍欄，可施帳幔；榻則較低較窄，無圍欄，不施帳幔而可置屏風。此外，榻又特指賓客留宿的床，"下榻"即來源於此。

六朝以後的床榻，開始打破了傳統形制，出現了高足坐臥具。此時的床榻，形體都較寬大。唐宋時期的床榻大多無圍子，所以又有"四面床"的說法，使用這種無圍欄的床榻，一般須使用憑幾或直幾作為輔助傢俱。遼、金、元時期，三面或四面圍欄床榻開始出現，做工及用材都較前代更好。到了明代，這種床榻已盛行，其結構更加合理，裝飾手法達到了很高的工藝水準。如羅漢床，它的左右和後面裝有圍欄，但不帶床架，圍欄多用小木做榫攢接而成。最簡單的用三塊整木板做成，圍欄兩端做出階梯形軟圓角，既樸實又典雅。

清代床榻在康熙以前大體保留了明代的風格和特點，乾隆以後發生了很大變化，形成了獨特的清代風格。其特點是用材厚重、裝飾華麗，以致走向繁縟奢靡，造作俗氣。

155

"桌"、"案" 有何不同?

漢代食案

習慣上,桌形結體一般不包括案,而案形結體不僅包括案,也包括同樣類型的桌子。但是,案和桌在形制上有本質的區別,腿的位置決定了它的名稱,腿的位置縮進來一塊爲案,腿的位置頂住四角爲桌。除了形制上的區別,桌與案更重要的是精神層面的區別,即案的等級比桌高。如拍案驚奇、拍案而起、拍案叫絕,都是比較高等級的情緒,而拍桌子瞪眼、拍桌子砸板凳,都是低等級的情緒。

案類傢俱主要包括食案和書案。食案是古代進送食物的托盤,或作長方形、四矮足,或作圓形、三矮足,可以放置在地上。《後漢書·梁鴻傳》:"(梁鴻)爲人賃舂。每歸,妻爲具食,不敢於鴻前仰視,舉案齊眉。"這裏所說之案即爲食案。書案是一種長條形的矮桌子,兩端有寬足向內曲成弧形,供讀書寫字和辦公之用。

156

"筵席" 就是指酒席嗎?

筵、席,都是古時鋪在地上供人宴飲等活動時所坐的以莞、蒲等編織而成的用具。古人席地而坐,設席每每不止一層。緊靠地面的較大的一層稱筵,筵上面較小的

稱席,人就坐在席上。《周禮·
春官·宗伯》:"司幾筵:下士
二人。"鄭玄注:"鋪陳曰筵,
藉之曰席。"賈公彥疏:"設席
之法,先設者皆言筵,後加者爲
席。"《禮記·樂記》:"鋪筵
席,陳尊俎,列籩豆,以升降爲
禮者,禮之末節也。"

此後,筵席一詞逐漸由宴飲
的坐具演變爲酒席的專稱。由祭
祀、禮儀、習俗等活動而興起的
宴飲聚會,大多都要設酒席。中

漢畫像石宴飲圖

國宴飲歷史及歷代經典、正史、野史、筆記、詩賦多有古代筵席以酒爲中心的記載和
描述。以酒爲中心安排的筵席菜餚、點心、飯粥、果品、飲料,其組合對品質和數量
都有嚴格的要求;而宴飲的物件、筵席檔次與種類不同,其菜點品質、數量、烹調水
準也有明顯差異。

157

"胡床"是床嗎?

胡床,亦稱交床、交椅、繩床。原爲中國古代馬上民族的用具,通常被認爲是從
席地而坐向椅坐的轉變。胡床的結構是前後兩腿交叉,交結點做軸,上橫樑穿繩代
座,可以折合,上面安一栲栳圈兒。椅圈一般由三至五節榫接而成,下由八根木棒交
結而成,交結關節處,多以金屬件固定。整個造型,從側面看似多個三角形組成,線
條纖巧活潑,但不失其穩重。因其兩腿交叉的特點,遂又稱交椅。明清兩代通常把帶
靠背椅圈的稱交椅,不帶椅圈的稱"交杌",也稱"馬紮兒"。交椅可以折疊,攜帶
和存放十分方便,它們不僅在室內使用,外出時還可攜帶。宋、元、明乃至清代,皇
室貴族或官紳大戶外出巡遊、狩獵,都帶著這種椅子,以便於主人可隨時隨地坐下來

唐墓石槨侍女捧胡床圖

敦煌壁畫中武士坐胡床圖

休息，交椅遂成爲身份的象徵，所以我國有"第一把交椅"代表首領的說法。

　　但是，現代人常爲古代文獻中或詩詞中的"胡床"或"床"所誤。至遲在唐時，"床"仍然是"胡床"，而不是指我們現在睡覺的床。例如，李白的詩《靜夜思》："床前明月光，疑是地上霜。舉頭望明月，低頭思故鄉。"詩人此時應該是夜晚坐在門外的小馬紮上，感月思鄉。如果是睡在室內的床上，且不說古代的窗戶小且不能透光，就是抬頭和低頭的動作也講不通。

158

"太師椅" 與太師有關係嗎？

太師椅是唯一用官職來命名的椅子，它最早使用於宋代。太師椅是在圈椅基礎之上發展而來的，而圈椅的基礎又是交椅。交椅的椅圈後背與扶手一順而下，就坐時，肘部、臂膀一併得到支撐，很舒適，頗受人們喜愛。後來逐漸發展爲專門在室內使用的圈椅。它和交椅所不同的是不用交叉腿，而採用四足，以木板作面，和平常椅子的底盤無大區別。只是椅面以上部分還保留著交椅的形態。這種椅子大多成對陳設，單獨擺放的不多。圈椅的椅圈因是弧形，所以用圓材較爲協調。明代中後期，有的椅圈在盡頭扶手處的雲頭外透雕一組花紋，既美化了傢俱，又起到格外加固的作用。明代人對這種椅式極爲推崇，因此當時多把它稱爲 "太師椅"。

太師椅在清代大放光彩，最能體現清代傢俱的造型特點。它體態寬大，靠背與扶手連成一片，形成一個三扇、五扇或者是多扇的圍屏。此時，太師椅變成了一種扶手椅的專稱，而且在人們的生活中佔據了主要的地位。

159

何謂 "四通八達" ？

四通八達，是指四面八方都有路可通。形容交通極爲便利，也形容通向各方。後也用來比喻事理融會貫通。最早見於春秋時期子華子的著作，《子華子·晏子問黨》："其途之所出，四通而八達，遊士之所湊也。"其後，"四通八達" 被廣泛使用，如《晉書·慕容德載記》："滑台四通八達，非帝王之居。"也有稱 "四通五達" 的，如《史記·酈生陸賈列傳》："夫陳留，天下之沖，四通五達之郊也。"所謂 "五達"，指的是四面和中央。

| 160

爲什麼常用 "陽關大道" 來比喻前途光明的道路？

陽關是我國古代陸路對外交通咽喉之地，是絲綢之路南路必經的關隘。它位於今河西走廊的敦煌市西南七十公里南湖鄉 "古董灘" 上，因坐落在玉門關之南而取名陽關。陽關始建於漢武帝元鼎年間（前116～前111），在河西 "列四郡、據兩關"，和玉門關同爲當時對西域交通的門戶。作爲古代兵家必爭的戰略要地，西漢時爲陽關都尉治所，魏晉時，在此設置陽關縣，唐代設壽昌縣。宋元以後隨著絲綢之路的衰落，陽關也因此被逐漸廢棄。

故此，陽關大道是指經過陽關通向西域的大道。唐代王維《送劉司直赴安西》："絕域陽關道，胡沙與塞塵。" 後泛指通行便利的寬闊大路，也比喻有光明前途的道路。人們常說："你走你的陽關道，我走我的獨木橋。" 即由此得來。

 | 161

何謂 "康莊大道"？

康莊大道，原作康莊之衢。按照《爾雅·釋宮》的說法："四達謂之衢，五達謂之康，六達謂之莊。" 因而 "康莊大道" 就是指寬闊平坦、四通八達的大路。它源於戰國時期齊宣王爲稷下學宮中的學者在四通八達的大道旁修築宅第。

西元前319年，齊宣王即位。他借助強大的經濟軍事實力，一心想稱霸中原，完成統一中國的大業。爲此，他像其父輩那樣廣招天下賢士而尊寵之，大辦稷下學宮，爲稷下學者提供優厚的物質與政治待遇，"開第康莊之衢"，修起 "高門大屋"，政治上，授之 "上大夫" 之號，享受大夫的政治地位和政治待遇。勉其著書立說，展開學術爭鳴，鼓勵他們參政、議政的熱情和積極性，吸納他們有關治國的建議和看法。因此，吸引了眾多的天下賢士彙集於稷下。由此，"康莊大道" 也被多用來比喻美好光明的前途。清代李寶嘉《官場現形記》六十回："我夢裏所到的地方，竟是一片康莊大道，馬來車往，絡繹不絕。”

162

古代的 “道路” 是什麼樣的？

　　道路，是由一地通往另一地的路徑。西元前20世紀的新石器晚期，中國就有役使牛、馬為人類運輸而形成的馱運道。相傳，是中華民族的始祖黃帝發明了車輪，於是以 “橫木為軒，直木為轅” 製造了車輛，繼而產生了行道。西元前16世紀至前11世紀間，中國人已懂得夯土築路、用石灰穩定土壤。在殷墟遺址還發現由碎陶片和礫石鋪築的路面。西元前11世紀至前5世紀，道路的規模和水準已有了相當的發展，出現了較為系統的路政管理，人們已將市區和郊區的道路做出了不同的劃分：城市道路分 “經、緯、環、野” 四種，南北之道為經，東西之道為緯；城中有九經九緯呈棋盤狀，圍城為環，出城為野；郊外道路分為路、道、塗、畛、徑五個等級。可見，當時周朝的道路已較為完善。西元前475年至前221年，人們已經能夠在山勢險峻之處鑿石成孔，插木為梁，上鋪木板，旁置欄杆，稱為棧道，這是戰國時期道路建設的一大特色。

　　西元前221年至前206年，秦始皇統一中國後立即修建了以首都咸陽為中心、遍佈全國的馳道網，這種馳道可與古羅馬的道路網媲美。西漢王朝曾派張騫兩次出使西域，遠抵大夏國（今阿富汗北部），開創了舉世聞名的絲綢之路。西元581～618年，隋朝建造了規模巨大（數千里）的道路工程。西元618～907年，唐朝幾次下詔書於全國，保持全國範圍內的道路暢通，實行道路保養。當時的道路佈置井然、氣度宏偉，影響遠及日本。宋、元、明、清幾代，道路工程方面均有不同的提高和貢獻。

　　然而，“道” 與 “路” 還是各有所側重。“路” 可以理解為 “各邁各的腳”，意思是只要邁步順著走就可以到達目的地的路徑；“道” 則應理解為 “在腦袋指導下而走”，意思是必須用腦袋思考、探索而走通的路徑。故此，路是眼睛明顯可見的路徑，道則是眼睛看不到或看不清，必須由頭腦分析、思考和探索才能邁步而行的路徑。

163

"車軾"是指車的哪個部位？

乘者扶軾圖

軾，古代車廂前面用做扶手的橫木，其形如半框，有三面，供人在車子顛簸時抓扶或憑倚之用。古人在行車途中如要對人表示敬意，即扶軾俯身低頭，這個致敬的動作也作"式"或"軾"。如《禮記‧檀弓下》："孔子過泰山側，有婦人哭於墓者而哀，夫子式而聽之。"《史記‧魏世家》："（魏文侯）客段幹木過其閭，未嘗不軾也。"但是，"兵車不式"，大約因爲甲冑在身，不便於俯身低頭。由於軾在大多數情況下沒什麼用，可是少了它也不行，以此也用於比喻不要顯山露水，不要鋒芒畢露，爲人老老實實，安守本分。蘇洵爲他的兒子取名"蘇軾"也正是取這個意思。（見蘇洵《名二子說》）

164

管轄的"轄"是什麼意思？

轄，大車軸頭上穿著的小鐵棍，即車軸兩端的鍵，可以管住輪子使不脫落。轄用青銅或鐵製作，呈扁平長方形。《淮南子‧人間訓》："夫車之所以能轉千里者，以其要在三寸之轄。”《漢書·陳遵傳》：“遵嗜酒，每大飲，賓客滿堂，輒關門，取客車轄投井中，雖有急，終不得去。”後以“投轄”指殷勤留客。由於轄有管轄控制車輪的作用，後來又引申為“管理”、“管轄”之意，如轄區、直轄、統轄等。

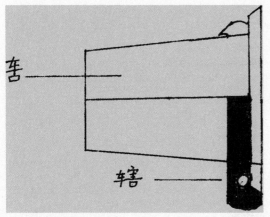
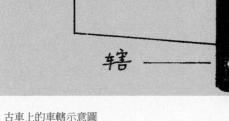

古車上的車轄示意圖

西周人形轄

165

比較的“較”指的是什麼東西？

較，指車廂兩旁板上的橫木。士大夫以上的乘車，較上飾有曲銅鉤。《考工記·輿人》：“以其隧之半為之較崇。”在此基礎上，延伸出“比較”、“較量”等。如《老子》：“有無相生，難易相成，長短相較，高下相傾，音聲相和，前後相隨。”

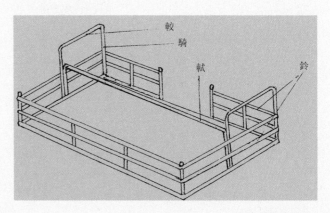

古代車廂示意圖

| 166

古代車的輪子是什麼樣的？

古代車輪由輻、輞、轂組成。輻，車輪的輻條，一般每個車輪有三十根輻。輻是一根一根的木棍，一端接車輪的邊框，即輞；一端接車輪中心有孔的圓木，即轂。由於輻都向轂集中，就稱為「輻輳」。後用以形容人或物從四面八方聚集在一起，就像車輻集中於車轂一樣。如《漢書·叔孫通傳》：「明主在其上，法令具於下，使人人奉職，四方輻輳，安敢有反者！」

| 167

為什麼動身出發叫「發軔」？

車軔置於輪下情況

軔，阻止車輪轉動的木頭，車子啟行時，拿掉擋車之軔，故車啟程稱為發軔，借指動身出發。《楚辭·離騷》：「朝發軔於蒼梧兮，夕餘至乎縣圃。」朱熹集注：「軔，搘（zhī）車木也，將行則發之。」《淮南子·兵略訓》：「故得道之兵，車不發軔，騎不被鞍。」杜甫《昔遊》：「余時遊名山，發軔在遠壑。」

| 168

秦始皇統一全國後爲什麼要實行“車同軌”？

古代的車輪子是用木料外加鐵箍箍緊的，史書稱之爲鐵籠。車子在泥石板的道路上行駛日久，車輪就會在路上留下兩道深深的車輪痕跡，即車轍，以後的車輛都是在這兩道車轍中行走，所謂南轅北轍的“轍”，就是說的這種車輪痕跡。

戰國時期，一個國家的車輪距離與其他國家的不同，因爲無法套進這兩道車轍中，他國的車輛就無法再到路上行走，這也是各國有意用這種車轍來進行防禦，以阻擋其他國家侵略的一個方法。秦始皇統一中國後，把這種不同的車轍道路統一爲一種尺寸的車轍道路，使得全中國的車輪距離統一尺寸，在各地道路上可以通行無阻，這才是秦始皇車同軌的眞正意義。《史記·秦始皇本紀》：“一法度衡石丈尺，車同軌，書同文。”這樣一來，全國的輜重車可以在各條道路上自由行走，對於調劑各地的經濟、軍事以及國計民生有著非常重大的意義，遂成爲統一的象徵。

 | 169

安車是什麼樣的車？

安車，古代一種通常用一匹馬拉的、可以在車廂裏坐乘的車子。上古乘車一般都是站立在車廂裏，而安車則可以安坐，故名。《禮記·曲禮上》：“大夫七十而致事……適四方，乘安車。”漢鄭玄注：“安車，坐乘，若今小車也。”官員告老，或徵召德高望重的人，往往賜乘安車，這是一種優禮方式。

安車多用一馬，也有用四馬的，那是表示特殊的禮遇。《史記·儒林列傳》：“於是天子使使束帛加璧，安車駟馬迎申公，弟子二人乘軺傳從。”申公年高德劭，故漢武帝用駟馬安車去征迎他；其弟子從行，卻只能乘一馬或二馬拉的普通軺車。此外，西漢著名辭賦家枚乘，被漢武帝以“安車蒲輪”（用蒲草裹著車輪）徵召進京，但因年老體弱，不勝顛沛之苦，於途中生病離世。

170

輼輬車是什麼車？

輼（wēn）輬（liáng）車，古代的一種臥車，設有帳幔，上開窗子，可以根據氣溫開閉，使車內或溫或涼，所以稱之爲"輼輬車"。秦始皇統一六國後，規定輼輬車爲四馬駕馭的、車輪輪距爲203釐米的臥車。據《史記‧李斯列傳》記載，秦始皇在巡幸途中病逝，爲了防止京城發生變亂，趙高等人嚴密封鎖始皇駕崩消息，將始皇屍體放在其原來乘坐的輼輬車中，每天照常接受百官的朝拜，直到返回首都咸陽，才矯詔立胡亥爲太子，然後公佈秦始皇駕崩消息，胡亥即位，即秦二世。後來輼輬車就用來作爲喪車。《漢書‧霍光傳》記載："載光屍柩以輼輬車。"顏師古注："輼輬，本安車也，可以臥息。後因載喪，飾以柳翣，故遂爲喪車耳。輼者密閉。輬者旁開窗牖，各別一乘，隨事爲名。後人既專以載喪，又去其一，總爲藩飾。而合二名呼之耳。"

 171

古代對於抬轎子的人數有什麼規定？

轎子，是一種靠人或畜扛、載而行，供人乘坐的交通工具。轎子最早是由車演化而來，起初只是作爲山行的工具，後來走平路也以它爲代步工具，稱爲肩輿。初期的肩輿爲二長竿，中置椅子以坐人，其上無覆蓋，很像現代的"滑竿"。唐宋以後，椅子上下及四周增加覆蓋遮蔽物，其狀有如車廂（輿），並加種種裝飾，乘坐舒適，這就是轎子。在結構上，轎子是安裝在兩根杠上可移動的床、坐椅、坐兜或睡椅，有篷或無篷；在種類上，有官轎、民轎、喜轎、魂轎等不同；在使用上，有走平道與山路的區別；在用材上，有木、竹、藤等之分；在方式上，有人抬的和牲口抬的不同，如駱駝馱的"駝轎"等。

在封建社會的等級制度下，轎子在使用上有著嚴格的等級規定，違規則要受罰。《明會要‧輿服上》曰："文武官例應乘轎者，以四人舁之。其五府管事、內外鎮守、守備及公、侯、伯、都督等，不問老少，皆不得乘轎。違例乘轎及擅用八人者，奏聞。"清代的宗親、朝臣、命婦等達官顯貴乘坐轎子也有嚴格規定，不准逾制。三品以上及京堂官員，轎頂用銀，轎蓋、轎幃用皂，在京時轎夫四人，出京時轎夫八人；四品以下文職官員轎夫二人，轎頂用錫等。民用轎一般分

南朝墓畫像磚中的肩輿圖

為自備轎與營業轎兩種。自備轎多屬富紳之家，隨時伺候老爺、太太、小姐出行，有涼轎和暖轎之分。涼轎用於夏季，轎身較小，紗作幃幕，輕便快捷，通風涼爽；暖轎用於冬季，轎身較大，厚呢作幃，前掛門簾，轎內放置火盆。還有一種專用於婦女乘坐的女轎，裝飾精巧講究，紅緞作幃，輔以垂纓，顯得小巧華貴，漂亮典雅，具有濃厚的閨閣氣息。

由於抬轎人數不同，二人抬的稱"二人小轎"，四人抬的稱"四人小轎"；八人以上抬的則稱之為"大轎"。由於八抬大轎多用於娶親，舊時的結婚講究明媒正娶，由夫家用轎迎娶是其主要內容，所以，此後"八抬大轎"多用來指邀請的態度誠懇，儀式隆重，亦或指擺架子。

 172

何謂"驂乘"？

驂乘，也作參乘，指古代乘車時居右邊陪乘的人。古人乘車"尚左"，即以左方為尊，乘車時尊者在左，禦者（駁手）居中，另有一人在右陪乘，即"驂乘"，其任務在於隨侍尊者，防備車輛傾側。兵車的情況有所不同，主帥居中自掌旗鼓指揮作戰，禦者在左，另有一人在右陪乘，其任務是保護主帥，排除車行中隨時可能出現的

事故，這個人就叫"車右"。《漢書·文帝紀》："乃令宋昌驂乘。"顏師古注："乘車之法，尊者居左，禦者居中，又有一人處車之右，以備傾側。是以戎事則稱'車右'，其餘則曰'驂乘'。"歷史上有"威權震主，禍萌驂乘"一詞，說的是漢宣帝繼位，按例須謁見高廟。大將軍霍光驂乘同行，宣帝坐在輿中，好似背上生著芒刺，很覺不安。霍光死後，宣帝族滅了霍家。後來，此語常用來形容功高震主的權臣。

 | 173

古代"館驛"是做什麼用的？

館驛，是古代設在驛路上，供傳遞官府文書和軍事情報的人或來往官員途中食宿、換馬的場所。驛是由中央直接管轄的官方招待所，館則是屬於地方政府設置的賓館。我國是世界上最早建立組織傳遞資訊的國家之一，郵驛歷史長達3000多年。

文字記載的館驛最早是在唐朝。唐代每三十裏置驛，大多設在州、縣城內，以方便來往官員休息和驛夫傳遞書信公文的業務，也有一些館驛設在州、縣城外附近的地方，其中有的成為高級賓館，十分豪華，形式很壯觀。唐代劉夢得《管城新驛》就記載："門街周道，牆蔭竹桑，境勝於外也。遠購名材，旁延世工。既塗宣皙，領甓剛滑，求精於內也。"到了元代，由於疆域遼闊，發展交通、強化驛站制度，成為鞏固政權的重要手段，這時驛站也叫"站赤"，實際"站赤"是蒙古語驛站的譯音。明代在主要道路上設置了館驛，還設立了遞運所，旨在專門從事貨物運輸，其主要任務是轉運國家的軍需、貢賦和賞賜之物，由各地衛所管理。

清代驛站分驛、站、鋪三部分。驛是官府接待賓客和安排官府物資的運輸組織。站是傳遞重要文書和軍事情報的組織，為軍事系統所專用。鋪由地方廳、州、縣政府領導，負責公文、信函的傳遞。驛站使用的憑證是勘合和火牌。凡需要向驛站要車、馬、人夫運送公文和物品都要看"郵符"，官府使用時憑勘合；兵部使用時憑火牌。驛站管理至清代已臻於完善，並且管理極嚴，違反規定，均要治罪。到了清代末期，由於文報局的設立，驛站作用逐漸減弱，繼而廢除，以後又設郵政，而文報局也逐漸廢止。

174

“腳夫”指的是什麼樣的人？

腳夫，亦稱腳力、腳從，是擔任傳遞文書或搬運貨物的差役、民夫。南宋吳自牧《夢粱錄》卷十九中說：“或官員士夫等人，欲出路、還鄉、上官、赴任、遊學，亦有出陸行老，顧倩腳夫、腳從，承攬在途服役，無有失節。”腳夫的生活很困苦，走南闖北，翻山越嶺，風餐露宿，一走就是十幾天或至數月、數年，全憑兩隻腳謀生糊口。後來，將搬運費也稱爲腳力。

175

古代不同的船都有什麼樣的名稱？

古代的船有各式名稱，按照用途劃分，有戰船、漕船、課船等，戰船又有樓船、艋（měng）艟（chōng）、福船、沙船等；按照形狀劃分，有舸、舴（zé）艋、舢板等。

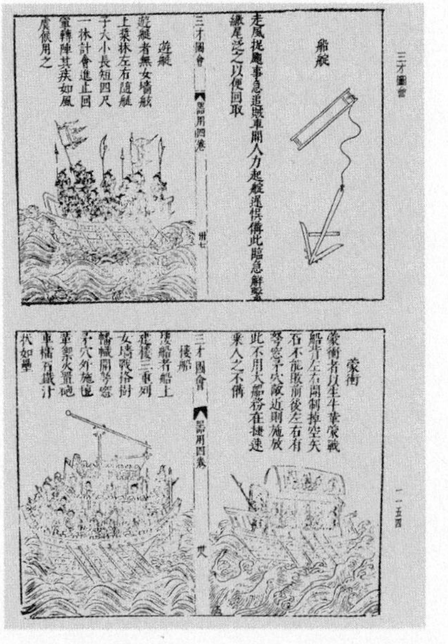

《三才圖會》之“遊艇、蒙衝、樓船”

例如，樓船是一種具有多層建築和攻防設施的大型戰船，外觀似樓，故曰樓船。樓船之名最早始於戰國時期南方的越國，越有樓船軍，秦朝及漢朝都有官銜爲“樓船將軍”的軍事指揮官。漢代的造船技術漸臻成熟，其樓船高十餘丈。三國時東吳建成五層戰船，可載兵3000人。樓船不僅外觀巍峨威武，而且船上列矛戈，樹旗幟，戒備森嚴，攻守得力，宛如水上堡壘。此後歷代水軍，都以樓船作爲主力戰艦。西晉時，樓船上裝設有拍竿。東晉時期，孫恩、盧循海上起義軍也擁有一支以大型樓船爲主力的舟師。隋代初期的舟師裝備有大型樓船——五牙艦。宋代將車船建造技術運用於建造樓船，發展出裝有多達24車的樓船，船上有的裝設拍竿6座。明代初期，鄭和下西洋的寶船可遠渡重洋進行洲際航行，這是中國古代樓船建造技術的最高成就。

　　沙船，是一種平底、方頭、方艄的海船，是我國古老的一種船型。在唐宋時期，它已經成型，成爲我國北方海區航行的主要海船。因其適於在水淺多沙灘的航道上航行，所以被命名爲沙船，也叫做"防沙平底船"。它在江河湖海皆可航行，適航性特別強，寬、大、扁、淺是其最突出的特點。沙船的縱向結構採用"扁龍骨"，從而使縱向強度得到加強；橫向結構則是採用水密隔艙的工藝。這樣，沙船縱橫一體，抗沉性較好。同時，爲提高抗沉性，沙船上還有"太平籃"。當風浪大時，從船上適當位置放下用竹編的其中裝有石塊的竹籃，懸於水中，使船減少搖擺。

中國人應知的

國學常識

The Knowledge
of Chinese

體育娛樂

中國人應知的
國學常識 **體育娛樂**

| 176

圍棋爲什麼黑子先行？

起源於中國的圍棋規則十分簡單，卻比其他棋類複雜深奧，這就是圍棋的魅力所在。現代圍棋的開局模式固定爲"黑先白後"，如果雙方的水準不是一個層次，對局時新手是確定拿黑子。所謂"執黑子爲敬"指的就是雙方在開始對局時（往往是此前沒下過棋的雙方、或者雙方對棋局勝負不是太在意的情況下），一方主動拿黑子先行，表示"我棋力比較低，應該拿黑棋"。許多學者都認爲圍棋與《周易》是有緊密關聯的。古人認爲自然界是"天圓地方，天動地靜"，而圍棋的棋盤爲方形，象徵大地是方的，是靜止的；棋子爲圓形，象徵蒼天是圓的，是運動的；棋子下在棋盤上，就象徵著天圓地方。而下棋時規定落子之後不能反悔，則是有著時間一去不復返的含義。《棋經》中有圍棋"三百六十一道，仿周天之度數"的記載。這就是說，棋盤上共有三百六十一個交叉點，正好符合一年的天數。接下來，再以天元爲基點可把棋盤分爲四個部分，分別寓意春夏秋冬四個季度。從棋的形狀上講，有"雙飛燕"、"猴子臉"、"金雞獨立"、"龜不出頭"等等，在定式之中有"大雪崩型"和"小雪崩型"，在佈局種類中有"宇宙流"等，這些無一不與自然相關聯。

| 177

中國象棋棋盤上的"楚河漢界"是怎麼來的？

在中國象棋的棋盤中間，常有一區空隙，上寫有"楚河"、"漢界"字樣，這是

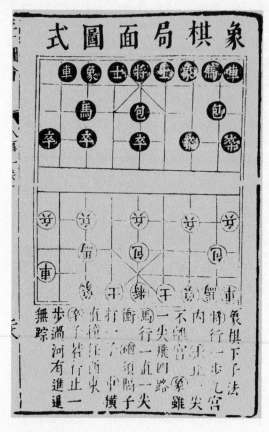

明代象棋圖式

什麼意思呢？原來，這與歷史上的"楚漢戰爭"有關。據史料記載，"楚河漢界"在古代的滎陽（今河南鄭州）成皋一帶，該地北臨黃河，西依邙山，東連平原，南接嵩山，是歷代兵家必爭之地。西元前203年，劉邦出兵攻打楚國，項羽處於下風，被迫提出了"中分天下，割鴻溝以西爲漢，以東爲楚"的要求，從此就有了楚河漢界的說法。至今，在滎陽廣武山上還保留有兩座遙遙相對的古城遺址，西邊那座叫漢王城，東邊的叫霸王城，相傳就是當年劉邦、項羽所築。兩城中間，有一條寬約300米的大溝，這就是人們平常所說的鴻溝，也是象棋盤上所標界河的依據。歷史上，2200多年前，楚霸王項羽和漢王劉邦以滎陽爲主戰場，展開了長達4年的攻伐激戰，並以滎陽的鴻溝爲界，中分天下，成爲中國歷史長河中最爲精彩的片段之一。當戰爭的硝煙在歷史的長河中漸漸消散，楚河漢界卻永遠定格在了中國象棋棋盤上，滎陽也因此被譽爲中國象棋之都。

178

古人也玩"飛行棋"嗎？

中國古代有一種博戲叫雙陸，依據日本現存《雙陸錦囊鈔》記載，一套雙陸棋包括棋盤、黑白棋子各十五枚、骰子兩枚。棋子爲馬形；骰子是正方體，六面分別刻有從一到六的數值。玩時，首先擲出兩骰，骰子頂面所顯示的數值是幾，便行進幾步。先將己方十五枚棋子走進對方的棋盤者，即獲全勝，故雙陸應是一種類似今天飛行棋的遊戲。雙陸流行於曹魏，盛於南北朝、隋、唐，宋、元時期更爲普及。但隋以前的史籍中，談及雙陸者非常少，到了唐朝，記載才多起來。《舊唐書·后妃傳》記載：有一次，唐中宗的皇后韋氏與武則天的侄子武三思玩打雙陸，唐中宗就在一旁爲他們點籌進行娛樂遊戲。宋代，雙陸在各地更爲普及。當時，北方城市中還出現了雙陸的賭博組

唐·周昉《內人雙陸圖》（局部）

織，一般在雙陸賭博時均設有籌，以籌之多少賭得錢財，外人入賭，還有優惠條件。這時的雙陸形制與打法和唐代差別不大，宋末元初人陳元靚在《事林廣記》一書中曾刻入了當時流行的"打雙陸圖"，對雙陸的格式、佈局有著非常形象的表現。

 179

古代的"六博"是什麼樣的遊戲？

六博是中國古代一種棋戲。《楚辭·招魂》記載："蒐蔽象棋，有六博些。分曹並進，遒相迫些。"這說明戰國前後在荊楚一帶已流行六博棋。至秦漢時期，六博得到更加廣泛的傳播，上至貴族官僚，下至黎民百姓無不樂於此道。據史書記載，一套

六博俑

完整的六博棋，應包括棋局、棋子、箸（骰子）等。六博由兩人玩，行棋方法主要包括大博和小博兩種。西漢以前的玩法為大博，即對博的雙方各在己方棋盤的曲道上排列好六枚棋子，其中一枚代表"梟"，五枚稱作"散"，用箸六個。對博時，雙方先輪流擲箸，根據擲得的"箸"的數量多少行棋。六博行棋時，雙方要互相逼迫，對博的勝負以殺"梟"來決定，即《韓非子》中所言"博者貴梟，勝者必殺梟"，這與象棋中以殺將奪帥為勝相類似。東漢時期出現了小博，這種博法是一方執白棋六枚，一方執黑棋六枚，此外雙方還各有一枚圓形棋子，稱作"魚"，將它們分別布於棋盤十二曲格道上，兩頭當中名為"水"，"魚"便置於"水"中。行棋的多少是根據擲箸的數位而決定，哪一枚棋子先進到規定的位置，即可豎起，稱為"驕棋"。隨後這枚"驕棋"便可入於"水"中，吃掉對方的"魚"，稱為"牽魚"。每牽一次魚，獲博籌二根，如能首先牽到三次魚，得六根博籌，即算獲勝。六博最初是一種帶有比賽性質的娛樂活動，後來逐漸發展成一種賭博手段。漢代以後，六博開始衰落，至三國時期已受到世人的厭棄，隋唐以後便逐漸失傳。

 180

樗蒲是一種什麼樣的遊戲？

樗蒲（chūpú），也作"摴蒱"，又名擲盧、呼盧、五木，是在六博遊戲的基礎上予以改進而形成的，類似擲骰子，但規則比擲骰子要複雜得多。樗蒲的用具起初有盤、杯、馬、矢等。盤是棋枰，杯是後代骰盆，馬是棋子，矢即骰子，有黑有白，共有五枚，故稱為"五木"。宋鄭樵《通志·草木略》載："樗似椿……葉脫處有痕，為樗蒲子。"有人認為樗蒲之得名，系由樗葉脫處所留痕跡而來，所以五木又被簡稱為"齒"，擲得彩名稱為"齒彩"。五木可以組成六種不同的排列組合，其中全黑的稱為"盧"，是最高彩；四黑一白的稱為"雉"，次於盧；其餘四種稱為"梟"或"犢"，為雜彩。玩樗蒲時，人們都希望能夠擲出全黑的頭彩。和凝在其《宮詞百首》之三十九便形象地描繪了這種心態："錦褥花明滿殿鋪，宮娥分坐學樗蒲。欲教官馬沖關過，咒願纖纖早擲盧。"宮女們在心中祈禱快點擲出全黑的頭彩，以便沖關獲勝。

181

中國古時鬥牛與西班牙鬥牛一樣嗎？

提起鬥牛，人們常常就會想到西班牙的鬥牛盛況。實際上，除西班牙有鬥牛風俗外，中國的鬥牛風俗也有悠久的歷史，但與西班牙鬥牛不同的是，中國古時鬥牛比賽是牛與牛之間的較量。據史書記載，中國早在秦代就有了鬥牛的風俗。《太平廣記》

東漢畫像石鬥牛圖

卷291《神一》引《成都記》就曾記載："李冰為蜀郡守，有蛟歲暴……冰乃入水戮蛟。己為牛形……故春多設有鬥牛之戲，未必不由此也。"唐人段成式《酉陽雜俎》卷四也曾記載龜茲國："元日鬥牛馬駝，為戲七日，觀勝負，以占一年羊馬減耗繁息也。"據此可知，中國鬥牛也曾流行於少數民族地區，是人們節日娛樂的專案之一。中國古代鬥牛尤以金華鬥牛最為出名，明末著名史家談遷曾著有《北遊錄》一書，書中就提到了金華的鬥牛："金華近例，正月鄉人買健牛，各赴場相角，決勝負，至群殺，不能禁。"

| 182

鬥雞遊戲起源於何時？

漢畫像石鬥雞圖

鬥雞，顧名思義，指兩雞相鬥。鬥雞在我國約有兩千多年的歷史。《史記》和《漢書》多處記載有"鬥雞走狗"之事。西元前770年，春秋戰國時期的魯季平子與鄰昭伯以鬥雞而得罪於魯昭公，竟互相打起架來。山東《成武縣誌》記載："鬥雞台在文亭山後。周釐王三年（前679），齊桓公以宋背北杏之會，曾摟諸侯伐宋，單伯會之，取成於宋北境時，鬥雞其上。"可見當時鬥雞已頗盛行。中國古代鬥雞不僅在民間有著大量擁躉，

即便是在皇室貴族中也大受歡迎。例如，唐高宗時期，親王、大臣們狂愛鬥雞。一次沛王與英王鬥雞，詩人王勃專爲沛王寫了一篇聲討英王的鬥雞詩文，於是昔日的皇家兄弟幾乎爲此反目成仇，王勃則被高宗一氣之下罷官去職。再如，唐玄宗更是愛好鬥雞，經常在長安舉行規模盛大的鬥雞比賽，特別是到了每年的元宵節、清明節、中秋節，唐玄宗都要組織鬥雞，以示天下太平。《東城老父傳》中曾記載：每當到了鬥雞的日子，唐玄宗都會讓宮廷樂隊集體出動，後宮佳麗也紛紛出場。與皇帝的大規模鬥雞僅爲娛樂不同，民間鬥雞活動則具有賭博的性質，很多人因鬥雞而發家致富。

| 183

古人如何鬥鴨？

在古代中國，人們有將飼養的家禽相互爭鬥以作娛樂的習俗，因此人們喜好鬥

雞、鬥鵝、鬥雁。此外，還有鬥鴨比賽。所謂“鬥鴨”，就是將鴨蓄於池中，觀其相鬥以取樂。據歷史記載，鬥鴨最早可能出現於西漢初年，發展於六朝，鼎盛於隋唐。《南史·王僧達傳》記載：“（僧達）坐屬疾而於揚列橋觀鬥鴨，爲有司所糾。”葛洪《西京雜記》也曾記載：“魯恭王好鬥雞、鴨及鵝、雁，養孔雀、鸂鶒，俸一年費二千石。”魯恭王喜歡鬥雞、鬥鴨等，爲了精心飼養這些家禽，一年花費竟需米穀二千石。鬥鴨雖然是與鬥雞相類的娛樂項目之一，但鬥鴨受地域、時令等方面的制約，因此僅局限於長江中下游流域，未能像鬥雞一樣廣爲流傳。但鬥鴨比賽亦如鬥雞等那般緊張，晉蔡洪在《鬥鳧賦》中有描寫：“性浮捷以輕躁，聲清響而好鳴。感秋商之肅烈，從金氣以出征。招爽敵於戲鬥，交武勢於川庭。爾乃振勁羽、竦六翮、抗嚴趾、望雄敵，忽雷起而電發，赴洪波以奮擊。”“清響而好鳴”，僅是在氣勢上就已占了上風，再配上一招一式，場景想必很是刺激。

184

古人如何用花草進行比賽？

鬥百草，也稱“鬥草”。古俗認爲五月是惡月、毒月，人們必須採集百草以渡過難關，因此，鬥百草最初和懸鍾馗（kuí）像、掛艾葉菖蒲、飲雄黃酒一樣，屬端午習俗。不過到了六朝後期，鬥百草逐漸成了一種大眾遊戲習俗，人們在端陽這一天到郊外去踏青時，採集各種花草標本，然後進行比賽。具體說來，鬥百草的方式分武鬥和文鬥兩種。武鬥的玩法大抵如下：比賽雙方先各自採摘具有一定韌性的草，多爲生在路邊、溝旁、田埂等處的車前草，然後將

鬥草圖

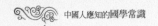

武鬥雙方的草打成結，各自用勁拉扯，以不斷者爲勝。"武鬥"是以人的拉力和草的受拉力的強弱來決定輸贏，而文鬥即各人把自己收集的各種草拿來，然後一人報一種草名，另一人接著拿出草並對答草名稱，一直"鬥"下去，直到最後見分曉。誰採集的品種多、品種奇，誰就獲得優勝。後來，鬥百草遊戲還演變出婦女尤其喜好的鬥花比賽。

 | 185

鬥蛐蛐起源於何時？

鬥蛐蛐，也即鬥蟋蟀，亦稱"秋興"、"鬥促織"，即用蟋蟀相鬥取樂的娛樂活動。鬥蟋蟀是具有濃厚東方色彩的中國特有的文化生活，也是中國的藝術。蟋蟀從原先的聽其聲，發展到現在的觀其鬥，從這一微小的側面，也反映了社會歷史的變化。至於鬥蛐蛐這一活動起源於哪個朝代，至今仍沒有資料可以證明，但宋代朝野內外大興鬥蟋蟀之風，並將"萬金之資付於一啄"，已有史料證明。清代比賽益發講究，蟋蟀要求無"四病"（仰頭、捲鬚、練牙、踢腿）；外觀顏色也有尊卑之分，"白不如黑，黑不如赤，赤不如黃"。蟋蟀相鬥，要挑重量與大小差不多的，用蒸熟後特製的日敔草或馬尾鬃引鬥，讓它們互相較量，幾經交鋒，敗的退卻，勝的張翅長鳴。舊時城鎮、集市，多有鬥蟋蟀的賭場。總之，這項活動自興起之後，至今已有八九百年，始終受到人們的廣泛喜愛，長興不衰。真正的蟋蟀名產地是山東齊魯大平原，而山東寧津縣的蟋蟀更是非同凡響，寧津種的蟋蟀頭大、項大、腿大、皮色好、體質強健、兇悍，有頑強的鬥性、耐力。近些年來全國蟋蟀大賽中，寧津種的蟋蟀多次勝出。

 | 186

古代的投壺遊戲怎麼玩？

投壺是古代士大夫宴飲時玩的一種投擲遊戲。春秋戰國時期，諸侯宴請賓客時的禮儀之一就是請客人射箭。那時，成年男子不會射箭是一種恥辱，主人請客人射箭，客人是不能推辭的。後來，有的客人確實不會射箭，就用箭投酒壺代替，即擱一個壺在那兒，然後把箭投進去，輸者喝酒。久而久之，投壺就代替了射箭，成為宴飲時的一種遊戲。《左傳》曾記載過晉昭公大宴諸國君主，舉行投壺之戲的事。投壺在戰國時得到很大發展，當時的文士傾

清·任渭長《投壺圖》

向於內心修養，投壺這種從容安詳、講究禮節的活動，正適合他們的需要。此外，由於社會發展，民間以投壺為樂的現象越來越普遍。《禮記·投壺》記載："投壺者，主人與客燕飲講論才藝之禮也。"秦漢以後，它在士大夫階層中盛行不衰，每逢宴飲，必有"雅歌投壺"的節目助興。在流傳過程中，遊戲的難度增加了，不僅產生了許多新名目，還有人別出心裁在壺外設置屏風盲投，或背坐反投。宋司馬光曾著有《投壺新格》一書，詳細記載了壺具的尺寸、投矢的名目和計分方法。宋朝以後，投壺遊戲逐漸衰落下去，不再像漢唐那樣盛行了。

 187

"射覆"是古人的猜謎語遊戲嗎？

"射覆"是古時《易經》的占卜學者為了提高自身的占筮能力而玩的一種高超而又有趣的娛樂活動。"射"就是猜度之意，"覆"便是覆蓋之意。覆者用甌盂、盒子等器物覆蓋某一物件，射者通過占筮等途徑，猜測裏面是什麼東西。遊戲類似於猜謎遊戲，只是謎面為各自所得的卦象。射覆趣味性和交互性很強，且寓教於樂，馬上可以驗證卦象，無論射中與否，都可以加深對易象的思考理解和啟發，是練習占測能力

和自信心的一種很好的方法。縱觀歷史記載，射覆遊戲歷史悠久，早在漢代時期已經流行於皇宮中。《漢書·東方朔傳》載："上嘗使諸數家射覆。"顏師古注曰："於覆器之下置諸物，令暗射之，故云射覆。"射覆所藏之物大多是一些生活用品，如手巾、扇子、筆墨、盒罐等等。

 | 188

古時如何玩紙牌？

關於撲克的起源有多種說法，其中較爲被人接受的就是現代撲克起源於中國的"葉子戲"。葉子戲最早出現在唐代。唐蘇鶚的《同昌公主傳》內有"韋氏諸宗，好爲葉子戲"的記載。據考證，唐代著名天文學家張遂（一行和尚），發明"葉子戲"供玄宗與宮娥玩耍。因爲紙牌只有樹葉那麼大，故稱葉子戲。以後傳入民間，很快流傳開來。到五代時期，紙牌戲的記載已經大量湧現，著名的有《偏金子格》、《小葉子格》、《擊蒙葉子格》等等。到了明清時期，葉子戲已經成爲社會上非常盛行的一種博戲形式，樣式及打法已基本完善。李約瑟博士在《中國科學技術史》中將橋牌的發明權歸於中國人。法國的學者萊麥撒也說："歐洲人最初玩的紙牌，以形狀、圖式、大小以及數目，皆與中國人所用的相同，或亦爲蒙古輸入歐洲。"美國《紐約時報》橋牌專欄主編艾倫·特拉克斯特甚至有"中國是橋牌的故鄉"一說。葉子戲於元代傳到西方，變化成了塔羅牌及現代撲克，而在中國，則逐漸變成麻將及牌九。

 | 189

高蹺戲爲什麼又被稱爲"高瞧戲"？

高蹺，也稱拐子，是由表演者腳踩木蹺表演。由於表演者高出一截，觀眾需要仰起頭來或是站在高處觀看，所以也有人把高蹺稱爲"高瞧戲"。關於高蹺的起源，有的學者認爲與原始氏族的圖騰崇拜有關，也有人認爲與沿海漁民的捕魚生活有關。據歷史學家孫作雲《說丹朱》考證，堯舜時代以鶴爲圖騰的丹朱氏族，他們在祭禮中要踩著高蹺模擬鶴舞。考古學家方起東《甲骨文中商代舞蹈》認爲，甲骨文中已有近似踩蹺起舞形象的字。兩者可互相印證。可以說，高蹺歷史久遠，源於古代百戲中的一種技藝表演，一般以舞隊的形式表演，舞隊人數十多人至數十人不等；大多舞者扮演某個古代神話或歷史故事中的角色形象，服飾多模仿戲曲行頭；常用道具有扇子、手絹、木棍、刀槍等。今人所用的高蹺，多爲木質，表演有雙蹺、單蹺之分。雙蹺多綁紮在小腿上，以便展示技藝；單蹺則以雙手持木蹺的頂端，便於上下，動態風趣。其表演又有“文蹺”、“武蹺”之分，文蹺重扮相與扭逗，武蹺則強調個人技巧與絕招，各地高蹺，都已形成鮮明的地域風格與民族色彩。

190

古人喝酒時如何行酒令？

酒的魅力，其實不完全在於酒本身，還在於酒文化的豐富內涵和附加的娛樂功能。酒令是中國獨有的遊戲。它的出現與周代酒禮的產生有關。“酒食者所以合歡”，酒令是一種互動的遊戲，給喝酒創造了一種合歡的氣氛，酒令的“令”字，就有強制、約束的意思，要保證大家都按照這個秩序來進行。此外，行酒令還調節了每個人喝酒的量，

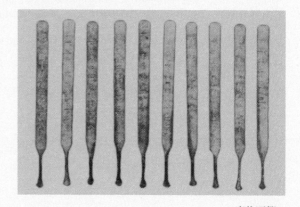

唐代酒籌

讓參與者喝酒機會均等。酒令在春秋戰國的時候就已出現，到南北朝時，便發展成一種讓很多人終日留戀的群體遊戲。據載，王羲之曾偕同一幫親朋好友在蘭亭清溪旁用曲水流觴的方法即興賦詩飲酒，而有了著名的《蘭亭集》。當時還有一種酒令，是採用“竹制籌令”，把竹籤當籌，籤上面寫有酒令的要求，比如作詩、作對，抽到的人

要按照籤上的要求去做。白居易的"花時同醉破春愁，醉折花枝當酒籌"，說的就是這種酒令。到宋代的時候，酒籌變成了紙，當時叫葉子，紙上畫有故事，並寫明要罰幾杯。後來酒令的發展可謂五花八門。謎語，最初也是在酒桌上出現的，包括燈謎、字謎等。既然酒令是一種遊戲、一種競賽，那就有一個公平性的問題，所以行酒令的時候是有裁判的，這個裁判就叫酒監。

 | 191

古時酒席上也划拳嗎？

古人在酒席間不僅喜歡行酒令來調動喝酒的氣氛，同時還喜歡劃拳，古時稱為"豁拳"。豁拳又名拇戰、猜拳，遊戲規則是兩人同時出拳伸指叫數，以所喊數目與雙方伸出拳指之和數相符者為勝，敗者罰飲。此外，也有以棒、虎、雞、蟲代替數位的，四者的大小關係是：棒打虎、虎吃雞、雞啄蟲、蟲蛀棒，所喊是相鄰二物時，以大小決勝負，所喊是相隔二物或彼此一樣時重新再喊。還有以手勢模擬錘或石頭、剪刀或錐子以及布塊之形，兩人對出，以相克一方為勝。豁拳很早以前就已出現，流傳廣泛。《新五代史·史巨集肇傳》記載："他日會飲（王）章第，酒酣為手勢令。"其中，"手勢令"就是豁拳；明李日華在其《六研齋筆記》中亦云："俗飲以手指屈伸相博，謂之豁拳。"還有彈詞《描金鳳·徐王相見》也提到："惠蘭兒，獨自吃悶酒沒勁，不如和你豁拳吧！"可見豁拳是古時人們飲酒時常用的助興取樂遊戲。現如今，北方一些地區仍然流行豁拳。

 | 192

古代的人怎麼釣魚？

現如今，市場上有品種繁多的釣魚用具。那麼，古代的人沒有這些先進釣具又怎麼釣魚呢？當然，古人自有辦法。先說釣鈎，最初是用兩頭尖的小石條、竹條、木條和獸骨等物品充當釣鈎，將其包在釣餌中，等待魚兒吞食時卡住喉嚨後將之釣起；到新石器時代，人們便會磨製骨質釣鉤；到商代和西周以後，便有了鐵製釣鉤，東漢許慎在其《說文解字》裏對"釣"解析爲："鉤魚也。鉤者曲金也，以曲金取魚謂之釣。"再說釣線，除麻線、絲線，古時將結繭的蠶體內的絲漿收集後，人工拉成單股粗絲，天然乾燥後使用。這種絲線，柔軟、光滑、透明、強度大。至於釣竿，古代的人常用細而長的竹子來製作，從《詩經》裏就可找到根據，《國風·衛風·竹竿》："籊籊竹竿，以釣於淇。"同時，古人對於釣魚季節、天氣的選擇以及釣魚技巧的運用等方面，也頗有經驗。我們把春、秋季視爲釣魚的"黃金季節"，這在古籍裏也早有描述，如張志和《漁歌子》中"桃花流水鱖魚肥"的詩句，指的就是在春季釣魚的情況；孟浩然《臨洞庭上張丞相》："八月湖水平……坐觀垂釣者，徒有羨魚情。"便道出了秋季正是釣魚好時節。此外，古人對於線與水色相配的重要性也有所研究，唐朝詩人方幹在其《贈江上老人》詩中提到："潭底錦鱗多識釣，未設香餌即先知。欲教魚目無分別，須學揉蘭染釣絲。"

 | 193

蕩秋千還是蕩"千秋"？

現在"千秋"一詞是一種對別人生日的敬辭以及對人去世的委婉說法，也常用來形容時間很長，其實"千秋"在古代還指"秋千"。早在遠古時代，人們爲了獲得高處的食物，在攀登中創造了蕩秋千的活動，最早稱之爲"千秋"。傳說其爲春秋時代北方的山戎民族所創，《藝文類聚》中就有"北方山戎，寒食日用秋千爲戲"的記載。後來，齊桓公北征山戎族，把"千秋"帶入中原。至漢武帝時，宮中以"千秋"爲祝壽之詞，取"千秋萬壽"之意，後將"千秋"兩字倒轉爲"秋千"，並一直沿用至今。秋千的形制也由最開始的一根繩演化成用兩根繩加踏板的形式。到了唐宋時代，秋千成爲專供婦女玩耍的遊戲，連妃嬪宮女們也多好此戲，據《開元天寶遺事》"半仙之戲"條載："天寶宮中，至寒食節，競豎秋千，令宮嬪輩戲笑，以爲宴樂。帝呼爲半仙之戲，都中士民因而呼之。"將蕩秋千形容成"半仙之戲"，非常形象。此外，唐人韋應物在其《寒食》一詩中也寫道："晴明寒食好，春園百卉開。彩繩拂花去，輕球度閣來。"描寫了宮女們在寒食節蕩秋千的活動場景。王建還專門作了一首《秋千詞》："長長絲繩紫復碧，嫋嫋橫枝高百尺。少年兒女重秋千，盤巾結帶分兩邊。身輕裙薄易生力，雙手向空如鳥翼。下來立定重繫衣，復畏斜風高不得。"生動形象地描繪了宮女們蕩秋千的情形。

 194

古人怎麼玩 "藏貓貓"？

捉迷藏的歷史十分古遠，唐代就有了相關文字記載。元伊世珍在《琅嬛（huán）記》卷中引用《致虛閣雜俎》記載唐明皇和楊貴妃玩此遊戲的場景："明皇與玉眞恒於月下以錦帕裹目，在方丈之間相互捉戲。玉眞捉上每易，而玉眞輕捷，上每失之，宮人撫掌大笑。一夕，玉眞於袖上多結流蘇、香囊與上戲，上屢捉屢失，玉眞故與香囊惹之，上得香囊無數，已而，笑曰：'我比貴妃更勝也。'"此文很生動地描寫了唐玄宗與楊貴妃月下捉迷藏的情景，雖爲小說家言，但估計唐宮中應該有捉迷藏這種遊戲。一般說來，捉迷藏的形式有三種：一是把自己藏在樹叢、竹林或屋角等隱蔽處，讓人直接尋找；一是叫人用手帕蒙住眼睛，在一定的範圍內找。有時爲了加強 "捉" 的難度，把這一遊戲安排在晚上進行；還有一種叫 "摸瞎魚"，一群兒童用繩子牽成一個 "圓城"，在 "城" 中有兩個小兒，各用手帕厚厚地蒙上眼睛，一個小兒手裏拿一隻木魚，敲一聲便迅速換一個地方，另一小兒循著聲音去摸，如逢巧摸上，就把木魚奪下，執木魚的人即被罰出 "城" 外。接著，由牽繩子的人中出一人作爲摸者，木魚改由原摸者敲著，引其來摸，如此輪流往復。

 195

踢毽子是從什麼時候開始的？

踢毽子是我國民間的一項體育遊戲，在古代，它是所謂 "雜伎"、"雜戲"、"博戲"、"百戲" 的一種。毽子分毽鉈和毽羽兩部分，毽鉈多用圓形的鉛、錫、鐵片或銅錢製成，毽羽多用翎毛，正如《燕京歲時記》所說："毽兒者，墊以皮錢，襯以銅錢，束以雕翎，縛以皮帶。"毽子的踢法甚多，阮葵生《茶餘客話》"踢毽"條說："其中套數家門，凡百十種。"據說清朝光緒年間，承德有一個百歲老進士，能踢出喜鵲登枝、金龍探爪、獅子滾繡球等一百零八種花式。那麼踢毽子究竟始於何時？古代的名物考據家認為踢毽子源於蹴鞠，如宋高承《事物紀原》稱踢毽子為"蹴鞠之遺事也"。如此說來，踢毽子的歷史就要追溯到戰國以至遙遠的黃帝時代了。黃帝時代，史事邈遠不可求。說起於戰國之時，或許有些根據，但因踢毽子乃細物中之細物，要找到確鑿的證據，也幾乎不可能。但是，據文物家考證，漢代畫像磚上已有踢毽者的形象，照此推斷，踢毽子最晚也起源於兩千年前的漢代。踢毽子根植於民間，既有趣又有益健康，因而獲得了很強的生命力，千年不衰，至今仍然是人們喜歡的一種體育遊戲。

 | 196

如何把空竹"抖"出彩？

抖空竹，又稱"響簧"、"空鐘"、"扯鈴"、"悶葫蘆"等，是我國民間廣為流傳的體育項目之一。此項目歷史悠久，流傳甚廣，早在三國時期，曹植便寫過一首《空竹賦》："樂手無蹤洞簫吹，精靈盤絲任翻飛。小竹緣何成大器，健身娛樂聚人氣。"形象地描繪了抖空竹的靈動之美以及在當時的受歡迎程度。空竹有木制或竹制，分單軸和雙軸兩種。軸形如小輪，由兩片木或竹片夾制而成，中為空心，軸上有4～5個小孔，內嵌小木片，高速轉動時發聲。抖空竹時，雙手各持一小木棍，兩棍之間用線連接，以線繞空竹，持木棍，木棍上下來回扯動，空竹即急速旋轉並發出悅耳的響聲。抖動時姿勢多變，使繩索翻花，做出"過橋"、"對扔"、"串繞"、"搶高"等動作，常見抖空竹的技巧有"滿天飛"、"雞上架"、"放撚轉"和"仙人跳"等。抖空竹流行於全國各地，尤其北方非常盛行，後演變為一種雜技項目。

| 197

抽陀螺爲何又叫"抽賤骨頭"？

抽陀螺，是一種民間傳統遊戲，歷史悠久，山西夏縣西陰村仰紹文化遺址（距今約五六千年前）中曾出土陶製小陀螺。"陀螺"這個名詞，最早出現在明朝，劉侗、於弈正合撰的《帝京景物略》中有"楊柳兒活，抽陀螺；楊柳兒青，放空鐘；楊柳兒死，踢毽子"的記載。陀螺有陶製、木製、竹製、石製多種，以木製居多。木製陀螺爲圓錐形，上大下小，錐端常加鐵釘或鋼珠。玩時，以繩繞陀螺使其旋於地，再以繩抽打，使之旋轉不停。抽打得越狠旋得越快，故又稱"抽賤骨頭"。到明朝以後，陀螺已成爲一種頗受兒童喜愛的遊戲。有些玩技好的孩子，可一人同時抽打2至3個陀螺，亦可2至3人同時各抽陀螺，轉的時間最長者爲勝。抗日戰爭時期，日本人侵佔了北京城，不少漢奸助紂爲虐，老百姓就借抽陀螺時出氣兒，一邊抽一邊說："抽漢奸，打漢奸，打敗日本，打漢奸。""抽漢奸，打漢奸，棒子麵漲一千。"以解心頭之憤恨。

 | 198

正月十五猜燈謎的習俗由何而來？

燈謎最早是由謎語發展而來的，是我國傳統的娛樂形式之一，它運用藝術的手法和漢字的規律，著眼於字義詞義變化，常用一個詞句、一首詩來製成謎語，既能達到娛樂的目的，同時又能使人增長知識，爲人們所喜聞樂見。春秋戰國時代，宮廷和墨客中出現了"隱語"等文字遊戲，這可以說是最早的燈謎。那時一些遊說之士出於利害考慮，在勸說君王時往往不把本意說出，而借用別的語言來暗示，使之得到啓發。這種"隱晦"的話語，當時叫做"廋(sōu)詞"（廋是隱藏之意），也叫"隱語"。秦漢以後，這種風氣更加盛行，《文心雕龍·諧隱》指出："自魏代以來……而君子嘲隱，化爲謎語。"唐宋時期，製謎和猜謎的人多起來。至南宋時，每逢元宵佳節，文人墨客把謎語寫在紗燈之上，供人們猜測助興，至此可以說是名副其實的燈謎了。至明清時代，春節前後全國各地張燈懸謎，盛況空前。元宵佳節，帝城不夜，春宵賞燈之會，百姓雜陳，詩謎書於燈，映於燭，列於通衢，任人猜度，所以稱爲"燈謎"。燈謎活動，雖屬藝文小道，然上自天文，下至地理，經史辭賦，包羅萬象，非有一定文化素養，不易猜出。可以說，猜燈謎鍛煉思維，啓發性靈，是一種益智的娛樂活動。元宵佳節各地舉行燈謎活動一直流傳到現在。

199

元宵佳節舞獅子起源於何時？

舞獅子，是我國歷史悠久的民間藝術之一。每逢元宵佳節或集會慶典，民間都以獅舞來助興。這一習俗起源於三國時期，南北朝時開始流行，至今已有一千多年的歷史。有學者認爲，它最早是從西域傳入的。獅子是文殊菩薩的坐騎，隨著佛教傳入中國，舞獅子的活動也輸入中國。但也有學者認爲獅舞是五世紀時產生於劉宋的軍隊，後來傳入民間的。兩種說法都各有依據，今天已很

戲獅圖

難判斷其是非。不過，唐代時宮廷、軍旅、民間盛行獅舞已是不爭的事實。唐段安節在其《樂府雜錄》中說："戲有五方獅子，高丈餘，各衣五色，每一獅子，有十二人，戴紅抹額，衣畫衣，執紅拂子，謂之獅子郎，舞太平樂曲。"白居易《西涼伎》詩中對此也有生動的描繪："西涼伎，假面胡人假獅子。刻木爲頭絲作尾，金鍍眼睛銀帖齒。奮迅毛衣擺雙耳，如從流沙來萬里。"詩中描繪的是當時舞獅的情景。在一千多年的發展過程中，獅舞形成了南北兩種表演風格。北派獅舞以表演"武獅"爲主，小獅一人舞，大獅由雙人舞，一人站立舞獅頭，一人彎腰舞獅身和獅尾。舞獅人

全身披包獅被，下穿和獅身相同毛色的綠獅褲和金爪蹄靴，人們無法辨認舞獅人的形體，它的外形和眞獅極爲相似。南獅雖也是雙人舞，但與北獅不同的是，南獅舞獅人下穿燈籠褲，上面僅僅披著一塊彩色的獅被而舞。

 | 200

清明爲何也放風箏？

清明節有不少獨特習俗，比如禁火、寒食、上墳掃墓、踏青春遊等。值得一提的是，人們還常常在清明節放風箏。放風箏作爲清明習俗之一，流傳已久。從元宵節後放風箏活動一直持續到清明節，所以古時也把清明節稱爲"風箏節"。古時放風箏是一項具有巫術意義的戶外活動，目的是爲了放掉身上的"晦氣"。當風箏放飛升高後就有意把引線剪斷，讓風箏遠遠飄去，據說它可以帶走晦氣、煩惱、苦悶、憂患與病痛。於是有人便將自己的苦惱事寫在紙上，紮在風箏上，讓它隨著風箏一去不復返。當然，隨著時光的流逝，現在放風箏早已沖去舊時的"巫術"色彩，人們只不過是借此表達自己的美好願望而已。如今放風箏成爲了一項頗受大眾喜愛的娛樂活動，人們在戶外放風箏大大舒展了平日緊張嚴肅的氣氛，調節了忙碌的生活節奏。

 | 201

端午節爲什麼賽龍舟？

每年的農曆五月初五，是我國的傳統節日——端午節。這一天，很多地方都要舉行盛大的賽龍舟比賽。據說，這一風俗是爲了紀念詩人屈原。屈原出身於楚國的貴族家庭，從小立志要爲國家建功立業。長大之後，屈原以非凡的才華，得到了楚國國君的重用。他主張改革內政，推行了一系列富國強兵的改革措施，受到百姓的歡迎。但是，這些措施觸犯了貴族集團的利益。他們在楚王面前挑撥離間。昏庸的楚王不辨是非，免除了屈原的官職，並把他流放到邊遠的地方。西元前278年，秦將白起攻破了楚國首都。聽到這個消息，屈原痛苦萬分。五月初五，屈原懷抱青石，悲憤地跳入滾滾的汨羅江中，以死實踐了自己的誓言。當地的百姓聽說屈原自沉汨羅江後，都爭相駕駛小船，在江上往來穿梭，希望能打撈上屈原的屍體，但是最終未能如願。爲了使屈原的屍體免受魚蝦的咬食，大家將五色絲粽子投入江中，餵食魚蝦。後來，每逢五月初五，人們都要包粽子、賽龍舟，以此來紀念屈原。

202

古人怎麼玩“高爾夫球”？

現在高爾夫球可謂是一種高貴優雅的運動。但在古代，人們也常玩一種類似高爾夫的運動，但卻是一項平民運動，這就是“捶丸”。捶丸是中國古代的一種球類遊戲，它是由唐朝“步打球”發展而來的。唐代盛行打馬球，但由於人多馬少，同時還兼顧女子柔弱的體徵，於

捶丸擊球圖

是在打馬球基礎上又分化出一種運動危險係數相對較低、徒步持杖打球的遊戲方法，即爲“步打球”。這種步打球受到不善騎馬的宮女們的歡迎。唐王建在其《宮詞》中云：“殿前鋪設兩邊樓，寒食宮人步打球。一半走來爭跪拜，上棚先謝得頭籌。”便描繪了寒食節唐朝宮女們玩“步打”的情形；而在宋代宮廷禮樂中，“又有步擊者，乘驢騾擊者，時令供奉者朋戲以爲樂云”，可見宋代“步擊”是宮廷禮樂中一項熱門節目。到1282年，有了關於捶丸（步打）的詳盡規則方法的專著《丸經》問世，捶丸自此成爲步打的新名稱。根據《丸經》記載：捶丸是在空曠地上畫一球基，離球基七

步至百步做一定數目的球窩，旁樹彩旗，用棒從球基擊球入窩，以用棒數少或得穴數多的一方爲勝者。從所記場地、運動用品、競爭人數、競賽方式、裁判規則等方面來看，與現代的高爾夫球很相似。

203

古時人們如何踢 "足球"？

蹴鞠圖

蹴鞠又名 "蹋鞠"、"蹴球"、"蹴圓"、"築球"、"踢圓" 等，"蹴" 即用腳踢，"鞠" 係皮製的球，"蹴鞠" 就是用腳踢球，它是中國一項古老的體育運動。與今天的足球運動類似，緊張激烈。"蹴鞠" 一詞，最早載於《史記·蘇秦列傳》，蘇秦遊說齊宣王時形容臨菑(zī)："臨菑甚富而實，其民無不吹竽、鼓瑟……蹋鞠者。" 中國古代人們踢 "足球" 的花樣比現代足球要多得多，大致說來有如下幾類：其一，雙球門踢法：這一比賽方法是在球場兩端設立球門，隊員分成兩隊，互攻球門，該踢法類似現代足球和橄欖球的比賽方法；其二，單球門踢法：在場地中央設置一個球門，用兩個長竿做門柱，再在兩柱中部懸空聯結一張網，球網上方與兩柱呈 "U" 型，此爲得分區，雙方隊員分別站在球門兩側，按一定的規則將球從得分區踢到對方的場地，最後以得分多者爲勝；其三，打球：又稱一般場戶，從一人場到十人場，共有十種踢法。一人場踢法，就是一人獨踢,用頭、肩、背、臀、胸、腹、膝等身體部位支配球,花樣繁多。比賽時,球手們輪流表演,以花樣多者爲贏。二人場就是二人傳接對踢,既講究花樣又需要配合默契。其餘幾種,分別是三到十人爲一組,彼此傳踢,互相配合完成一些花樣動作。有趣的是,南宋《武林舊事》曾列出了"築球三十二人"競賽時兩隊的名單與位置:"左軍一十六人:球頭張俊、蹺球王憐、正挾朱選、頭挾施澤、左竿網丁詮、右竿網張林、散立胡椿等;右軍一十六人:球頭李正、蹺球朱珍、正挾朱選、副挾張甯、左竿網徐賓、右竿網王用、散立陳俊等。"這恐怕是歷史上的第一份足球"首發名單"了。

204

古人如何打馬球?

　　擊鞠,亦稱打馬球,也稱"打球"、"擊球",所用馬球是用質輕韌性好的木料製成,空心或實以柔物,球大若拳,外塗紅漆,彩繪花紋,亦稱"彩球"、"畫球"、"七寶球"、"珠球"。球杖爲木質,長數尺,杖頭一端呈月牙形,亦繪有彩色花

打馬球圖

紋,類似今之冰球棍。至於遊戲規則,則是在馬上持鞠杖擊球,往來馳逐,"以先得球而擊過球門者爲勝",因此打馬球不僅要練球技,還要習馬術。唐代皇帝多好競爭激烈的馬球,故唐代宮廷大內中馬球之風尤甚。據載,宮廷內馬球場有多處,且品質考究,"平望若砥,下看如鏡",由此可看出擊鞠在唐代宮廷生活中的重要地位。值得

一提的是，唐代宮女們也非常喜好打馬球，而且技藝頗高，當時還出現了打背身球的方法。據王建《宮詞一百首》之十五："對御難爭第一籌，殿前不打背身球。內人唱好龜茲急，天子鞠回過玉樓。"五代楊太后《宮詞》亦云："擊鞠由來豈作嬉？不忘鞍馬是神機。牽韁絕尾施新巧，背打星球一點飛。"這種背身打球，據史學家分析和考證，認為可能類似於現代打網球之反手抽擊動作。馬上反身打球，今天看來仍不失為驚險的高難動作，而唐代宮廷婦女們卻能揮灑自如，可見其身手不凡。

205

角力比賽起源於何時？

角抵圖

角力，也稱為角抵，通常是指人們力量的比賽。在周代，角力是一種重要的軍事體育活動，據《禮記・月令》記載："孟冬之月……天子乃命將帥講武，習射禦角力。"可知，從每年陰曆十月開始，周天子就下令要戰士們練習射箭、駕車和角力。到秦代，角力成為宮廷宴樂場合的一項表演節目。據《史記・李斯列傳》所載："是時（秦）二世在甘泉（宮），方作角抵優俳之觀。"到了漢代，角力已經成了經常表演的一項競賽活動。《漢書・武帝紀》記載："（元封）三年（前108）春，作角抵戲，三百里內皆來觀。"元封六年（前105）"夏，京師民觀角抵於上林平樂館"。可見，漢武帝時盛行角力比賽，經常在京城舉辦大型的競賽活動，方圓三百里內的老百姓都趕來參觀。到唐代，宮廷中還有了專門的角力選手。據《續文獻通考・百戲散樂》："角力戲，壯士裸袒相搏而角勝負。每群戲既畢，左右軍擂大鼓而引之。"各種雜戲表演完畢，由左右軍擂鼓助威，專業角力壯士赤膊上陣，進行比賽。宋代的摔跤更爲盛行。朝廷中的選手稱爲"內等子"，由軍隊中選拔，屬於左右軍的編制，這些內等子是專爲朝中盛會表演的；民間表演的則是"瓦市相撲者"——他們都是江湖賣藝之人，在集市廟會上表演，以乞錢糊口。

 | 206

古時女子也會騎馬射箭嗎？

　　2008年北京奧運會，隨著張娟娟的神奇一射，中國隊奪得了中國奧運會歷史上的第一枚射箭金牌，打破韓國選手24年不敗神話。據歷史記載，中國古代有不少婦女也會射箭，並且技藝相當高超，能將騎馬與射箭完美結合，遊刃有餘。據《魏書·崔光傳》記載，北魏孝明帝的母親靈太后"每於後園親執弓矢"。《魏書·楊大眼傳》記載：北魏將軍楊大眼的妻子潘氏"善騎射，自詣軍省大眼。至於攻陣遊獵之際，大眼令妻潘戎裝，或齊鑣戰場，或並驅林壑，及至還營，同坐幕下，對諸僚佐，言笑自得，時指之謂人曰：此潘將軍也"。其騎射水準之高，以致當時人們稱她爲"潘將軍"。《魏書·李安世傳》中一首北朝民歌《李波小妹歌》說："李波小妹字雍容，褰裙逐馬如卷蓬。左射右射必疊雙。婦女尚如此，男子那可逢。"此後，騎射逐步發展成爲一項體育娛樂活動，《萬曆野獲編》記載端午節時，"天壇遊人極盛，連錢障泥，聯鑣飛鞚(kòng)，豪門大估之外，則中官輩競以騎射爲娛"。

 | 207

"扛鼎之作"中的"扛鼎"是指什麼？

　　現在，人們常常用成語"扛鼎之作"來形容花大力氣完成的影響大、意義深遠的作品。那麼"扛鼎"原指什麼呢？扛鼎是中國古代舉重運動，古人扛鼎，主要有兩種方法，一種是單手舉，一種是雙手舉。單手舉，即用一隻手抓住鼎的一足，把它舉起來；雙手舉，即用雙手抓住鼎的雙耳，把鼎翻過來，使鼎足朝天，然後舉過頭頂即可。鼎，原是古代的炊器，多用青銅等金屬鑄成。有圓形，三足兩耳的；也有長方形，四足的，最早用於烹煮牲畜，以供祭祀用。古代宮殿前均有擺設。其重量一般約一千餘斤。扛鼎所用多爲中小型鼎。戰國時，秦國舉鼎力士最多。西漢司馬遷在《史記·秦本紀》中記載："武王有力，好戲，力士任鄙、烏獲、孟說皆至大官，王與孟說舉鼎，絕臏。"秦國用封官獎勵的辦法招募了許多大力士，如著名的烏獲當上了將軍，任鄙被封爲漢中郡太守，都是高官厚祿了。扛鼎運動在漢代較爲流行，張衡在《西京賦》中描述百戲場面時也說："程角抵之妙戲，烏獲扛鼎，都盧尋橦。"可見，在東漢時期，扛鼎仍是一種重要的百戲表演項目。唐宋以後，隨著石擔、石鎖等舉重器械的產生和發展，扛鼎便漸漸退出了歷史舞臺。

208

五禽戲的五禽是指哪五種動物？

五禽戲是模仿虎、鹿、熊、猿、鳥五種動物的動作來進行健身的一種運動。五禽戲，又稱"五禽操"、"五禽氣功"，相傳由東漢醫學家華佗創制。"禽"指禽獸，古代泛指動物；"戲"在古代是指歌舞雜技之類的活動。《後漢書·華佗傳》載："是以古之仙者爲導引之事，熊經鴟顧，引挽腰體，動諸關節，以求難老。吾有一術，名五禽之戲，一曰虎，二曰鹿，三曰熊，四曰猿，五曰鳥，亦以除疾，兼利蹄足，以當導

五禽拳

引。"據此可知，五禽是指虎、鹿、熊、猿、鳥五種野生動物。五禽戲就是模仿這五種禽獸的姿勢，即熊姿，如熊的沉穩爬行；虎姿，如虎的快速撲動；鹿姿，如鹿的伸展頭頸；猿姿，如猿的機敏縱跳；鳥姿，如鳥的展翅飛翔。目前所能見到的較早載錄"五禽戲"練法的文獻，是南北朝時陶弘景所編撰的《養性延命錄》。五禽戲不僅有助於健身，也利於治病，而且簡便易學，是人類寶貴的文化遺產之一。1982年，中國衛生部、教育

部和國家體委發出通知，把五禽戲等中國傳統健身法作爲在醫學高校中推廣的“保健體育課”的內容之一。2003年，中國國家體育總局把重新編排後的五禽戲等健身法作爲“健身氣功”的內容向全國推廣。

| 209

“十八般武藝”都有什麼？

武俠小說中時常提到某某大俠“十八般武藝樣樣精通”，那這“十八般武藝”是指什麼呢？明人謝肇淛（zhè）《五雜組》中對“十八般武藝”的具體內容作了記述：“一弓、二弩、三槍、四刀、五劍、六矛、七盾、八斧、九鉞、十戟、十一鞭、十二簡、十三撾、十四殳、十五叉、十六耙頭、十七綿繩套索、十八白打。”前十七種都是兵器的名稱，第十八般名曰“白打”，就是“徒手拳術”。而《水滸傳》寫到的十八樣

東漢畫像石上的兵器架

爲：矛、鎚、弓、弩、銃、鞭、鐧、劍、鏈、撾、斧、鉞、戈、戟、牌、棒、槍、扒。此外，還有的稱十八般武藝爲九長九短：九長是槍、戟、棍、鉞、叉、钂、鉤、槊、環；九短是刀、劍、拐、斧、鞭、鐧、鎚、杵。還有一說是刀、槍、劍、戟、棍、棒、槊、钂、斧、鉞、鏟、鈀、鞭、鐧、鎚、叉、戈、矛；另一說是：弓、弩、槍、刀、劍、矛、盾、斧、鉞、戟、鞭、鐧、撾、殳、叉、耙頭、綿繩套索、白打。雖然關於“十八般武藝”的具體內容各有不同，但總的說來，十八般武藝指武術中常見的諸種兵器。當然，“十八般武藝”中所指的只是有代表性的種目，並未能包括武器的全部，例如飛刀、匕首、三節棍等均未包括。

|210

張三豐和太極拳有關係嗎？

太極拳是以"太極"哲理為依據，以太極圖形組編動作的具有健身祛病功效的拳術。太極一詞，出自《易經‧繫辭》："易有太極，是生兩儀。"北宋哲學家周敦頤最先開始使用太極圖來揭示大至宇宙、小至萬物的陰陽關係。簡言之，"太"就是大的意思，"極"就是開始或頂點的意思。"太極"寓有無限大和無限小的意義。太極拳正是以這種理論為依據，講求動靜與陰陽，即形體外動，意識內靜。太極拳整體以渾圓為本，一招一式均由各種圓弧動作組成，並按太極圖形組成各種動作。太極拳以"掤、捋、擠、按、采、例、肘、靠、進、退、顧、盼、定"等為基本方法，動作舒展流暢，要求練拳時正腰、收顎、直背、垂肩，有飄然騰雲之意境。太極拳到底產生於何時？由何人所創？武術學界一直是眾說紛紜，莫衷一是，爭論不休。一般都認為是明末清初河南溫縣陳王廷創編的。至今在陳家溝的陳氏家譜中，還能見到陳王廷名下注有"陳氏太極拳創始人"的字樣及《長拳譜》、《太極拳譜》的舊抄本。此外，也有學者認為張三豐才是太極拳的創始人，但唐豪在《少林武當考》中認為這完全是訛傳。應該說，太極拳並不是一人獨創的，而是在前人長期發展成果的基礎上編制而成的，其形成發展是一個較為漫長的過程。

|211

少林寺與少林拳有什麼聯繫？

少林拳是我國最早的武術流派之一，起源年代可以追溯到北魏年間（386～534），源於河南省登封市嵩山少林寺，並因寺而得名。南北朝時，天竺僧人菩提達摩來到中國，頗得北魏孝文帝禮遇。太和二十年（496），以少室山為佛陀立寺，供給衣食。因寺處少室山林中，故名少林寺。少林拳本是少林寺眾僧為健身強體而編制出的武術拳法，後在此基礎上不斷吸收其他武林拳術精華，經世代相傳，長期磨合，推敲而合成一套完整拳法套路。它具有剛健有力、剛柔並濟、樸實無華、擅長技擊等特點，在武術界中獨樹一幟，聞名天下。少林拳的動作整體表現爲全身上下協調一致。據少林寺有關武術資料記載，少林拳突出的特點就是一個"硬"字，以剛勁有力著稱。用深呼吸法，運用丹田之氣，而四肢發勁，頭、手、身、足更是堅硬如石，故又被稱爲外家拳。新中國建立後，在少林寺所在的登封建立了武術學校，並成立了少林拳研究小組，搜集到了一些民間珍藏的拳譜，挖掘到一些瀕於絕傳的拳術和器械套路。現如今，少林拳主要包括小洪拳、羅漢拳、梅花樁、炮捶等拳種，器械則以少林棍最著名。

 212

內家拳創始人是誰？

　　內家拳，中國拳術的著名流派之一，16世紀中葉盛行於我國浙東一帶，陳州同、張松溪等爲當時名家，清初有王征南、黃百家等傳授此拳。內家拳的提法最早見於明末清初黃宗羲所撰的《王征南墓誌銘》："少林以拳勇名天下，然主於搏人，人亦得以乘之。有所謂內家者，以靜制動，犯者應手即僕，故別少林爲外家。"可知，所謂內家拳是在戰術上主張以靜制動、後發制人的拳術，即主於防禦型的拳法。一般來講，人們習慣把那種主於攻擊，以動爲主，先發制人的拳種稱爲外家拳；而把主於禦敵，以靜制動，後發制人的拳種稱爲內家拳。《王征南墓誌銘》又載：內家拳的技法是"凡搏人皆以其穴，死穴、暈穴、啞穴，一切如銅人圖法"。此外，內家拳還有五不可傳，即心險者、好鬥者、酗酒者、輕露者以及骨質柔純者不可傳。關於內家拳的創始者，有文獻記載爲張三豐。黃宗羲之子黃百家所著《內家拳法》一書中記載："蓋自外家至少林，其術精矣，張三豐既精於少林，復從而翻之，是名內家。"我們認爲內家拳的產生和發展曾經歷了一個相當漫長的歷史過程，它是眾多武林人士在長期練習實踐中，繼承前輩經驗的基礎上，加以精練、融會貫通而逐步形成的，是中華武術的瑰寶之一。

| 213

吐納煉氣技法如何養生？

吐納

吐納即吐故納新，古代道家的養生之術，即把胸中的濁氣從口中呼出，再由鼻中慢慢吸入清鮮之氣。《莊子‧刻意》云："吹呴（xǔ）呼吸，吐故納新……爲壽而已矣。"意即吐出濁氣，納入人體所需清氣，以達到修身養性、延年益壽之目的。具體說來，吐納屬氣功中的煉氣技法，吐納即呼吸，吐納練息的要訣是吸氣時氣貫注於腹部，呼氣時氣上引至頭巔，這樣可以吸取生氣，排出死氣和病氣，從而提高人體潛能。吐納的方法很多，分動靜兩類，其中流行的吐納練息法有：六字氣訣、抱樸子胎息法、何仙姑胎息訣。而胎息是吐納練息的最高境界，《抱樸子‧釋滯》載："得胎息者，能不以鼻口噓吸，如在胞胎之中"，練功至深者，就像胎兒在母腹之中，鼻無出入之氣。

| 214

道家爲何重視煉氣？

行氣，又稱煉氣、食氣、服氣，道家修煉養生的方法之一，是一種以煉呼吸爲主，輔以導引、按摩的養生修煉方法，與房中、服食統稱爲中國古代養生三大流派。道教十分重視氣對人體的作用，據《太平經》卷四十二記載："神者乘氣而行，故人有氣則有神，有神則有氣，神去則氣絕，氣亡則神去。故無神亦死，無氣亦死。"《雲笈七籤》卷五十六《元氣論》亦載："人與物類皆稟一元之氣而得生成，生成長養，最尊最貴者莫過人之氣也。"可以說氣是人賴以存在的根本。同時，行氣的功用非凡，據《抱樸子・內篇》："善行氣者，內以養身，外以卻惡。"《抱樸子內篇校釋》亦載："行氣或可以治百病，或可以入瘟疫，或可以禁蛇虎，或可以止瘡血，或可以居水中，或可以行水上，或可以辟饑渴，或可以延年命。"正基於此，道教形成了一整套的行氣法，比較有名的有：以療病爲目的的陶弘景六字訣、模仿動物的龜鱉行氣法、與存思結合的服元氣、類似今日氣功的墨子閉氣行氣法等。

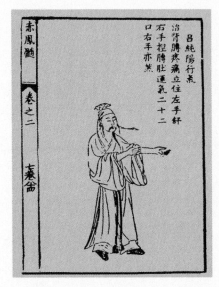

行氣

 215

何謂"八段錦"？

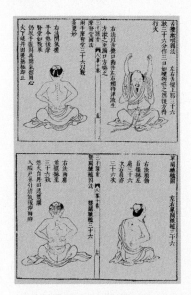

《三才圖會》之"八段錦"

　　古代有一種氣功導引功法，叫八段錦。此功法共八節，可分文八段與武八段兩種。文八段，又稱南派，多用坐式，注重凝神行氣。其圖式出自南宋河濱丈人《攝生要義》。明人王圻《三才圖會》載有類似圖式並附有功法。高濂《遵生八箋》概括爲："閉目冥心坐，握固靜思神。叩齒三十六，兩手抱昆侖。左右鳴天鼓，二十四度聞。微擺撼天柱，赤龍攪生津。漱津三十六，神水滿口勻。一口分三咽，龍行虎自奔。閉氣搓手熱，背摩後精門。盡此一口氣，想火燒臍輪。左右轆轤轉，兩腳放舒伸。叉手雙虛托，低頭攀腳頻。以候逆水上，再漱再吞精。如此三度畢，神水九次吞。……子後午前後，造化合乾

坤。循環次第轉，八卦是良因。"曹無極《萬育仙書》曾轉載此訣，後世流行頗廣。武
八段多爲馬步式或站式，又稱北派，適合青壯年與體力充沛者，其名稱出自南宋洪邁
《夷堅志》："政和七年，李似矩彌大爲起居郎。……嘗以夜半時起坐，噓吸按摩，行
所謂八段錦者。"南宋曾慥在其《道樞》記其基本功法爲："仰手上舉所以治三焦；左
肝右肺如射雕；東西單托所以安其脾胃；返而複顧所以理其傷勞；大小朝天所以通五
臟；咽津補氣左右挑起手；擺鮮魚尾所以袪心疾；左右攀足所以治其腰。"此外，《醫
方類聚》、《靈劍子導引子午記》等均載有類似功法。

| 216

中國古代也有擊劍比賽嗎？

擊劍

距今大約五千年前的青銅時代，中國古人已掌握了青銅冶煉技術，並製作出了非常尖銳和鋒利的青銅劍。到了春秋戰國時期，"中國劍"達到了一個頂峰，以吳國、越國鑄的劍最爲上乘，這就是《周禮·考工記》所謂"吳越之金錫，此材之美者也"。這一時期出現了許多名劍，著名的有越王勾踐劍、吳王夫差劍。當時社會上也有佩劍、練劍、擊劍的風尚。《後漢書·馬廖傳》云："吳王好劍客，百姓多創瘢。"時至唐代，舞劍興盛起來，杜甫《觀公孫大娘弟子舞劍器行》描述公孫大娘舞劍絕技："昔有佳人公孫氏，一舞劍器動四方。觀者如山色沮喪，天地爲之久低昂。爤（yào）如羿射九日落，矯如群帝驂龍翔。來如雷霆收震怒，罷如江海凝清光。"劍術精湛，如呈眼前。隨著練劍、舞劍技術的進步，一種對抗的擊劍比賽技術也發展起來。曹丕《典論》中記述了他同鄧展的

一次劍術比賽。一日曹丕與奮威將軍鄧展談論劍法，曹丕認爲鄧展所談技術已經落後了，鄧展則要求與曹丕比試。這時大家正在吃甘蔗，便以甘蔗爲劍下殿較量。結果曹丕接連三次取得勝利。到了唐朝末年，火藥開始應用於軍事，傳統的刀、劍冷兵器便在自衛、健身、雜技表演方面繼續發展。雖然我國古代擊劍的技術不斷發展，但遺憾的是，其始終沒有脫離傳統軌跡發展成現代擊劍運動。

 | 217

我國古代最著名的女擊劍手是誰？

我國古代最著名的女擊劍手應該首推越女。越女，姓氏不詳，春秋末期越國南林（今紹興平水鎮一帶）人，善於射擊，以劍術聞名天下。越王勾踐聽說後，即派使者前往聘請。越女雖爲女子，但個性直率，在與勾踐談話時，面無懼色地陳述她的擊劍術。勾踐經試驗證明其劍術果有靈效，即賜其號“越女”，並封她爲越軍總教練。此後，越國軍官和士兵向越女學習劍術，作戰銳不可當，故史有“當世莫勝越女之劍”等說法。有關“越女劍”的歷史傳說甚多，最早、最詳盡的記載是東漢趙曄《吳越春秋·勾踐陰謀外傳》所記《越女劍論》：“其道甚微而易，其意甚幽而深；道有門戶，亦有陰陽；開門閉戶，陰衰陽興；凡手戰之道，內實精神，外示安儀；見之似好婦，奪之似懼虎；布形候氣，與神俱往；杳之若日，偏如騰兔；追形逐影，光若仿佛；呼吸往來，不及法禁；縱橫逆順，直復不聞。斯道者，一人當百，百人當萬。”越女劍將陰陽矛盾對立應用在劍術中，講究“陰陽”、“開閉”、“內外”、“形神”、“呼吸”、“往來”、“縱橫”、“逆順”，把劍術中動靜、快慢、攻守、虛實、內外、逆順、呼吸的辯證法運用得恰當、深透，足見其劍術水準之高。

 | 218

古代水上遊戲有什麼花樣？

水嬉，古代水上遊戲的總稱，主要包括游水、賽船和水上雜戲等項目。縱觀歷史，我國古代善於游泳者不計其數，這主要是一種生存手段的傳承。而游泳在秦漢以後則逐步成爲民間喜愛的遊戲活動之一。蘇轍《競渡》詩曰："父老不知招屈恨，少年爭作弄潮遊。"唐朝趙璘在其《因話錄》亦記載："洪州優胡曹贊者，長近八尺，知書而多慧。凡諸諧戲，曲盡其能。又善爲水嬉，百尺檣上，不解衣投身而下，正坐水面若在茵席，又於水上靴而浮。或令人以囊盛之，繫其囊口，浮於江山，自解自繫，至於迴旋出沒，變易千狀。見者目駭神竦，莫能測之。"可以看出，唐時不僅有跳水等高難動作，而且遊戲時還能變換各種姿態，反映出當時游泳技藝之高超。至南宋，錢塘江水嬉稱得上是水上活動的盛舉。據吳自牧《夢粱錄》記載：每年中秋後，"至十六、十八日，傾城而出，車馬紛紛。十八日最爲繁盛"。在水嬉活動中最引人注目和最具挑戰性的運動就是水上雜技。目前保存的西藏拉薩布達拉宮的壁畫中有一幅"水戲圖"。此畫所繪場面十分壯觀。在滾滾河水中有十餘位游泳高手，他們中有的仰泳、有的跳水，最高超者爲畫面中間的游泳者，他雙膝盤腿在水面上打坐。可以說，這幅清代水嬉壁畫，畫面生動，充分反映了當時高超的游泳技術。

 219

古代冰上遊藝活動主要有哪些項目？

冰嬉，各種冰上運動的總稱。我國北方民族冬季生活在寒冷地區，很早以前就開展了滑雪、滑冰等體育活動。《宋史·禮志》載：皇帝"幸後苑觀花，作冰嬉"。清代詩人的《冰嬉》一詩，生動地描繪了滑冰的景象："朔風卷地河水凝，新冰一片如砥平。何人冒寒作冰戲，煉鐵貫韋作屐行。鐵若劍脊冰若鏡，以履踏劍磨鏡行。其直如矢矢遄疾，劍脊鏡面刮有聲。左足未往右足進，指前踵後相送迎。有時故意作欹（qī）側，凌虛作勢斜燕輕。飄然而行陡然止，操縱自我隨縱橫。"時至明清，冰嬉眞正盛行起來。當時冰嬉運動主要包括：一、速度滑冰。清潘榮陛《帝京歲時紀勝》載："冰上滑擦者，所著之履皆有鐵齒，流行冰上，如星馳電掣，爭先奪標取勝。"二、冰上足球。《帝京歲時紀勝》記載："冰上作蹴鞠之戲，每隊數十人，各有統領，分位而立，以革爲球，擲於空中，俟其將墜，群起而爭之，以得者爲勝。或此隊

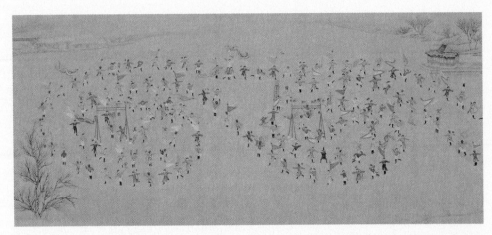

冰嬉圖

之人將得，則彼隊之人蹴之令遠，歡騰馳逐，以便捷勇敢爲能。”這種與古代蹴鞠相結合而產生的冰上蹴鞠，參加比賽的隊員分成兩隊，背上插上不同顏色的小旗，腳穿冰靴。冰場上立三座插有彩旗的高大的門，兩隊隊員各自列成一路縱隊，分別從門中穿過，在冰場上形成兩個雲卷形的大圈，場面相當壯觀。

 | 220

“弄潮兒”一詞是怎麼來的？

　　弄潮，古代在潮頭搏浪嬉戲的民間體育活動，流行於今浙江杭州地區。明田汝衡《西湖遊覽志》記載：“瀕江之人，好踏浪翻波，名曰‘弄潮’。”每年夏曆八月十八日，錢塘江有觀潮之舉，善泅健兒，踩水嬉弄於潮頭，以顯示其驚險動作和高超技藝。宋吳自牧《夢粱錄·觀潮》記載：“其杭人有一等無賴不惜性命之徒，以大彩旗，或小清涼傘，紅綠小傘兒，各繫繡色緞子滿竿，伺潮出海門，百十爲群，執旗泅水上，以迓子胥弄潮之戲，或有手腳執五小旗，浮潮頭而戲弄。”弄潮的人視水中如陸地，以弄潮爲戲，水準之高，可以想見。古時候，“弄潮”活動往往與“天下奇觀”的錢江潮聯繫在一起。《武林舊事·觀潮》記載：當潮水湧來之際，弄潮兒“百十爲群”、“披髮文身”，爭先跳入潮中，踏浪爭雄。他們出沒於洶湧澎湃的潮水之中，騰身百變，各獻技藝。弄潮勝出者，除賞賜銀錢外，還插花披紅，鼓樂吹打，迎入城中，萬人夾道歡呼爭觀。李益《江南詞》："嫁得瞿塘賈，朝朝誤妾期；早知潮有信，嫁與弄潮兒。"可知"弄潮兒"古已有之。現在的"弄潮兒"一詞，則指的是"敢於冒險、有進取精神的人"。

 | 221

古人如何拔河？

拔河，是一種民間娛樂活動，古代最初稱為"牽鉤"、"強鉤"。相傳興起於春秋戰國時期，其起源與古時水鄉拉纖和水軍操練活動有關。春秋時期，楚國準備攻打吳國，曾以"牽鉤"來訓練士兵。這種牽鉤是用竹皮做成的一種竹索，在水戰中，這種工具可以緊緊鉤住敵船，使其無法逃脫。拔河就是從楚國這種用牽鉤對拉的軍事訓練中演變而來，逐漸發展成為一項民間遊樂活動。拔河活動曾在唐朝盛極一時，達到了空前的規模。封演在其《封氏聞見記》中記載："拔河……古用篾纜，今民則以大麻繩（gēng），長四五十丈，兩頭分繫小索數百條，掛於前。分二朋，兩朋齊挽。當大繩之中，立大旗為界，震鼓叫噪，使相牽引。以卻者為勝，就者為輸。"唐人薛勝還專門作了一篇《拔河賦》，全面翔實地描述了唐玄宗時一場聲勢浩大的拔河比賽，對場地、器材、規則、裁判以及比賽的緊張激烈、扣人心弦，都寫得惟妙惟肖、真切翔實，其中還提到"令壯士千人，分為兩隊"，每隊有500人參賽，聲勢之大，歷史罕見，真可申請吉尼斯紀錄了。有趣的是，拔河還曾經是奧運會的比賽專案，被歸入田徑範疇，自1900年起連續舉行過五次，從第七屆比利時安特衛普奧運會（1920年）後，國際奧會考慮到拔河缺乏基本的體育比賽條件，因而取消了奧運會的拔河比賽。

| 222

古人如何跳繩？

跳繩是一項廣泛流傳於中國民間的傳統體育專案，歷史悠久。唐代以“透索爲戲”，明代稱“跳白索”，清代稱“繩飛”。明劉侗、於奕正在《帝京景物略》中描述道：“二童子引索掠地，如白光輪，一童跳光中，日跳白索。”形象地描繪出小孩跳繩的情形。還說：“跳白索無稚壯。”即青壯年人也參加這項活動，因此不難看出跳繩的參與群體範圍頗廣。《松風閣詩抄》中也有詩記載：“白光如輪舞索童，一童舞索一童唱，一童跳入光輪中。”一邊跳繩一旁還配有伴唱，娛樂性很強。現在，跳繩活動仍廣泛流行。跳繩有短繩和長繩之分：短繩可單人跳或雙人跳，長繩則爲集體跳。跳法有前甩、後甩、前交叉、後交叉、多人跳雙繩、雙搖飛、多搖飛、計時跳繩、集體八字形編花等；跳繩花樣也層出不窮，有單腳跳、單腳換跳、雙腳並跳、雙腳空中前後左右分跳、一搖一跳、一搖二跳、一搖三跳、雙人同跳、多人輪跳、同跳、編花跳、自搖自跳、邊搖繩邊跑跳等多種。

 | 223

爬繩運動是怎樣起源的？

爬繩是一種沿著懸垂的繩索向上攀援的民間體育活動，屬於傳統體育活動之一。爬繩最初是爲了適應生產活動和軍事鬥爭的需要。在山區的日常生產勞動中，人們遇到陡崖峭壁便需要懸繩拉索進行攀援，而攀援時便需要一定的爬繩技巧。此外，據《後漢書·南匈奴傳》中記載，在一次戰爭中，漢軍“繩索相懸，上通天山，大破烏桓”，可知在當時爬繩也是一個非常有效的作戰手段。爬繩的方法有兩種：一種是手足並用，雙手握繩直臂懸垂，然後收腹屈腿夾繩，兩腿蹬直，同時屈臂引體上升；另一種只用上肢，雙手握繩，兩腿懸空，雙臂用力向上引體，雙手交替向上換握，不斷引體上升。比賽時可數人同時爬，以先到頂端者爲勝。現在，爬繩成爲了一種在中國比較普及的健身運動，它不僅能發展力量、耐力和攀援技能，而且能培養人們勇敢頑強的意志品質。目前，爬繩已被列爲中國《國家體育鍛煉標準》的項目之一。

 | 224

石球也可以踢嗎？

在古代，人們不僅蹴鞠，還踢石球，尤其在北方民間頗爲流行。古人將石頭琢成小球狀，一般在冬天戶外進行踢玩。踢石球是由蹴鞠與擊壤結合變異而來，據翟灝《通俗編》卷三十一記載："今小兒搏土爲丸，置其一以爲標，足蹴他丸擊之，或用瓦球，或用胡桃，率以中者爲勝。應屬擊壤遺習。"又，富敦察崇在其《燕京歲時記》載："十月以後，寒賤之子，琢石爲球，以足蹴之，前後交擊爲勝。蓋京師多寒，足指酸凍，兒童踢弄之，足以活血禦寒，亦蹴鞠之類也。"古時人們踢石球有兩人和多人兩種玩法。據《帝京景物略》記載："是月（十二月），小兒及賤閒人，以二石球置前，先一人踢一令遠。一人隨踢其一，再踢而及之，而中之，爲勝。一踢即著焉，即過焉，與再踢不及者，同爲負也。再踢而過焉，則讓先一人隨踢之。"意思是，將兩石球置於地，先由第一人踢第一球至遠處，第二人共踢兩腳，踢第一腳時被踢的第二球，必須趕上第一球，但不能超過，更不許碰到第一球。踢第二腳擊中第一球，爲贏。倘若踢第一腳超過或碰上第一球，算爲輸；第二腳未擊中第一球，亦爲輸。輸球者要將踢球權讓給對方，以此循環。無論兩人踢或是分爲兩隊對踢，玩法都類似，每人都可在比賽中踢到石球。

 | 225

古人也會變魔術嗎？

古人其實很早就會變魔術，不過有一個特別的名稱——變戲法。楊曉歌《中國魔術》考證，中國戲法產生於距今四千年前的夏朝，漢劉向《列女傳·孽嬖傳》載：

"桀既棄禮義……收倡優侏儒狎徒能爲奇偉戲者，聚之於旁。"這裏的"戲"指的就是戲法表演。戲法盛於西漢，直到上世紀初才開始叫魔術。我們知道，現代魔術往往有專業的道具，比如魔術棍、魔術槍、魔術缸、魔術撲克等。而在古代，戲法兒的道具大部分是人們司空見慣的日常生活用品或生產工具，如盆、碗、碟、勺、籠、箱、櫃、刀等。戲法兒的手法講究"上下翻亮，經外交代"，意思是表演前向觀眾交代雙手時的姿態，必須上、下、反、正都要亮明，把蓋布裹外讓觀眾看過。《搜神記》卷二曾記載："晉永嘉中，有天竺胡人，來渡江南。其人有數術，能斷舌複續、吐火，所在人士聚觀。將斷時，先以舌吐示賓客。然後刀截，血流覆地。乃取置器中，傳以示人。視之，舌頭半舌猶在。既而還取含續之，坐有頃，坐人見舌則如故，不知其實斷否。"這名天竺胡人向賓客表演的就是用刀截斷舌頭的戲法，頗爲驚險。

226

中國戲曲的最早雛形是什麼？

東海黃公，爲漢代"百戲"節目之一。據《西京雜記》記載，"東海黃公"的故事情節大致如下：從前，東海地方有一黃姓老頭，年輕時很有法術，能夠制服蛇虎。他身邊常備一把赤金刀，以紅綢束髮，可以立興雲霧，能使平地化爲山河。及至年老，氣力衰憊，且飲酒過度，從此就不能再行其法術了。秦朝末年，東海地方忽出現白虎，黃公就帶了赤金刀想去把白虎制伏，不料法術失靈，遂爲白虎所害。當時，陝西關中一帶的人民，將這個故事編成角抵戲演出，後被漢武帝引進宮廷，經過加工，作爲"百戲"節目，並以招待"四方來賓"。正如《西京雜記》所云："三輔人俗用以爲戲，漢帝亦取以爲角抵之戲焉。""東海黃公"，是漢時典型的角抵奇戲，但它在表現人虎搏鬥時，不像一般的角抵戲那樣，由兩個演員上場競技，以強弱決定輸贏，而是以表演故事的姿態出現。在表演上既有吞刀、吐火及立興雲霧等幻術，又有人與虎鬥的角力，使各種藝術熔於一爐，並塑造了黃公這個有戲劇性的人物，這就說明當時的"百戲"技藝，已藉故事的情節，由單純趨向複雜，使形式服從於內容，所以有學者認爲："後世戲劇，是於此發端，確有直接淵源。"

| 227

跳丸與跳劍屬於哪一類雜技表演？

跳丸劍，又叫"弄丸劍"，表演者用兩手快速地連續向空中拋起若干彈丸或短劍，一手拋，另一手接；再繼續拋向空中，最多可以連續拋起九丸或七劍。跳丸（或劍）數位的多寡，標誌著技術水準的高低。根據我國出土文物資料判斷，"跳丸劍"在漢代已很盛行，並在"百戲"中佔據著重要位置。山東沂南漢墓畫像石上的《角抵百戲圖》中，就有此項技藝的圖像：一個飄著長鬚的伎人，赤著上身，穿著短褲，頭上似戴一頂有纓平幅。他把三把短劍擲在空中，一劍尚在左手，右手張開接劍。他的左腳後踢，背後有五個鏤孔的圓球飛起。看來，這人有一身兼玩丸劍的高超本領。四川宜賓市翠屏村出土的漢墓石棺上，刻有弄劍丸者三人，各向空中拋擲刀、圓球、木棍等。成都鳳凰山的漢畫像磚上，畫著一個伎人，飛數丸於空中，似乎連接連拋。四川彭縣的漢畫像磚上，也刻著跳丸伎，一人手跳三丸。另外，見於漢代雕刻的還有孝堂山、濟寧兩城山、嘉祥隋家莊、戴氏享堂等畫像磚上，都出現跳丸劍表演的形象。這說明跳丸劍在漢代曾流行之廣。

跳丸

跳劍

| 228

"胡旋舞"是一種什麼樣的舞蹈？

胡旋舞，即踏球遊戲，是唐代一種女子遊戲。唐封演所著《封氏聞見記》云："今樂人又有踏球之戲，作彩畫木球，高一二尺，女伎登躡球，宛轉而行，縈回來去，無不如意。"唐段安節《樂府雜錄》、宋王讜《唐語林》等也有關於踏球的記述。不過，唐代女子踏球遊戲的形態，唐人王邕《內人踏球賦》描繪得最爲詳盡："球以行於道，嬪以立於身"、"雖進退而有據"，球循著事先鋪設的道進退，不是任意滾動的。進行踏球表演的宮女們"下則雷風之宛轉"、"上則神仙之結束"，大球滾動如風行雷鳴，可見其踏球技藝頗高。那麼，踏球之戲源於何？據段安節《俳優》載："有夷部樂，即有扶南、高麗、高昌、驃國、龜茲、康國、疏勒、西涼、安國……舞有骨鹿舞、胡旋舞，俱於一小圓球子上舞，縱橫騰踏，兩足終不離於球子上，其妙如此也。"其

唐代胡旋舞白玉帶板

中，"骨鹿"點出球的滾動聲音，而"胡旋"一語雙關，既道出旋轉之舞態，又指明來自何方。因此，踏球又被稱爲"胡旋舞"。踏球在當時是一種娛樂性很強的遊戲，不過到後來逐漸雜技化了，雜技"踩大球"大概就來源於古代這種踏球遊戲。

 | 229

古代馬戲就是今天所說的馬戲嗎？

馬戲，雜技門類之一，原指人騎在馬上所作的表演，以馴馬、馬上技藝、大中型動物戲、高空節目爲主，也包括部分雜技、戲法和滑稽等表演，而現代馬戲則專指

馬戰

馴馬和馬術。馬戲在我國有著悠久的歷史，西漢桓寬在其《鹽鐵論》中就有“馬戲鬥虎”的記載。三國時馬戲表演也很普遍。《三國志·魏書·甄皇后傳》記載：“(後)年八歲，外有立騎馬戲者，家人諸姊皆上閣觀之，後獨不行。”唐代，馬戲表演已經達到很高水準，其中“透劍門伎”尤爲精彩。“透劍門伎”就是馬越刀山：地上倒插刀劍，間隔分成幾級，有如房椽，寒光閃閃，使人望而卻步，表演者駕乘小馬，奔騰跳躍，飄忽而過，人馬無傷。到了宋代，馬戲技藝更爲成熟，表演技巧，精湛高超。在東京汴梁(今河南開封)給皇帝表演馬戲時，就有引馬、立馬、騙馬、跳馬、倒立、拖馬、鐙裏藏身、趕馬等多種多樣的馬上功夫。

 230

古人如何表演爬竿雜技？

“尋橦(tóng)”，爲“百戲”節目之一，橦是橦木竿的意思，因此尋橦即俗話中的爬竿。根據《漢書》記載：“自合浦南，有都盧國。”《大康地志》又云：“都盧國，其人善緣高。”因此，尋橦又因都盧國人善緣木而得名爲“都盧伎”。尋橦的歷史可上溯到春秋戰國時的晉國，當時有一些矮小的藝人，在矛戟的柄上進行爬緣表演，這估計便是“尋橦”的前身。到漢代，尋橦已成爲頗受百姓歡迎的節目之一。在漢代的“百戲”演出中，往往安排一個壓軸戲——“百馬同轡(pèi)”，即出現許多戲車，車上架橦木，由幼童在戲車的橦木頂部“上下翩翻”，表演其高超

尋橦

技能，驚險卻不失精彩。漢代尋橦也留下了不少歷史痕跡：孔望山漢代摩崖造像中，有一幅"尋橦圖"，形象地展示了尋橦的場景：表演者兩人，一人托竿，一人在竿上表演。托竿者兩腿作弓步，以求平衡。右掌托一竿，左手後伸，張開手掌，極力穩竿，保持平衡的姿勢刻畫得非常生動。竿上表演者，身稍傾斜，以足登竿，右手叉腰，左手上舉，也作力求平衡的姿勢。還有一些漢畫中畫有伎人頭頂竹竿，另有一至三人緣竿而上進行表演的場景。由此我們可看出，漢代便有了"掌托竿"、"頭頂竿"等花樣，可見其技巧已達到相當高的水準。

中國人應知的

國學常識

The Knowledge
of Chinese

哲學宗教

中國人應知的
國學常識 **哲學宗教**

 231

佛教爲什麼要分"大乘"、"小乘"？

　　最初的佛教並無小乘、大乘之分。只不過後來在內部崛起的一股新勢力覺得自己
有別於、甚至高於別人，就自命爲"大乘"（爲"菩薩道"），貶別人爲"小乘"
（聲聞乘、緣覺乘之總稱）。

　　簡單一點說，"小乘"意爲狹小之車乘，指運載狹劣之根基以達小果之教法；"大
乘"佛教認爲小乘的教法只注重使自己覺悟和解脫，最終也只能修成"羅漢"，而大乘佛
教則不但注重自己的覺悟，還能由此度盡一切衆生，最後修行果報也是最高的"佛陀"。

　　二者的不同之處還有，小乘主張"我空法有"，大乘認爲"人法兩空"；小乘認
釋迦牟尼爲教主、導師，是一個達到徹底覺悟的人，大乘尊釋迦牟尼爲威力廣大、法
力無邊、全知全能的佛陀。

　　我們所熟知的《般若經》、《法華經》、《華嚴經》等經，以及《中論》、《攝
大乘論》等論，也都是大乘佛教的經典。我國及日本現行之佛教（包括藏傳佛教），
也主要屬大乘佛教。

　　當然，現在學術界的大乘、小乘只是沿用了他們的稱呼，並無褒貶意。

 232

佛家的"三寶"是哪三樣呢？

　　"三寶"是指爲佛教徒所尊敬供養的佛、法、僧，又作三尊。其中"佛"指覺悟

了人生眞相，並教導他人的佛祖釋迦牟尼，或泛指修成正果的一切諸佛；"法"指佛所說之法；"僧"指奉行佛所說之法的人。此三者在佛家看來，威德至高無上，永不變移，如世間之寶，故稱三寶。

具體說來，"佛寶"包括佛身、佛德，前者說的是法身，是諸佛的清淨無漏功德所依，爲眞如實相的理體，常住不滅。後者說的是成就佛果的諸佛具足十力、四無所畏、十八不共法、四無量心及壽命自在、神通自在等德相。綜言之，即是智、斷、恩三德。

法寶包括：一、以涅槃解脫，常樂我淨爲體性；二、以三十七道品爲方便；三、以八萬四千法門爲調伏衆生的甘露法藥。

僧寶也可略分爲三種：義僧：即諸佛如法而住於世間，隨衆生的機緣和悟境顯現差別相，而其實相不可親見、不可捉持、不可破壞、不可思議，爲一切衆生的良佑福田。賢聖僧：爲見道位以上的賢聖。若在小乘，指證得初果以上的境界，大乘指初發心住以上的菩薩。福田僧：指在凡夫位的出家沙門，雖然未證道果，但亦能庇蔭衆生，能給予衆生安穩快樂，所以爲衆生種福田的處所。

值得一說的是，禪宗六祖惠能在《壇經》裏面講到，佛寶是自性覺，法寶是自性正，僧寶是自性淨。所以慧能傳授的"三皈依"，準確點來說，就不再是"皈依佛、皈依法、皈依僧"，而是"皈依覺、皈依正、皈依淨"，即自性三寶。

 233

爲何說"無事不登三寶殿"？

"三寶"分別是佛寶、法寶、僧寶。那麼"三寶殿"自然是指"佛法僧"之地。佛寶殿就是"大雄寶殿"；法寶殿是大名鼎鼎的"藏經閣"；僧寶殿即是"禪房"。

"無事不登三寶殿"最初是針對僧衆們說的。由於"三寶殿"都是莊嚴肅穆的場所，僧衆們沒有事時，是不能隨便到大雄寶殿和藏經閣去的，即便是自家的禪房，也是用來打坐清修的。後來佛教廣爲傳播，這一規定就演化成俗語了。

234

大千世界是指什麼？

"世界"是時、空的集合，其中的"世"是時間流變，"界"是空間邊線。按照佛經的說法，在大海中，以須彌山為中心，四方四大部洲（東勝身洲、西牛貨洲、南贍部洲、北俱盧洲），這些由一日月所照的範圍為一世界。

千個這樣的世界為小千世界，千個小千世界為中千世界，千個中千世界為大千世界，共有三"千"（小千、中千、大千），故稱為"三千大千世界"。

我們地球所在的"大千世界"名叫"娑婆世界"（"娑婆"意為"堪忍"。娑婆世界眾生安於十惡，堪於忍受諸苦惱而不肯出離），由釋迦牟尼，也即大日如來教化。

佛陀要教化世人，以"大千世界"為單位。而現在多用"大千世界"來形容人世間的紛繁複雜。

 235

佛家的"唯心"與哲學的"唯心"是一回事嗎？

哲學說"唯心"，是指"唯心主義"。佛家講"唯心"，是說"三界唯心"。

佛家中的"三界"指的是欲界（具有淫欲、情欲、色欲、食欲等有情所居之世界）、色界（遠離欲界的淫、食二欲，卻仍具有清淨色質等有情所居之世界）、無色界（只有受、想、行、識四心而無物質）。此三界的果報雖有優劣、苦樂等差別，但都屬迷界，是眾生生死輪迴之趣，一般為聖者所厭棄。《法華經‧譬喻品》說："三界無安，猶如火宅；眾苦充滿，甚可怖畏。"

可這三界怎麼就"唯心"了呢？三界中所有現象皆由一心識（唯識宗認為是阿賴耶識）之所變現，此外別無別法。凡三界生死、十二緣生等諸法，實是妄想心（阿賴耶識中的"執藏"，即末那識的執著）所變現。妄想心對應的是清淨心，即如來藏，即佛性。

當然，這裏的"心"就像老子的"道"一樣，屬"強爲之名"的東西。佛家講空，也講"空空"，即把"空"也給空掉，而這裏的"心"也是這樣的。也正是因爲佛教要"空空"的這點，佛家的"唯心"是出世間法，哲學的"唯心"是世間法。後者是前者要破的對象之一。

 236

佛家的"十二因緣"指什麼？

因緣實際上是兩字兩個意思：因，引發結果的直接內在原因；緣，外來相助的間接原因。

佛教認爲，一切萬有皆由因緣之聚散而生滅，稱爲因緣生、緣生、緣成、緣起。因此，由因緣生滅產生萬事萬物的道理，稱爲因緣生滅法；而由因與緣和合所產生的結果，稱爲因緣和合。一切萬有皆由因緣和合而假生，沒有自性，此即"因緣即空"的道理。如果以煩惱爲因（內在原因），以業爲緣（外部條件），能招感迷界之果；以智爲因，以定爲緣，則能招感悟界之果。

"十二因緣"是具體講"緣起"，即有情衆生生死流轉的過程。十二因緣，又名十二有支，其中"十二"即無明（貪嗔癡等煩惱爲生死的根本）、行（造作諸業）、識（業識投胎）、名色（但有胎形六根未具）、六入（胎兒長成眼、耳等六根的人形）、觸（出胎與外境接觸）、受（與外境接觸而生的苦樂等感受）、愛（對境生愛欲）、取（追求造作）、有（成業因能招感未來果報）、生（再受未來五蘊身）、老死（未來之身又漸老而死）。

 237

因果報應是怎麼回事？

"因果報應"這一習語來自佛家。

簡單說來，"因果"就是原因與結果，即因果律。其中"因"又稱作"因緣"，分爲"六因"（能作因、俱有因、相應因、同類因、遍行因、異熟因）、"十因"（隨說因、觀待因、牽引因、攝受因、生起因、引發因、定別因、同事因、相違因、不相違因）、"四緣"（因緣、所緣緣、等無間緣、增上緣）等；"果"又稱爲"果報"，一般分爲"五果"（等流果、異熟果、離系果、士用果、增上果）。佛教因果論的特點可以概括爲八個字"已作不失，未作不得"，即任何思想或行爲，都會導致相應的後果，"因"未得"果"之前，不會自行消失，反之，不作一定之業因，亦不會得相應之結果。

因果可分爲世間之因果、出世間之因果、迷界之因果、悟界之因果。且依四諦而言，苦、集爲世間、迷界之因果。滅、道是出世間、悟界之因果。在時間上，因果遍於過去、現在、未來三世。在空間上，則除無爲法（無生滅變化而寂然常住之法，比如說涅槃）之外，一切事物皆受因果律支配。佛、菩薩亦然。

所以佛也只能是證得因果報應的人，即有因必有果，只不過佛種的是善因，結的是善果。

 | 238

什麼是"六道輪迴"？

佛家講"因果報應"，靠的就是今生來世的輪迴轉變來支撐。你上一世種的各樣因結成你這一世的各種果報，這一世的因會在你的來生得到報償。怎麼報償呢？六道輪迴！

"六道"之中有三善道、三惡道。前者有天道（天人，相當於通俗所謂"神"一詞）、阿修羅道（富有戰鬥力的神）和人道。後者有畜生道、惡鬼道（鬼道，貪邪卻永不得滿足）、地獄道（受苦之牢獄）。

你作惡便會有惡道相逼，你行善便有善道相報。所以我們平常就講"善有善報，惡有惡報，不是不報，時候未到"。

239

"如來"是誰？

宋人《如來說法圖》

《西遊記》中孫悟空大鬧凌霄殿時，玉帝狂喊了一聲："快去請如來佛祖！"如來佛祖是個佛不錯，但爲什麼叫如來？爲何不叫如去呢？

事實上，"如來"還就是能叫"如去"，只不過含義不同而已。

"如"在佛經中稱眞如，就是眞理之義。"如來"就是"由眞理而來（如實而來），而成正覺之義"。

"如去"就是"乘眞如（絕對眞理）之道，而往於佛果涅槃"。

還有一點要說明，"佛"這個詞本身就是乘眞理而來，由眞如而現身，故尊稱佛陀爲如來。所以"如來佛祖"是一個同語反覆。

不過值得一說的是，"如來"並不僅僅指釋迦牟尼佛。因爲"如來"和"佛"一樣，是一切佛的通稱；而佛有十種稱號，"如來"只是其中之一。另外九種是：應供、正遍知、明行足、善逝、世間解、無上士、調御丈夫、天人師、佛世尊。這就是"如來十號"。其中，"佛世尊"又可分爲"佛"、"世尊"。

240

"菩薩" 是什麼人？

我們回憶一下《西遊記》中的菩薩：手持淨瓶的南海觀世音菩薩、騎著青獅的文殊菩薩、坐著白象的普賢菩薩、騎著諦聽的地藏王菩薩。

西方佛國中的"四大菩薩"，他們在職稱上僅次於"佛陀"。我們知道"佛陀"是佛家的智者，是老師的老師。那菩薩是幹嘛的呢？

四大菩薩

佛陀既然是老師，那菩薩就只能是徒弟了。只不過這種徒弟比羅漢之類的更加向道(不但自覺，更是覺他)。"菩薩"(術語為"菩提薩埵")即"求道求大覺之人、求道之大心人"。所以有時候人們會只根據這"一心求道化衆"的含義把那些精通佛法，德高望重的寺院高僧和在家居士也稱作"菩薩"。

我們最熟悉的菩薩肯定是觀世音菩薩(意思是"凡遇難衆生誦念其名號，菩薩即時觀其音前往拯救")，他又稱光世音、觀自在、觀世自在，全稱尊號是"大慈大悲救苦救難觀世音菩薩"。

"菩薩"雖說有大慈與大悲二心，但是並非都是慈眉善目的主兒。文殊菩薩就是勇猛無畏類型的菩薩，曾為了方便講道，持劍逼害於佛。當然，這是人家由"大智"生出來的"大勇"。我們對禪宗的"呵佛罵祖"都有點冒冷汗，何談劍指佛祖以行道？

241

觀音菩薩是男是女？

清代白石雕千手千眼觀音像

觀音菩薩據說本來是男身，但是嫁過人。當然了，他是化成女身出嫁的，意在點醒世人不要貪戀女色。這就牽扯到"化身"的概念。

在佛家故事中，佛或菩薩爲了方便度化眾生，就變化出各類眾生的形象。這些形象就是他（她）們的化身，即三身（法身：普遍的眞理；報身：發願成佛時完滿之身；化身：應現於世間的身體）之一。法身永遠不滅，但缺乏人格性；化身具人格性，然而卻無常變遷；而統合此二者的理想的佛身，就是報身。西方極樂淨土的阿彌陀佛就是報身佛。

242

"四大金剛"都是誰？

"四大金剛"是佛家 "四大天王"的一種俗稱，四大天王是佛家二十諸天中的四位天神，職責是守護須彌山周圍四大部洲的平安，故又稱"護世四天王"。

具體說來：東方持國天王（"持國"的意思是慈悲爲懷，保護眾生，護持國土），持琵琶，守護東勝身洲。南方增長天王（"增長"的意思是傳令眾生，增長善根，護持佛法），持寶劍，守護南贍部洲。西方廣目天王（"廣目"的意思是能以淨天眼隨時觀察世界，護持民眾），持赤龍，守護西牛貨洲。北方多聞天王（"多聞"的意思是精通佛法，以福、德播於四方），持寶傘，守護北俱盧洲。

後來，民間把這四位護世天王稱爲"風調雨順"，其中增長天王持劍代表"風"、持國天王持琵琶代表"調"、多聞天王持傘代表"雨"、廣目天王持龍代表"順"。風調雨順四天王又以北方多聞天王地位最尊。

243

"十八羅漢"都是些什麼人？

先看其中我們所熟知的降龍、伏虎羅漢都是什麼出身？簡單一點說，他們兩個的出身都不算太正規，是編外人員。因爲十八羅漢中的另外十六位都是佛經上明確記載，受過佛祖冊封和囑咐的。這兩位則是我們世人補充進去的。

那佛祖冊封的十六位羅漢都幹些什麼呢？他們永駐世間、護持正法。"永駐世間"的意思就是不入涅槃；並受世人供養而爲眾生作福

承德普寧寺內的十八羅漢壁畫

田。別看十八羅漢很是深入人心，但恐怕你對這十六位正統的羅漢一個也說不上來。不信嗎？看看他們的名字吧，分別是：賓度羅跋囉惰闍（shé）尊者（舊稱賓頭盧頗羅墮誓）、迦諾迦伐蹉尊者、迦諾迦跋厘惰闍尊者、蘇頻陀尊者、諾距羅尊者、跋陀羅尊者、迦理迦尊者、伐闍羅弗多羅尊者、戍博迦尊者、半托迦尊者、囉怙羅尊者（舊稱羅雲）、那伽犀那尊者、因揭陀尊者、伐那婆斯尊者、阿氏多尊者、注荼半托迦尊者。

這十六位名字不爲人知的正統羅漢各駐一方，護得一方僧俗平安喜樂。

244

鳩摩羅什是何許人？

鳩摩羅什像

鳩摩羅什（344～413），此為梵語Kumārajīva音譯，意譯漢語為"童壽"。原籍天竺，生於西域龜茲國（今新疆庫車縣）。東晉時後秦高僧，著名的佛經翻譯家。與真諦（499～569）、玄奘（602～664）並稱為中國佛教三大翻譯家。

據《出三藏記集》和《高僧傳》記載，其父母均為出家人。父名鳩摩羅炎，棄相位出家，東渡蔥嶺，遠投龜茲，被龜茲王迎為國師，後被逼和王妹耆婆結婚，生鳩摩羅什和弗沙提婆兄弟二人。鳩摩羅什七歲從母出家，初學小乘，後改學大乘中觀學派，學成講經時"諸王長跪高座之側，令什踐其膝以登焉"。

鳩摩羅什後從西域至涼州，被後秦國主姚興迎至長安，此時他已五十八歲。有趣的是，即便如此年紀的鳩摩羅什，此後待遇竟和其父驚人地相似：姚興待以國師禮，並以使女十人，逼命受之。

在長安，成親後的鳩摩羅什依舊譯經不輟。他與弟子共譯出《大品般若經》、《法華經》、《維摩詰經》、《阿彌陀經》、《金剛經》等經和《中論》、《百論》、《十二門論》、《大智度論》（至此為"四論"）、《成實論》等論，系統地介紹了龍樹中觀學派的學說。他的譯文多採用意譯，卻圓通融洽，"眾心愜服，莫不欣贊"。其中他所譯的"三論"《中論》、《百論》、《十二門論》）為三論宗所依據的主要經典；《成實論》流行於江南，為成實學派主要依據；《法華經》是天臺宗主要經典；《阿彌陀經》是淨土宗所依"三經"（另外兩經為《無量壽經》、《觀無量壽經》）之一。

此外，他與廬山慧遠交友，他們之間有關教義的問答也被輯錄成《大乘大義章》，和《維摩詰注》共同成為後世的經典文獻。

鳩摩羅什在譯經過程中也培養了大量弟子（據傳，鳩摩羅什弟子三五千，著名者數十人），其中名僧輩出，例如道生、僧肇、道融、僧睿就被稱為"什門四聖"。

245

達摩祖師是誰？他跟中國的禪宗有什麼關係？

據《景德傳燈錄》載，達摩是南天竺香至王的第三個兒子，屬印度剎帝利種姓，通曉大小乘佛法。西元527年，中國南北朝時期，他渡海來到屬南梁的南海（今廣東廣州），廣州刺史厚禮相迎，梁武帝派遣使者請他到金陵（今江蘇南京），因會談不甚契合，於是同年潛行到北魏，藏身於嵩山少林寺，九年"面壁而坐，終日默然"，世稱"壁觀婆羅門"。所傳安心禪法，深受魏孝明帝推崇，僧俗信向者甚多。

達摩以《楞伽經》為據，提出"理入"（冥想體悟）和"行入"（實踐修行）的"入道"路徑。

"理入"即"凝住壁觀"，其內容為"藉教悟宗，深信含生同一真性。客塵障故。令舍偽歸真，凝住壁觀，無自無他，凡聖等一，堅住不移，不隨他教，與道冥符，寂然無為"。這種特重心性的大乘壁觀，主要是比喻人心如壁立，不偏不倚，從認識上舍偽（拋棄現實世界）、歸真（追求超現實的真如世界）、無自（否認個人存在的真實性）、無他（否認他人乃至整個客觀世界存在的真實性），排除一切執見。

"行入"是指萬行同攝的"四行"，即報怨行（於一切因果都"甘心忍受，都無冤訴"）、隨緣行（相信業力流轉，緣起性空）、無所求行（安心無為，萬有皆空）、稱法行（除妄想，修六度而無所為）。

明代白瓷達摩立像

"達摩"所奉行的"二入四行"的禪法,經其弟子慧可等以下幾代禪師的闡發,到惠能時正式形成"禪宗"。惠能法嗣神會,堅持南宗爲禪宗正統,認定自達摩至惠能六代系一脈相承,從此達摩被尊爲東土禪宗的祖師爺。

246

歷史上的唐僧就是《西遊記》中那個唐僧嗎?

唐玄奘像

唐僧的原型就是玄奘(602～664),唐朝著名的三藏法師(精通精、律、論三藏)。俗姓陳,本名褘(huī),出生於河南洛州緱氏縣(今河南省偃師縣南境),與鳩摩羅什、眞諦並稱爲中國佛教三大翻譯家,是唯識宗的創始者之一。

咱們再來看看他的其他事蹟:抗過旨——"玄奘以貞觀三年冬,抗表辭帝,制不許,即私遁出玉關";翻山越嶺,行走五萬餘里——從長安、經西域諸國、到天竺自費留學;拒過婚——印度王族公主的青睞都不能打動他。

有趣的是,玄奘出國留學時還是一個地道的偷渡客,可他學成歸來時就變樣了(《雙樹幻抄》:"以貞觀十九年至長安。文皇驚喜,手詔飛騎迎之。親爲經文作序,名《聖教序》云")。

還有,玄奘在天竺求學時辯才可是雄冠諸國——在五印十八國、五千多人參加的辯經大會上,無一人能予以詰難。由此他被大乘尊爲"大乘天",被小乘尊爲"解脫天";取經回來後還繼續從事梵文經書的翻譯和解釋工作。

247

豬八戒的"八戒"是什麼意思？

據《俱舍論》載，"八戒"，又作八齋戒、八關齋，即以下八種過失：一者殺生，二不與取（指偷搶），三非梵行（男女之媾合，注意不同於五戒中的"不邪淫"），四虛誑語，五飲諸酒，六塗飾香鬘(mán)歌舞觀聽，七眠坐高廣嚴麗床座，八食非時食（午後之食）。

"五戒"是不殺生，不偷盜，不邪淫，不妄語，不飲酒。

"十戒"就是把八戒中的第六戒拆分成兩條，最後又加上"不蓄金銀財寶"。

此外，佛家對"戒"和"律"還有分別："戒"指內在自律；"律"則有外在規範。佛家有戒、定、慧三種學問，稱爲"三學"，這裏的"戒律"就是"戒"學，以期借此達到"禪定"，乃至"般若"。

 248

佛家也有"口頭禪"嗎？

"口頭禪"原指只空談禪理而不去實行，也指借用禪宗常用語作爲談話的點綴。今指經常掛在口頭的詞句。

爲什麼說"口頭禪"只是一種點綴呢？因爲它只是一種口上的宣稱和記憶，不關乎覺悟。就比如說佛祖的"拈花微笑"吧，這段公案可以說是家喻戶曉，人人都可以說上一兩句，可這種說法關"覺悟"什麼事兒呢？

道家講"道可道，非常道"，佛家也講口頭禪不是禪。

佛家最有名的口頭禪就是"心不是佛，智不是道"。

| 249

"六根清淨" 是什麼意思？

佛家用"六根"來說人的六種認識器官，即"眼耳鼻舌身意"六官；"六根"通過接觸和加工外物（六塵，即六官所感應到的不同物件），生成六種認識（色聲香味觸法）。

沒有修行的凡人通常只是用眼貪色、用耳貪聲、用鼻貪香、用舌貪味、用身貪細滑、用意貪樂境。這不就是莊子說的"與物相刃相靡"和"終身役役"嗎？換用老子的話說就是"五色令人目盲，五音令人耳聾，五味令人口爽，馳騁畋獵令人心發狂，難得之貨令人行妨"。

如果想改變這種"終身役役"的境遇，就必須清淨六根！怎麼清淨呢？

《法華經‧法師品》謂，依受持、讀、誦、解說、書寫經典等五種行，則可依經典之力量，而使六根清淨，並得清淨六根後的種種功德。說得再明白點，就是要戒（持戒）、定（禪定）、慧（般若）。

所以"清淨六根"就是要你修身、修心，進而通達無上智慧！什麼時候能達到"慧"呢？到達"慧"之後的一個表現就是"六根互通"——任何一根都可以兼備其他五根的效用。

 | 250

"拈花微笑" 說的是怎樣一段公案？

話說有一次在靈山會上，大梵天王向佛祖釋迦牟尼敬獻上金鳳梨花，並請佛祖說法。可是，佛祖卻一句話也不說，只是拈起一朵金鳳梨花遍示會上眾人。當時，會眾都不明白他的意思，面面相覷，默然不已；佛祖有個大弟子，叫迦葉，也在會上，整個會上只有他破顏輕輕一笑。佛祖當即說道："我有絕妙高招，能夠直達涅槃至高境界，可以擺脫一切虛假表相修成正果，其微妙之處在於：我不立文字，以心傳心，於教外別傳一宗，現在傳給摩訶迦葉。"這就是佛教禪宗裏的"拈花微笑"公案。

元代銅釋迦牟尼像

佛祖講經四十九年，獨有此次一言不發。"拈花微笑"也是中國禪宗的第一宗公案，摩訶迦葉也被列爲中國禪宗的"西天第一代祖師"。"拈花微笑"也作"拈花一笑"或"拈花破顏"，本指以心傳心直悟禪理，正是禪宗所謂"不立文字，教外別傳，直指人心，見性成佛"之義；後來也泛指彼此默契、心領神會、心心相印。

其實，釋迦牟尼這裏傳示的乃是一種心境，這種心境是純淨無染、無欲無貪、無拘無束、坦然自得、不著形跡、超脫一切，是佛教禪宗說的"無相"、"涅槃"之最高境界，只可意會，不可言傳。迦葉與佛祖在靈山會上心心相印，無須更多言語或其他表示，但一切盡在不言中，此時無聲勝有聲。而釋迦牟尼最後對迦葉所囑咐的話，也正好是對這種心境的最好闡釋。

 | 251

高僧大德爲什麼要留下"舍利"？

"舍利"有"遺骨"之意。通常指佛陀之遺骨，而稱佛骨、佛舍利，後來亦指高僧死後焚燒所遺之骨頭。這些骨頭有時呈珠狀寶石樣，且五顏六色。據說，只有佛或得道的高僧大德圓寂火化後才能出現這種結晶體。

呈珠寶樣的舍利，顏色通常有三種：白色的是骨舍利；黑色的是髮舍利；赤色的是肉舍利。只有佛舍利有五色。當然這種區分也只是理論上的，得道高僧、大德的舍利子顏色也有五色——紅、綠、黃、黑、白，乃至多色的。從種類上，有全身舍利

釋迦牟尼佛七彩腦舍利

（全部遺骨收入一處）和碎身舍利（遺骨分置多處者）；有生身舍利（佛的遺骨）和法身舍利（佛留下來的教法、戒律，借"舍利"比喻其堅實不壞）。

那"舍利"是怎麼來的呢？是一個人通過戒、定、慧的修行，加上臨走時自己的大願力得來的。這修行自然可以理解，那什麼是大願力呢？就是圓寂前高僧想留下舍利來令信徒供奉。這並不是說發大願力的這些高僧大多貪戀身後名，而是在他們看來，這樣的舍利供奉有利於人們發善心。因為你天天誠信供奉一個東西，能不心生警惕慈悲、向善之心嗎？所以，留下這些舍利的人是不願就這樣撇下眾生獨自成佛的，也是大慈大悲的。這有點鞠躬盡瘁、死而後已的意思。

此外，我們經常聽到的"舍利子，色不異空，空不異色……"中的"舍利子"也可簡稱為"舍利"，但這並非什麼遺骨的意思，而是一個人的名字。他是佛陀的十大弟子之一，以智慧第一著稱。

 252

佛家為什麼稱別人為"施主"？

"施主"梵文音為陀那缽底（其中"陀那"是施，"缽底"是主），又作佈施家，即施與僧眾衣食，或出資舉行法會等之信眾。沒幹過這些事就不是"施主"了？

咱們先看一看施主惠施的五功德：（一）名聞四遠，眾人歎譽；（二）若至眾中，不懷慚愧，亦無所畏；（三）受眾人敬仰，見者歡悅；（四）命終之後，或生天上，為天所敬；或生人中，為人尊貴；（五）智慧遠出眾人之上，現身漏盡，不經後世。

可見，"施主"的稱呼就是晨鐘暮鼓般地警醒著你要做到五事：一者身行慈，二者口行慈，三者意行慈，四者以時施，五者門不制止。那些和尚們稱你為"施主"，也不是非得讓你佈施東西，而只是為你好——提醒你有許多福分可以得到。至於你要不要這些福分，就是你的事了。

需要補充的是，舉行喪葬儀式的喪家，亦稱施主。

 | 253

"無間地獄" 是什麼意思？

凡被打入無間地獄的，永無解脫希望！期間要經受五種無間。第一"時無間"，無時無刻不受罪；第二"空無間"，從頭到腳都受罪；第三"罪器無間"，各式各樣刑具無所不用；第四"平等無間"，用刑不論男女均無照顧；第五"生死無間"，重複死去無數回還得繼續用刑。

你猜猜，在這一層的人要受多長時間的苦？——換算成人間的紀年就是 2.3×10^{25} 年！這是第十八層地獄的時間。而你的時間觀念也就是在十八層地獄的第一層，最多是在第二層。爲什麼這麼說呢？

《十八泥犁經》記載的十八層地獄，是以受罪的時間長短與罪刑輕重而排列的。每一層地獄比前一層地獄，增苦二十倍，增壽一倍。十八層地獄的"層"不是指空間的上下，而是在於時間和刑罰上的不同，尤其在時間之上。其第一獄以人間3750年爲一日，30日爲一月，12月爲一年，罪鬼於此獄服刑一萬年（即人間135億年）。其第二獄以人間7500年爲一日，罪鬼於此獄服刑須經兩萬年（即人間540億年）。其後各獄之刑期，均以前一獄的刑期爲基數遞增兩番。

前面講"六道輪迴"時說，"地獄道"就是這裏的十八層地獄，爲六道中最苦的。在梵語中，"地獄"就有"苦具"、"不自在"等意義。

人如果六根不淨、六識不明，貪，嗔、癡"三毒"就出來了，而中毒的人最終要遭十八層地獄的果報。（當然，十八層地獄的具體名目在各種說法中不盡相同。既然如此，我們也只需曉得：所謂"十八"，只是果報的輕重不同。）

需要說明的是，輪迴有六道，而地獄僅是其中之一，所以人未必一定會進地獄中輪迴。

| 254

靈魂怎麼轉世？

轉世是有前提的：靈魂不死、萬物有靈、靈魂可以流轉駐留。這三個前提在中國民間信仰、佛教、印度教以及希臘哲學中都是存在的。

藏傳佛教中的達賴、班禪的靈童就是轉世理論中的產物。

值得一說的是，轉世也並非在什麼時候都是令人愉快的，相反，有時是一種有些殘忍的痛苦。這種痛苦不單單是指六道輪迴之苦，還可以指轉世的方式——奪舍。奪舍說得通俗點就是"借屍還魂"，而且西藏歷史上有的活佛轉世就是以這樣的方式。

據《安多政教史》載，三世東科爾活佛傑瓦嘉措（1588～1639），圓寂於甘肅涼州（今武威市）。遺體被送往東科爾寺途中，遇到送殯隊伍，死者為19歲的漢族青年。這青年當時復活，自稱東科爾，遂被認定為三世東科爾活佛奪舍轉世。青海卻摩寺最後一代卻摩倉活佛，也以奪舍法轉世。當然，這種情況在活佛中較為罕見。

 | 255

佛門的"書記"是幹什麼的？

雖然我們印象中書記有很大的政治權柄，但佛門的"書記"就不是那麼回事了。

佛門的"書記"做的事既不是簽字簽單，也不是政治教育，他們只管榜疏、書問、祈禱之類寫東西的活。比如《鹿鼎記》上，康熙帝讓韋小寶替自己當和尚，又讓他隨身帶了好些香油錢修繕廟門。那可是皇恩！佛門不能收完錢就沒事了，總得上表叩謝一下皇恩。但這種活又不能讓方丈去幹。先不說精研佛法的方丈能不能做得了這類的書面文章；即便做得了，也不能讓佛門一把手來幹文秘類工作吧？所以佛門就要設立書記一職，一來他們寫的東西專業；二來分擔了其他人對外文書應對方面的工作，其他人可以專心修行。

雖然這種文書工作聽起來像文秘幹的活，但幹這些活的"書記"在佛門中地位很高，爲禪林六頭首之一。

 | 256

"天龍八部"是什麼意思？

天龍八部其實是兩個詞段：天龍、八部。

"八部"也稱"八部眾"，是指護衛佛法的八種守護神：天、龍、夜叉（住於地上或空中，以威勢惱害人，或守護正法，屬於鬼類）、乾闥婆（與緊那羅一同奉侍帝釋天，主管奏雅樂之神。又作尋香神、樂神、執樂天）、阿修羅、迦樓羅（金翅鳥）、緊那羅（此神形貌似人，然頂有一角，人見而起疑，故譯爲疑人、疑神；具有美妙的音聲，能歌舞，又稱爲歌神、歌樂神、音樂天）、摩睺羅伽（大蟒神，其形人身而蛇首）。其中天、龍二眾居上首，所以就用"天龍八部"作爲八部眾的統稱。

 | 257

佛家也講"相好"嗎？

佛家的"相好"就是指"好的相貌"——佛的色身所具備之莊嚴微妙的形相。

其中"色身"就是屬物質的身體，它有形有相能摸能觸。不過要注意的是那可是"佛的形相"，自然不似你我這般邋遢俗氣。佛的"相好"是"三十二相"與"八十種好"的並稱。其中佛身微妙之相狀，可了別者，是謂之相，細相之可愛樂者，謂之好。也就是說，"相"較粗，"好"較細。也就是這"一粗一細"使得你我這等凡夫即便見到了佛，也最多是見他的"相"而已，其"好"則很是難見。

舉個例子吧，"阿彌陀佛"就有八萬四千相，每一相中，各有八萬四千隨形好，每一好中，複有八萬四千光明。厲害吧？所以即便美如潘安，頂多就是一臭皮囊而已。

另外，"相好"也不是什麼容易事，菩薩修滿了三大阿僧祇劫之後，要在佛前修

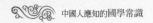

各種的“相好”，而且只有修完一百種福，才成就一種相好。

 | 258

你知道“邪魔外道”的眞正涵義嗎？

“邪魔外道”語出《藥師經》：“又信世間邪魔外道、妖孽之師，妄說禍福。”

玄奘法師在印度求學時，參加辯經大會。會上，他與五千人辯難而難逢敵手。要說的是，這五千人中有兩千是外道人士。可“外道人士”是什麼意思呢？

“外道人士”就是不明佛法的人，其中有“邪”有“魔”。前者是指走了歧路而向心外求法的人，後者是指妨害佛法的人（包括異教徒）。由此也可見唐僧與人辯難時的精彩，因爲這些外道人士的“不明”不是不知道，而是偏執。對付偏執的人自然是要有大智慧、大手段的。

 | 259

“一塵不染”的“塵”是灰塵嗎？

佛教中有六根、六識、六塵的說法。其中“六塵”指的是色塵（眼睛所看到的）、聲塵（耳朵所聽到的）、香塵（鼻子所聞到的）、味塵（舌頭所嘗到的）、觸塵（身體所感覺到的）、法塵（思維到的）。

這六塵會污染我們的六根，從而污染我們的清淨本性，即如來藏。因此佛教修行時，就要通過學習佛法，去除這六塵所帶來的污染，回復清淨本性。一旦修行到“一塵不染”的境界，人就不再受到六塵的侵擾，從而證得“般若智慧”，如《五燈會元》所說：迴脫根塵，靈光獨耀。

俗語用“一塵不染”來形容衣物、環境的清潔、潔淨，也可引申讚譽人高潔的品格。

| 260

"一絲不掛" 和佛教有什麼關係？

"一絲不掛" 在佛家表示的是一種自然專一的清淨心。

源律禪師問："和尚修道，還用功否？"師（慧海大師）曰："用功。"曰："如何用功？"師曰："饑來吃飯，困來即眠。"曰："一切人總如是，同師用功否？"曰："他吃飯時不肯吃飯，百種需索；睡時不肯睡，千般計較。所以不同。"

雲門文偃說："終日說事，未嘗掛著嘴唇，未嘗道著一字。終日著衣吃飯，未嘗觸著一粒米，掛一縷絲。"

"一絲不掛" 是指不流於口頭禪、打機鋒這類的事情上，而是主張頓悟的禪宗在修行功夫上的體認。以前我們以為輕鬆隨意的禪宗，其實在簡單的吃飯穿衣上都要下大工夫。"一絲不掛" 在這裏就是外物外事不縈於心的意思。

 | 261

"居士" 一定是佛教徒嗎？

"居士" 在梵語中意為長者、家主、家長，原指印度四種姓中的吠舍種的富豪，或在家有道之士。在我國，"居士" 一詞原出於《禮記・玉藻》篇。《韓非子》中，也記有任矞、華仕等 "居士"，指頗有道藝而不求仕宦聞達的人。

高僧慧遠《維摩經疏一》說："居士有二：一廣積資財，居財之士，名為居士。二在家修道，居家道士，名為居士。"後者這層意思為佛、道兩教通用，指稱男女皆可。

262

《周易》爲什麼能成爲六經之一？

首先，《周易》本身博大精深。周易中的"周"有周全普遍之意；"易"有簡易、變易、不易（變）三種含義。從這兩個字就可以看出《周易》講的是放之四海而皆準的天下達道。

這種"道"都包括什麼呢？就內容上看，今本《周易》包括"經"和"傳"兩部分。

"經"的部分，主要是六十四卦的卦形符號與卦爻辭。

"傳"是闡釋《周易》經文的專著，即《彖傳》上下、《象傳》上下、《文言》、《系辭傳》上下、《說卦傳》、《序卦傳》、《雜卦傳》，共計七種十篇。因其闡發經文大義，如"經"之羽翼，故漢人稱之"十翼"，後世統稱爲《易傳》。

《周易》之所以能成爲六經之一，主要是因爲它影響深遠。

春秋時期，筮法上出現過變卦說、取象說、取義說、吉凶由人說、天道無常說。戰國時期出現過陰陽變易說。漢代有象數之學（卦氣說、五行說、納甲說），魏晉唐時期稱玄學。宋明時期，又出現五大學派：理學派、數學派、氣學派、心學派和功利學派。又有人籠統地分爲兩派：一派是儒家，一派是道家。儒家重乾卦，重陽剛，講的是"天行健，君子自強不息"，強調修身以有用於社會。道家則重坤卦，重陰柔，講的是"大道若水，弱能勝強"，強調精神自由，以無爲順應自然，追求天人合一的境界。

 263

"太極"是什麼意思？

"太極"最早出於《易傳·系辭上》說的"易有太極，是生兩儀。兩儀生四象，四象生八卦"，說的是天地未生之前只有原始混沌之氣，混沌中生出陰陽二氣，從而逐漸演變出春夏秋冬四時和乾（天）坤（地）震（雷）巽（風）坎（水）離（火）艮（山）兌（澤）八卦。可見"太極"的地位極高，是萬物的根基和起始。可爲什麼叫

做太極呢？"太"有至的意思；"極"有極限之義，合起
來就是至於極限，沒有與之對待匹敵之意。既包括了至極
之理，也包括了至大至小的時空極限。"太極"基本上同
時為儒、道兩家並重。

太極圖

"太極"之說在宋明理學中極受重視，其涵義既可上
至天理，又能下貫人心。同時為道教的內丹學提供了理論
依據，比如說《性命圭旨》中有"天地萬物，各有太極具
焉……人身太極，在晏息杳冥，交媾結胎，交媾有時，調養有法，不傷太極。此盡年
令終，斷絕淫欲，時入杳冥，保元太極，此乃長生不化，盡年令終之道"。

除此，道教教理上還有一種有趣的說法。他們吸收了漢代讖緯五運（《孝經‧鉤
命訣》說："天地未分之前，有太易，有太初，有太始，有太素，有太極，是謂五
運。"）之說，用"太極"表示天地未分之前的五個階段的最後一個階段。

"太極"的這種陰陽動靜之說，也為後來的太極拳、太極劍所吸收。

| 264

"陰陽五行"是用來算命的嗎？

我們已經知道，"陰陽"是太極生出來的有對待關係的一組基本概念（"太極生
兩儀"、"一陰一陽之謂道"）。因此，它們可以用來指稱任何一種對待關係，比如
說男為陽、女為陰；天為陽、地為陰；日月、南北、上下、左右、前後、晝夜、奇偶
莫不如此。可以說在哲學、中醫、風水和日常生活中，"陰陽"都是一組基本概念，
被用來解釋天道循環、人體健康、吉凶禍福等諸多問題。

值得一說的是，"陰陽"不但可以對待，更是可以互有，即陽中有陰，陰中有
陽。於是就有了"太陰、太陽、少陰、少陽"四種情形。

"五行"觀念最早流行於春秋戰國時期。《國語》中就記述過構成萬物的五種基
本物質元素——金、木、水、火、土。後來的道教更是發揮為五行相生相克：木生
火、火生土、土生金、金生水、水生木；水克火、火克金、金克木、木克土、土克

水。此後更是發展爲四時、五臟六腑、五官等無所不包的理論系統，由下表可見一斑。

五行	木	火	土	金	水
五化	生	長	化	收	藏
五色	青(綠)	赤(紅)	黃	白	玄(黑)
五方	東	南	中	西	北
五季	春	夏	長夏	秋	冬
五節	新年	上巳	端午	七夕	重陽
五星	木星	火星	土星	金星	水星
五聲	呼	笑	歌	哭	呻
五音	角	徵	宮	商	羽
五惡	風	熱	濕	燥	寒
五臟	肝	心	脾	肺	腎
五腑	膽	小腸	胃	大腸	膀胱
五志	怒	喜	思	悲	恐
五指	食指	中指	大拇指	無名指	小指
五官	目	舌	口	鼻	耳
五覺	色	觸	味	香	聲
五味	酸	苦	甘	辛	鹹
天干	甲・乙	丙・丁	戊・己	庚・辛	壬・癸
地支	寅・卯	巳・午	辰・未・戌・丑	申・酉	亥・子
五獸	青龍	朱雀	黃麟/螣蛇	白虎	玄武
五畜	犬	羊	牛	雞	豬
五穀	麥	黍	禾	米	豆
五金	鐵	銅	金	銀	錫
五常	仁	禮	信	義	智

"八卦"是什麼意思？與"乾坤"有什麼關係？

"乾坤"原爲八卦中最爲基礎的兩個卦象。

爲什麼說是最爲基礎呢？因爲其餘六卦在理論上均是由乾、坤二卦所生，即"乾坤生六子"。我們經常說的"天地萬物"中的天、地就分別可以用乾、坤兩卦代表。天地可以囊括萬物，那代表它們的乾、坤自然也是。所以"乾坤"一旦定了，還有什麼不能成事呢？

爲什麼說乾坤是"卦"、"象"呢？因爲八卦並非是無意義的抽象符號，無論是其成卦來源，還是其象徵意義都是"擬諸形容"的。就其來源說，是"仰則觀象於天，俯則觀法於地，觀鳥獸之文與地之宜，近取諸身，遠取諸物"（《周易系辭下》）；就其象徵意義來說，是乾（☰）天、坤（☷）地，其餘六卦是震（☳）雷、巽（☴）風、坎（☵）水、艮（☶）山、離（☲）火、兌（☱）澤。《周易系辭上》上說："八卦定吉凶，吉凶生大業。"

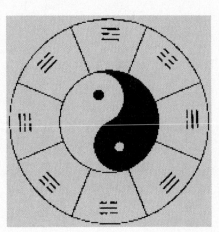

太極八卦圖

那麼，"八卦"這樣一個解釋系統是怎麼來的呢？傳說是上古伏羲參天地易理畫出來的。

至於後來的"文王拘而演周易"（《史記·太史公自序》）說的則是推演"八卦"成"六十四卦"。爲什麼要這麼推演呢？因爲八卦的取象雖說很明瞭，但解釋世界時還是太過簡單。從形式上看，文王把"八卦"兩兩上下疊用，用來說明更爲複雜的社會事件，比如"屯（上坎下震）象草木、蒙（上艮下坎）象童稚、需（下乾上坎）象燕賓、訟（下坎上乾）象飲食……餘卦盡然"（《麻衣道者正易心法》）。從內容上看，六、九等被看成了"極數"——極大、極高、極遠、極尊、極易生變之

266

"老子"是誰？

老子騎牛圖

老子，相傳爲《道德經》作者，先秦道家的創始人，道教的始祖。

據《史記·老子列傳》記載，老子本姓李，名耳，字伯陽，謚號聃。河南鹿邑人。曾任東周國家圖書館館長（守藏室之史）。

相傳孔子曾向老子問禮（學術界有人持懷疑態度），老子說"我聽說'富貴者贈送人以財物，仁人者贈送人以格言'。我不能富貴，但竊冒了'仁人'的稱號，所以我只有贈送你以嘉言：一個聰明深察的人而所以走近於死亡者，就是因爲他喜好議論別人的是非；一個博辨廣大的人，而所以危害其本身者，就是因爲他喜好揭發別人的罪過。爲人子者不要只知有己，爲人臣者不要只知有己。"據現有的資料，老子的生平我們所知甚少。據傳，老子見周室衰微，西行至函谷關，留下《道德經》一書，並有"老子化胡經"的傳說。

西漢初期盛行黃老學說，老子備受尊崇；東漢初期，黃老思想與神仙方術結合，形成黃老道；東漢中期天師道創立，在其經典《老子想爾注》中說，"一（道）散形爲氣，聚形爲太上老君"。至此，老子被尊爲"道德天尊"，也爲"三清"之一。

說老子是"中國哲學的鼻祖"則是胡適先生的贊評，但學術界顯然對此存在著爭議：現代新儒家代表馮友蘭先生和勞思光先生就認爲中國哲學只能自孔子始。

267

《道德經》講正經八百的"道德"嗎？

　　《道德經》一般視為古代大思想家老子的著作，學術界也認為它可能是老子及其後學集體創作的產物，又稱《德道經》、《老子》、《五千言》，分上下兩篇，即前三十七章的《道經》、後四十四章的《德經》。後來馬王堆漢墓出土的西漢初年版本的帛書《老子》，卻把《德經》放在了《道經》前面。

　　《道德經》全文儘管只有五千餘字，卻歷來被看做是"萬經之王"——因為其包含形上宇宙論、陰謀詭詐、帝王權術、兵家詭道、養生等眾多思想，結出了先秦哲學和美學上的道家（例如莊子）、漢初的"黃老之術"、漢末的道教（例如張陵的"五斗米道"，以及後來的各種道教流派）等碩果。

　　具體說來，《道德經》提倡"對立面的轉換"、"善為下"、"寡欲"、"居後不爭"、"守柔"、"抱樸"和"無為"等思想。

　　如果單就其對道教的影響說，"致虛極，守靜篤"、"專氣致柔"、"滌除玄覽"、"抱一處和"等修養之道，更為道教守一、心齋、坐忘、服氣、內丹等多種煉養術之基本；而"長生"、"死而不亡者壽"等說法，道教引為仙學長生說之根源，"歸根"、"複命"之說，內丹學則發揮為內煉成真、與道合一的哲學依據。

 268

道教信奉的最高神靈有哪些？

　　道教的最高神是"三清"尊神，即掌管清微天玉清境的元始天尊（又稱天寶君）、掌管禹餘天上清境的靈寶天尊（又稱太上道君）、掌管大赤天太清境的道德天尊（又稱太上老君）。他們治下的"三天"均是從"大羅天"裏生出來的。至於"一氣化三清"的說法最早始於《封神演義》，說的是太上老君與通天教主鬥法時，太上老君用一口氣化出三個法身的故事。後來的傳說則認為"三清"均是元始天尊的化身。也正是因此，元始天尊的塑像一般都會出現在道觀正殿的正中央位置。

"三清"之下一等的神仙就是"四帝"了。"四帝"中的老大是我們熟知的"玉皇大帝"（我們熟知的王母娘娘倒不是他的夫人，而只是女仙的首領，西王母的說法出現得也比玉皇大帝早），總掌天道；接下來三者是：中央紫微"北極大帝"，協管天地經緯、日月星辰和四時氣候；勾陳上宮"天皇大帝"，協管南北極和天地人三才，主持人間兵革之事；后土皇地祇（又稱"后土"），是協管陰陽生育和山河萬物之美的女神。

這"四帝"也像"一氣化三清"一樣存在著不同的說法。除了上述說法，還有"四極大帝"一說，即北極紫微大帝、南極長生大帝、西極天皇大帝、東極青華大帝。

接下來的一些神仙就不說級別了，其中"八仙"恐怕最為我們熟知了。

269

"西王母"是誰？

首先，"西王母"不是玉皇大帝的夫人，而是所有女仙的首領，掌管著昆侖仙島。她又稱金母（因為她本身是先天陰氣凝聚而成）、瑤池金母（因為她住在昆侖山的瑤池）、王母娘娘。與此相應的是先天陽氣凝聚而成的東王公，為男仙首領，掌管著蓬萊仙島。在他們上面則是群仙之首、眾神之主的玉皇大帝。

西王母，名叫瑤瓊，原是掌管刑罰和災疫的怪神。之所以說"怪"，是因為她人首獸身。

但就是這樣的西王母，在後來的流傳過程中逐漸女性化與溫和化，成為年老慈祥的女神。最明顯的例子就是《穆天子傳》的記載：周穆王周遊天下至昆侖山時，就拿著白圭、玄璧等玉器拜見了西王母。第二天，穆王在瑤池宴請西王母，兩人各自作了一些詩句相互祝福。此外還有《漢武帝內傳》中的記載，說她是容貌絕世的女神，並賜予漢武帝三千年結一次果的蟠桃。

不過與《西遊記》裏相同的是，西王母就是住在瑤池裏面，掌管著可令人長生不老的蟠桃。傳說三月初三是王母娘娘的誕辰，道教會在這天舉行"蟠桃盛會"來慶祝。

 | 270

道教的派別有哪些？

關於道教的派別，我們可以從"八仙"中各仙所開的教派說起。

呂洞賓開出純陽派（又稱天仙派）、何仙姑開出雲鶴派、曹國舅開金丹派、張果老開雲陽派、鐵拐李開盧無派。

此外我們熟悉的還有全真教（王重陽）、五斗米道（又稱正一教、天師道，張道陵）、武當派（又稱三豐派，張三豐）。全真七子下面也大多各自開出一派。

歷史上的系統說法是：正一宗（張道陵）、南宗（呂純陽）、北宗（王重陽）、真大宗（張清志）、太一宗（黃洞一）為五大宗；天師道、全真道、靈寶道（周祖）、清微道（馬丹陽）是四大派；當然還有道德、先天、靈寶、正一、清微、淨明（許旌陽）、玉堂、天心（饒洞天）八派的說法。而今許多教派式微，尚存的著名教派主要有北方全真教、南方正一教、茅山教、嶗山教、武當教、閭山教及香港、臺灣的民間道教派別。

以全真教為例，金初創立，又稱全真道或全真派。因創始人王重陽在山東寧海（今山東牟平）自題所居庵為全真堂，凡入道者皆稱全真道士而得名。該派兼采儒、釋相關思想，聲稱三教同流，主張三教合一：以《道德經》、《般若波羅蜜多心經》、《孝經》為主要經典；教人"孝謹純一"和"正心誠意、少思寡欲"；早期以個人隱居潛修為主，不崇尚符籙（不同于龍虎山的正一道），不從事煉外丹之術。

 | 271

"五斗米道"是怎麼來的？

"五斗米道"是一個俗稱，因為加入這一教派的人需要交納五斗米作為起初憑據。它的正名實叫"正一盟威之道"，後來尊稱為"天師道"、"正一道"。

東漢時，張陵在四川創立"五斗米道"。據《道門科略》記載，這一教派禁戒科律、檢視萬民逆順、禍福、功過，令人知好惡。以清約廉恥治民，向神明認罪盟約（把病人生來犯的所有罪過寫在紙上，分抄三份，一呈與山，二埋於地，三沉之水。此外，還有修路等類似做功德的方式）以治病之類的事情。可見這一教派是由宗教入政治，而且科教文衛都一手抓了。

張陵死後，其子張衡、孫張魯相繼掌教，尊老子為教祖，著名的《老子想爾注》就在這時問世。三國戰亂，張魯佔據漢中，政教合一，使用教中道人做官，後歸降曹操，被封侯；而關中信眾被遷至江東一代，至此漢中"五斗米道"逐漸衰落。傳至張魯的兒子張盛，他辭官不受，並從漢中遷居江西龍虎山，以此為中心傳播天師道。到晉代時，豪門士族如王羲之、謝靈運都信奉天師道。

元代，天師道發展至鼎盛。從第36代掌教張宗演開始，代代被元朝封為天師、真人，主領江南道教。至第38代張與材時，更被封為正一教主，主領三山符籙，位居諸符籙派之首。龍虎山因此也成為此後諸符籙派眾山之首，且有"道都"之稱。

272

道士也講戒律嗎？

道教當然也講戒律，而且戒律和佛教徒很像，也可以說是沿襲了佛教的戒律，並汲取了儒家的名教綱常。

比如說，作為道教最重要戒律的"老君五戒"就是指：一戒殺生、二戒兩舌、三戒妄酒、四戒偷盜、五戒淫邪。這和佛家五戒近乎一樣。

正一宗也有三皈九戒之說，其中"三皈"是指皈依道，得正覺，化化出人天；皈依經，得正法，劫劫度群迷；皈依師，得正行，不墮諸旁生。這完全是佛家"皈依三寶"的變形。"九戒"是指一者敬讓，要孝養父母；二者克勤，要忠於國主（由於起初的正一教是政教合一，所以也可以說是忠於教主）；三者不殺，要慈救眾生；四者不淫，要正心處物；五者不盜，要推義損己；六者不嗔，不凶怒凌人；七者不詐，不諂賊害義；八者不驕，不微忽至真；九者不二，要奉戒專一。這也完全吸取了儒家的名教思想。

　　全眞教從丘處機開始，有傳戒制度，就是說出家道士必須要經過師長的受戒儀式。這有點類似於佛教的剃度受戒。

　　此外還有"全眞出家初度十戒"、"靈寶初盟閉塞六情戒文"等一系列條目，但大致都不離忠孝仁信和順的範疇。《太上感應篇》恐怕就是最爲著名的有關道教戒律和教義的書了。

 273

"眞人"是什麼人？

　　老子被莊子譽爲"博大眞人"，莊子被人稱爲"南華眞人"，丘處機被稱爲"長春眞人"。這些"眞人"自然是有道之人，可還是有略微的不同：老子的"眞人"是莊子讚歎的，可算得上是"素王"。而莊子和丘處機的"眞人"則分別是唐玄宗和元世祖封的，多少帶了點官方政治意味，尤其是主持天下道教的丘處機。這種官方認證到明清時代更爲興盛，甚至把"眞人"作爲一種封號賜給道士，而且這種封號是帶有品秩的。明代眞人的官階相當於二品官，清代相當於正三品大員。

　　《史記》卷六中有："眞人者，入水不濡，入火不爇，陵雲氣，與天地久長。"

　　《黃帝內經素問·上古天眞論》說："黃帝曰：余聞上古有眞人者，提挈天地，把握陰陽，呼吸精氣，獨立守神，肌肉若一，故能壽敝天地，無有終時，此其道生。"

　　"眞人不露相"便是這種意思的引申。

　　此外，"眞人"還可以指煉丹時的金丹（"一霎火焰飛，眞人自出現。"《悟眞篇》），佛家的阿羅漢（"眞人，是阿羅漢也。或言阿羅訶。"《一切經音義》卷八），世俗中的統一天下的眞命天子（"始皇曰：吾慕眞人，自謂'眞人'，不稱朕。"《史記·秦始皇本紀》）等。

| 274

古代帝王如何追求長生？

古代帝王求長生的秘訣就是煉丹。煉丹在早期只是煉"外丹"，即用爐鼎燒煉金石，然後配製成藥餌，做成長生不死的金丹。這種煉丹術又稱爲"黃白術"。東漢魏伯陽著的《周易參同契》，用陰陽論述金丹，被譽爲"萬古丹經王"。東晉著名道教仙家葛洪對當時流傳的外丹加以總結，著有《抱樸子》一書，將外丹分爲神丹、金液、黃金三種，並稱"金丹之爲物，燒之愈久，變化愈妙。黃金入火，百煉不消，埋之，畢天不朽。……能令人不老不死"。南北朝時外丹得到進一步發展，唐代時達到興盛，出現了孫思邈、陳少微、張果等煉丹家，服食外丹亦成爲一種社會風氣。但是外丹的煉丹術不易掌握，丹藥也多含毒性。宋代以後外丹就漸漸衰微了。

就在外丹逐漸勢衰時，另外一種"丹藥"逐漸興起。這種"丹藥"的煉製是以人身爲爐鼎，身上的精、氣爲藥物，以神爲爐火，在自己身中燒煉，使精、氣、神不散而成"聖胎"——在丹田處形成的某種有形物。這種"丹藥"稱爲"內丹"。內丹始於隋唐，興於宋元，開了氣功的先河。內丹術語多借外丹名詞，但其意義完全不同，就好比上面說的丹藥煉製。

 | 275

空氣能當飯吃嗎？

理論上是可以的，因爲《莊子》一書中就載有"餐風飲露"的神人。在實踐上也是有的，因爲道教養生上就有"服氣"（並非指感情上服不服氣）一說。

在道教中，"服氣"是一種養生方法，主要是要人鍛煉自己呼吸，達到入多出少的效果。這種出入之間的一多一少的差異就好像是人在服食"氣"一樣，所以叫做"服氣"，亦稱爲"食氣"、"行氣"。那怎麼鍛煉呢？

《抱樸子·釋滯》說道："初學行氣，鼻中引氣而閉之，陰以心數至一百二十，乃以口微吐之，……常令入多出少，以鴻毛著鼻口之上，吐氣而鴻毛不動爲候也。漸習漸增其心數，久久可以至千。"

《道藏》中也有《服氣經》、《服氣口訣》、《服氣精義論》等關於服氣養生的法訣。

這種鍛煉有什麼好處呢？《淮南子·墜形訓》說："食氣者，神明而壽。"《論衡·道虛篇》引道家說："食氣者，壽而不死，雖不穀飽，亦以氣盈。"如果說"不死"還是一種誇張，那實際上以養生達到長壽還是可能的。

"服氣"本來是關乎於己的養生之術，現在則是追逐欣羨外物的用語了，比如說表示佩服某人、讚歎某事。

 | 276

道士能不能結婚？

道士有出家和不出家的區別，不出家的又稱"居士"。金、元以前，都是不出家的道士，沒有必須出家的道士。金代全眞教等創立後，才有了出家制度（即丘處機的傳戒制度）。道士分全眞和正一兩大派。全眞派道士爲出家道士，不結婚，素食，住在道觀裏，男爲道士，女爲道姑，皆蓄長髮，攏髮於頭頂挽成髻，可戴冠，男道士蓄鬍鬚。而正一派道士可以結婚，吃葷，大部分爲不出家的道士，也稱火居道士，少部分爲出家道士。不出家的正一道士，一部分在宮觀裏活動，也有一部分沒有宮觀，爲散居道士；沒有宮觀的散居道士，一般情況是平時穿俗裝，住在家中。正一道士多爲男性，不蓄長髮和鬍鬚，髮式與俗人相同，他們不穿道裝時，看不出是道士。此外，正一派弟子須經過授籙才成爲有資格的道士，而全眞派弟子則須經過授戒。授籙、授戒均有嚴格規定，儀式非常隆重。

道士也是有級別的，像受朝廷冊封的"先生"、"眞人"等，這些被冊封的道門領袖是有品秩的，例如明代眞人的官階相當於二品官，清代相當於正三品大員。"方丈"則是道門老大，要戒行精嚴，德高望重，受全體道衆擁戴而選；"監院"則是道門總管，要才全智足、通道明德、功行俱備。

值得一提的是，佛教初傳北方時，僧侶也會被稱爲“道士”。

 | 277

歷史上有“全眞七子”嗎？

歷史上還眞有“全眞七子”，他們分別是馬鈺（號丹陽子，被封“丹陽抱一無爲善化眞君”）、譚處端（號長眞子，被封“長眞凝神玄靜蘊德眞君”）、劉處玄（號長生子，被封“長生輔化宗玄明德眞君”）、丘處機（號長春子，被封“長春全德神化明應主教眞君”）、王處一（號玉陽子，被封“玉陽體玄廣慈普度眞君”）、郝大通（號廣寧子，被封“廣寧通玄妙極太古眞君”）、孫不二（號清淨散人，被封“清淨淵貞玄虛順化元君”）。他們的師傅就是開創全眞派的王重陽。這都和金庸小說中一樣。

不一樣的是，他們是以“道行”聞名當時，並非什麼武學大家。他們繼承王重陽“三教合一”的精神，仍以《道德經》、《般若心經》、《孝經》作爲信徒必讀經典。修行方術以內丹爲主，不尙外丹符籙，主張性命雙修，先修性，後修命。而且他們各有發展，例如丘處機創立了龍門派，改“單傳秘授”爲“公開傳戒”，受成吉思汗敕書虎符，主持天下道教；王處一創崳山派；郝大通精通《周易》，流傳華山派；孫不二，開清淨派。

順便說一句，這七個人大多是名門世族子弟。

 | 278

“同學”就是一同學習的人嗎？

“同學”這個詞源於道教。“同學”不單單是指一同學習的人，有三重意思：1.跟隨同一個道教老師學習道法的人，見於《洞眞太上太霄琅書》卷六：“同學者，同師也。師玄師者，同習上法，是謂同學。”2.同師同壇行事的道友，見於南宋王契眞編的《上清靈寶大法》卷五十四：“同學者，謂上道同壇同師友也。”3.道門中，志同道合之士。見於王契眞編的《上清靈寶大法》卷五十四：“同學者，謂同志性普爲幽明者也。"

今天"同學"的意思與上述前兩重意思可資類比。

 | 279

孔子、孟子、荀子之間是什麼關係？

孔子、孟子、荀子三人同爲先秦儒家代表人物。

其中，孔子是衆所周知的至聖先師，繼承周公的"德"，發現了"仁"與"禮"。他把人的價值性(明顯不同於巫、鬼的一面)比如說仁義禮智信，高揚了起來。可是，據說孔子死後就"儒分爲八"了，孟子、荀子大概就是其中兩家的繼承者。

孟子作爲亞聖，主要發明了孔子的"仁"義。一是在強調人的價值性方面進一步做了自己的論證，比如惻隱（仁）、羞惡（義）、恭敬（禮）、辭讓（智）等四心，並提出"性善"論。二是明確提出了政權更替的標準是人心向背。當人心不在統治者身上時，造反是合理的。比如說商湯誅桀、武王伐紂。

孔子像

荀子，繼承了孔子學說的另一面，特別重視和闡發"禮"對於人和社會的意義。但是自宋代以後，因其思想與孟子不同而被理學家（揚孟抑荀）排除在儒家的正統之外。這種不同根本就在於對人性的看法。孟子言"性善"，即強調人有向善的可能性，而人自身就要努力把握住這點可能性；荀子則認爲"性惡"，人性本來是爭、是搶的，是需要後天的文明教化來使其向善，原來的"惡"也僅僅是被一層層地深深包裹起來而已。這樣的觀點自然就會把注意力引向後天教化，而強調"禮"的功能。

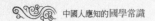

所以法家天才李斯、韓非子出自其門下也不奇怪了。

│280

"名不正" 爲什麼就 "言不順"？

《論語·子路》中孔子回答他的學生子路 "名不正則言不順，言不順則事不成"。意思是：名分不正，道理就講不通；道理講不明白，事情就辦不成。

在這裏，孔子強調的是治理國家時要做到名實相副，言行一致，即 "君君、臣臣、父父、子子"（做國君的要有個國君的樣子，做大臣的要有個大臣的樣子，做父親的要有個父親的樣子，做兒子的要有個兒子的樣子）。

後來 "名正言順" 就泛指人的言行舉止合乎道理，理直氣壯或光明正大的意思。

中國歷史上許多朝代的權臣造反時，都要挖空心思地做到師出有名，恐怕就是這個原因。例如，漢景帝時，諸侯們打著 "誅晁錯，清君側" 的旗號，發動了 "七國之亂"；唐朝的安祿山打著剷除楊國忠的幌子，發動了 "安史之亂"；明朝的朱棣舉著 "靖難"（誅齊泰、黃子澄）的牌子，生生地奪了侄子建文帝的江山。

可話又說回來了，孔夫子雖然借此教導我們要打好輿論戰（"正名"），可他也只是說輿論戰（"正名"）影響著全局的勝利（"事成"），卻沒有說輿論戰（"正名"）贏了，"事" 就一定成功。比如說漢景帝和建文帝，他們同樣是削藩，但怎麼就一成一敗呢？所以有時問題的關鍵不在於輿論戰，而在於 "槍桿子裏面出政權"。在講 "名正言順" 的同時，千萬別忘了，歷史往往也是由勝利者書寫的。

│281

什麼事情才算是 "天經地義" 的？

這個問題得看什麼時候來作答了。

《左傳》那個時候給出的回答是："夫禮，天之經也，地之義也，民之行也。"

這個回答還是有些籠統的，唐朝的"禮"和宋明理學理解的"禮"都是不同的。不然兒子娶父親小妾的事怎麼看都是大逆不道的，可事實上唐高宗李治和武則天就是這樣的，難不成就天塌地陷、國將不國了？可見"禮"並非像《左傳》宣稱的那樣恆久不變，絕對正確。

對此，有一種說法，認為"禮"的具體條例可以變更，但精神還是永久不變的。可我們再問一句，禮的精神是什麼？規範人相互間的行為，使得和睦相處。可這種精神恐怕只是安了一個"禮"的名字吧，或者空洞得僅僅剩下了一個"好"的內涵。

而所謂的"天經地義"說到底還是人對自己向上一面的恆久的抽象肯定。有了這重肯定，人辦起事來才會覺得踏實。

 282

"朝三暮四"是說明"花心"嗎？

"朝三暮四"是出自《莊子·齊物論》裏的一個寓言。之所以說是寓言，是因為寓言的主人公——一個愛養猴的宋國人——竟神奇地能和猴子交流。

富人有養寵物的習慣沒啥奇怪，可這養猴的人不富，而猴子還養了一群，經濟上就日漸捉襟見肘了。他就試著和猴子商量一下精簡口糧的事："給你們吃的橡子，早上三個晚上四個，好不好？"猴子一聽就怒了，這怎麼行？不是讓我們餓肚子嘛。於是，這人又跟猴子說："那早上四個晚上三個，可以了吧？"這是一個傻到家的問題，一般來說是不會奏效的，可讓人詫異的是，猴子們竟然答應了，還一個個樂得在地上翻騰。

"朝三暮四"本來是一個拙劣的騙猴把戲，但後來竟發展到騙人了，還騙成功了——無論是被指責成反覆無常，還是不講信用以及感情欺騙（花心），恐怕都是被騙的人事後評價的。所以說人未必就比吃多了橡子的猴子高明多少，因為人也有短視貪吃的時候。

283

"呆若木雞" 究竟是褒還是貶？

《莊子・達生》中有這樣一個寓言故事。

有一個叫紀渻子的人專門爲國王訓練鬥雞，參加鬥雞比賽。有一次訓練鬥雞，訓練了十天後，國王問紀渻子："訓練好了嗎？"紀渻子說："不行，正虛浮驕矜自恃意氣哩。"再過十天，國王又問，紀渻子回答說："不行，還是聽見響聲就叫，看見影子就跳，說明還有好鬥的心理。"又過十天，國王去問，但還是不行，因爲紀渻子認爲這只雞還有些目光炯炯，氣勢未消。這樣再過了十天，紀渻子終於說差不多了，它雖然偶爾還叫幾聲，但已經有些呆頭呆腦、不動聲色了，看上去就像木頭雞一樣。這只雞一進鬥雞場，別的雞一看，就嚇得落荒而逃。

這裏的"木雞"之"木"，並不是"呆滯"的意思，應該是"拙"的意思，很有老子"大巧若拙"的意味。這個"拙"是如何養出來的呢？前十天去掉驕矜之氣，之後十天做到不被外物所奪，再之後做到不動心，最後去掉"鬥雞之勢"，可謂老子之"眾人昭昭，我獨昏昏；眾人察察，我獨悶悶"。到了這個境界，已經精神內守，不爲外境所奪，與道合一，以無鬥之心鬥之。其他的鬥雞驕矜自恃，逐於外物，哪裏見過這樣的"神雞"？是以落荒而逃。

所以說你"呆若木雞"，實際上有可能是在誇你。

中國人應知的

國學常識

The Knowledge
of Chinese

語言文學

中國人應知的
國學常識 **語言文學**

| 284

古代第一人稱代詞有哪些？

現代常用的作爲第一人稱代詞的有我、我們，是比較單純的。古漢語中第一人稱代詞比現代漢語要複雜，經常使用的有"余、予、吾、我"四個，還有"朕、卬、儂"等，這些代詞沒有單、複數的區別，相當於現代漢語的"我、我們"。

"余"和"予"在古代常常通用，常做主語、賓語和定語，表示單數。如蘇軾《石鐘山記》"古之人不余欺也"（古代的人沒有欺騙我）；《孟子·萬章上》"予既烹而食之"（我已經做熟了而且吃掉了）。

"吾"和"我"在古籍中通用，可以做主語、賓語、定語，根據上下文的意思，可以表示複數。如《史記·項羽本紀》"今人方爲刀俎，我爲魚肉，何辭爲"（別人是刀和砧板，我們是被宰割的魚和肉，爲什麼還要告辭呢）；《孟子·梁惠王上》"夫子言之，於我心有戚戚焉"（先生說的這些話，對我觸動很大，有豁然開朗的感覺）。

"朕"在秦以前本是一般的自稱，如屈原《離騷》"朕皇考曰伯庸"（我父親的名字叫伯庸）；秦始皇以後就成爲只能用於皇帝的專用代詞了，如《史記·秦始皇本紀》"朕爲始皇帝，後世以計數，二世、三世至於萬世，傳之無窮"（我是始皇帝）。

"卬"多用在《詩經》中，如《詩經·邶風·匏有苦葉》"人涉卬否，卬須我友"（別人涉水過河，而我卻不，我要等待我的好友）。

"儂"屬於吳地方言，魏晉南北朝時開始被作爲第一人稱代詞使用。

285

古代第二人稱代詞有哪些？

古漢語中，第二人稱代詞主要有"汝、爾、而、乃、若、你"六個。其中以"汝、爾、若"等最爲常見。

"汝"在上古時寫做"女"，常做主語和賓語。如《詩經·魏風·碩鼠》"三歲貫女，莫我肯顧。"（多年來辛勤地侍奉你，你卻對我不照顧）；《史記·平原君列傳》"汝何爲者也"（你是幹什麼的）。

"爾"常做定語，如《詩經·衛風·氓》"以爾車來，以我賄遷"（帶著你的車來，把我的嫁妝拉走）。"爾"後來也寫做"你"。

"若"主要用做主語、賓語，有時也做定語。如《史記·淮陰侯列傳》"若雖長大，好帶刀劍，中情怯耳"（你雖然長得高大，又喜歡帶著刀劍，但內心很膽怯）；《史記·項羽本紀》"吾翁即若翁"（我的父親就是你的父親）。

"乃"和"而"常用做定語，表示"你的、你們的"。如《史記·項羽本紀》"必欲烹而翁，則幸分我一杯羹"（如果一定要煮了你父親，那麼請分一碗肉湯給我喝）。

 286

古代第三人稱代詞有哪些？

古漢語的第三人稱代詞很不發達，常用"之"、"其"、"厥"、"彼"等指示代詞充當第三人稱代詞，此外"伊、渠"也可做第三人稱代詞。

"之"在古漢語中經常做賓語，如《左傳·隱公元年》"愛共叔段，欲立之"（偏愛共叔段，想立他做世子）；《觸龍說趙太后》"太后盛氣而揖之"（太后怒氣衝衝地等待他）。

"其"經常做定語，如《史記·廉頗藺相如列傳》"臣從其計，大王亦幸赦臣"（我聽從了他的建議，幸而大王免了我的罪）。

"厥"其實和"其"是異體字，它們的用法是一樣的。

"彼"在句中可做主語、賓語，不過指示性很強，多帶有"對方、那一方"的意思。如《左傳·僖公二十二年》"彼眾我寡，及其未既濟也，請擊之"（他們的或對方的軍隊勢力強大，我方軍隊力量單薄）。

"伊"原來是指示代詞，後來用做人稱代詞，如《世說新語》"汝兄自不如伊"（你哥哥本來比不上他）。

"渠"是江左方言，也是"他"的意思。

 | 287

"鄙人"是用來稱呼誰的？

古人為表示謙虛，在與別人說話時，往往在一些詞前加上"鄙"字，如鄙人（稱呼自己）、鄙意（自己的意見）、鄙見（自己的見解）。先秦時，"鄙"是指窮鄉僻壤、不開化的地方，又指居住在郊野的人。對別人自稱為"鄙人"，是表示自己地位不高、知識淺陋的意思。如《史記·廉頗藺相如列傳》"鄙賤之人，不知將軍寬之至此也"，意思是自己本是個卑賤無知的人，不知將軍您竟寬厚到這樣的地步。現代人在特殊的場合有時也用這個詞表示自謙。

除表示自謙外，古人也用這個詞稱呼別人。如《荀子·非相》"楚之孫叔敖，期思之鄙人也"，用的是本義；《莊子·應帝王》"汝鄙人，何問之不豫也"，用的是貶義。

 | 288

"孔子"、"老子"的"子"為什麼是尊稱？

據先秦文獻記載，周代分封有公、侯、伯、子、男五等爵位，"子"本來是其中的一種爵位。後來它作為一種稱謂保留下來，成為對有道德、有學問、有地位之人的尊稱。古籍中常見到這種稱呼，如《左傳·僖公三十年》"吾不能早用子，今急而求子，是寡人之過也"。春秋戰國時期著名的思想家諸如孔子、孟子、老子、荀子等，他們都有姓有名，人們之所以在姓氏後加"子"來稱呼他們，其實是對他們表示尊敬的意思。如《論語》"子曰：學而時習之，不亦說乎"，這是學生對孔子的敬稱。後來又出現了"夫子"的稱謂，它是在"子"的基礎上更鄭重的稱呼，是對年老有德行、有聲望的人的尊稱，多用來指老師。孔子是我國古代最偉大的教育家，所以也被稱爲"夫子、孔夫子"。如《論語·先進》"夫子何哂由也"，就是孔子學生曾皙對他的尊稱。

 | 289

"令兄"和"令妹"的"令"是什麼意思？

中國自古就是禮儀之邦，在稱呼上，一般遵循對自己謙虛、對別人尊重的原則。於是就有了"家、舍、令"等這樣加在稱謂前面的詞。"令"，意爲美好，所以在對別人的家人稱呼時前面習慣加上"令"字，以示尊敬。如稱呼別人的父母爲"令尊、令堂"；稱呼別人的兄弟姐妹爲"令兄、令妹"；稱呼別人的子女爲"令郎、令愛"。古代曾有過第一和第三人稱的用法，如《孔雀東南飛》中"直說太守家，有此令郎君"就是用於第三人稱的例子。現在"令"字常用於第二人稱，相當於"您的……"，這已經成爲一個固定用法。

 | 290

"足下"這一尊稱是怎麼來的？

"足下"是個表示尊敬的詞，古人寫信和與人交談時常常用到。關於"足下"這個詞的由來有一個典故，見南朝宋劉敬叔《異苑》卷十：春秋時期，晉公子重耳流亡在外十九年，終於回國做了國君，即晉文公。即位後，他要封賞有功之臣。當年逃亡時，因爲沒有糧食吃，大臣介之推曾經把自己腿上的肉割下來讓他吃，立下了大功，理應在封賞範圍之內。但介之推爲人一貫耿直、仗義，他不願接受封賞，就帶著老母藏到綿山中。晉文公去綿山找不到他，就下令放火燒山，想用這種辦法逼他出來。沒想到介之推還是不肯出來，最後抱著大樹被燒死了。晉文公看到這悲慘的一幕，既後悔又悲傷。無奈，他只好叫人用被燒的這棵大樹製成了一雙木鞋，說：「悲乎，足下！」「足下」一詞便由此而來。因為介之推是晉文公所尊重的人，所以「足下」一詞逐漸演變成對表示敬重的人的稱呼。後來，晉文公為紀念介之推，還將介之推被燒死的這一天定為「寒食節」，規定這一天吃冷食，不准動煙火。這個習俗一直延續到今天。

 | 291

「了了」和「寥寥」有什麼區別？

有些人寫文章時「了了」、「寥寥」混用，導致語意的曲解。其實，這兩個詞雖然字音相同，但意義沒有任何聯繫。

古漢語中，「了了」的原義為聰明，明白事理。《世說新語》中有一篇講到孔融小時候的故事。十歲時他隨父親去拜謁當時很有名氣的官員李元禮，以其伶俐的口才贏得了大家的交口稱讚，而太中大夫陳韙說他是「小時了了，大未必佳」，就是小時候聰明，長大了未必。類似的例子還有很多。魏晉南北朝時，「了了」還有清楚的意思。如，「說之了了」，即說得很清楚。

「寥寥」在古漢語中原義為空虛、空闊。如左思的「寥寥空宇中，所講在玄虛」就是這個意思。後來，它又被引申為少，非常少，也就是我們現代漢語中常用的意義。

 | 292

古漢語中的「信」和「書」有什麼區別？

學習古代漢語，只有正確辨析古今詞義的異同，才能有助於理解語言的發展變化。拿「信」和「書」來說，「信」，古漢語中主要是指信使，即送信的人。如《世說新語·雅量》中「外啓信至，而無兒書」，就是說外邊的人報告使者到了，卻沒有看到兒子的信。「東信至，傳淮上大捷」中的信也是信使的意思。「書」在古漢語中才是書信的意思。唐朝杜甫《春望》中的"烽火連三月，家書抵萬金"，家書就是家信。《世說新語》中"謝萬壽春敗後，還書與王右將軍云：慘負宿顧"，還書就是回信的意思。這樣的例子還有很多。不過"信"在古代有時也作書信講，如《梁書·到溉傳》有："研磨墨以騰文，筆飛毫以書信。""書信"就是寫信。

隨著時代的發展，"書"、"信"的含義逐漸發生了變化。"書"在現代漢語中指的就是書本，而"信"的含義比較豐富一些，在不同的語言環境中，可以作"資訊、書信、相信、信用"等意義用。可見，"書"和"信"的現代意義與古代意義是有很大區別的。

 | 293

"造次"是什麼意思？

"造次"在現代漢語中的解釋是"匆忙、倉促、輕率"等意思，從古至今，詞義變化不大，有例為證。《紅樓夢》中"寶玉一時情急，說得造次，不由紅了臉"，就是說寶玉因為著急，所以說話沒有考慮，莽撞、輕率的意思；《論語·里仁》"君子無終食之間違仁，造次必於是，顛沛必於是"，是說君子無論在倉促匆忙的時候，還是顛沛流離的時候，沒有一餐飯的時間可以違背仁；《後漢書·吳漢傳》"漢為人質厚少文，造次不能以詞自達"，說他質樸缺少文采，著急的時候不能用語言把自己的思想表達清楚。類似這樣的例子還有很多，不過從意義上看基本是一致的。現在，"造次"這個詞已經不多用了，一般以"匆忙、倉促"等詞代替。

 | 294

令人掃興為什麼叫"殺風景"？

"殺風景"，也寫作"煞風景"，指的是美好的景色或環境遭到破壞，現多比喻在興高采烈的場合使人掃興。

唐代詩人李商隱就曾經把"清泉濯足、花上曬褌、焚琴煮鶴、對花啜茶、背山起樓、松下喝道"列為六大殺風景事情,即他認為在清澈的泉水中洗腳,盛開的花枝上曬褲袜,用琴做柴煮鶴吃,賞花時喝茶,背靠山蓋樓阻擋美麗風景進入視野,幽靜的松林下有官老爺的車馬隨從吆喝著走過等是有損環境,有礙觀瞻,庸俗不堪,破壞心情的最應該避免的事情。現實生活中,類似的事也有不少,但願會引起人們注意,不要做有損形象、大殺風景之事。宋‧蘇軾《次韻林子中春日新堤書事》也有:"為報年來殺風景,連江夢雨不知春。"

 | 295

"難兄難弟"是指共同經歷患難的人嗎?

"難兄難弟"這個成語常被理解為共同經歷患難的人。這樣理解也不為錯,但這只是當"難"這個字讀做去聲(四聲)時的意義。其實,"難"還有一種讀法,即陽平(二聲),這時的"難兄難弟"的意義就需要我們探究一番了。

《世說新語‧德行篇》有這樣的故事:陳寔是東漢人,他為人忠厚,德行高尚,很受人尊敬。他的兩個兒子一個叫元方,一個叫季方,在父親言傳身教的影響下,同樣具有很好的德行,所以他們父子三人在遠近都很有名望。有一次,元方的兒子長文和季方的兒子孝先爭論起了誰的父親德行更高,雙方都說自己的父親好,一時爭執不下。他們只好去讓爺爺評判。陳寔聽後笑了,說:"元方難為兄,季方難為弟。"意思是說元方卓爾不群,他人難為其兄;季方也俊異出眾,他人難為其弟,兩個都不錯,不相上下。這才是"難兄難弟"的本意。現在多反用其義,指兩個人同樣壞。

 | 296

"佞人"是什麼樣的人?

現代漢語對於"佞"的解釋是,慣於用花言巧語諂媚人,帶有貶義。其實,"佞"字最初並不像我們認為的那樣是個壞字眼,它的本義是思維敏捷、伶牙俐齒,能說會道。但是過分地靠花言巧語取悅於人,就近似於奴顏媚骨、低三下四了。凡事有度，過猶不及，這樣，"佞"的意義便逐漸向貶義過渡，以至於人們常把它和"奸"連用，說到小人時往往加上"奸佞"二字，最初的意義也就慢慢喪失了。"佞人"也就由口才好的人變爲指靠花言巧語向人獻媚的人了。

唐代宇文士這個人特別會巴結逢迎，專揀好話給皇上聽，有一次唐太宗說一棵樹很好，他也逢人就誇這棵樹好，太宗知道了，就說他是一個逢迎阿諛的佞人。

 | 297

古代 "胖" 是 "肥" 的意思嗎？

"肥"在古漢語中最初指肌肉豐滿、皮下脂肪厚，可以說人，也可以指動物，還可以引申爲土地富饒。如：《孟子·梁惠王上》"庖有肥肉，廄有肥馬"指的是牲畜的肉肥；《禮記·禮運》"膚革充盈，人之肥也"指人的肥。

而"胖"最初是和"肥"無關的。古人在殺牲畜時，一般是把兩肋分開放，稱肋骨處叫做"半體肉"，也就是"胖"。後來，人們感覺"肥"這個詞有不尊敬的意思，況且又和動物聯繫在一起，於是就用"胖"代替了"肥"，來稱呼某人豐滿肥碩了。

 | 298

"符合" 這個詞是怎麼來的？

杜虎符

在說話或寫文章時，經常用到"符合"這個詞，意思是數量、形狀、情節等相合。它的來歷和我國古代的"符"有關。

"符"是我國古代調兵遣將驗證身份時的憑證，最初是用竹片製作，一般做成動物的形狀，分兩部分，相關人員各拿一半，用到時合在一起。

它在古代經常用於軍事中,調撥軍隊時,必須用放在國君身邊的一半符與統率軍隊的將領所持有的半邊符相合,命令才能生效。歷史上還有一個"竊符救趙"的故事,講的是戰國末年秦昭王的大軍圍困了趙國都城邯鄲,趙國急向魏王求救,魏王名義上派出大將晉鄙帶大軍救趙,但實際上是在觀望。情況危急,魏王的寵妃如姬與信陵君合作,盜出虎符,奪取兵權,救了趙國的邯鄲之圍。正因為傳達命令、驗證身份、對證事實時要合符,便產生了"符合"這個意義。

 | 299

什麼樣的人可以稱為"英雄"?

現代意義上的"英雄"主要指那些不怕困難、不怕犧牲、為人民利益而英勇鬥爭的人。其實"英"和"雄"最初並不是指代人的。"英"是一種只開花而不結果的花,比如"落英"就是落花的意思。因為開花的時刻是最燦爛美麗的,所以古人常用"英"比喻事物的精華,後來又引申為人中的精華、傑出的人物,如我們常見到的"英姿、英武、英氣、英名"都含有才能智慧過人的意思。"雄"原指公鳥,在鳥類世界裏,雄鳥要通過美麗的外表和有力的搏擊來贏得雌鳥的青睞,一般都比雌鳥漂亮,因此"雌雄"常用來比喻優劣。後來,"雄"被引申為傑出的、強有力的意思,如"雄心、雄壯、雄健"等。"英"、"雄"連用成為一個褒義詞,指非凡出眾的人物,前者側重表示智慧、才能出眾;後者側重表現剛健有力、壓倒一切。

 | 300

什麼樣的人可以稱為"豪傑"?

現代漢語中,"豪傑"指的是才能出眾的人,它常與"英雄"連在一起使用。追本溯源,"豪"原指一種叫做豪豬的動物,因它身上又長又硬的毛而得名。後來,豪的意義由毛中的長者擴大為比喻具有傑出才能的人、人中的出眾者,如"英豪、文豪"。"傑"原指高出地面的木樁,後來也被引申為超出一般的或才能出眾的人。

如"傑出、傑作"。"豪傑"常連用成為一個詞,如蘇軾《念奴嬌·赤壁懷古》"江山如畫,一時多少豪傑";《三國志·諸葛亮傳》"自董卓以來,豪傑並起";《管子·七法》"收天下豪傑,有天下之俊雄",其中"豪傑"均指才能超出眾人者。

 | 301

古人為什麼把沾染的不潔之物稱為"污點"?

"污"本來指窪地不流動的渾濁之水、骯髒之水,所以有髒、臭的意思,如"糞污、污跡、污垢、污穢"。用做動詞時,"污"就是把東西弄髒、污染的意思。如白居易《琵琶行》"血色羅裙翻酒污";《史記·東方朔傳》"盡懷其餘肉持歸,衣盡污"。"點"的本義為黑色的斑痕,主要指白色東西上的黑點,如"斑點、墨點兒"。當它做動詞時,就表示污損。"污"的引申義是使別人的名聲受到損害,"點"的引申義是自己的清白受到玷污。既然"污"與"點"都是指髒東西,所以古人把沾染的不潔之物就叫做"污點"了。除此之外,利用其引申義,"污點"一詞還被用來比喻不光彩的事情,如劉勰《文心雕龍·程器》:"陳平之污點。"

 | 302

"儲蓄"一詞是怎麼來的?

"蓄"原寫做"畜",最初指飼養動物。人類社會初期,我們的祖先靠捕獲動物作為食物的來源之一,有時捕獲的動物多了,一時不必全部殺死,就把它們儲備起來,到需要的時候再吃,這樣飼養業慢慢發展起來,人類有了比較穩定的肉食來源。從此便有了馬、牛、羊、豬、雞、狗等"六畜"。因為這些"畜"最初是被儲備起來的,所以它就有了"儲備"的意義。後來"畜"的範圍擴大到了植物以及動植物以外的事物,甚至抽象的意念,就寫做了"蓄",如"蓄養、蓄積、蓄念"等。

"儲"最初以儲藏財物為主,後來又擴大到儲藏非生活用品或生物,所以它也就具有了"蓄"的一些特點。

"儲蓄"連用在一起,最初是指積存財物、牲畜等實物,貨幣出現後,儲蓄逐漸轉爲儲備金銀和錢幣。如今所說的儲蓄,多指把錢存到銀行。

 | 303

古人打獵爲什麼叫"田獵"?

"田"在古漢語中除了指供耕種的農田外,還指大規模、有組織的狩獵活動,這在當時是一項有利於農業生產的活動。

中國自殷、周以來,由原始社會以狩獵爲主的生活方式進入了以農耕爲主的生活方式,狩獵不再是獲取食物的主要來源。農業社會,爲了保護農作物不受野生動物的糟踐,經常進行大規模的圍獵活動,這種圍獵最初是在保護農田的名義下進行的,所以被叫做"田獵"。周代有四時田獵的制度,春搜、夏苗、秋獮、冬狩。"田獵"中還有嚴格的規定,比如不獵幼獸、不採鳥卵、不一網打盡等。史書中有不少關於"田獵"的記載,如《左傳·宣公二年》"宣子田於首山";《淮南子·本紀》"焚林而田,竭澤而漁";《孟子·梁惠王下》"田獵於此"。除了保護農田的作用外,"田獵"的目的還在於進行軍事訓練和把所獲獵物祭祀宗廟等。

 | 304

"醞釀"最初是什麼意思?

平時我們說爲一些事情做準備工作時經常用到"醞釀"這個詞,比如"醞釀候選人名單"、"醞釀一個計畫"等,其實這些都是"醞釀"的比喻義。

"醞釀"一詞最初是造酒的發酵過程。"醞"的本義爲釀酒,含有長期儲存的意義。如曹植《酒賦》"或秋藏冬發,或春醞夏成";又如"醞戶",指專門釀酒的人家;"醞酒",指釀酒等。"釀"是把穀物放在容器中製酒。如,"釀米",釀酒的米;"釀具",釀酒的器具。古人把糧食經過蒸煮晾曬發酵,最後成酒,這就是"釀"。唐代白居易《與夢得沽酒閑飲且約後期》有"更待菊黃家釀熟,共君一醉一

陶然"的詩句。除了釀酒,後來又把利用發酵作用製作的其他東西也叫做"釀"。如釀醋、釀醬等。

 | 305

爲什麼把反覆考慮叫"斟酌"?

"斟酌"在現代漢語中是反覆考慮的意思。它的本義卻是倒酒,也指飲酒。

古代舀取液體用的器物一般是"斗"和"勺",因爲斗比較大,它的用途比較廣,不僅可以舀酒,還可以舀其他液體。而"勺"主要是向飲器內舀酒的用具。古人倒酒喝的過程比現在複雜,首先要用"斗"把酒從盛酒的器具中舀到喝酒用的樽裏,這個過程叫做"斟"。飲時,再用"勺"把酒從樽中舀到專門用來溫酒的器具裏,再倒入飲器中喝,這叫做"酌"。我們來分析"斟"字,它是個形聲字,從斗甚聲,本義是用斗舀取,後來用其他器具向杯或碗內倒也叫"斟"。"酌"從勺酉聲,本義也是用勺舀酒。後來,飲酒的過程逐漸簡化,"斟"主要指倒酒,而"酌"主要指飲酒了,二者常結合在一起使用。因爲不論是倒酒還是飲酒都要適量,所以由此也就引申出遇事反覆考慮力求處理得當的意義。

 | 306

爲什麼互相研討叫"切磋"?

"切"與"磋"的本義是指磨礪的方法。我國古代,把骨頭加工成器物叫做"切",把象牙加工成器物叫做"磋"。《爾雅·釋器》"骨謂之切,象謂之磋,玉謂之琢,石謂之磨"就是對古代慣用的切、磋、琢、磨四種磨礪方法的解釋。不管使用哪種加工方法,其間都要經過細緻的研究、磨煉過程方能成器,所以後來常用"切磋"比喻互相商量研究,取長補短。如《論衡·量知》"切磋琢磨,乃成寶器;人之學問、知能、成就,猶骨象玉石切磋琢磨也",用形象的比喻,說明一個人要想在學問、道德、事業上有所建樹,一定要經過艱苦磨礪的過程。現在,我們經常在互相學習、探討、研究等過程中用到"切磋"這個詞語。

 | 307

怎樣的過程叫"鍛煉"？

現代漢語中，"鍛煉"是一個使用比較頻繁的詞語，或指通過體育運動使身體強壯，或指通過生產勞動、社會鬥爭、工作實踐使能力提高。比如"鍛煉身體、體育鍛煉、勞動鍛煉、工作鍛煉"等。"鍛煉"的現代意義多指人的社會活動，而它最初的意義卻和人無關，主要指金屬的冶煉加工。

"煉"從字形看從"火"，最初指的是"煉鐵"、"煉鋼"。因為鐵的熔化溫度很高，只有經過反覆地加熱鍛打，擠出雜物，滲進炭素才能變成鋼。這種反覆在爐內加熱的過程就叫"煉"。後來，把凡是用加熱的方法使物質純淨或堅韌都叫做"煉"了，如"煉丹、煉藥、煉乳"等。在此基礎上又引申出了"用心琢磨"的意義，如"煉字，煉句"。"鍛"和"煉"是緊密相關的過程，將熟鐵加熱後反覆錘打成為器物的過程就叫做"鍛"。如《後漢書·烏桓傳》"男子能作弓矢、鞍勒，鍛金鐵為兵器"，又如"鍛壓、鍛造、鍛接"等。

 | 308

為什麼搞衛生叫"掃除"？

"掃"的本義是用掃帚清除塵土、垃圾，與現代的意義一致。如杜甫《客至》"花徑不曾緣客掃，蓬門今始為君開"。

"除"的本義是指宮殿的臺階，後來泛指所有的臺階。如《漢書·李廣蘇建傳》"扶輦下除，觸柱折輈"。當它作為動詞用時，就有了"打掃、修整"的意義，不僅指打掃臺階庭院，而且可以涉及更多的場所。後來它還引申出"清除"的意義，如"除舊迎新、剷除禍害、除暴安良"等。因為都有打掃的意義，所以"掃除"常連用在一起。直到現在，每當搞衛生時，人們總習慣說要"大掃除"了。

309

披星戴月怎麼 "戴" ？

現代意義上的 "戴" 大多是佩帶的意思，如 "戴手錶、戴紅領巾、戴眼鏡" 等，那麼形容早出晚歸，辛勤勞動的成語 "披星戴月" 中的 "戴" 是不是也做 "佩帶" 講呢？那樣肯定是解釋不通的。理解此成語，要從探究 "戴" 的古義開始。

現代用頭支撐東西叫 "頂"，而在古代叫 "戴"。如《孟子・梁惠王上》"謹庠序之教，申之以孝悌之義，頒白者不負戴于道路矣"，意思是辦好各級學校，反覆地用孝順父母、敬愛兄長的道理來開導他們，那麼，老人便不致背負著、頭頂著東西在路上行走了。後來， "戴" 引申爲愛戴、擁戴，也是從 "在頭上頂" 的意義發展來的。由此看來，披星戴月中的 "戴" 其實是 "頂著" 的意思。

 310

"負荷" 是用哪裏承擔重物？

我們知道， "負荷" 一詞有用人力承擔重物的意思，但用身體的哪些部位來承擔呢？先來看 "負"，它的本義是用背馱東西，相當於我們今天的 "背"。如 "負荊請罪" 就是背著荊條去請求別人責罰， "負重" 就是背上背著沉重的東西。 "荷" 的本義是用肩膀承擔重物，相當於今天的 "扛" 或 "擔"。如 "荷鋤、荷槍、荷擔" 等；又如《列子・湯問》"遂率子孫荷擔者三夫，叩石墾壤，箕畚運於渤海之尾"，說的是愚公率領三個能挑擔子的子孫移山的事情；《漢書・朱買臣傳》"其妻亦負戴相隨"，說的是朱買臣的妻子背上背著、頭上頂著柴草跟著他走。可見， "負荷" 是用背和肩承擔重物的，所以有 "背負肩荷" 的說法。

311

"供給" 是給誰東西？

"供給" 現代的意義是把生活中必需的物資、錢財、資料等給需要的人使用，分開來講，"供" 和 "給" 都有把東西給需要的人用的意思，但在古漢語中，二者所供應的物件是有分別的。

"供" 最初的意義多用於在祭祀中供應鬼神或是卑下者供應尊長者的需要。它所包含的內容很廣泛，不論什麼物品，只要是有需要，都可以 "供"。如《韓非子·解老》："凡馬之所以大用者，外供甲兵而內給淫奢也"；又如：供膳(供給膳食)、供餉(供給差糧)、供祀(供給祭祀)。

"給" 在古漢語中不是 "給予" 的意思，而是指滿足人的日常衣食的需要，它所提供的物品種類比 "供" 要少得多，而且主要是自己供應自己，也包括平等人之間的相互救濟和尊長對卑下者的救濟。如《戰國策·齊策》"孟嘗君使人給其食、用，無使乏"，是尊長者對卑下者救濟，只限於食物和生活所需；《漢書·朱買臣傳》"常艾薪樵，賣以給食"，這是自己供應自己食物。

 312

"施捨" 就是給人東西嗎？

現代漢語中 "施捨" 的意思是把財物送給窮人或出家人。古代漢語中 "施" 與 "捨" 是兩個意義相關而又相反的詞。

"施" 的本義是予，側重將事或物推行、給予別人。它包括物質方面的和精神方面的兩層含義，如《論語·顏淵》篇 "己所不欲，勿施於人" 中的 "施" 就是施加、推行的意思；《漢書·蘇建傳》"武所得賞賜，盡以施予昆弟故人，家無餘財" 中的 "施" 是把東西給別人的意思。"捨" 的本義是免，側重的是放棄自己應得的利益、權利等，如我們常說的 "捨生取義、捨己為人、捨近求遠" 等都是指放棄、捨棄的意

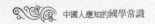

思。到漢代以後，"施"和"捨"的意義逐漸一致，都表示把東西給貧民和僧侶等的捐助了。

 | 313

"奉承"就是說好話嗎？

我們經常把用好聽的話恭維人，向人說好話稱爲"奉承"，並且多作爲貶義詞來用。其實"奉承"的本義與說好話無關。

"奉"是"捧"的古字，本義是兩手捧著。古代向尊長者呈獻東西時都要用兩手捧著以表示尊敬，所以它又被引申爲"進獻、奉獻"。如《史記·廉頗藺相如列傳》"請奉盆缶秦王，以相娛樂"中"奉"就是捧著進獻的意思。如果是從尊長處接受物品，也應該用雙手來接以表尊敬，所以又引申出"承受、承擔、擔任"的意義。

"承"和"奉"的意義在古代是一致的，也表示向尊長者進獻和從尊長處接受兩方面的意義，後來在單獨使用時有所側重，分別表示"奉獻"和"承受"。至於以後諸如表示說好話等意義，則是在語言發展中逐漸引申出來的。

 | 314

"貢獻"是給誰東西？

"貢"是個形聲字，從"貝"，"貝"字最初指錢財，所以"貢"本義是畢恭畢敬地獻上，它與"供、恭"同源。古代社會中，臣下或屬國向天子進獻物品就叫做"貢"，弱國向強國進獻物品也叫"貢"。它也代指所獻的物品，如"進貢、納貢、貢品、貢獻"。"獻"字從"犬"，"犬"代表祭祀中進獻的物品，所以它的本義是指祭祀中供獻的物品，後來把進獻寶物、意見等也稱爲"獻"，這是引申出來的意義。

"貢"、"獻"常連用在一起，都有向尊者呈獻的意義。不過前者側重向帝王進獻，而後者側重進獻給敬畏者。現在我們把拿出物資、力量、經驗等獻給國家、人民或對國家、人民所做的有益的事稱作"貢獻"，如"爲祖國貢獻自己的一切"，"爲人民作出了新的貢獻"等。

 | 315

爲什麼道歉叫"謝過"？

"謝"在古代的意義就是向人道歉、認錯，或者表示感謝，這些意義在古代作品中不難看到。如《戰國策·魏策》"長跪而謝"意思是長跪著謝罪，《史記·項羽本紀》"旦日不可不蚤自來謝項王"，意思是明天不能不早些親自來向項王謝罪。後來多用"謝過、謝罪"表示道歉。

現在，"謝"的道歉、認錯意已不多用，而多用於表示感謝的意義，如"謝幕、謝恩、謝詞、謝意"等；有時也用做"拒絕"的意義，如"謝客、謝絕"等。

 | 316

爲什麼形容有個性叫"特立獨行"？

"特"最初是指"雄的"，如"特牛"就是公牛的意思。我國古代，祭祀時一般要用豬、牛、羊等動物，而選擇時必須是公的。祭祀用的動物一般都是一隻，這樣"特"就和"一"發生了聯繫。"特"的意義由此也就引申爲單獨、獨立、特殊等意義。

"獨"的本義指"單獨、獨自"，如"獨一無二、獨木橋、獨出心裁"等。它的意義常側重與衆不同，不與人共的意味。

由"特"與"獨"的意義可以看出，它們都具有突出的、與衆不同的意思，所以"特立獨行"用來形容有個性也就很恰當了。

 | 317

爲什麼沒有條理叫"紊亂"？

我們常把"紊亂"一詞和"秩序、思想、言語、神經"等連用，表達雜亂、沒有條理等意思。

從本義上探究，“紊”是亂的意思，它是從“文”的意義分化出來的。“文”最初指各種線條、色彩的有秩序交錯所構成的圖案。後來，由本義又分化出條紋的凌亂和沒有條理的意義，這就是“紊”，比如“有條不紊”就是指有條理、有次序，不凌亂。從“亂”的古字形看，像一個人用雙手整理亂絲，所以它最初指把混亂的事物理出頭緒，使之恢復原狀。不過，“亂”還有一個分化出來的意義，表示混亂、紊亂，它可以指各種各樣的亂，也包括條理的混亂。因此，“紊亂”連用就表達沒有條理的意義了。

 | 318

爲什麼不含雜質稱“純粹”？

“純”是個形聲字，從糸，屯聲，表示與絲線有關，它的本義是蠶絲。蠶絲在沒有織成各種紡織品以前稱爲“純”，意思是不含雜質的、純一的絲。後來，把凡不含雜質的都稱爲“純”，這是引申出來的意義，如“純金、純水、純天然食物、單純”。

“粹”也是個形聲字，從米，卒聲，本義指精米，即去除了皮殼等雜質的米。後來所有不含添加、替代或雜質的純的東西都可以稱爲“粹”，如“粹毛”指純色的毛，“粹正”指純正。

經過上面的分析，“純粹”連用在一起表示不含雜質的意義也就很容易理解了。現在我們還常把它用於人，如“一個純粹的人”就是指沒有任何私心雜念、思想純潔的人。

 | 319

爲什麼無能叫“不肖”？

“肖”的本義爲相似、相像。“不肖”就是不像、不似，在古漢語中是和“賢”相對的。它有兩種解釋，一是指品行不好，多用來指子孫不具備他們先輩的良好品行，如"不肖之子"，《說文解字》解釋說，"肖，骨肉相似也。不似其先，故曰不肖"；另一種解釋爲才能和力量與所承擔的工作不相稱，後來逐漸成爲一個表示無能的謙辭。如《史記·廉頗藺相如列傳》"臣等不肖，請辭去"，就是說我們實在無能，請允許我們告辭吧。《戰國策·齊策》"儀願乞不肖身而之梁"，意思是我張儀願意捐棄我無能的身子前往魏國。

"不肖"在古漢語中運用較多，現代漢語中已不常用。

 | 320

風騷指什麼？

風騷是《詩經》和楚辭的代稱。十五"國風"是《詩經》中最優秀的作品，《離騷》則是楚辭中的代表性作品，所以用"國風"和《離騷》代指《詩經》和楚辭。而《詩經》和楚辭是我國文學史上最早出現的現實主義和浪漫主義兩座高峰，成爲後世藝術創作的典範，因而後世又常用"風騷"代指詩文之事，最有名的莫過於毛澤東的"唐宗宋祖，稍遜風騷"的詩句了。

 | 321

什麼是賦比興？

賦比興是《詩經》的三種藝術表現手法，最早見於《周禮·春官》。南宋朱熹解釋說，"賦者，敷陳其事而直言之也"，也就是直接陳述鋪敘的意思；"比者，以彼物比此物也"，就是比喻；"興者，先言他物以引起所詠之辭也"，就是起興，先說其他事物，引起所詠之辭。

| 322

什麼叫楚辭？

楚辭的名稱，最早見於《史記·酷吏列傳》。其本義是指楚地的言辭，後來逐漸固定爲兩種含義：一是詩歌的體裁，一是詩歌總集的名稱。從詩歌體裁來說，它是戰國後期以屈原爲代表的詩人在楚國民歌基礎上開創的一種新詩體，因爲以屈原的《離騷》爲代表，又稱“騷體”。從總集名稱來說，它是西漢劉向在前人基礎上輯錄的一部“楚辭”體的詩歌總集，收入戰國楚人屈原、宋玉的作品以及漢代賈誼、淮南小山、莊忌、東方朔、王褒、劉向諸人的仿騷作品。

| 323

作爲文學體裁的賦有哪些特點？

賦是中國古典文學中一種重要的文體，主要用鋪陳誇張的手法，體物寫志，辭藻華麗但不能歌唱。它介乎詩歌和散文之間，韻散兼行，可以說是詩的散文化、散文的詩化。賦萌生於戰國，興盛於漢唐，是漢代最具代表性、最能彰顯其時代精神的一種文學樣式。它繼承《詩經》、《楚辭》的賦頌傳統，兼收戰國縱橫之文和先秦諸子作品的鋪張恣肆之風，是一種綜合的新文體。它與漢代的詩文一起，成就了漢代文學的燦爛與輝煌。司馬相如、揚雄、班固、張衡四人被後代稱爲漢賦四大家。詩和賦的區別本來是很明顯的：詩者緣情，賦者體物；詩不忌簡，賦不厭繁；詩之妙在內斂，賦之妙在鋪陳；詩之用在寄興，賦之用在炫博。雖然對於現代人來說，賦遠不及詩詞、散文、小說那樣膾炙人口，但在古代，特別在漢唐時，詩與賦往往並舉連稱，從曹丕的“詩賦欲麗”和陸機的“詩緣情而綺靡，賦體物而瀏亮”可窺見端倪。賦在漢唐時期，有只作賦而不寫詩的文人，卻幾乎沒有只作詩而不寫賦的才子。建安以後乃至整個六朝時期，對賦的推崇更甚於詩。

賦按體裁形式可分爲騷體賦（以屈原的《離騷》爲代表）、散體大賦（司馬相如的《上林賦》為代表）和抒情小賦（張衡的《歸田賦》為代表）。

 | 324

樂府、樂府詩、新樂府之間有什麼密切關係？

樂府有兩個含義，一是機構名，二是詩體名。

作為官府機構的樂府建立於秦朝，其任務是收集編纂各地民間音樂、整理改編與創作音樂、訓練樂工歌女、進行演唱及演奏等。漢時沿用了秦時的名稱，漢武帝時擴大了樂府機關。

後來，人們就把這一機構收集並制譜的詩歌稱為樂府詩，或者簡稱樂府。漢代樂府民歌繼承和發展了《詩經》的現實主義傳統，取得極高的成就，成為樂府詩歌最輝煌的時期。到了唐代，士人又撇開音樂而注重其社會內容，樂府由帶有音樂性的詩體名稱，變為批判現實的諷刺詩。新樂府就是用新題寫時事的樂府式的詩。因為是自創新題，所以叫"新樂府"。

 | 325

什麼是志人小說？

志人小說是指魏晉六朝時流行的專記人物言行和歷史人物的傳聞軼事的一種雜錄體小說，又稱清談小說、軼事小說。是在品藻人物的社會風氣影響之下形成的。數量上僅次於志怪小說，著名的有《笑林》、《世說新語》等。志人小說和其他小說一起，開啟了後世小說之先河。

 | 326

什麼是志怪小說？

志怪，就是記錄怪異，主要指魏晉時代產生的一種以記述神仙鬼怪為內容的小說，也包括漢代的同類作品。當時盛行神仙方術之說，從而形成了侈談鬼神、稱道靈異的社會風氣，志怪小說是在此種風氣影響之下形成的。志怪小說的內容很龐雜，大致可分為三類：炫耀地理博物的瑣聞，如東方朔《神異經》等；記述正史以外的歷史傳聞故事，如託名班固的《漢武故事》等；講說鬼神怪異的迷信故事，如東晉幹寶《搜神記》等。志怪小說對唐代傳奇產生了直接的影響，對後世小說也有影響：一、為後世小說提供了豐富的素材；二、對後世小說中鬼狐一派有直接影響；三、為後世小說發展提供了藝術借鑒。

 | 327

玄言詩中有多少"玄"的東西？

玄言詩發端自魏正始時代。西晉著名玄學家不善作詩，故只有少數詩人以玄言入詩。東晉中期是玄言詩的成熟和高潮期。東晉末葉，玄言詩已經式微了。玄言詩的"玄"，一是指在內容上以談論老莊玄理為主，少數兼及佛理的表述；二是指在表達上抽象玄虛，淡乎寡味，純以韻語敷述玄理，背離了藝術表現的形象、情感等原則。例如孫綽的《答許詢》，滿篇是道、神、玄風、蒙園等玄學詞語，確乎"平典似《道德論》"。這種不同於前代的東晉特有詩風，不但直接啟發影響了陶淵明平淡自然之風格，而且對後代文人詩歌中沖淡自然、曠達閒適風格的影響至為深遠。同時，玄言詩人對山水的體悟與描寫，也為晉宋之際山水詩的發展提供了審美心理和創作方面的準備。

 | 328

什麼是永明體？

永明體是指南朝齊武帝永明年間出現的一種新詩體。在佛經翻譯的過程中，周顒發現了漢語的平、上、去、入四聲規律，沈約、謝朓等詩人將其運用於詩歌創作中，結合漢魏以來的對偶、用典等修辭手法，講究"四聲""八病"等，以規範詩的聲韻，增強了詩歌藝術的形式美。這種新詩體，人稱永明體。代表作家有沈約、謝朓、王融、范雲、江淹以及齊梁間的何遜、吳均和陳代的陰鏗。永明體是中國格律詩的開端，此後，詩即從自由狀態開始走向格律化。

 | 329

宮體詩就是 "豔情詩" 嗎？

南朝梁代宮廷創作形成了一種詩風，大都描繪閨情聲色，清綺靡麗，傷於輕豔，格調不高。宣導者是梁簡文帝蕭綱。徐陵、庾信父子是代表作家，其創作風格流麗輕豔、 "緝裁巧密"，被稱爲 "徐庾體"。風氣所至，陳後主與江總亦有此類創作。徐陵編有《玉台新詠》，只收 "豔詩"，可說是宮體詩的合集。從宮體詩的創作來看，確實存在一些致命的弱點。在內容上，它以詠物、遊宴、登臨、豔情等題材爲主。其中詠物、遊宴、登臨這些題材內容，往往流於瑣屑，且作家常是以娛樂的心態從事創作，因而從中看不到有意義的社會生活與對人生的積極追求，甚至看不到詩人的個性；在豔情題材中，他們對女性的描寫，往往著眼於婦女的容貌、體態、服飾等，也即在他們的筆下，女性不是作爲愛情的對象，而是作爲賞玩的物件，因而這一部分作品格調不高，甚而卑靡、穢蕩。從風格上，宮體詩以穠麗爲特色，但由於作品中缺乏充實的內容與有生氣的情感，這就使穠麗的風格由於先天的貧血而顯得浮豔、卑弱。儘管宮體詩有以上的缺陷，其在藝術上也還是有一些地方值得肯定的。首先，它鞏固了永明體以來在格律、聲韻上的成績並有所發展，五言詩的創作開始由長篇走向短制，詩中的對偶、平仄和定型的律詩已相去不遠，七言詩的寫作更爲普遍。其次，它在描寫上的細膩精巧爲後代詩人提供了可供借鑒的經驗。

 | 330

什麼是駢文？

駢文是南北朝時期出現並流行的一種文體，具有裁對、隸事、敷藻、調聲的特點。裁對，即講究對偶工整，就是用語法結構基本相同或相似、音節數目相同的一對句子，表達一個相對立或相對稱的意思，句式上用四字句或六字句；隸事，即用典，表現典雅含蓄；敷藻，即講究文采，顯示作者的語言才華；調聲，即注意語言的平仄協調，讀起來有韻律美。

駢文是與古文相對而言，先秦時期，無所謂駢文與散文，駢文的確定，是從魏晉開始的，而在南北朝時期，駢文創作則趨於興盛，成爲其時最具代表性的一種文體。王國維在《宋元戲曲史·序》中，曾將"六朝之駢語"作爲一代文學的代表，魏晉南北朝駢文的興盛，是與這一時期文學觀念的變化密切相關的，是這一時期文學的自覺意識發展的結果。從南北朝時期開始，作家已開始探索文學與非文學的區別，起初，他們把經、史與諸子之類的作品劃在文學範圍之外，後來又進一步在文學範圍內對文筆之別進行辨析，把有韻與無韻作爲區分文、筆之別的一個標準。劉勰在《文心雕龍·總術篇》中曾稱："今之常言，有文有筆，以爲無韻者筆也，有韻者文也。"《文心雕龍》中分論文與敘筆，分別論述了十多種文體，梁元帝蕭繹又提出："至如文者，惟須綺縠紛披，宮徵靡曼，唇吻遒會，情靈搖盪。"就強調了詞藻、聲律、抒情三方面的特點。這就是南北朝時期頗有影響的文筆說。而這一時期永明體作家在聲律方面的探索，也對駢文的形成起了促進作用。這樣，駢文的創作便在南北朝時期興盛起來。

就文體特徵而言，駢文具有以下三方面的特點：第一，駢文講究對偶，並且在句式上多用四六句式，所以駢文又稱爲"四六文"。第二，駢文講究平仄。講究平仄的諧和調，是永明新體詩的追求，但這一時期受永明體詩歌創作的影響，文的創作也注意聲調的諧美。儘管駢文創作沒有詩歌那樣有"四聲八病"的嚴格限制，但追求平仄配合，造成轆轆交往，也是駢文文體的特點之一。第三，駢文一般注意征事用典和辭藻的華麗，因此，可以說駢文實際上是一種詩化的散文。

 331

什麼是古體詩、新體詩、近體詩？

古體詩，又稱"古風"，唐代以後指區別於律詩、絕句的一種詩體，這種詩體以五言和七言居多，也有四言、六言和雜言，每首不限句數，不講究對仗，用韻和平仄相對自由。

新體詩，因產生於齊武帝永明年間，故又稱"永明體"。以沈約爲代表的詩人，把四聲運用到詩歌聲律上，同時與詩歌對偶形式相結合，於是形成了一種新詩體。其特點是講求平仄、音韻，對仗工整，詞采華美。

近體詩又稱今體詩。是唐代形成的律詩和絕句的統稱，句數、字數、平仄、用韻等都有嚴格的規定。

 | 332

什麼是律詩？

近體詩以律詩爲代表。律詩的韻、平仄、對仗都有許多講究。由於格律很嚴，所以稱爲律詩。它起源於南北朝，成熟於唐代，共有八句，分爲首頷頸尾四聯，中間兩聯必須對仗。二四六八句必須押韻，首句可押可不押。按每句字數的多少，分爲五言律詩和七言律詩。特殊的在十句以上的，叫做排律。

 | 333

什麼是絕句？

絕句比律詩的字數少一半。五言絕句只有二十字，七言絕句只有二十八字。絕句實際上可以分爲古絕、律絕兩類。

古絕可以用仄韻。即使是押平聲韻的，也不受近體詩平仄規則的束縛。這可以歸入古體詩一類。

律絕不但押平聲韻，而且依照近體詩的平仄規則。在形式上它們就等於半首律詩。這可以歸入近體詩。

334

什麼是詞牌？

詞牌即詞的曲譜。詞總共有一千多個曲譜，人們給每個曲譜起了一個名字，就是詞牌。最初是先有詞，再配上曲，後人就依照前人創作過的曲譜來依聲填詞，形成了每個曲譜的固定格式，對句數、字數、用韻、平仄等都有一定的規定。有些詞牌，正名之外另有異名，也有同名異調、一名數體的。

 335

什麼是闋？

闋的本義是"祭事結束而閉門"，引申為"止息、終了"。在詩詞中，歌曲或詞的一首叫一闋，一首詞的一段也叫一闋，如蘇軾的名詞《水調歌頭‧明月幾時有》就分上、下兩闋。"闋"，也叫"片"、"遍"，指樂曲演奏完一遍。

 336

唐傳奇是怎樣一種文體？

傳奇是唐代開始流行的文言短篇小說，作者大多以記、傳名篇，以史家筆法，傳奇聞異事。如《柳毅傳》。唐傳奇的發展大體可分為三個階段：初、盛唐時代為發軔期，也是由六朝志怪小說到成熟的唐傳奇之間的一個過渡階段，作品數量少，藝術表現上也不夠成熟。現存主要作品有王度的《古鏡記》、無名氏的《補江總白猿傳》、張鷟的《遊仙窟》。中唐時代為興盛期，從唐代宗到宣宗這100年間，名家名作蔚起，唐傳奇的大部分作品都產生在這個時期。元稹、白居易、白行簡、陳鴻、李紳等人更以詩人兼傳奇家的身份，將歌行與傳奇配合起來，用不同體裁不同方式來描寫同一事件（如元稹的《鶯鶯傳》、白行簡的《李娃傳》、陳鴻的《長恨歌傳》，都有與之相配的長篇歌行），從而既提高了傳奇的地位，也擴大了傳奇的影響。晚唐時代開始退潮，出現了由盛轉衰的局面。雖然此期作品數量仍然不少，並出現了不少傳奇專集，如袁郊的《甘澤謠》、皇甫枚的《三水小牘》、裴鉶的《傳奇》、薛用弱的《集異記》、李復言的《續玄怪錄》等，但這些作品大多篇幅短小，內容單薄，或搜奇獵異，或言神志怪，思想和藝術成就都失去了前一個時期的光彩。

 | 337

什麼是變文？

變文簡稱"變"，是唐代通俗文學形式之一。它是在佛教僧侶所謂"唱導"的影響下，繼承漢魏六朝樂府詩、志怪小說、雜賦等文學傳統逐漸發展成熟的一種文體。鄭振鐸認爲，"變文"的意義，和"演義"差不多，就是把古典的故事，重新再演說一番，變化一番，使人們容易明白。變文長期以來一直湮沒無聞，直到敦煌藏經洞發現大批手抄寫本變文以後，才逐漸爲人們所認識和重視。變文包括講唱佛經故事和世俗故事兩類作品。講唱佛經故事的變文，其內容主要是宣揚禪門佛理和封建迷信，有時還摻雜著儒家道德觀念。表現形式大致有兩種：一種是故事展開之前先引一段經文，然後邊說邊唱。另一種是前面不引經文，直接講唱佛經神變故事。變文在藝術形式上也有獨特的創造，除了敘事曲折、描寫生動、想像豐富、語言通俗外，體制上韻文與散文相結合是其重要特點。變文的韻句一般用七言詩，也夾雜三言、五言、六言句式。散文多爲淺近的文言和四六駢語，也有使用口語白話的。變文對唐代文人創作，特別是傳奇的創作，具有一定的影響。唐初傳奇《遊仙窟》通篇以散文敘事、以韻語對話，便與變文散韻夾雜、唱白並用的形式基本一致；而且描寫細緻生動，語言通俗易懂，也接近變文的風格。中唐時期的傳奇《柳毅傳》、《鶯鶯傳》、《長恨歌傳》等，都明顯地受到變文的影響。此外，從唐代傳奇到宋、元以後的話本、擬話本等白話小說，它們那種長篇鋪陳敘事的表現手法，也是跟變文相通的。

| 338

詞作爲一種文體有哪些別稱？

詞，是"曲子詞"的簡稱。所謂"曲子詞"，就是能夠合樂而歌的歌詞，唐五代時期通常稱"曲"、"雜曲"或"曲子詞"。因爲詞的句式大多長短不一，故又名長短句。有人認爲，詞是詩的餘緒，所以詞又稱"詩餘"。此外，詞還有樂府、琴趣、樂章等別名。

 | 339

什麼是小令？

關於小令，有多種說法。一種是詞中的短小者，明人曾以58字以內者爲小令，實則並不絕對。唐宋文人在酒宴上即席塡詞，利用短篇小調，當作酒令，造句要非常凝練，講究言有盡而意無窮。第二種是指散曲中的只曲，與"套數"相對：一般以一支曲子爲獨立單位。但也有例外，如"帶過曲"、"集曲"、"重頭"、"換頭"等都是小令的特殊形式。第三種是指民間的流行小曲。

 | 340

什麼是"青詞"？

青詞，又叫做"綠章"，是道教舉行法事時獻給天神的祈禱詞。唐人《翰林志》記載："凡太清宮道觀薦告詞文，用青藤紙書朱字，謂之'青詞'。"這大概就是青詞稱呼的來源。後來，由於道教盛行，寫青詞的人也就多了起來，青詞的作者也多數是文人，逐漸形成了一種文體。比如明代徐師曾的《文體明辨》就專列"青詞"一類。明代道教非常流行，例如嘉靖皇帝就是道教愛好者，他所寵信的大臣都寫得一手好青詞。

341

什麼是"話本"?

　　話本是指宋代"說話"（說書）人所依據的底本，起源於唐代人的說話，也稱爲"話文"或簡稱"話"，是隨著民間說話伎藝發展起來的一種文學形式。"說話"就是講故事，類似現代的說書。北宋東京、南宋臨安等大城市裏，有許多"瓦舍"，每座"瓦舍"中的"勾欄"（類似後代的戲院），就是上演"說話"伎藝的場所。話本在宋代逐漸盛行，開始有刻本流傳。話本一般指小說、講史、說經等說話人的底本，"小說"家所用的話本，都是短篇故事，通常即稱爲"小說"，如《新編小說快嘴李翠蓮記》等，長篇的講史話本，一般稱爲"平話"（"評話"），如《新編五代史評話》等。但皮影戲、雜劇和諸宮調的底本，也稱作話本。後來還有人把明清人摹擬話本而寫的短篇白話小說也稱爲話本。又有人只把小說家的底本稱作話本。明代人則稱爲評話或詞話。話本本來是說話人講說故事的底本，往往只是粗略地陳說故事的大意，編印成書以後，就成爲一種通俗讀物，形成一種特殊的體裁和風格，代表中國白話小說的一個發展階段。話本的題材非常廣泛，有愛情、公案、神怪以及歷史故事等，幾乎無所不包。

　　話本的作者幾乎都是無名氏，創作後又經不斷補充潤飾，多數經過文人加工。話本的語言以白話爲主，融合部分文言，中間也穿插一些古典詩詞。作爲一種新的文學體裁，語言生動、潑辣，富於表現力，作品的主角多爲手工業者、婦女、市井商人等，爲新興的市民階層所喜聞樂見。對後代的通俗文學和戲劇、曲藝等產生了很大的影響。魯迅說："這類作品，不但體裁不同，文章上也起了改革，用的是白話，所以實在是小說史上的一大變遷。"因此，宋元話本是中國小說史的一個重要發展階段，明清的白話小說主要是在話本的基礎上發展起來的，如《水滸傳》、《三國志通俗演義》、《西遊記》等文學名著都是宋元話本繼續發展的產物。

| 342

什麼是元曲、元雜劇？

　　元曲是元代雜劇和散曲的合稱。其曲文形式與詞相近，用長短句，但格律較自由，多用口語，便於直率地表達感情，"元曲"與唐詩、宋詞並稱，在我國文學史上具有很高的地位。其中尤以劇曲（即雜劇）成就更高，這是一種用北曲演唱的，把唱、念、科、舞有機結合起來表現完整故事的綜合性的戲曲形式，它是融合了前代各種表演藝術而形成的。元雜劇代表著元代文學的最高成就，故通常把"元曲"作為元雜劇的同義語。如《元曲選》實際上是元雜劇集。同時，把劇稱為"曲"，也反映出當時人們對戲劇中的曲的重視。"元曲"均用北方流行的曲調，故又稱"北曲"。

 | 343

什麼叫章回小說？

　　章回小說是我國古代長篇小說主要的、甚至是唯一的形式。其特點是：分回標目，分章敘事，首尾完整，故事連接，段落整齊。

　　章回小說直接的源頭是宋元講史話本，而間接的源頭可以追溯到唐代佛教寺院的俗講。因為一朝一代的歷史故事要分多次才能講完，就需要分章分回；而說話人為了招徠或留住聽眾，所以往往會在情節高潮時打住，留下懸念；而為了使聽眾對所講的內容事先有瞭解，也往往用易記易背的對偶句將要講的故事做概括，這就形成回目。產生於元末明初時期，以民間長期流傳的長篇話本的基礎上，由文人加工而成的著名小說有《三國演義》《水滸傳》等。這兩大長篇共同的特點是都有歷史上的依據，但是因虛構成分的多少不同而分成歷史演義與英雄傳奇。這也是民間話本向案頭小說轉變的開始。明代中葉以後，形成了三大系統：一是歷史傳奇類，二是神魔志怪類，三是世俗風情類。尤其是世情類，只是形式上還保留著章回，在內容上已與說話分道揚鑣。以《金瓶梅》的出現為標誌，中國小說已從古典的故事情節模式，向近現代的人物小說轉變。其故事情節淡化到無法再"說話"。

 | 344

什麼是"八股文"？

八股文又稱制義、制藝、時藝、時文、八比文等，是明清科舉考試時所採用的一種專門文體。因其要求文章中必須有四段對偶排比的文字，共八部分，所以叫八股文。

八股文注重形式，缺乏內容。其特點有四個方面：一是題目必須摘自四書、五經的原話；二是所論內容必須以程朱學派的注釋為準，不得自由發揮；三是結構體裁死守在固定的格式裏，每篇文章均由破題、承題、起講、入手、起股、中股、後股、束股八部分組成。破題是用兩句話將題目的意義破開。承題是承接破題的意義而說明之。起講為議論的開始，首二字用"意謂"、"若曰"、"以為"、"且夫"、"嘗思"等開端。入手為起講後入手之處。起股、中股、後股、束股才是正式議論，以中股為全篇重心。四是字數與書寫款式有固定的要求。一篇八股文的字數，清順治時定為550字，康熙時增為650字，乾隆以後增至700字。文章要求點句、勾股（標明段落）、避諱。試題低二格，試文一律頂格。不符要求者取消考試資格。

八股文濫觴於北宋，成熟氾濫於明清，隨著科舉停止而廢除。

 | 345

什麼是彈詞？

彈詞是明清時代很流行的說唱曲藝形式，主要流行於南方，用琵琶、三弦伴奏。彈詞的來歷缺乏清楚的記載，可能是從變文、詞話演變來的。彈詞到了乾隆中期以後，主要流行於江浙一帶，地域文化特徵越來越明顯。現在見到的彈詞，多產生於清代中期，文字包括說白和唱詞兩個部分。說白是散文體，唱詞以七言韻文為主，中間

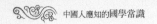

穿插三言。語音上有"國音"（就是普通話）和"土音"（就是方言）的分別，其中的方言彈詞又以吳語爲最多。彈詞的篇幅很長，一般用第三人稱來敘述，語言淺顯，通俗易懂。

彈詞的演出很簡單，只要兩三個人一兩件樂器就行，有的甚至可以一人演出，很適宜家庭的日常娛樂。同時，彈詞的本子又很長，也適宜作爲一種消遣性的讀物，這就是彈詞被人們喜愛的主要原因。

 346

什麼是"口號詩"？

所謂"號"就是隨口吟誦的意思，和"吟"是同義詞，所以"口號詩"就是隨口吟誦的詩歌。嚴格來說，口號詩並不能算是一種詩體，因爲都是隨口吟誦的，大多不免草率而成，因此，一般只要求能夠表達一時一地的感情而已，並不注重文辭的錘煉和含蓄。例如李白的《口號詩》："食出野田美，酒臨遠水傾。東流若未盡，應見別離情。"詩句意思平白，言辭簡單易懂，這就是爲了特定的環境下來抒發心緒服務的，要是作爲詠史懷古的詩作來說，就味同嚼蠟了，沒有什麼藝術價值。

 347

什麼叫"試帖詩"？

試帖詩起源於唐代，多爲五言六韻或八韻排律，是受"帖經"、"試帖"的影響而產生的。其題目範圍和用韻，原來都比較寬泛。明朝科舉考試不考詩賦。清朝自乾隆二十二年（1757）在鄉試、會試時增試五言八韻詩一首。這也是一種形式古板的詩體，其內容不能隨意抒發情感，而要嚴格依題寫作，並且必須是歌功頌德、粉飾太平的內容。試帖詩的題目都要在前面用"賦得"二字（所以又叫賦得體），然後取古人五言或七言詩一句，指明以詩句中的某字爲韻，稱"得某字"，也就是限定要用這字的韻部，同時這個字還必須在詩的第二句或第四句的韻腳上出現；題目中還要指明要求 "五（七）言六韻"、"五（七）言八韻" 等；在詩中，除首尾兩聯外，中間各聯都須對仗工整等等。如此多的限制，作者就只能依格式填寫一些頌揚太平盛世的字句，使得試帖詩也和八股文一樣，不僅形式呆板，內容也極空洞、乏味。

中國人應知的

國學常識

The Knowledge of Chinese

書畫藝術

 | 348

"書法" 與 "法書" 有什麼不同？

中國書法不是單純的寫字，而是根據漢字的造型規則，以毛筆宣紙作爲主要工具，運用點畫構成各種章法形態，表現書寫者的精神、氣質、學識和修養，並從中獲得一種精神上的享受與滿足。

書法一詞較早見於南齊王僧虔論謝綜書："書法有力，恨少媚好。"

書法包含三個基本要素：筆法、筆勢、筆意。筆法是因爲毛筆的柔軟而富有彈性的特點，鋪毫抽鋒，變化無窮，書家在運筆過程中熟練地掌握執筆法、運筆法、運腕法、用墨法等技巧，達到剛柔並濟、收放自如、萬毫齊發等自由而多樣的點畫線條，展示各種形體、情感與氣勢。筆勢，要求點畫粗細有法，書寫過程中"勢來不可擋，勢去不可遏"，使點畫之間的搭配合乎審美的規範，給字體賦予生命力，字與字及行與行之間有一點虛實相生的呼應關係。筆意，清劉熙載《藝概·書概》："書雖重法，然意乃法之所受命也。"意思是說，書法作品不僅能表現客觀事物的動態美，更能展露書家的思想情感與審美趣味、學養氣度等，從而構成某種美的理想境界。

法書指的是可以取法借鑒與楷模的書法佳作。北齊顏之推在

法帖

《顏氏家訓·雜藝》中說：“吾幼承門業，加性愛重，所見法書亦多，而玩習功夫頗至，遂不能佳者，良由無分故也。”意思是說他從小時即得到家族長輩們的教導，從小也看到很多可以當作楷模的書法眞跡，如果工夫下了而書法沒有進步，只能說是沒有天分的緣故。

要使書法成爲法書，須得下一番苦工夫。《書法三昧》就說：“作字之要，下筆須沉著，雖一點一畫之間，皆須三過其筆，方爲法書。”米芾《海岳名言》則說：“一日不書便覺思澀，想古人未嘗片時廢書也。因思蘇之才《恒公至洛帖》，字明意殊有工，爲天下法書第一。”正因法書的難得與珍貴，所以古人對其非常珍惜，南宋虞龢《論書表》記載：“桓玄愛重書法，每燕集，輒出法書示賓客。客有食寒具者，仍以手捉書，大點汙。後出法書，輒令客洗手，兼除寒具。子敬常箋與簡文十許紙，題最後云：‘民此書甚合，願存之。’”

此外，古人對別人的書作亦稱之爲法書，以示尊重。

| 349

何謂篆書？

篆書是大篆、小篆的統稱。從廣義講，大篆包括甲骨文、金文、籀文、六國文字，它們保存著古代象形文字的明顯特點。從狹義講，大篆就是籀文。

甲骨文是中國現存最古老的一種成熟文字。甲骨文又稱“契文”、“龜甲文”或“龜甲獸骨文”。現今發現的絕大部分甲骨文發現於殷墟，主要是商王朝統治者的占卜紀錄。

金文是泛指在三代（夏商周）青銅器上鑄銘的文字，因爲先秦稱銅爲金，所以後人把

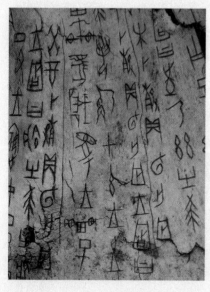

甲骨文

古代銅器上的文字也叫做金文。由於鐘和鼎在周代各種有銘文的銅器中佔有比較重要的地位，所以也稱金文爲"鐘鼎文"。

籀文又叫"籀書"。衛恒《四體書勢》說："昔周宣王時史籀始著大篆十五篇……世謂之籀書也。"班固《漢書·藝文志》記有《史籀篇》，是一部啓蒙用的識字讀物，共15篇，東漢建武帝時就已經丟失了6篇，現在已全部丟失了，只在《說文解字》中還殘存220多個字。

小篆又稱秦篆，是由大篆省略改變而來的一種字體，產生於戰國後期的秦國，通行於秦代和西漢前期。戰國時代，列國割據，各國文字沒有統一，字體相當複雜，於是秦始

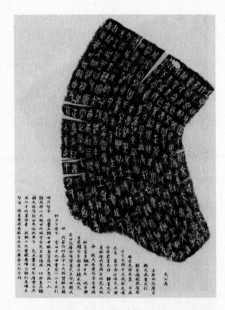

金文（毛公鼎拓片）

皇便以秦國的文字篆體，施行"書同文"來統一天下的文字，廢除六國文字中各種和秦國文字不同的形體，並將秦國固有的篆文形體進行省略刪改，同時吸收民間文字中一些簡體、俗字體，加以規範，就成爲一種新的字體──小篆。

中國文字發展到小篆階段，逐漸開始定型（輪廓、筆劃、結構定型），象形意味削弱，使文字更加符號化，減少了書寫和識讀方面的混淆和困難，這也是我國歷史上第一次運用行政手段大規模地規範文字的產物，在中國文字發展史上有著重要的作用。

小篆（泰山刻石拓片）

| 350

何謂隸書？

隸書代表作之《張遷碑》

一般認為隸書之由來為"奏事繁多,篆字難成,即令隸人佐書,曰隸字"。"隸人"不是囚犯,而指"胥吏",即掌管文書的小官吏。這句話的意思是說,當時要處理的公文非常多,而小篆字形繁複,書寫起來相當不方便,所以掌管文書的小官吏們就創造出了隸書。

隸書相傳為秦末程邈在獄中所整理,他將小篆去繁就簡,字形變圓為方,筆劃改曲為直,改"連筆"為"斷筆",從線條到筆劃,更便於書寫。隸書這種字體據說當時在下層小官吏、工匠、奴隸中較為流行。

隸書盛行於漢朝,成為當時主要書體。同時,派生出草書、楷書、行書各書體,為書法藝術發展奠定了基礎。

| 351

何謂楷書？

楷書又稱正書,或稱真書,是在減省隸書的基礎上發展而成的,是隸書的變體,其特點是:形體方正,筆劃平直,可作楷模,故名。始於東漢,盛行於東晉並一直沿用至今。

魏晉之間,凡工楷書者,都稱之為善於隸書。《晉書・王羲之傳》:"(王)善隸書，爲古今之冠。"《晉書·李充傳》："充善楷書，妙參鐘（繇）索（靖），世咸重之。"初期"楷書"，仍殘留極少的隸筆，結體略寬，橫畫長而直畫短，在傳世的魏晉帖中，如鐘繇的《宣示表》、《薦季直表》仍存隸書的遺意，然已備盡楷法，實爲正書之祖，其書可爲楷書的代表作。

楷書按字體大小分爲大楷、中楷、小楷。又因爲歷代科舉考試，試卷都必須用小楷書寫，所以從前的讀書人，必先學小楷。

| 352

何謂草書？

草書有章草、今草、狂草之分。章草最早形成於漢代。當時通行的是草隸，即草率的隸書，又名"隸草"、"古草"，其後發展成爲"章草"。正如劉熙載《藝概·書概》所說："解散隸體，簡略書之，此猶未離乎隸也。""章則勁骨天縱，草則變化無方。"章草筆劃省變有章法可循，代表作如三國吳皇象《急就章》。至漢末，張伯英（芝）把章草裏面的隸書筆意省去，將上下字體之間的筆勢連帶、偏旁連接，從而創造出了"今草"。今草不拘章法，筆勢流暢。到唐代，以張旭、懷素爲代表，在"今草"的基礎上，寫得更加狂放不羈，稱之"狂草"，成爲完全脫離實用的藝術創作。

| 353

何謂行書？

行書出現在漢末，是介於楷書、草書之間的

皇象章草《急就章》

一種字體，是楷書的草化。它是爲了彌補楷書的書寫速度太慢和草書的難於辨認而產生的，筆勢不像草書那樣潦草，也不要求楷書那樣端正。行書點畫常常強調遊絲引帶，筆鋒使轉遒麗明快，活潑自然，如行雲流水一樣。

據張懷瓘《書斷》說："行書者，後漢穎川劉德升所造也。行書即正書之小訛。務從簡易，相間流行，故謂之行書。"孫過庭《書譜》："趨變適時，行書爲要。"即"行書"是由"正書"轉變而成的，接近楷書的稱"行楷"，接近草書的則稱"行草"。

行書也稱爲押書，起初當由畫行簽押發展而來。據南朝宋王愔說："晉世以來，工書者多以行書著名，鐘元常（繇）善行押書是也。"行書書寫方便快捷，因此一直通行至今。

354

何謂八分書？

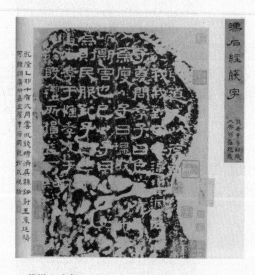

蔡邕八分書

何謂八分書，歷代說法不一，如南朝宋王愔說："王次仲始以古書方廣少波勢，建初中，以隸草作楷法，字爲八分，言有楷模。"齊蕭子良也說："王次仲飾隸爲八分"；宋郭忠恕則說："書有八體，漢蔡邕以隸作八分體，蓋八體之後又生此法，謂之八分。"因爲魏晉時期的楷書又稱爲隸書，所以將有波磔的隸書都叫做八分書，以示區別。唐杜甫《李潮八分小篆歌》："陳倉石鼓又已訛，大小二篆生八分。"《唐六典》稱："四曰八分，謂《石經》碑碣所用。"漢代成熟的隸書，字形扁方而規整，用筆上有蠶頭燕尾的特點，具備這些特點的隸書稱爲漢隸，也稱八分。

| 355

什麼叫飛白書？

飛白書源於八分書，是隸書八分體演變而成的，其內涵包括隸書中的"飛"與線條中的絲絲露"白"，並不是簡單的因為墨的乾涸而筆劃露白。飛白書在墨法上要求黑、白相間，以體現"白"的特點；在形體上要求用波磔的飛揚體勢，以體現"飛"。傳說漢朝書法家蔡邕到皇家藏書的鴻都門送文章，他在等待被接見時，看到門外工匠在用掃把蘸石灰水刷牆，每一刷下去，白道裏有些地方透出牆皮來。蔡邕回到家不斷練習，獨創了黑色中隱隱露白的筆道，即"飛白書"。

至唐代，飛白書仍然盛行，唐代的皇帝還寫飛白體賜給臣下作為禮物："伊唐二葉，迨及高宗。威所留意，亦云盡工。分賜宰弼，渙揚古風。"飛白書因為本身的特點，所以被稱之"空蒙蟬翼之狀，宛轉

武則天升仙太子碑額飛白書

蚪驂之形。爛皎月而霞薄，揚珍林而霧輕"。歷史上善於寫飛白書的名家很多，如韋誕、王愔、張弘、王廙(yì)、王羲之、王獻之、武則天等。

 | 356

何謂破體書？

所謂"破體書"，歷來學界爭論不休，比較有代表性的有以下幾種解釋。一是指

書法結構的變體，是王獻之創造的非草非行的多體雜糅並存的行草書和一筆書。另一種解釋是，破體書法中的"破"字即不完整之意。

　　"破體"二字，最早出現於唐徐浩《論書》，原文爲："厥後鍾善眞書，張稱草聖，右軍行法，小令破體，皆一時之妙。"這裏的小令指的是王獻之。唐張懷瓘《書

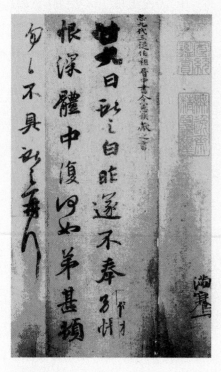

破體書示例

議》曰："子敬之法，非草非行，流便於草，開張於行，草又處其中間。"另外唐戴叔倫《懷素上人草書歌》和宋吳曾《能改齋漫錄‧論文》及清錢謙益《華山廟碑歌》也均對破體一詞有解釋。

　　從多體雜糅這點來立論，破體書法有三種，即大破體、小破體、全破體。大破體是指四種以上破體書法作品，給人別具一格、錯落有致的感覺；小破體是指三種書體以內的破體書法作品，給人秀美、清新之感覺；全破體是指字字皆爲破體書法，給人一種雜亂無章之感。

　　總之，破體書法是中國書法的一枝奇葩，它打破了單一書風的流行和限制，融會貫通各種書體進行創新，成爲書家施展才華、表現思想、抒發個性的載體。

 357

什麼叫蝌蚪書？

　　蝌蚪書是篆書手書體的別稱，也可以說是古文書體的一種。筆劃多頭粗尾細，形如蝌蚪，故而得名。

　　蝌蚪書我們一般很少見到，僅有魏石經中出現過粗頭細尾的字體：魏正始年間

（240～249）刻儒家
經典《尚書》、《春
秋》二經，立石於洛
陽太學門前，被後人
稱爲《正始石經》。
因經文是用古文、
小篆、隸書三種字體
書寫而成，所以被稱

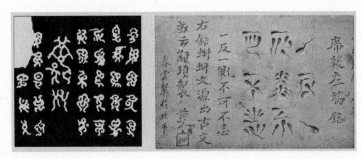

蝌蚪書示例

爲《三體石經》。其中的古文，據衛恒的看法，書寫者用"科斗（蝌蚪）書就"。
《晉書·束皙傳》中說："科斗文者，周時古文也，其字頭粗尾細，似科斗之蟲，
故俗名之焉。"所謂"似科斗之形"，是指用毛筆書寫篆書時，由於用筆的力度不
同而造成的筆劃的頭部、腹部過肥的一種形象，並非形狀眞的和蝌蚪一樣。

 358

何謂"秦書八體"？

　　春秋戰國時期戰爭不斷，諸侯割據數百年，禮崩樂壞，文化多元。漢字的發展也
受到了嚴重影響，文字異形、書體多樣，這對於文化的交流和發展是十分不利的。故
而秦始皇統一全國後實行了"書同文"政策，雖然在政策上統一了文字，確立了小篆
的正體地位，但秦國文字依然紛繁複雜，有"秦書八體"之稱。東漢許愼在《說文解
字·敘》中云："自爾秦書有八體：一曰大篆、二曰小篆、三曰刻符、四曰蟲書、五
曰摹印、六曰署書、七曰殳書、八曰隸書。"

　　大篆，即籀文，是周宣王時太史籀書寫整理的十五篇文字。小篆，即秦朝李斯
《倉頡》篇、趙高《爰曆》篇、胡毋敬《博學》篇等著錄的文字，是根據大篆字形省
改簡化而成，又名"秦篆"。刻符，是刻在符節上的字體。蟲書，是寫在旗幡、銘旌
上的字體。因這些字體有鳥蟲之形，故稱"鳥蟲書"。摹印，是鑄造、刊刻在印章上
的字體。署書，是題刻在匾額、書榜上的文字。殳書，是鑄造、刊刻在兵器上的文

字。隸書，是篆書簡化演變而成，萌芽於秦，盛行於漢，字體書寫較爲便捷，一說爲程邈所創。

359

何謂"永字八法"？

　　"永字八法"其實就是"永"字的八個筆劃：側（點）、勒（橫）、弩（直筆）、趯（tì，鉤）、策（仰橫）、掠（長撇）、啄（短撇）、磔（zhé，捺）。唐張懷瓘《玉堂禁經》："八法起於隸字之始，後漢崔子玉曆鐘王以下，傳授所用八體該於萬字。"

永字八法

　　關於"永字八法"的起源有很多的說法，如源於崔瑗、蔡邕、鐘繇、王羲之或張旭等。因爲"永字八法"指的是楷書，據書史資料，眞書定型的年代應在魏晉時期。崔瑗和蔡邕留下的書法，還見不到眞書。鐘繇的眞書已見成型，但隸書的影子還很重。衛夫人眞書已經很成熟，並傳授給王羲之。所以起源崔瑗、蔡邕、鐘繇的可能性都不大，因爲當時還是以寫隸書爲主。

　　周越《法書苑》說王羲之專攻"永"字十五年，然後終成大家，但這說法明顯不太合情理。但是《蘭亭序》的第一個字是"永"字卻毋庸置疑。"永字八法"雖然說是學習楷書的"不二法門"，但正如黃庭堅《豫章黃先生文集》卷二十八《題繹本法帖》云："王氏書法以爲如錐畫沙，如印印泥，蓋言鋒藏筆中，意在筆前耳。承學之人更用《蘭亭》‘永’字以開字中眼目，能使學家多拘忌，成一種俗氣。"可見所謂的"法"不能是死法，而應該是活法才對。

360

"碑"、"帖" 有什麼區別？

碑，東漢許慎《說文解字》釋爲"豎石也"，是豎立在地上的石頭。原義是沒有文字的豎石，後來經過發展才成爲刻有文字的碑。今日的碑，有廣義和狹義二解。廣義的碑是指鐫有述德、銘功、紀事與纂言等文字的刻石，如碑碣、摩崖、造像記、塔銘、刻經、界石、墓誌等。狹義的碑則是指東漢以後，立於紀念地、建築或墓前，刻鐫文辭的長方形石板。而我們今天理解的碑，大都從廣義的角度來理解，故碑的含義當指一切刻有文字的（除刻帖外）石刻的總稱。

帖，東漢許慎《說文解字》解釋爲"帛書也"。古人把寫在竹、木片上的字，稱之爲簡牘；書寫在絲織品上的字跡稱之爲帖。由於帖最早是指寫了字的奏事的小紙片，一般指字條、請帖、庚帖之類，因此凡是小件篇幅的書跡，過去都稱之爲帖。自後漢開始，書法藝術逐漸受到社會的重視，很多士大夫習慣於把書家信劄作爲珍秘收藏起來欣賞研習，稱之爲帖。自北宋，刻帖之風盛行，人們把帖刻於木板、石頭之上，名之曰叢帖、匯帖或集帖。從木板、石頭上拓下來的拓本，爲便於欣賞學習，裝裱成冊，亦稱之爲帖。清末西方攝影技術傳入我國後，凡鐫刻、手寫等一切書法文字，一經影印裝訂成冊，亦皆稱之爲帖。

碑帖作爲一個連詞來講是一個概念。分而言之，碑是碑，帖是帖，二者是有很大的區別的：

一、**功用不同**。碑是爲了追述世系，表功頌德或祭祀、紀事用的，以期達到"托堅貞之石質，永垂昭於後世"的願望。刻帖則是專爲書法研習者提供歷代名家書法的複製品。

二、**文字內容不同**。碑是爲了表功頌德追述世系，故有一定的文字格式和內容；帖無內容和格式的限制，以書法優劣爲選擇標準。

三、**書體不同**。碑的書體在隋以前以篆、隸、楷書爲主，至唐太宗作《溫泉銘》，以行書書丹，始有行書之碑，草書除武則天《升仙太子碑》外絕少有之。帖的書體沒有限制，以信劄為主。

四、**形制不同**。碑是豎立在地面上的石刻，高輒丈餘，形制以長方為主，也有圓形、尖形、圭形，有額、有趺，部分有穿孔，往往四面刻字。帖為橫石，一般高不過盈尺，只正面刻字，無額、趺、穿孔。此外，帖有木刻，碑則絕少。

五、**上石法不同**。碑一是用刀直接鐫刻，二是書丹上石；帖是模勒上石，就是用油素紙覆在真跡上，把真跡複製下來，然後在紙的背面用朱墨雙鉤一遍，再將朱墨雙鉤粘現於石上，刻工遂依次鐫刻。

六、**刻法不同**。碑刻有時因循刀法與書丹相同或有所出入；帖則必須忠於原作，力求所刻與原貌完全一樣。

 | 361

怎樣讀帖？

帖，一般稱之為“法帖”，是專供人們學習、臨摹和研究的範本。所謂“讀帖”，就是通過對範本字帖的用筆、線條質感、節奏、空間構成等方面的觀察，然後去臨習。宋代黃庭堅云：“古人學書不盡臨摹，張古人書於壁間，觀之入神，則下筆時隨人意。”宋代姜夔在《續書譜》中引用唐太宗的話：“皆須古人名筆，置之几案，懸之座右，朝夕諦觀，思其用筆之理，然後可以臨摹。”這裏所說“觀”、“諦觀”，即是讀帖的意思。讀帖務求精細周到。既然如此，首先在讀帖過程中必須對每一點、每一畫、每一行以致通篇認真細緻地讀，體會其手勢轉換，注意每一個細節部位的變化，怎樣藏鋒下筆？怎樣換鋒行筆？怎樣回鋒收筆？如何翻轉？如何順勢接筆？何處提？何處按？何處疾？何處澀？……想古人寫字時的手勢、姿勢以及動作的矜持與放鬆等等，不但要看到有字處的軌跡，也要看到無字處的必然軌道，也就是說把古人由動而留下來靜的痕跡，再在想像中恢復。正所謂字外無法，法在字中。只有逐漸正確理解這些痕跡，才能和古人對話。其次，研究字的形體結構特徵，如筆劃的粗細、長短、大小、高低、斜正、收放以及曲直剛柔、陰陽疏密、錯落奇正，還要分析帖字的佈局和神情、意態等，領會作品的傾向和意趣，進一步探索作者寫此作品時的心境。

　　當然，對初學者來說，讀帖並不是一"讀"就懂，"讀"後也不一定立即奏效。它有一個養成習慣和逐步提高的過程，而且應將讀帖與臨帖緊密結合起來，讀後臨，臨後讀，兩者配合，逐步深化。另附帶說明的是，對初學者來說，選帖最好選影印版本較好的墨跡本，不要選刻本，因爲墨跡本比刻本筆路清晰、易讀。選帖時最好請教一下有經驗的老師。

 ┃ 362

什麼是"三希堂法帖"？

　　三希堂法帖是清代宮廷刻帖。乾隆十二年（1747）朝廷敕命吏部尚書梁詩正、戶部尚書蔣溥等人，將內府所藏歷代書法作品，擇其精要，由宋璋、焦林等人鐫刻而成。法帖共分32冊，刻石500餘塊，收集自魏、晉至明代末年共135位書法家的300餘件書法作品，因帖中收有被乾隆帝視爲稀世墨寶的三件東晉書跡，即王羲之的《快雪時晴帖》、王獻之的《中秋帖》和王珣的《伯遠帖》，而珍藏這三件稀世珍寶的地方又被稱爲三希堂，故法帖取名《三希堂法帖》。

 ┃ 363

"石鼓文"是一種什麼樣的文字？

　　"石鼓文"是先秦石刻文字，沒有具體年月記載，有人認爲是周宣王時期的作品，也有人認爲其時間應爲秦惠文王之後、始皇之前，但不論其時代如何，它都是我國遺存至今時間最長的石刻文字，被稱爲"石刻之祖"，因其文字被刻在鼓形的石頭上，故被稱爲"石鼓文"。"石鼓文"共十鼓，每鼓都分別刻有四言詩一首，記述了秦國國君遊獵之事，又稱"獵碣"。

　　唐代初期，"石鼓文"在陝西郊外被發現，之後杜甫、韓愈吟詠不斷，故而聞名於世。其結字多爲長方形，體勢嚴整，肅穆端莊，筆力沉雄穩健，雍容大度，有著

"石鼓文"

濃郁的廟堂氣息，再加上經歷了千年的風雨剝蝕、漫漶，形成了石、字、詩渾然一體的風格，給人以蒼茫古樸、雄渾大氣的美感。

"石鼓文"是介於金文、小篆之間的文字，是從金文向小篆發展的一種過渡，它比金文更加規範、統一，但仍在一定程度上保留了許多金文的特徵。後人對"石鼓文"的評價很高，唐代張懷瓘說它"若取於詩人，則《雅》、《頌》之作也"（《書斷》中篇之《神品》）。康有為稱曰："若'石鼓文'則金鈿落地，芝草團雲，不煩整截，自有奇采。……既爲中國第一古物，亦當爲書家第一法則也。"（《廣藝舟雙楫》之《說分第六》）"石鼓文"被歷代書家視爲學習篆書的不二法門，其對書壇的影響以清代最盛，著名篆書家楊沂孫、吳昌碩書法都受其影響。存世的版本有先鋒本、中權本、後勁本等。

 364

王羲之"書聖"之名是怎麼來的？

在早期書法史上，王羲之並沒有"書聖"之名，其名氣甚至比不上當時的一般書法家，如梁武帝蕭衍在《觀鐘繇書法十二意》中就說："子敬（王獻之）之不迨逸少（王羲之），猶逸少之不迨元常（鐘繇）。""不迨"，不及之意。唐代時，唐太宗極度推尊王羲之，不僅廣爲收羅王書，還親自爲《晉書·王羲之傳》撰贊辭，評鐘繇則"論其盡善，或有所疑"，論獻之則貶其"翰墨之病"，論其他書家如子雲、王蒙、徐偃輩皆謂“譽過其實”。通過比較，唐太宗認爲王羲之“盡善盡美”，“心慕手追，此人而已，其餘區區之類，何足論哉”！從此王羲之在書學史上至高無上的地位被確立並鞏固下來。宋、元、明、清諸朝學書人，無不尊晉宗“二王”。唐代歐陽詢、虞世南、褚遂良、薛稷、顏眞卿、柳公權，五代楊凝式，宋代蘇軾、黃庭堅、米芾、蔡襄，元代趙孟頫，明代董其昌，歷代書學名家無不皈依王羲之。清代雖以碑學打破帖學的範圍，但王羲之的書聖地位仍未動搖。“書聖”、“墨皇”雖有“聖化”之嫌，但世代名家、巨子，通過比較、揣摩，對其無不心悅誠服，推崇備至。

 | 365

“天下第一行書”指什麽作品？

被稱爲“天下第一行書”的是王羲之的《蘭亭序》。《蘭亭序》，又稱《蘭亭集序》、《禊帖》等。東晉永和九年(353)，王羲之與謝安等在紹興蘭亭“修禊”。會上人皆賦詩，王羲之寫下了這篇優美的序文。傳世法帖共28行、324字，筆法、結構、章法都很完美，被視爲是王羲之書法成就最具代表性的得意之作。趙孟頫《閣帖跋》說“右軍王羲之總百家之功，極眾體之妙”。因此，王羲之的書法得到人們普遍喜愛和推崇。唐太宗更是以帝王之力，確立了王羲之的“書聖”地位。王氏書法也同樣被歷代書家所推崇。

王羲之行書《蘭亭序》

關於《蘭亭序》的眞僞，古來說法不一。清末廣東順德書家李文田《定武〈蘭亭跋〉》斷言"文尙難信，何有於字"，認爲晉人的書法不應脫離漢魏隸書的樊籠，認爲《蘭亭序》不可能是王羲之所書，應爲後人之僞作。1965年郭沫若在《文物》上發表了《由王謝墓誌的出土論到蘭亭序的眞僞》一文，指出《蘭亭序》不僅從書法上來講有問題，就是從文章內容上來講也有問題，斥《蘭亭序》爲僞作。此後，啓功、李長路、章士釗、高二適等名家都對《蘭亭序》的眞僞問題進行了公開論辯，這就是著名的"蘭亭論辯"。至今，由《蘭亭序》引發的疑案仍然眾說紛紜，難有定論。但是不論如何，《蘭亭序》的書法價值，是值得肯定的。唐太宗推崇王羲之的書法，曾命歐陽詢、馮承素、褚遂良等鈎摹《蘭亭序》，分賜近臣。相傳眞跡被唐太宗殉葬昭陵（一說被武則天殉葬乾陵）。傳世至今的《蘭亭序》均爲臨本或摹本，有"定武本"、"神龍本"等。

 366

"天下第二行書" 指哪件作品？

王羲之《蘭亭序》、顏眞卿《祭侄文稿》、蘇軾《黃州寒食詩帖》被稱爲"三大行書"。按時間排序，顏眞卿《祭侄文稿》名列第二，故稱"天下第二行書"。

顏眞卿《祭侄文稿》又稱《祭侄季明文稿》，書於唐肅宗乾元元年（758），全文共234字。《祭侄文稿》是顏眞卿爲祭奠安史之亂中英勇就義的侄子顏季明所作。唐天寶十四年（755），安祿山謀反，顏眞卿、顏杲卿討伐叛軍。次年正月，叛軍攻陷常山，顏杲卿及其少子季明被捕，英勇就義。乾元元年，顏眞卿命人到河北尋訪季明的屍骨，並揮淚寫下了這篇祭文。

此帖爲草稿，字跡倉促，塗抹刪補之處甚多，本無意於書法。然而不求工而自工，無意於佳乃佳。此作中，顏眞卿將悲憤之情流淌於筆端，充滿了對親人的哀悼和對叛賊的仇恨。元代張敬晏跋云："以爲告不如書簡，書簡不如起草。蓋以告是官作，雖端楷，終爲繩約；書簡出於一時之意興，則頗能放縱矣；而起草又出於無心，是其手心兩忘，眞妙見於此也。"元著名書法家鮮于樞跋曰："《祭侄季明文稿》，

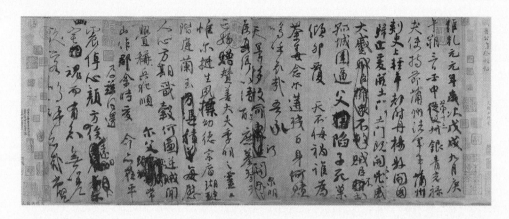

顏真卿《祭侄文稿》

天下行書第二。

 367

"鐵門限" 一詞從何而來？

　　"鐵門限" 一詞的出現與著名的書法家僧智永有關。智永出身於天下第一名門望族的琅琊王氏，是晉代大書法家王羲之的七世孫。著名書法家王羲之有臨池學書的佳話，智永也有"退筆塚"、"鐵門限"的美談。

　　智永在永欣寺苦練書法30多年，十分用功，寫壞了無數毛筆。每壞一枝，就將廢筆頭投入甕中。30多年臨池不輟，廢筆頭也積攢了數甕，每甕數石，智永遂將廢筆頭埋葬在一起，世人稱之為"退筆塚"。

　　經過30多年的勤學苦練，智永的書法達到了很高的境界，真正繼承了王羲之書法的精髓。當時求字之人絡繹不絕，居然把門檻踏破。智永遂請人在門檻上包

智永《真草千字文》

了一層鐵皮，人們稱之爲"鐵門限"。此事歷史上有相關記載："（智永）積年學書，後有禿筆頭十甕，每甕皆數石。人來覓書，並請題額者如市，所居戶限爲之穿穴，乃用鐵葉裹之，人謂之鐵門限。"（張宗祥抄本陶宗儀《說郛》卷九十二）智永的"退筆塚"和"鐵門限"千百年來被人們讚頌。智永也因此成爲勤學的典範。

 | 368

書法史上的"初唐四家"指的是誰？

書法史上的"初唐四家"是指歐陽詢、虞世南、褚遂良、薛稷。他們都是唐代初期很具有代表性的書法家，皆擅長楷書，爲南北書風的融合和書法的繼承發展作出了巨大貢獻。歐陽詢，字信本，長沙人。在隋時書法就很有名，他的書體被稱爲"歐體"。他與唐代書家顏眞卿、柳公權、元代趙孟頫並稱爲"楷書四大家"。其作品

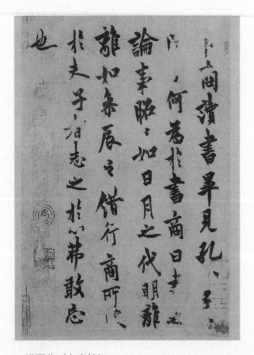

歐陽詢《卜商帖》

虞世南《孔子廟堂碑》

有墨跡《卜商帖》、《夢奠帖》等。所書碑刻傳世的有《九成宮醴泉銘》、《皇甫誕碑》等。相傳歐陽詢臨有《蘭亭序》，流傳的定武本《蘭亭序》，就是根據歐臨本上石刊刻的。虞世南，字伯施，余姚人。太宗曾稱其德行、忠直、博學、文詞、書翰為五絕。其書法剛柔並重，清麗剛健。碑刻有《孔子廟堂碑》等。褚遂良，祖籍河南禹州，為秦王李世民文學館十八學士之一，精於書法，以善書由魏徵推薦給太宗。薛稷，山西人。他書法學虞世南和褚遂良，唐人說："買褚得薛，不失其節。"唐代張懷瓘評其書："書學褚公（遂良）尤尚綺麗媚好，膚肉得師之半，可謂河南之高足，甚為時所珍尚。"《書斷》下篇之《能品》）碑刻有《升仙太子碑碑陰題名》、《信行禪師碑》、《涅槃經》等。

 369

"顏筋柳骨"是什麼意思？

"顏筋柳骨"一詞相信大家不是很陌生，因為學習書法，對楷書的學習是必須

顏真卿《勤禮碑》

柳公權《玄秘塔碑》

的，顏眞卿、柳公權的楷書又是學習楷書的最佳範本。人們評顏眞卿的字多"筋"，柳公權的字多"骨"，故有"顏筋柳骨"之說。那麼"筋"、"骨"又指什麼呢？

我國古代的先哲們習慣於形象思維，特別善於聯繫生活，謂書法要和人一樣："書必有神、氣、骨、肉、血，五者闕一，不爲成書也。"（蘇軾《論書》）。"筋"的含義有很多，或指筋脈相連的勢，或指線條的彈性和韌性，"筋"書通常柔中帶剛、潤中帶澀。晉衛夫人《筆陣圖》云："善筆力者多骨，不善筆力者多肉；多骨微肉者謂之筋書，多肉微骨者謂之墨豬。"柳公權最醉心於骨力，精心於中鋒逆勢運行，細心於護頭藏尾，端正筆鋒，如"錐畫沙"、"印印泥"。顏柳書法相比，顏書筋肉多，但也並非無骨；柳書骨力深，但也並非無肉。

 | 370

"顚張醉素"分別指誰？

所謂"顚張"、"醉素"分別指的是唐代兩位著名的草書家張旭和懷素。

張旭，字伯高，蘇州人，曾任常熟尉，以草書而聞名。其母陸氏爲初唐書家陸柬之的侄女，即虞世南的外孫女。陸氏世代以書法名世，故張旭學習書法有著良好的外在環境。張旭爲人瀟灑狂放，豁達不羈；才華橫溢，學識淵博，曾官至"金吾長史"，故人稱之爲"張長史"。他與李白、賀知章等人交往甚密，杜甫將他三人都列入"飮中八仙"。張旭是一位極有個性的草書大家，其草書筆劃精絕，神逸天縱，縈繞連綿。每作草書必激情勃發，甚至達到癲狂的程度，且嗜酒成性，每喝大醉，就呼叫狂走，然後落筆成書。有時竟以頭髮濡墨爲書，酒醒之後，連自己都覺得神妙天眞，故人們稱他爲"顚張"。當時，人們把張旭草書、李白詩歌和裴旻劍舞稱爲"三絕"。

懷素爲湖南永州人，俗姓錢，出身貧寒，早年出家爲僧。懷素學書勤奮，性情爽朗，嗜酒如命，他"飮酒以養性、草書以暢志"（《書苑菁華》卷十八，陸羽《僧懷素傳》），故人稱"醉素"。懷素繼承和發展了張旭的草書，他的書法既有張旭的顚狂怪奇之氣勢，又有圓轉玲瓏的氣韻，他把禪佛之學熔鑄到作品之中，達到"字字欲仙，筆筆欲飛"的境界，故而人們將他與張旭並稱爲"顚張醉素"。

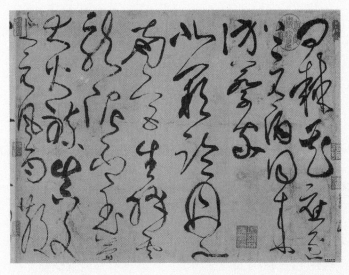

張旭《古詩四帖》

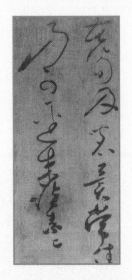

懷素《自敘帖》

371

書法"宋四家"指的是誰？

宋代是書法發展的黃金時期，這一時期出現了四家著名的書法家，人稱"四家"、

"宋四家"、"北宋四
家"，他們就是蘇軾、黃
庭堅、米芾、蔡襄（一說
爲蔡京）。他們將宋代書
法推向了巔峰。

蘇軾，字子瞻，號東
坡居士。他的書法從"二
王"入手，後從顏眞卿、
柳公權、褚遂良、徐浩、
李北海、楊凝式等各家吸

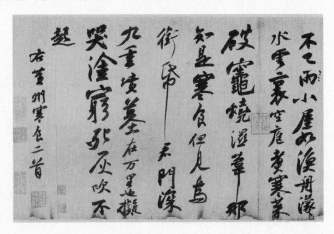

蘇東坡《黃州寒食帖》

取營養，在繼承傳統的基礎上努力革新。他重在寫"意"，寄情於"信手"所書之點畫，曾說："我書意造本無法，點畫信手煩推求。"（《石蒼舒醉墨堂》）傳世書跡有《前赤壁賦》、《黃州寒食帖》、《洞庭春色賦》等。《寒食帖》與王羲之的《蘭亭序》、顏真卿的《祭侄文稿》並稱"天下三大行書"，其尚意書風對宋代乃至後世產生了巨大的影響。

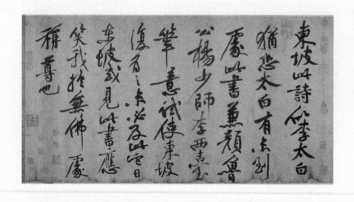

黃庭堅《跋黃州寒食帖》

黃庭堅，字魯直，號山谷道人，後世稱他黃山谷，晚號涪翁，出於蘇軾門下，後與蘇軾齊名，世稱"蘇黃"。書法初以周越為師，後取法二王、顏真卿及懷素，受楊凝式影響，尤得力於《瘞（yi）鶴銘》，筆法以側險取勢，字體開張，縱橫奇倔，筆法瘦勁，自成風格。他自己說："余學草書三十餘年，初以周越為師，故二十年抖擻俗氣不脫。晚得蘇才翁、子美書觀之，乃得古人筆意。其後又得張長史、僧懷素、高閑墨跡，乃窺筆法之妙。"（《山谷題跋》卷七《書草老杜詩後與黃斌老》）他著名的書跡有《松風閣詩帖》、《跋黃州寒食帖》、《花氣熏人帖》等，其中最負盛名者當推《松風閣詩帖》。其風神瀟灑，長波大撇，提頓起伏，一波三折，意韻十足，堪稱行書之精品。

米芾，字元章，號襄陽漫士、海岳外史、鹿門居士。因

米芾《珊瑚帖》

他個性怪異，舉止癲狂，人稱"米顛"。徽宗詔爲書畫學博士，人稱"米南宮"。米芾集書畫家、鑒定家、收藏家於一身。米芾傳統功力最爲深厚，尤其是行書，實出蘇黃二者之右。傳世墨跡主要有《苕溪詩卷》、《蜀素帖》等。米芾自稱是"刷字"，他的書法作品，大至詩帖，小至尺牘、題跋都具有痛快淋漓、奇縱變幻、雄健清新的特點。後人評價很高，王澍云："米老天才縱逸，東坡稱其超妙入神……然出入晉唐，脫去滓穢，而

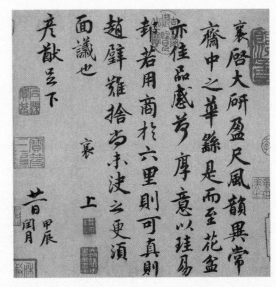

蔡襄《大研帖》

自成一家，涪翁、東坡故當俯出其下。"（《虛舟題跋補原》之《評宋四家書》）

　　蔡襄，字君謨，書法各體皆優，行書、小楷、草書、隸書、飛白無所不能，此外尚能書寫大字，可謂是一個全能的書家。書法先受之於周越、宋綬，再參以歐陽詢、虞世南筆意，而上溯二王，融合顏眞卿書體而自成面目。其成就最高的行書，主要表現爲兩種面目，其一以《澄心堂紙帖》爲代表，寫得較爲工整，有雍容婉美之韻；另一類較爲灑脫，以《扈從帖》、《腳氣帖》爲代表，用筆簡練靈動。小楷有《謝賜御書詩》和《茶錄》傳世。草書以《陶生帖》爲代表。

 372

宋徽宗的書法爲什麼被稱爲"瘦金書"？

　　"瘦金書"又叫"瘦金體"或"瘦筋體"，是宋徽宗趙佶獨創的書法字體，也有"鶴體"的雅稱，是楷書的一種。宋徽宗書法早年學習褚遂良、薛稷諸家，而後融會貫通，變化兩家法度，形成了自家獨特的藝術風貌。其書法瘦勁挺拔、筆力深厚，筆

劃如"鐵畫銀鉤",橫畫收筆時常常帶有鉤挑,豎畫收筆多帶點,頓挫分明,起伏較大,撇如劍,捺如刀,豎鉤細長。有些字點畫之間連綿不斷,運筆快捷,筆跡瘦挺,瘦而有肉,骨而含筋。起筆、轉折之處可明顯見到藏鋒、露鋒等運轉提頓的痕跡,接近行書。其筆劃和用筆之法取法於褚遂良、薛稷,然而又超過褚、薛,寫得更加瘦勁,筋力俱佳,故稱"瘦金書"。

宋徽宗流傳下來的瘦金體作品很多,比較有名的有《楷書千字文》、《穠芳詩帖》等。

趙佶瘦金書《穠芳詩帖》

373

為什麼把鄭板橋的字稱為"六分半書"?

清代著名書畫家鄭板橋,稱自己的書法為"六分半書"。此種書體參以篆、隸、草、楷等書體的字形,介於楷隸之間。一說因隸書又稱"八分",故而戲稱自己所創的非隸、非楷的書體為"六分半書"。至於其所謂的"六分半"具體為哪"六分半",便不得而知。

鄭板橋的書法是典型的以碑破帖,他在《署中示舍弟墨》中自云"字學漢魏,崔、蔡、鐘繇。古碑斷碣,刻意求索"。此外他還以蘭草畫法入書,形成了有行無列、疏密錯落、瀟灑自然、變化莫測的書法風格,體現了

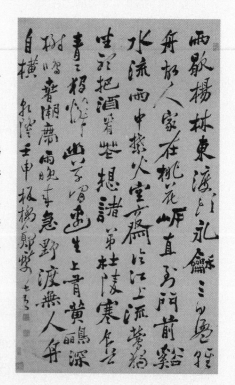

鄭板橋六分半書

獨特的審美情調。

　　關於鄭板橋創"六分半書"還有一個傳說。據說，鄭板橋年輕時，在歷代書法名跡上下了很大的工夫，達到了很高的水準，但依然不被世人所關注。一日，他從夢中醒來，用手指在自己身上寫字，不經意間，就寫到了妻子身上。妻子被驚醒，問："你有你的體（身體），我有我的體，爲什麼不在自己的體上練呢？"言者無心，聽者有意，鄭板橋從妻子的話中得到了啓發。從此，他另闢蹊徑，融會貫通，在吸取各種書體優點的基礎上，努力熔鑄自己的風格，創造了"六分半書"，從此聲名遠播。

　　鄭板橋的"六分半書"有著較高的藝術價值，可謂"前無古人，後無來者"。它打破了篆、隸、正、行、草等各種書體之間的界限，將文字的點畫和結構析出後整合，熔鑄了篆、隸、草、行、楷等各種書體的優點於一爐，通篇大小、方圓、濃淡、斜正、疏密錯落穿插，猶如"亂石當道"，節奏性強，給人一種靈動跳躍、跌宕有序的感覺。

374

"濃墨宰相"和"淡墨探花"分別指誰？

　　說到"劉羅鍋"（劉墉），一定是家喻戶曉，因爲他爲官"忠君、愛民、勤政、廉潔"，深得老百姓的喜愛，其事蹟廣爲流傳。然而，很少有人知道劉墉除了在政治方面有著出色的表現外，還是著名的書法家。他與同時代的書家王文治齊

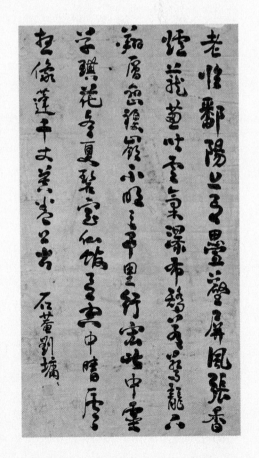

劉墉書法

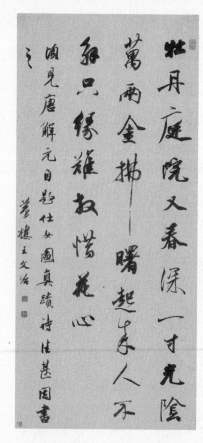

王文治書法

名，時有"濃墨宰相、淡墨探花"之說。

劉墉勤奮好學、師古不泥。其書法擅長行書、小楷，初學董其昌和趙孟頫，因而珠圓玉潤；中年以後受到蘇東坡等人書法的影響，形成了雄健堂皇、鏗鏘挺拔的書法風格；晚年以後，劉墉學習顏真卿，對碑學也多有涉獵，達到了爐火純青的境界，形成了敦厚寬博、貌豐骨勁、味重神藏的藝術特色。或謂劉墉書"精華蘊蓄，勁氣內斂，殆如渾然太極，包羅萬有，人莫測其高深耳"（《清稗類鈔》之九《劉文清書自成一家》）。又因劉墉官至體仁閣大學士，故人稱之為"濃墨宰相"。

王文治，乾隆三十五年(1770)探花，以書法稱名於世。與劉墉、翁方綱、梁同書並稱"清四家"。王文治早年受到褚遂良、笪(dá)重光、董其昌的影響，再加上其潛心禪理，形成了婉約飄逸、勻淨嫵媚的風格特徵，作字喜用淡墨，以表現其疏朗秀潤的神韻，故被世人稱為"淡墨探花"。

 375

"蠶頭燕尾"的書法是什麼樣子的？

"蠶頭燕尾"一詞出自《宣和書譜》一書，云："惟其(顏真卿)忠貫白日，識高天下，故精神見於翰墨之表者，特立而兼括……後之俗學，乃求其形似之末，以謂蠶頭燕尾，僅乃得之。"後來被用作形容書法起筆凝重，用筆輕疾。

其實，"蠶頭燕尾"一詞是說書法中筆劃在起筆時圓潤凝重，像蠶的頭，收尾時扁方輕靈，像燕子的尾巴。這種筆劃在各種書體中都有，尤其在隸書中極為常見。例如隸書的長橫、捺畫等都是典型的"蠶頭燕尾"。

隸書上承篆書，下啓楷書，是書體演化的一大轉捩點。隸書的用筆，突破了篆書用筆單調的束縛，點畫分明、八法皆備、方圓周整、輕重有致，尤其是漢代的官方標準隸書，在書寫捺畫時往往"一波三折"、"蠶頭燕尾"，且講究"蠶不雙食，燕不雙飛"（即一個字只能出現一個燕尾）。漢代末期楷書萌芽，其中還保留了不少類似隸書"蠶頭燕尾"的筆劃。魏晉南北朝以後伴隨著楷書的正式形成，"蠶頭燕尾"型的筆劃基本消失，漢字的結構大體固定了下來。

 376

《曹全碑》中的蠶頭燕尾現象

什麼是"萬毫齊力"？

南朝梁王僧虔在《筆意贊》中說："剡（shàn）紙易墨，心圓管直，漿深色濃，萬毫齊力。"萬毫齊力是指墨色飽滿、運筆沉著的藝術效果。近代書法家沈尹默先生說："運筆時，要使筆穎的每一根毫毛都發揮出作用，不能有一根'賊毫'。"他說的"賊毫"就是那些翹起來、絞起來或扭曲的筆毛，不能和其他毫毛一起接觸紙面。這便要求"萬毫齊力"。"萬毫齊力"的要求是把筆毛理順，調動副毫的作用，使筆毛一無扭結地聚結運動，從而使筆力貫注下去，發揮出毫毛的彈性特性。如果在行筆時筆頭提不起按不下，則無法表現出沉著有力的筆道。因此，"萬毫齊力"是書法用筆的一個基本要求。要做到萬毫齊力，使每一根毫毛都能接觸紙面發揮作用實在是太難，首先在筆毫落紙之前理順筆毛，然後在行筆過程中不斷提按頓挫，保持毫毛的彈性，特別在轉折的過程中，必須在提按時轉換運行方向，否則難免出現筆毛絞起來或扭曲，"萬毫"便無法"齊力"了。

265

377

"力透紙背，入木三分"的書法是什麼樣子的？

"入木三分"源於王羲之的傳說，據唐代張懷瓘《書斷》載：王羲之書祝版，"工人削之，筆入木三分"。"力透紙背"見顏真卿《述張長史筆法十二意》："當其用鋒，常欲使其透過紙背。"又唐代韋續《墨藪》："用筆如錐畫沙，使其藏鋒，畫乃沉著。當其用筆，常欲使其透過紙背，此功成之極矣。"後來遂成了兩個帶誇張性的成語，用來形容書法筆力的強健。如何才能寫出"力透紙背，入木三分"的字呢？清代劉熙載云："用筆者……每不知如何得澀。惟筆方欲行，如有物以拒之，竭力而與之爭，斯不期澀而自澀矣。"包世臣云："五指齊力，故能澀。"這樣寫出的筆劃，沉著、凝重，自然有"力透紙背、入木三分"的效果。從褚遂良的《雁塔聖教序》中，我們可以看到，有很多細小的筆劃，雖細若遊絲，但力若千鈞。從顏真卿的《顏氏家廟碑》中，你能感覺到畫筆凝重，筆筆如鐵鈎銀畫。這都是力透紙背的典範之作。

 378

"春蚓秋蛇"形容的是怎樣的字？

"春蚓秋蛇"是對草書用筆軟弱飄浮、筆劃盤結纏繞、沒有規律法度、一味縈繞的貶稱。《晉書·王羲之傳論》："(蕭)子雲近出，擅名江表，然僅得成書，無丈夫之氣，行行若縈春蚓，字字如綰秋蛇。"宋蘇軾《龍尾硯歌》："粗言細語都不擇，春蚓秋蛇隨意畫。"清宋曹《書法約言》："若行行春蚓，字字秋蛇，屬十數字而不斷，縈結如遊絲一片，乃不善學者之大弊也。"亦作"春蛇秋蚓"。明宋濂《史書會要序》："近世以來，徇末而忘本，濡毫行墨，春蛇秋蚓之連翩。"近人林散之《認書詩》："滿紙紛披誇獨能，春蛇秋蚓亂縱橫。強從此處看書法，閑著眼睛慢慢睜。"

| **379**

何時開始將筆墨紙硯統稱爲“文房四寶”？

將筆、墨、紙、硯統稱
“文房四寶”是有一個逐漸
發展的過程的。南唐後主李
煜擅長詩詞、書畫，酷愛
“澄心堂紙”。五代時，始
將“澄心堂紙、李廷珪墨、
龍尾石硯”稱爲“新安三
寶”。到了宋代，蘇易簡著
《文房四譜》（又名《文房四
寶譜》），第一次將紙、筆、
墨、硯從文房用具角度做專
門研究，自始便有“文房四
寶”之說。北宋詩人梅堯臣有“文房四寶出二郡，邇來賞愛君與予”句，“文房四
寶”的稱呼，遂流傳至今。宋陸游《閒居無客所與度日筆硯紙墨而已戲作長句》詩：
“水複山重客到稀，文房四士獨相依。”也有一說法是指宣紙、湖筆、徽墨、端硯。

文房用品

 | **380**

毛筆有哪些種類？

毛筆種類很多，目前約有三百多種。

按筆頭原料可分動物類和植物類。動物類如：胎毛筆、狼毛筆、兔毛筆、紫毫
筆、鹿毛筆、雞毛筆、鴨毛筆、羊毛筆、豬毛筆、鼠毛筆、虎毛筆、黃牛耳毫筆等；
植物類如茅龍筆、蔗渣與竹絲筆等。

按尺寸可以把毛筆分爲小楷、中楷、大楷、提筆（斗筆）等。

按筆毛的特性可分爲軟毫、硬毫、兼毫等。兼毫筆即是在硬毫與軟毫之間，一般將狼毫與羊毫按不同比例製成，分"三紫七羊"、"七紫三羊"和"五紫五羊"等。

毛筆的歷史非常悠久，原始社會末期已用類似毛筆的工具在陶器上彩繪圖案，之後，經過長期的發展，出現了名目繁多、種類不一的各種毛筆。現今中國毛筆以浙江省湖州市產的湖筆最爲著名，此外比較有名的毛筆產地還有宣州、歙州、新安、黟州（均在今安徽省）和吳縣（今江蘇省蘇州市）、江西南昌市進賢縣等地。

茅龍筆

381

毛筆的"四德"是什麼？

毛筆是古人必備的文房用具，因此，古人非常重視毛筆本身的功能，一款好的毛筆必須具備"四德"，即"尖、齊、圓、健"。

尖：指筆鋒聚攏時，末端要尖銳。只有筆尖，寫出的字才能有鋒有稜，富有神采。

齊：指筆尖潤開壓平後，毫尖平齊。只有毫尖平齊，長短相等，運筆時才能做到"萬毫齊力"。

圓：指筆鋒要圓滿。筆鋒圓滿，運筆時才能圓轉如意。

健：指筆要有彈力。筆有彈力，才能運用自如。

382

歷代有哪些著名的筆？

鼠鬚筆，據記載，書聖王羲之、張芝、鐘繇等用此種筆。《法書要錄》："右軍寫《蘭亭》以鼠鬚筆。"

竹絲筆，米芾《筆史》云，晉右將軍王羲之《行書帖》眞跡是竹絲幹筆所書。宋人陳槱（yǒu）《負暄野錄》載："吳俗近日卻有用竹絲者，往往以法揉制，使就揮染。"宋岳珂《玉楮集試廬陵發竹絲筆》詩中謂南宋筆工賀發善制此筆。

雞距筆，唐代筆型，因筆鋒短而犀利宛如雞距（後爪）而得名，唐人白居易《雞距筆賦》："故不得兔毫，無以成起草之用；不名雞距，無以表入木之功。"宋梅堯臣《九華隱士居陳生寄松管筆》："雞距初含潤，龍鱗不自韜。"

無心散卓筆，宋時名筆，爲蘇東坡、米芾等大書家所用。蘇東坡《東坡題跋》："散卓筆，惟諸葛能。他人學者，暫得其形似而無其法，反不如常筆。如人學杜甫詩，得其粗俗而已。"黃庭堅《書吳無至筆》："（吳無至）今乃持筆刀行賣筆於市。問其居，乃在晏丞相園東。作無心散卓，小大皆可人意。"葉夢得《避暑錄話》卷上："歙本不出筆，蓋出於宣州。自唐惟諸葛一姓世傳其業。治平、嘉祐前有得諸葛筆者，率以爲珍玩，云一枝可敵它筆數枝。熙寧後，世始用無心散卓筆，其風一變。"

筍尖筆，明代名筆，因爲毫豐而鋒長如筍尖，因此得名。

白沙茅龍筆，此筆爲明廣東新會人陳獻章（字白沙）製。黃佐《廣州人物傳》："嘗束茅代筆，人爭效之，謂之茅筆字。"張翊《東所文集》："公甫能作古人數家書，束茅代筆，晚年專用，遂自成一家。"今廣東尚有製作，分大小數種。其名即爲"白沙茅龍筆"。

383

歷代有哪些著名的墨？

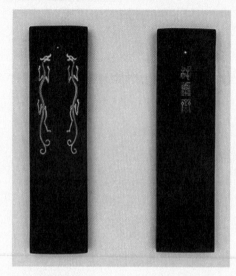

曹素功紫玉光墨

松煙墨，燃松取煙炱（tái），經過漂、篩，除去雜質，配上上等皮膠與麝香、冰片加工而成，係用我國較早的製墨法所製。屠隆《考槃餘事》卷二："余嘗謂松煙墨深重而不姿媚，油煙墨姿媚而不深重。"松煙墨特點是濃黑無光，入水易化。宜寫小楷、書繪瓷器、印刷製版、畫人物鬚眉、翎毛和蝶翅等。

油煙墨，用桐油、麻油、脂油等燃燒之煙炱，再配以麝香、冰片加膠而成。此墨黝黑呈紫玉光澤，運筆時，滋潤流暢、靈活應手，不粘、不滯，使紙上墨色神采奕奕，層次分明，水走墨留，經久不褪。

清康熙曹素功紫玉光墨，居曹氏名墨十八之冠。曹氏《墨品贊》稱其"應遠而生，玉浮紫光"，今傳世之紫玉光墨，以黃山風景三十六峰為主題，圖為通景，按山勢地位之高低，分為三十六錠墨。此墨"堅而有光，黝而能潤，舐筆不膠，入紙不暈"。

384

歷史上有哪些有名的紙？

宣紙，為我國主要的書畫用紙。唐書畫評論家張彥遠《歷代名畫記》云："好事家宜置宣紙百幅，用法蠟之，以備摹寫。古時好拓畫，十得七八，不失神采筆蹤。"這說明唐代已把宣紙用於書畫了。宣紙的原產地是安徽省的涇縣。此外，涇縣附近的宣城、太平等地也生產這種紙。到宋代，徽州、池州、宣州等地的造紙業逐漸轉移集中於涇縣。當時這些地區均屬宣州府管轄，所以這裏生產的紙被稱爲"宣紙"，也有人稱之"涇縣紙"。《舊唐書》記載，天寶二年(743)，江西、四川、皖南、浙東都產紙進貢，而宣城郡紙尤爲精美。可見宣紙在當時已冠於各地。南唐後主李煜親自監製的"澄心堂"紙，就是宣紙中的珍品，它"膚如卵膜，堅潔如玉，細薄光潤，冠於一時"。由於宣紙有易於保存，經久不脆，不會褪色等特點，故有"紙壽千年"之譽。

剡紙，浙江傳統名紙。亦稱"剡藤"、"溪藤"。唐、宋時，浙江等地多以古藤製紙，故名"藤紙"。孫能傳《剡溪漫筆·小敘》說："剡故嵊地，奉化與嵊接壤亦有剡溪，爲余家上游。其地多古藤，土人取以作紙，所謂剡溪藤是也。"因之紙名"剡藤"。《浙江通志·物產》引《嵊志》："剡藤紙名擅天下，式凡五，藤用木椎椎治，堅滑光白者曰硾箋，瑩潤如玉者曰玉版箋，用南唐澄心堂紙樣者曰澄心堂箋，用蜀人魚子箋法者曰粉雲羅箋，造用多水佳，敲冰爲之曰敲冰紙，今莫有傳其術者。"

薛濤箋

紙造出來以後經過加工以供題詩、寫信所用的精美的紙張即爲箋，"薛濤箋"就是成都古代一種著名的加工紙。相傳女詩人薛濤旅居成都浣花溪畔，好寫小詩，見一般紙張尺幅太大，"乃命匠人狹小爲之，蜀中才子既以爲便，後裁諸箋亦如是，特名曰'薛濤箋'"。薛濤箋是彩箋，顏色有十種之多。大概因爲薛濤是女性，愛用紅色，加之傳說紅色爲芙蓉花汁染成，這樣紅色小箋就尤爲人們推崇，成了薛濤箋以至整個蜀箋的代表。

 385

歷代有哪些名硯？

端硯，中國四大名硯之首。端硯石出產在肇慶市東部的爛柯山和肇慶市七星岩北面（西起小湘峽，東到鼎湖山）的北嶺山一帶，尤以老坑、麻子坑和宋坑三地之硯石爲最佳。硯石多爲青紫色、豬肝色、天青色，其上有鳳眼、鸚哥眼者屬上品，而眼中呈現出翠綠色者最爲難得。無論是老坑硯石、麻子坑硯石，還是宋坑硯石，屬佳品者，其上又多伴有冰紋、胭脂暈、馬尾紋、金線紋，或單一紋路，或兼而有之，組合成一幅瑰麗多彩的畫圖。

端硯

龍尾硯

歙硯，始於唐代。據北宋唐積《歙州硯譜》載：婺源硯在"唐開元中，獵人葉氏逐獸至長城裏，見疊石如城壘狀，瑩潔可愛，因攜之歸，刊出成硯，溫潤大過端溪"。自此以後，歙硯名冠天下。歙硯中又以婺源的龍尾硯爲優。龍尾硯之得名，在於龍尾山所產硯石料最爲高檔。歙硯石質堅韌、潤密，紋理美麗，敲擊時有清越金屬聲，貯水不耗，歷寒不冰，呵氣可研，發墨如油，不傷毫，雕刻精細，渾樸大方。歙硯已有一千多年歷史。

 | 386

中國古代繪畫爲什麼叫"丹青"？

我國古代繪畫通常是以朱砂和青色爲主色調，故稱爲"丹青"。早在漢魏時期，史書便有了丹青的記載。《漢書·蘇武傳》載："竹帛所載，丹青所畫。"《晉書·顧愷之傳》在評顧愷之時云："尤善丹青。"丹青不僅僅指繪畫，在其後的使用過程中又逐漸引申為畫工等。唐代李白《於闐采花》詩云："丹青能令醜者妍，無鹽翻在深宮裏。"明代畫家徐渭《為杭人題畫》詩之二云："無端士女如雲集，也要丹青費筆描。"因為朱砂色和青色不易變色，也用來比喻堅貞，如"丹青不渝"。

| 387

什麼樣的畫叫歷史畫？

西漢·《鴻門宴圖》壁畫

歷史畫，顧名思義，就是以歷史事件、神話傳說及宗教故事為題材的繪畫。

中國歷史畫歷史悠久，綿延至今。早期的歷史畫承載著鑒善戒惡的教化功能。先秦是中國歷史畫的濫觴(shāng)期，以描寫君王與聖賢為主。據郭沫若《矢簋(guǐ)銘考釋》考證，西周初年已有"武王、成王伐商圖及巡省東國圖"的壁畫。由《孔子家語·觀周》可知，春秋末期，孔子曾目睹東周明堂的壁畫"有堯舜之容，桀紂之像，而各有善惡之狀、興廢之誠焉"。戰國時也有"古賢聖"等歷史故事壁畫。漢代統

唐·閻立本《步輦圖》

治者繼承先秦傳統，尤其在漢武帝"獨尊儒術"後，歷史畫更加重視以儒家禮教爲主要內容的教化功能。唐張彥遠《歷代名畫記・敘畫之源流》載魏國的曹植在觀漢畫後曰："觀畫者，見三皇五帝，莫不仰戴；見三季暴主，莫不悲惋；見簒臣賊嗣，莫不切齒；見高節妙士，莫不忘食；見忠節死難，莫不抗首；見放臣斥子，莫不歎息；見淫夫妒婦，莫不側目；見令妃順後，莫不嘉貴。是知存乎鑒戒者，圖畫也。"其倫理教化作用可見一斑。魏晉南北朝的歷史畫也是以經史故事繪畫爲題材，如顧愷之的後世摹本《女史箴圖》、《列女傳仁智圖》，其在描寫歷史的同時，更賦予了"傳神寫照"、"秀骨清像"的審美情趣。唐宋時期，歷史畫的發展達到了高峰期，如描繪唐太宗接受外邦朝拜的《步輦圖》等。明清以後，歷史畫隨著山水畫和花鳥畫的興盛而式微。

388

什麼樣的畫叫肖像畫？

肖像畫又稱"寫照"、"寫眞"或"傳神"，專指描繪人物形象之畫，是人物畫的一種。按照不同的表現手法，可分頭像、半身像、全身像、群像等。它是以現實生

戰國・人物龍鳳帛畫

清・任伯年《酸寒尉》

活中或歷史上客觀存在的人物爲描繪物件，通過以形寫神、遷想妙得等創作方法，著重刻畫人物本身特定的外形特徵和內在神韻，獲得形神兼備的效果。

肖像畫在中國有著悠久的歷史，我們從已出土的文物和傳世墨跡中可窺其形態。湖南長沙馬王堆西漢墓出土的帛畫便形象生動地描繪了墓主人的肖像，已具有明顯的肖像畫特徵。

魏晉以後，人物畫大盛，作爲其分科的肖像畫在不同歷史時期也出現了一批批名家，如魏晉時期的顧愷之、唐五代時的閻立本、吳道子、曹霸、周文矩、顧閎中，元朝的王繹，明代曾鯨、崔子忠，清代的禹之鼎、費丹旭、任伯年，近現代畫家徐悲鴻、蔣兆和、靳尙誼等等，在肖像畫創作上均有突出成就。

 | 389

什麼是山水畫？

山水畫是以描繪山川自然景觀爲主要題材的中國畫。傳統上按畫法風格分爲青綠山水、金碧山水、水墨山水、淺絳山水、小青綠山水、沒骨山水等。

山水畫萌芽於魏晉南北朝時期，現存顧愷之的《洛神賦圖》中已經有了對山、石、雲、水、樹等的描繪。但僅僅作爲陪襯，尚未從人物畫中完全分離。隋朝的展子

隋·展子虔《遊春圖》

虔《遊春圖》是我國目前發現的最早的山水畫作品，表明了山水畫已經獨立成科。五代、北宋時山水畫趨於成熟，成爲中國畫的重要畫科，同時出現了一批開宗立派的山水畫家，如荊浩、董源、巨然、郭熙、范寬、劉松年、李唐、馬遠、夏珪、王晉卿、王希孟、趙伯駒等，他們對山水畫的發展影響深遠。

到了元明清時期，文人的水墨山水發展到了極致。尤其是梅清、弘仁、擔當、傅山、八大山人等高僧隱士重於神靈內質的表達，創造了高古清雅、筆墨虛靈秀潤的意境。清以後的山水畫畫風瑣碎、纖弱、病態，毫無意境可言，逐步被大寫意畫搶佔了畫壇主導地位。

中國山水畫講求意境，以巧妙構思意境爲最高追求。那意境如何表達出來呢？意境的表達要結合筆墨技法和虛實觀念的運用，憑自己對景物獨特的主觀臆想而最終創造出藝術形象，以表達山水之美與心靈之美的碰撞，最終在有限的紙上表現出無限的意味。

明·徐渭《墨葡萄圖》

 390

什麼是花鳥畫？

花鳥畫作爲中國畫的一種類別，與山水畫、人物畫組成中國畫的三大體系。題材上是以動植物爲主要描繪對象，包括花卉、蔬果、草蟲、畜獸、鱗介等分支。在表現手法上以寫生爲基礎，以寓興、寫意爲歸依，注重“奪造化而移精神遐想”。花鳥畫中的畫法有“工筆”、“寫意”、“兼工帶寫”三種。

我國的花鳥畫起源可追溯到新石器時代，東漢陶倉樓上的壁畫《雙鴉棲樹圖》，是已知最早的獨幅花鳥畫。經唐、五代至北宋，花鳥畫完全發展成熟，被人們所重視。當時的官修著錄《宣和畫譜·花鳥敘論》云：“詩人六義，多識於鳥獸草木之名，而律曆四時，亦記其榮枯語默之候，所以繪事之妙，多寓興於此，與詩人相表裏焉。"論述了花鳥畫作爲人類精神產品的審美價值與社會意義，揭示了花鳥畫創作的特點。此時期較有成就者，如趙昌的花、崔白的雀、南宋林椿的花果、李迪的禽，體現了宋代花鳥畫高超的寫實功力。

此後畫家輩出，流派紛呈，風格更趨多樣。在風格精麗的工筆設色花鳥畫繼續發展的同時，風格簡括奔放、以水墨爲主的寫意花鳥畫也迅速崛起。元代李衎的竹、王冕的梅；明代林良的禽，陳淳、徐渭的墨花；清代朱耷的魚、惲壽平的荷、華岩的鳥；近代吳昌碩的花卉等，都是寫意花鳥的代表作品。他們逐漸形成了重形似而不拘泥於形似，甚至追求"不似之似"與"似與不似之間"的意趣，充分體現了寓興、寫意的思想境界。

 | 391

何謂水墨畫？

水墨畫，是中國畫特有的一種表現形式，即純用水墨作畫。相傳水墨畫爲唐代王維所創，他對畫體提出"水墨爲上"，後人宗之。五代時期獨立成科，董源便是其代表人物之一，北宋沈括《圖畫歌》云："江南董源傳巨然，淡墨輕嵐爲一體。"現存董源的《瀟湘圖卷》便是水墨畫的經典代表作。宋元時期，水墨畫開始興盛，宋代范寬、李成、郭熙、米芾等及元人黃公望、王蒙、倪瓚、吳鎮等都是開一派之風氣者。明清及近代以來續有發展，如明代沈周、文徵明、徐渭等，清代八大山人、鄭板橋、吳昌碩等，近代齊白石、黃賓虹、李可染等，都是水墨大師。

歷史上出現了如此多的用水用墨的好手，主要是與水墨是中國畫的核心離不開的。水墨畫是表現墨和水的藝

清·八大山人《荷花水鳥圖》

術，有"墨即是色"，"如兼五彩"之說。"墨即是色"就是用墨和水在宣紙上相互滲暈出現的豐富的濃淡變化來表現物象；"如兼五彩"即是將墨以調入水的多少出現焦、濃、重、淡、清五色。水墨畫構成了最具有韻味的中國畫。

五代·董源《瀟湘圖卷》（局部）

392

唐·李重潤墓 《男侍從圖》

古代的壁畫主要繪製在哪些場所？

壁畫是一種以特殊材料爲媒介的繪畫形式，繪製在用土、磚、石等材料砌成的壁上。按所繪的場所不同，可分爲宮室、寺觀、墓室以及石窟壁畫等；按繪製的方法不同，可分爲乾壁畫和濕壁畫等。從題材上看，宮殿、墓室壁畫多以歷史人物故事和神話及生活場景爲主，寺觀和石窟壁畫以釋道神仙等宗教題材爲主。

我國壁畫有著悠久的歷史，可以追溯到石器時代。秦漢時代的壁畫以宮殿寺觀壁畫和墓室壁畫爲主，據史書載，秦漢時代的宮殿衙署普遍繪製有壁畫，上世紀70年代發現的秦都咸陽宮壁畫遺跡第一次使我們領略到了秦代宮廷繪畫的輝煌。西漢時期的河南洛陽卜千秋墓壁畫是目前發現的保存最完整的墓室壁畫，大多表現墓主人生前的生活以及對其死後升天行樂的美好祝願，希望死者在地下世界裏享受富足的生活。隋唐時期的壁畫以石窟、寺觀、墓室爲主，典型代表有場面宏大、色彩瑰麗的敦煌莫高窟及克孜爾石窟壁畫，其人物造型、風格技巧，以及設色敷彩都達到了空前的水準。

明清多繼承唐宋傳統，以寺觀壁畫爲主，題材趨向生活和世俗化，藝術水準及史料價值不高，壁畫從此衰落。

唐·敦煌莫高窟112窟 《反彈琵琶圖》

 393

什麼是年畫？

"年畫"是中國特有的繪畫體裁，是一種中華民族祈福迎新的民間工藝品，同時也是我國社會的歷史、生活、信仰和風俗習慣的反映。"年畫"起源於堯舜禹時期的"門神畫"，宋朝叫"紙畫"，明朝稱"畫貼"，清朝又叫"畫片"，直到清朝道光年間，李光庭在文章中寫道："掃

江蘇桃花塢年畫

舍之後，便貼年畫，稚子之戲耳。"故以正名。

傳統年畫以木刻浮水印爲主，由於追求拙樸的風格與熱鬧的氣氛，因而其線條單純、色彩鮮明、氣氛熱烈愉快，無處不在體現人們祈福迎新的歡快心情。題材有花鳥、胖孩、金雞、春牛、神話傳說、歷史故事與戲劇人物等，表達人們祈望豐收的心情和對幸福生活的憧憬，具有濃郁的民族特色與鄉土氣息。

四川綿竹、蘇州桃花塢、天津楊柳青、山東濰坊被譽爲中國四大"年畫之鄉"。

394

工筆畫和寫意畫有什麼不同？

工筆劃和寫意畫是中國畫創作中的兩種不同畫法，其在用筆、用色、審美情趣、意境等方面有很大區別。

工筆畫，顧名思義，就是運用工整、細緻、繽密的技法來描繪物件的畫法。分爲工筆白描和工筆重彩兩類。線條工整、細膩，設色豔麗、明快，有較強的裝飾性。歷史上宋代以前工筆畫是畫壇正統，大部分畫家善工筆畫。明清寫意畫發展迅速，逐漸統治畫壇，但仍不乏工筆畫好手，仇英、馬振便是其代表。

寫意畫則不求工細形似，只求以精練之筆勾勒景物的神態，抒發作者的情趣。尤其是文人繪畫的興起，對寫意畫的發展起了積極作用。他們宣導用粗放、簡練的筆墨，畫出物件的形神，來表達特定的意境。董其昌云："畫山水唯寫意水墨最妙。何也？形質畢肖，則無氣韻；彩色異具，則無筆法。"元明以後，筆法簡練、造型生動、酣暢淋漓、講究意趣的寫意畫大盛。

明·仇英《桃源仙境圖》

明·吳偉《灞橋風雪圖》

明·文徵明《雨晴紀事圖》

 395

什麼樣的畫被叫做院體畫？

　　院體畫一般指宋代翰林圖畫院，及其後宮廷畫家繪製的作品，後泛指受宮廷畫風影響的繪畫作品。畫院畫家除為皇家繪製各種圖畫外，還承擔皇家藏畫的鑒定、整理及繪畫生徒的培養。畫院畫家的作品題材上多以花鳥、山水為主，這類作品為迎合帝王宮廷的審美需求，在風格特點上，大都是要求用工筆設色，具有細緻、嚴謹，崇尚寫實重法度、華麗細膩，富有富貴氣。

院體畫的產生、發展與王室審美及畫院機構密切相連。早在我國先秦時期就有專門為王室服務的畫家，漢代有明確的記載，隋唐五代持續發展，到宋代達到鼎盛。西蜀時畫院畫家黃筌、黃居寀父子在花鳥畫方面，南唐時畫院畫家曹仲玄、周文矩、顧閎中等在人物畫方面，都取得了很大成就，並對後世產生了較大的影響。北宋設立了翰林圖畫院，聚集了大批的宮廷畫家，如武宗元、張擇端等人，都已名垂畫史。到了南宋，畫院畫家繼承了北宋餘熱，劉松年、馬遠、夏珪、李唐等都成為後世典範。明清時期院體畫隨著文人畫成為正統而逐漸走向衰退。可見，皇室設立的相關機構及其審美需要，是院體畫賴以生存的條件。

五代・顧閎中《韓熙載夜宴圖》（局部）

同時，中國畫講求審美意境的追求，意境既是客觀事物精華部分的集中反映，也是作者自己情感體驗的化身。由於畫院畫家以王室審美為第一標準，所以其發展必定有其局限性。畫家逐步忽視了自身的創造能力與審美需求，到了清末，畫家的作品便毫無意境可言而流於庸俗了。魯迅在評價院體畫時曾說："宋的院畫，萎靡柔媚之處當捨，周密不苟之處是可取的。"

| 396

什麼是繡像

繡像本指用彩色絲線繡成的佛像或人像。《考工記·畫繢(huì)》稱："畫繢之事……五彩備謂之繡。"明清時期將通俗小說中卷首的人物圖畫像或故事情節插圖也稱爲"繡像"。徐念慈《余之小說觀》云："其文字，用通俗白話，先後以四五萬字爲率，加入回首之繡像。"魯迅《且介亭雜文·連環圖畫瑣談》言："明清以來，有卷頭只畫書中人物的，稱爲繡像。

《封神演義》繡像

 | 397

何謂白描？

白描是中國畫創作中用不同粗細、長短、轉折的墨線勾描物象且不著顏色的一種技法。有時也把一種僅用淡墨渲染的畫稱爲白描。白描具有樸素簡潔、概括明確的特點，在用筆上講究張弛、節奏變化，具有強烈的藝術表現力，成爲一種獨特的藝術表現手法。中國歷代都有許多白描高手及名畫傳世，現傳白描作品多見於人物畫和花鳥畫中。如東晉顧愷之的《列女傳》、唐代吳道子的《送子天王圖》、北宋武宗元的《朝元仙仗圖卷》等，都是白描的經典之作。

北宋·武宗元《朝元仙仗圖》

晉·顧愷之《列女傳》摹本

 | 398

何謂"勾勒"？

　　勾勒也稱"鉤勒"，即繪畫時用線條將描寫物象勾描出輪廓，也是中國畫技法之一。勾勒的線條要有張弛、有筆力，在具體用筆上，一般將順勢的用筆稱爲"勾"，逆勢的稱爲"勒"。在筆法上將單筆稱爲"勾"，複筆稱爲"勒"。此法廣泛運用於工筆花鳥畫、人物畫、山水畫中，且多勾勒後再著色。勾勒也用來形容將法書作品摹刻上石的方法。米芾的《書史》載："歐陽詢書'道林之寺'牌，在潭州道林寺，筆力勁險，勾勒而成，有刻板本。"

| 399

何謂"渲染"？

渲染是中國畫技法之一，即以水墨或淡彩塗染畫面，以烘染物象，使其有濃淡變化，具有立體感，增強藝術效果。渲染有時特指塗染美人鬢髮，如明楊愼《藝林伐山・浮渲梳頭》："畫家以墨飾美人鬢髮謂之渲染。"

在北宋時，渲染指畫家以水墨渲染，郭熙《林泉高致》謂："以水墨再三而淋之，謂之渲。"到了清代，此技法開始運用淡彩塗染畫面，松年《頤園論畫》謂："用淡墨、設色，鋪勻爲染，分輕重爲渲。"但是著色渲染難度很大，時人很難掌握。清人惲壽平曾言："俗人論畫，皆以設色爲易，豈知渲染極難，畫至著色，如入爐鈎，重加鍛煉，火候稍差，前功盡棄。"

 | 400

何謂"烘托"？

烘托即是用墨或色彩在描寫物象周圍進行渲染，起到突出物象的作用，也是中國畫技法之一。從現存的大量繪畫名跡中可知，此方法一般用於描寫山水畫中的雪景、流水、烘雲托月等，如五代畫家荊浩的《雪景山水圖》，便是運用烘托技法描寫雪景。

烘托有時也應用於人物畫中以表現人物臉部的質感。清蔣驥著《傳神秘要》："人之面格高下，須用顏色烘托。"

| 401

皴法是什麼樣的繪畫技法？

　　皴(cūn)法是中國畫的用筆技法，即用來表現山石和樹皮獨特質感和肌理的表現手法。歷代畫家在藝術實踐過程中根據樹石各自的形狀概括總結出了各種皴法。從現存畫跡來看，最早見於唐代李思訓《江帆樓閣圖》中所用的頭重尾輕類似“小斧劈皴”法，隨後王維用密集的短線表現山石的“雨點皴”。到了宋代山水畫發展逐漸成熟，出現了各種各樣的皴法。

倪瓚“折帶皴”

馬遠“斧劈皴”

　　清代鄭績將古人的皴法總結為十六家，《夢幻居畫學簡明‧論皴》曰：“古人寫山水，皴分十六家。曰披麻，曰雲頭，曰芝麻，曰亂麻，曰折帶，曰馬牙，曰斧劈，曰雨點，曰彈渦，曰骷髏，曰礬頭，曰荷葉，曰牛毛，曰解索，曰鬼皮，曰亂柴。此十六家皴法，即十六樣山石名目，並非杜撰。”歷代畫論中論皴法的還有《珊瑚網‧皴石法》、《繪事微言‧皴法》、《石濤畫語錄‧皴法章》、《山靜居畫論》等，與前論分類大同小異。

402

什麼是粉本？

　　粉本是中國古代繪畫前施粉上樣的底稿。粉本之說早在唐代就有，唐代吳道子曾於大同殿畫嘉陵江三百餘里山水，一日而畢。玄宗問其狀，奏曰："臣無粉本，並記在心。"但明確提出粉本定義的是元人夏文彥，其著作《圖繪寶鑒》云："古人畫稿謂之粉本。"後引申為指一般畫稿及底本等義。

　　關於粉本的製作方法，流傳到現在有兩種：一是沿著勾好墨線的稿上刺小孔，並附在紙、絹或壁上用粉撲打針眼，然後依粉點作畫。二是在畫稿反面塗以白堊、土粉之類，用簪釵按正面墨線描傳於紙、絹或壁上，然後依粉痕落墨。

403

什麼是潑墨法？

　　潑墨法是指水墨畫中筆酣墨飽、水墨淋漓、氣勢磅礴的墨法，是中國畫的一種表現手法和技法。具體是用極濕墨，即大筆蘸上飽和之水墨，下筆要快，慢則下筆墨水滲開，不見點畫，等乾或將乾之後，再用濃墨潑。近代亦有以色彩代替墨的畫法，稱為"潑彩"。

　　"潑墨"作為中國畫創作的一種墨法，古已有之。據《唐朝名畫錄》載，相傳唐代王洽，以墨潑紙，腳蹴手抹，隨其形狀為石、為雲、為水，應手隨意，圖出雲霞，染成風雨，宛若神巧，俯視不見其墨汙之跡。宋梁楷的傳世名畫《潑墨仙人圖》為後人折服。清代沈宗騫

宋·梁楷《潑墨仙人圖》

《芥舟學畫編》：“墨曰潑墨，山色曰潑翠，草色曰潑綠，潑之為用，最足發畫中氣韻。”近代畫家潘天壽先生大幅潑墨荷花、陸儼少先生潑墨山水畫、張大千先生的潑彩山水畫等，把傳統技法又發展到一個新的高度。

404

中國古時候的“寫真”指什麼？

現在的“寫真”是指攝影、照片。源自日本語義，日本的照相館就叫寫真店。清末隨著照相技術傳入中國，加上之後五四運動的思想大解放，中國人開始慢慢接受西方的這種藝術表現形式。尤其在中西文化交融的今天，中國傳統意義上的寫真卻不為國人所知了。

在我國古代，“寫真”是指描繪人物的肖像畫，要求所繪人像形神相似，與“寫照”、“傳神”同義。唐代杜甫在《丹青引贈曹將軍霸》詩中云：“將軍善畫蓋有神，偶逢佳士亦寫真。”元湯垕《畫鑒》云：“周昉善畫貴遊人物，又善寫真，作仕女多穠麗豐肥有富貴氣。

唐·周昉《簪花仕女圖》（局部）

405

什麼是十八描？

十八描即指十八種古代人物衣服褶紋的不同描法。它的全部名目，出自明代鄒德中《繪事指蒙》，其載有"描法古今一十八等"。亦見載於同時期的汪砢玉《珊瑚網》及周履靖《夷門廣牘》，名稱上略有變動，但大同小異。清人王瀛在前人著述基礎上，將其十八描配以圖文及要點解說，直觀形象，爲後世所重視。

宋・梁楷《六祖斫竹圖》折蘆描

十八描是根據歷代各派人物畫的衣褶表現程式，按其筆跡形狀而起的名稱，分別爲高古遊絲描、橛頭釘描、琴弦描、鐵線描、混描、曹衣描、釘頭鼠尾描、行雲流水描、螞蝗描、折蘆描、橄欖描、棗核描、柳葉描、竹葉描、戰筆水紋描、減筆描、枯柴描、蚯蚓描。

近代有人將十八描概括爲三種基本描法：一是類似遊絲描類。它行筆匀速，以中鋒用筆爲主，線性粗細變化較少。像鐵線描、曹衣描、琴弦描皆屬於這一類。晉代顧愷之最擅長此類描法。第二類是類似柳葉描類，它行筆速度快，線條粗線變化明顯，棗核描、橄欖描均屬之。唐代吳道子深諳此法。第三類是減筆描類，它的特點是多用側鋒快速出筆，有線有面、概括凝練地表現物象。竹葉描、枯柴描等皆屬之。宋代梁楷、石恪最喜用此法。

十八描是我國古代畫家在藝術創作實踐過程中的經驗總結，是傳統人物畫線描的基本技法，爲後世學人物畫的基本範本。

宋·石恪　《二祖調心圖》枯柴描　　　晉·顧愷之《女史箴圖》(局部)高古遊絲描

406

什麼是"沒骨法"？

　　"沒骨法"作爲中國畫的一種技法，指的是在繪畫時不用墨線勾畫物象的輪廓，直接用色潑墨描繪物件，與"勾勒"相對。

　　據記載，沒骨法最早指先用極淡的線來勾描物象，然後層層暈染顏色，使線條被覆蓋在色彩下，不見線痕，所以稱"沒骨"。相傳這種技法由南朝畫家張僧繇始創，唐代楊升用此法畫山水，稱爲沒骨山水。到北宋的徐崇嗣，將此法運用到花鳥畫中，表現芍藥、牡丹、荷花、芙蓉等花卉的野逸之風。元明以後此法廣泛運用於寫意畫中，用大筆將色或墨點垛成形，一氣呵成。到了清代，惲壽平吸收西方水彩將沒骨畫推向新的高潮。

清·惲壽平《蓼汀魚藻圖》

407

繪畫六法指的是哪六種方法？

中國書畫的品評風氣，在魏晉時期已開其端，到南北朝大盛，南齊謝赫的《畫品》是中國繪畫史上第一部具有科學性、系統性的繪畫品評專著。他在書中提出了著名的"六法"論，影響深遠。

謝赫云："畫有六法……六法者何？一氣韻生動是也；二骨法用筆是也；三應物象形是也；四隨類賦彩是也；五經營位置是也；六傳移模寫是也。"此論一出，響絕畫壇，為歷代畫家、評論家、鑒賞家所推崇，後世有關品評大多脫離不了其藩籬。唐代張彥遠是繼謝赫之後第一個討論六法的，他在《歷代名畫記》卷一中闡述了其對六法的意義和運用的獨特見解，將"氣韻生動"、"骨法用筆"列為首要之法。此後宋、元、明、清歷代都有人對其進行闡述並提出自己的見解的。如清代鄒一桂《小山畫譜》認為："以六法言，當以經營為第一，用筆次之，賦彩又次之，傳模應不在內，而氣韻則畫成後得之，一舉筆即謀氣韻，從何著手？以氣韻為第一乃賞鑒家言，非作家法也。"

六法論作為繪畫創作和評判優劣的準則，至今仍有借鑒意義。

 408

山水畫中"三遠"指什麼？

山水畫的"三遠"說，是北宋中期重要的山水畫家和理論家郭熙在前人繪畫理論基礎上總結出來的山水畫創作中三種不同的取景構圖的方法，在其子郭思編纂的《林泉高致》中對此做了詳細記載："山有三遠：自山下而仰山顛，謂之'高遠'；自山前而窺山後，謂之'深遠'；自近山而望遠山，謂之'平遠'。"

同時期的韓拙在其基礎上又增加了"三遠"，在其作《山水純全集》中云："郭氏謂山有三遠，愚又論三遠者：有近岸廣水，曠闊遙山者，謂之'闊遠'；有煙霧溟

漠，野水隔而彷彿不見者，謂之'迷遠'；景物至絕，而微茫縹緲者，謂之'幽遠'。"元代黃公望在實踐的基礎上參合兩家之說提出了新的見解，他在《山水訣》中有論："山論三遠，從下相連不斷，謂之'平遠'；從近隔開相對，謂之'闊遠'；從山外遠景，謂之'高遠'。"

"三遠"之說充分體現了我國山水畫發展已經十分成熟，體現了中國畫特有的散點透視的方法，它不僅概括了中國山水畫的透視法則對空間關係的處理，還體現了中國畫家獨特的空間審美意識。

北宋·郭熙《早春圖》

 | 409

中國書畫中的"三品"指的是什麼？

對中國書畫的品評，在魏晉時期已開其端，到南北朝大盛，南齊謝赫首先在《畫品》中提出了著名的"六法"論，影響深遠。後世品評多在其基礎上發展。唐代張懷瓘在《書斷》中首次列神、妙、能三品評論歷代書家；後北宋劉道醇《聖朝名畫評》沿用並以此評畫，此後，"三品"之說廣泛應用到書畫品評中。

何謂三品？即將書畫藝術按一定的優劣標準分為神品、妙品、能品三個等級。作為中國書畫品評術語之一，"三品"說在歷代書畫著錄中不斷得到補充發展。唐代朱景玄《唐朝名畫錄》在張懷瓘的神、妙、能基礎上又添逸格，第一次明確提出了"神、妙、能、逸"四品。北宋黃休復《益州名畫記》謂"畫之逸格，最難其儔。拙規矩於方圓，鄙精研於彩繪，筆簡形具，得之自然，莫可楷模，由於意表，故目之曰逸格爾"。將"逸"作爲書畫在神、妙、能之上的最高境界。宋徽宗趙佶評畫則以神、逸、妙、能爲序。可見，關於逸品的排序並未達成統一意見，而神、妙、能三品是各家取法的核心。到了清代，黃鉞則更是細分至二十四品。

 | 410

繪畫中的"六要"指什麼？

關於"六要"之定義，學術界並未達成一致意見，歷來有兩種看法：

第一種認爲是品評繪畫作品的六項要求和標準。最早可見北宋劉道醇《聖朝名畫評》提出的關於識畫之訣："夫識畫之訣在乎明六要而審六長也。所謂六要者：氣韻兼力一也，格制俱老二也，變異合理三也，彩繪有澤四也，去來自然五也，師長捨短六也。"氣韻兼力、格制俱老、變異合理、彩繪有澤、去來自然、師長捨短六點標準，作爲中國畫品評術語，有其特定的歷史價值。

第二種則是五代時期的畫家荊浩提出的繪畫創作時的六個要點，他在其著作《筆法記》中曰："夫畫有六要：一曰氣，二曰韻，三曰思，四曰景，五曰筆，六曰墨。""氣"指心隨筆運，取象不惑；"韻"指隱跡立形，備儀不俗；"思"指凝想形物，探其大要；"景"指自然景物的狀貌神情；"筆"指用筆運轉變通、如飛如動；"墨"指用墨高低暈淡、文彩自然。

 | 411

繪畫中的"六多"指什麼？

所謂"六多"，是指學畫過程中要多臨、多看、多讀、多畫、多遊、多師。

"多臨"指我們在初學畫的階段要多臨摹古人，謝赫的"六法論"第六法"傳移模寫"就明確地指出了這一點。歷觀古代名家，沒有不是通過博學諸家來"借古開今"的。明代唐志契在《繪事微言·訪舊》中說："畫者傳摹移寫……此法逐爲畫家捷徑，蓋臨摹最易，神氣難傳，師其意而不師其跡，乃真臨摹也。"不僅解釋了臨摹的重要，同時將臨摹之難點也鮮明地指出，應"師其意"而不是拘泥於"跡"。

"多看"、"多讀"指的是學習繪畫的過程中要大量閱讀古人遺存下來的繪畫遺跡和繪畫理論，做到"眼飽前代奇跡"，這些在大量實踐中總結出來的經驗，對我們有借鑒和警示的作用。

"多畫"強調學畫過程中練習的數量。

"多遊"是指多與大自然美好山川接觸，以觸景生情，創作出形神兼備、富有意境的山水畫。

"多師"是指學畫過程中要多師古人，博涉眾家之長，在古人的基礎上有所創造，開創自身風格。

 | 412

繪畫中的"三病"指的是什麼？

"三病"是指中國畫創作過程中用筆上的三種敗筆，是宋代郭若虛在長期創作實踐中總結出來的經驗之談，對我們有借鑒和警示的作用。他在《圖畫見聞志》卷一《論用筆得失》中說："畫有三病，皆係用筆。所謂三者：一曰版（板），二曰刻，三曰結。版（板）者，腕弱筆癡，全虧取與，物狀平褊，不能圓渾也；刻者，運筆中疑，心手相戾，鉤畫之際，妄生圭角也；結者，欲行不行，當散不散，似物凝礙，不能流暢也。"在其後的很多畫家都關注到了這個問題，明代的李開先在《中麓畫品》中對此加以補充和完善，成就了"四病"說，即："畫有四病：一曰僵，筆無法度，不能轉運，如僵僕然。二曰枯，筆如瘁竹槁禾，餘燼敗秸。三曰濁，如油帽垢衣，昏鏡渾水。又如廝役下品，屠宰小夫，其面目鬚髮無復神采之處。四曰弱，筆無骨力，單薄脆軟，如柳條竹筍，水荇秋蓬。"

為什麼會出現這些病筆呢？概括言之，首先是由於書畫家本身的功力問題，腕力弱，所繪的線條就軟，缺少圓厚混成的力度和氣息。其次是心、手之間的配合，運筆遲疑不斷，"意在筆後"則點畫必然不生動，作品的氣息散滯鬱結。最後是筆不能為我所用，在運筆之時出現"妄生圭角"的"信筆"。知道了這些病筆的產生原因後，就要求我們在實踐過程中勤加練習，做到"意在筆先"、"心手如一"。

413

何謂"曹衣出水，吳帶當風"？

人物畫在我國的發展歷史悠久，早在西周、戰國時期就已經有了以人物活動爲題材的繪畫作品。之後隨著一批職業畫家的出現，人物畫開始由簡率粗略到精細，出現了各種各樣的表現技法，"曹衣出水，吳帶當風"即是其中兩種不同的表現衣服褶紋的描繪方式。

"曹"指北齊時期的畫家曹仲達，是一位從中亞曹國（今烏茲別克斯坦撒馬爾罕一帶）來中原的域外畫家，曾任朝散大夫，擅畫人物、肖像、佛教圖像。史載其"北齊最稱工，能畫梵像"。據傳其描繪的人物衣服褶紋緊貼身體，筆法剛勁、纖細、稠疊，給人以

《天王送子圖》（局部）

薄衣貼體的美感，猶如剛從水中出來一般，故稱"曹衣出水"。可惜沒有作品流傳下來。但其風格大致可以從一些新疆吐魯番壁畫和北朝石窟造像的衣紋處理中略窺其貌。

"吳"是唐代第一大畫家吳道子，被後世尊稱爲"畫聖"，民間畫工尊爲祖師，相傳曾學書於張旭、賀知章，未成，乃改習繪畫。他的畫與張旭的草書、斐旻的劍舞，被譽爲當時的"三絕"。他開創蘭葉描，筆勢圓轉，講究起伏變化，所繪人物衣帶宛若迎風飄曳之狀，形成"吳帶當風"的獨特風格，也稱作"吳家樣"。現存世的《天王送子圖》（北宋李公麟摹本）是他的代表作，基本反映了吳道子的畫

風。北宋郭若虛《圖畫見聞志・敘論》："吳之筆，其勢圓轉而衣服飄舉。曹之筆，其體稠疊而衣服緊窄。"故後輩稱之曰"曹衣出水，吳帶當風"。

414

"揚州八怪"，"怪"在何處？

清朝時，揚州不僅是東南的經濟中心，也是文化藝術的中心，當時揚州出現了一批對後世影響深遠的畫家，世稱"揚州畫派"或"揚州八怪"。那麼"揚州八怪"具體是哪幾個書畫家呢？他們為何會被冠以"怪"之名呢？

清・鄭燮《梅竹圖》

清・高翔《僧房掃葉圖》

關於"揚州八怪"之說，由來已久。但是具體是指哪八個人，一直眾說紛紜。有人說"八"只是一個約數，是對當時活躍於揚州地區的畫風相近的一批書畫家的總稱。但是現在美術史上一般還是以清末李玉棻提出的"八怪"為準，這主要是因為他與"八怪"所處的時代相近而又記載最全。他在《甌鉢羅室書畫過目考》中提出"八怪"為汪士慎、鄭燮、高翔、金農、李鱓、黃慎、李方膺、羅聘。

"揚州八怪"究竟"怪"在哪裏？說法也不一。首先是他們藝術風格上的與眾不同。揚州八怪的作品，無論是取材立意，還是構圖用筆，都有鮮明的個性。八怪之首的鄭燮取材多為蘭、竹配上怪石。用行草的筆法，多而不亂，少卻不疏，秀勁蕭爽，充滿生機。題款上用獨有的"六分半書"和富有深意的詩詞，將三者結合成完整的藝術整體，體現了其"趣在法外"、"師其意不在跡象間"的藝術追求。金農用金石碑刻之筆畫墨梅，追求一種生拙、奇古之氣。如《寄人籬下圖》畫短籬之下兩株寒梅，自開自落，孤芳自賞。

其次是他們在藝術審美上標新立異。明末清初中國畫壇被保守泥古之風籠罩，畫風纖弱病態，缺乏生氣。在這種歷史背景下，揚州八怪以"掀天揭地之文，震驚雷雨之字，呵神罵鬼之談，無古無今之畫"的創新精神出現。他們繼承了石濤、徐渭、朱耷等人的創作方法，不死守臨摹古法。宣導"師造化"、"用我法"，反對"泥古不化"，強調作品要有強烈的個性。他們作畫不拘常規，肆意塗寫，並以一個"亂"字來表露他們的叛逆精神。金農曾言："用焦墨竿大葉，葉葉皆亂。"正是由於"揚州八怪"從大自然中去發掘靈感，從生活中去尋找題材，下筆自成一家，不願與人相同，在當時是使人耳目一新的，因而別稱之為"怪"。正如鄭燮自己所說："下筆別自成一家，書畫不願常人誇。頹唐偃仰各有態，常人笑我板橋怪。"

揚州八怪以"怪"名世，是因為他們打破了當時畫壇的僵化風氣，給中國繪畫帶來了新的生機。他們繪畫作品數量之多，流傳之廣，無可計量，影響了一大批書畫家，如後來的趙之謙、吳昌碩、齊白石等。

國學常識
The knowledge of Chinese

中國人應知的

戲曲曲藝

中國人應知的
國學常識 **戲曲曲藝**

 | 415

爲什麼把戲曲界稱爲梨園行？

梨園，是唐代皇家禁地中的一處苑囿林園，因遍種梨樹得名。這座梨園與戲曲的淵源則是因爲唐玄宗李隆基。明代文人張岱所著《夜航船》一書第九卷禮樂部中記載："唐明皇酷愛法曲，選坐部伎子弟三百人，教於梨園，謂之梨園子弟，居宜春北苑。時有馬仙期、李龜年、賀懷智洞知音律。安祿山自范陽入觀，亦獻白玉簫管數百事，皆陳於梨

明皇合樂圖

園，自是樂響不類人間。"唐明皇李隆基酷愛歌舞，精通音律，特意挑選出三百名演員在"梨園"這個地方"集中培訓"，學習音樂伴奏、歌舞表演，這可能是歷史上最早也是最爲著名的一處培訓戲曲歌舞演員的場所了。後來的戲曲界追溯淵源而上，便稱呼爲"梨園行"了。

既然戲曲界被稱爲梨園行，那麼戲曲界從業人員中的後生晚輩就稱爲梨園子弟，如果家中幾代人都從事京劇行業，便被稱爲梨園世家。最具傳奇色彩的梨園世家如

譚家：譚志道，工老旦，漢調演員，為第一代；譚鑫培，京劇老生之大宗師，為第二代；譚小培，工老生，為第三代；譚富英，工老生，為第四代；譚元壽，工老生，為第五代；譚孝曾，工老生，為第六代；譚正岩，學習武生、老生，為第七代，綿延百餘年，傳承不息。

此外，過去也把戲曲藝人的行會組織泛稱為梨園公會，埋葬戲曲藝人的公墓稱為梨園義地。二十世紀三十年代，張次溪先生編纂京劇史料，彙集成書，取名《清代燕都梨園史料》，而徐慕雲先生記載京劇掌故的《梨園外紀》一書，也是以梨園代指戲曲界。

416

梨園行的祖師爺是誰？

唐玄宗像

《周禮‧考工記》開篇總論即云：“知者創物，巧者述之守之，世謂之工。百工之事，皆聖人之作也。”所以自古以來各行各業都有自己的祖師爺，也就是創業之“聖人”。比如，建築行、木工行的祖師爺是魯班，藥行的祖師爺是孫思邈，製筆行的祖師爺是蒙恬，相聲行的祖師爺是東方朔，諸如此類，不勝枚舉。

那麼梨園行的祖師爺是誰呢？舊時戲班中供奉的祖師爺叫“老郎神”。老郎神的雕像通常是白面無鬚，杏黃帔，九龍冠，皇帝打扮。至於這位老郎神是何方神聖，眾說紛紜，莫衷一是。其中一種說法認為，老郎神就是唐明皇。唐玄宗李隆基死後的諡號是"至道大聖大明孝皇帝",所以簡稱爲"唐明皇"。李隆基自幼酷愛音樂,五六歲時即能歌善舞,不僅精通各種樂器演奏,還擅長譜曲。後來他設立"梨園",培養音樂人才。所以將唐明皇李隆基奉爲祖師爺應該是大多數人都能認可的吧。另外一種說法,說"老郎神"是五代後唐莊宗李存勖,他也是自幼喜愛聽樂觀戲,即位之後更是時常粉墨登場。明張岱之《夜航船》中云:"唐莊宗自言一日不聞音樂,則飲食不美。方暴怒鞭笞左右,一聞樂聲,怡然自適,萬事都忘。又善歌曲,或時自傅粉墨,與優人共戲。優名謂之'李天下'。"若以喜愛程度而論,後唐莊宗李存勖也有做祖師爺的資格。

 | 417

"菊部"是什麼意思?

在與京劇有關的戲曲論著中有這樣幾部書,如1918年出版的周劍雲主編的《鞠部叢刊》,羅瘿公先生著的《鞠部叢譚校補》,以及丁秉鐩先生所著《菊壇舊聞錄》,甚至清代的《鞠台集秀錄》、《菊部群英》等等,均以菊部或鞠部而名書。

菊部或菊台、菊壇、鞠部等,是舊時對戲班或者說是對整個京劇戲曲行業的又一個別稱。"鞠"是"菊"的通假字,二字可以通用。據宋代周密所著《齊東野語·菊花新曲破》云:"思陵朝,掖庭有菊夫人者,善歌舞,妙音律,爲仙韶院之冠,宮中號爲菊部頭。"是說宋高宗趙構的後宮之中有一位精通音樂歌舞的宮人叫做菊夫人,技壓群芳,成爲後宮歌舞伎中的領袖,所以大家都管她叫菊部頭。元代宋旡《宮詞》有云:"高皇尚愛梨園舞,宣索當年鞠部頭。"自注:"宋思陵時,有菊夫人,善歌舞,爲仙韶院第一。既而稱疾告歸。一日,宮中曲舞不稱旨,提舉官奏曰:'此非鞠部頭不可。'"亦可見這位菊夫人技藝之高妙了!

從宋元以後,這菊(鞠)部也就和梨園一樣成爲戲曲界的別稱了,如清代曹雪芹之祖父曹寅的一首小詩中有:"鞠部清詞付小伶,自調蘆管斗燈檠。"前面所舉諸戲曲書目也都是證例。

418

爲什麼把戲曲舞臺稱爲氍毹？

中國近代集郵家周今覺先生曾爲京劇大師程硯秋先生題詩："一曲清歌動九城，紅氍毹(qúshū)襯舞身輕。鉛華洗盡君知否？枯木寒岩了此生。"以紅氍、紅毹或者氍毹代指戲曲舞臺。氍毹，本是指用毛或其他材料織成的帶有花紋圖案的地毯或壁毯。如東漢應劭《風俗通》所謂："織毛褥謂之'氍毹'。"明代程登吉《幼學瓊林》中說："氍毯曰氍毹。"古人席地而坐，氍毹就是坐具，如樂府詩《隴西行》中："請客北堂上，坐客氈氍毹。清白各異樽，酒上正華疏。"有時也是壁飾，如唐代岑參《玉門關蓋將軍歌》："暖屋繡簾紅地爐，織成壁衣花氍毹。燈前侍婢瀉玉壺，金鐺亂點野駝酥。"後來多指地毯。

那麼作爲地毯的"氍毹"是如何變成舞臺的代名詞的呢？在明代，隨著戲曲的繁榮，特別是昆曲的盛行，許多官商富室蓄養家班、家樂，成爲一時風尚，這些家班、家樂演出時就在廳堂中鋪上紅色的地毯，輕歌曼舞，手揮目送。如明末遺民張岱寫《陶庵夢憶》，其中記《劉暉吉女戲》云："忽隱忽現，怪幻百出，匪夷所思，令唐明皇見之，亦必目睜口開，謂氍毹場中那得如許光怪耶？"所以大約自明代開始，氍毹就成爲戲曲舞臺的代稱了。直至近代，著名的戲曲家、收藏家張伯駒先生有《紅毹記夢詩注》，以詩注的形式記錄自己在戲曲方面的見聞，也正是以紅毹代指舞臺。

 419

"粉墨登場"中的"粉"和"墨"是指什麼？

這裏的粉是白色，指化妝時用來搽臉的白粉；墨是黑色，指化妝時用來描眉的黛墨。如《後漢書·逸民傳》中梁鴻對孟光說："吾欲裘褐之人，可與俱隱深山者爾。今乃衣綺縞，傅粉墨，豈鴻所願哉？"這是說女子塗粉描眉的化妝。戲曲演員登臺表演，也要塗朱調彩、施粉著墨進行面部化妝。如《資治通鑒》中記載後唐莊宗喜愛歌舞：“或時自傅粉墨，與優人共戲於庭”，就是指像演員一樣的化妝了。

　　戲曲演員們的化妝除了達到美化的效果之外，也是劇中人物不同的性格、身份、年齡、境遇的具體表現。中國傳統戲曲的服裝是誇張的、表演是虛擬的、境界是寫意的，與之相應的化妝也是誇張和寫意的，源於生活高於生活。現實生活中的人物面貌以白色的皮膚和黑色的眉眼最爲主要，所以在戲曲舞臺化妝時便首先突出這兩部分顏色，白色使其更白而施粉，黑色使其更黑而塗墨。化妝好了，也就可以上臺表演了，所以人們把演員們登臺演戲稱爲“粉墨登場”。如著名的戲曲劇作家翁偶虹先生有一篇《自志銘》云：“也是讀書種子，也是江湖伶倫，也曾粉墨塗面，也曾朱墨爲文；甘作花虱於菊圃，不厭蠹(dù)魚於書林；書破萬卷，只青一衿；路行萬里，未薄層雲；寧俯首於花鳥，不折腰於縉紳；步漢卿而無珠簾之影，儀笠翁而無玉堂之心；看破實未破，作幾番閑中忙叟；未歸反有歸，爲一代今之古人。”因爲除了提筆作文編寫劇本之外，翁偶虹先生自幼習學架子花臉，曾經登臺表演過，所以文中自稱“也曾粉墨塗面”，就是這個意思了。

 | 420

行當、腳色和角色有什麼不同？

　　行當是中國傳統戲曲所特有的表演體制。藝術是來源於生活的，京劇也不例外。舞臺上那些男女老少、善惡醜俊、形形色色的人物，均來自於生活，可是他們並不按照生活中之本來面貌出現於舞臺上，而是加以提煉、概括，或者說加以誇張，將劇中人物進行藝術化的分類，根據人物性別、性格、年齡、身份之不同，分成生、旦、淨、醜等不同的類型，這些不同的類型就被稱爲“行當”，簡稱“行（háng）”。以京劇爲代表的中國傳統戲曲可以說是化人生爲舞臺，演人物於行當。

　　那麼腳色又是什麼呢？其實腳色就是行當。請看，清代孔尚任的《桃花扇》凡例中云：“腳色所以分別君子小人，亦有時正色不足，借用醜淨者。”清李斗《揚州畫舫錄・新城北錄下》：“梨園以副末開場，爲領班。副末以下，老生、正生、老外、大面、二面、三面七人，謂之男腳色；老旦、正旦、小旦、貼旦四人，謂之女腳色；打諢一人，謂之雜。此江湖十二腳色，元院本舊制也。"這正與行當的涵義相同。

我們現在常常說到的角（jué）色，英文為Role，1934年米德（G.H.Mead）首先運用這一概念來說明個體在戲劇舞臺上的身份。所以角色就是指演員在戲中扮演的那個具體人物。比如，傳統京劇《空城計》中有兩個主要角色，一個是諸葛亮，一個是司馬懿。諸葛亮和司馬懿是劇中的角色，可是他們又分屬兩個不同的行當，諸葛亮是"生行"，而司馬懿是"淨行"；在《龍鳳呈祥》這齣戲中，同樣是生行，劉備與喬玄這兩個角色又有年齡、身份、性格上的個性區別。正如徐城北先生所述："京劇塑造人物的辦法是'兩步到位'——先達到人物的類型化，然後再進一步實現個性化"，人物的類型化是行當，人物的個性化就是角色。

421

什麼是青衣？

《春閨夢》程硯秋飾張氏（左）

青衣是京劇旦行中的一支，"旦"是對戲曲舞臺上所有女性角色的總稱。青衣這個詞，如果僅從字面上看去，是指青色或黑色的衣服。穿這種衣服的人物，自漢代以後，多數地位不高，而且有很多是女性。如晉代乾寶《搜神記》卷十六："隴西辛道度者，遊學至雍州城四五里，比見一大宅，有青衣女子在門"；唐代詩人劉禹錫《和樂天詶失婢榜者》："新知正相樂，從此脫青衣"，這都是指婢女、侍妾之類的人物。

在京劇中，青衣也似乎依然保留了一部分原始涵義，有許多青衣角色扮演的是生活貧苦或者命運困厄的女性，如《武家坡》中的王寶釧、《汾河灣》中的柳迎春、《三娘教子》中的王春娥以及《春秋配》中的姜秋蓮等，這類角色出場時多穿著樸素的青黑色褶子，故名"青衣"，又因角色命運悲苦而被稱為"苦條子旦"。當然，青衣扮演的人物不都是悲苦窮困的女性，可是她們有一個共同的特點，就是端莊賢良、穩重正派，都是故事中的賢妻良母和節婦烈女，年齡可以是青年女子也可以是中年婦女。

傳統社會對女性的要求非常嚴格，如《女兒經》中云："修己身，如履冰"、"坐起時，要端正"，在生活中要站不倚門、笑不露齒甚至袖不露指，行為舉止要求安詳沉穩。以《紅樓夢》為例，第三回"金陵城起復賈雨村榮國府收養林黛玉"中寫王熙鳳的出場："一語未了，只聽後院中有人笑聲說：'我來遲了，不曾迎接遠客！'黛玉納罕道：'這些人個個皆斂聲屏氣，恭肅嚴整如此，這來者係誰，這樣放誕無禮？'"可見傳統女性是以"斂聲屏氣，恭肅嚴整"為主流的。這樣的"斂聲屏氣，恭肅嚴整"表現到舞臺上，就是穩重端正，傳統的說法又稱青衣為"正旦"。青衣的表演以唱為主，動作幅度比較小，有時一手垂於身旁一手橫捂胸腹，所以還有個形象的別稱——"抱肚子旦"。

 | 422

什麼是老生？

生行作為京劇的一個主要行當，又包括了老生、小生、武生、紅生等分支。生行是扮演男性角色的行當。《康熙字典》中對"生"的解釋是："又先生，師之稱。諸生，弟子之稱。"如韓愈《進學解》："國子先生晨入太學招諸生。"如果總結一下的話，被稱為"生"的男性中，年長者都是有學問、有身份、有地位的人，年輕者也是讀書人、儒生。因此，生行的整體特點是儒雅、俊秀、端正。

《群英會》程長庚飾魯肅

生行中的老生扮演的是中年或者是中年以上的男性。他們的類型化特徵是具有成年男子的穩重成熟、嚴肅端正，因此老生又被稱爲"正生"。中國古代男子在成年之後開始蓄鬚，所謂鬚眉男子，這也是尊嚴和成熟的標誌，所以舞臺上的老生都會在上唇和兩耳之間懸掛一件道具——髯口。髯者，頰鬚也，泛指鬍鬚。舞臺上的髯口是生活中男性鬍鬚的藝術化和寫意化，因此老生又名"鬚生"。老生的唱念使用演員的真實嗓音，即本嗓或大嗓，味道則以清剛醇厚、蒼勁挺拔爲正。京劇老生中名家輩出，流派紛呈，如譚鑫培的譚派、余叔岩的余派、馬連良的馬派、言菊朋的言派、楊寶森的楊派、高慶奎的高派、奚嘯伯的奚派、周信芳（麒麟童）的麒派等。

423

包公屬於哪個行當？

包公是中國古典小說和戲曲中非常著名的一個人物，他以執法嚴明、剛正不阿而著稱，是清官和忠臣的典範，也是法律和正義的化身。

包公的本名叫包拯，《宋史·包拯傳》記載："包拯，字希仁，廬州合肥人也。始舉進士，除大理評事，出知建昌縣。"由此可見，包公首先是一位讀書人，在科舉考試中求取功名，並從基層官員做起；另外，他"徙知端州，遷殿中丞。端土產硯，前守緣貢，率取數十倍以遺權貴。拯命制者才足貢數，歲滿不持一硯歸"，可見包公做官不貪污、不媚上，清正廉明；"拯立朝剛毅，貴戚宦官爲之斂手，聞者皆憚之。人以包拯笑比黃河清，童稚婦女，亦知其名，呼曰'包待制'。京師爲之語曰：'關節不到，有閻羅包老。'"這位包公是一位不苟言笑、剛直不阿的人；"拜樞密副使。頃之，遷禮部侍郎，辭不受，尋以疾卒，年

《打龍袍》金少山飾包拯

六十四。贈禮部尚書，諡孝肅"。死後擬定的諡號用了一個"肅"字，可見包公的嚴肅、肅敬、肅穆。綜合包公的這些性格特點，其實他應該歸入老生一行，因為他是有身份、有地位的官員，是成熟持重、嚴肅端正的讀書人，符合老生行當扮演的人物類型，可是包公在戲中是用黑色的油彩塗抹臉譜的，與老生行的俊扮（本色臉）不同。

齊如山先生在《臉譜》第一章總論中曾說："請看戲中，凡賢良大臣、廉潔官吏、淳粹儒者、謹慎士子、忠厚長者、安分良民、信實商賈、誠實奴僕等等，沒有一個不是用本色臉的。大致臉上一抹顏色，則其人必有可議之點。"那麼包公的"可議之點"是什麼呢？其實就是他的膚色，傳說中他是個皮膚很黑的人，與一般意義上的"白面書生"不同，所以傳統戲曲中將包公歸入"淨"這個行當。

淨行俗稱"花臉"、"花面"，演出化妝時在臉上勾畫臉譜，扮演的男性角色多是在性格或者相貌上不十分完美、有"可議之點"的人物。淨行中又有以唱工為主的正淨，俗稱"大花臉"，尤以包公戲唱工最為繁重，所以這一類唱工花臉又被稱為"黑頭"。

 | 424

以唱工為主的花臉為什麼又叫銅錘花臉？

"銅錘"的名稱來自於一齣戲中的道具，這齣戲就是《二進宮》。故事見於《香蓮帕》鼓詞，說的是明穆宗死後，太子年幼，李豔妃聽政，太師李良謀篡，定國公徐彥昭和兵部侍郎楊波初次苦諫，李妃不從；徐彥昭哭謁皇陵，楊波搬兵救國；直至李良封鎖昭陽，內外隔絕，李妃始悟其奸，徐彥昭與楊波二次進宮勸諫，李妃以國事相托，徐、楊合力除奸。這齣戲前演《大保國》、中演《探皇

《二進宮》劇照，劇中人物左為楊波，中為李妃，右為徐彥昭

陵》、後演《二進宮》，簡稱《大探二》，又名《龍鳳閣》。這是一齣唱工繁重的
戲，劇中青衣行的李豔妃、生行的楊波和淨行的徐彥昭均有大段的唱腔，非有相當實
力的演員不敢唱這齣戲。劇中這位定國公徐彥昭懷裏始終抱著先帝所賜的一柄銅錘，
可以上打君王不正，下打臣宰不忠，是劇中一個重要的道具，而徐彥昭這個角色又是
最爲典型的唱工花臉，所以人們就將這一類型的花臉以"銅錘花臉"代稱之。

425

生旦淨末醜中的末扮演的是哪類人物？

《甘露寺》蓋叫天飾趙雲（左），韓金奎飾喬福（右）

前引清代李斗《揚州畫舫錄》
中云："梨園以副末開場，爲領
班。"看起來，在早期古典戲曲如
元雜劇、明清傳奇中，"末"是
一個重要的行當。京劇以前也是以
生、旦、淨、末、醜五個行當來劃
分的，後來才將末與生兩個行當合
併，從此生、末不分了。

這兩個行當確實有相似之處。生
與末所扮演的男性角色類型比較接
近，從扮相上看都是俊扮，即本色
臉，不需要像淨行那樣勾畫臉譜；而且末扮演的都是中年以上的男性，和老生相似，
也要佩戴髯口。有所區別的是，傳統老生多佩戴黑色三絡的髯口（即黑三），末行戴
的多是不分絡的滿髯或二濤。似乎有不成文的說法，認爲戴三絡的更加儒雅、瀟灑一
些，如諸葛亮；戴不分絡滿髯的角色多是一些武官武將，戴二濤的多是些地位低下的家
人、院公、中軍、下吏之流了。當然，這些區別在後來的改良與變化中變得不十分明
顯了。現在，京劇中末和生的主要區別是，"末"所扮演的男性角色在劇中是次要的
角色，"生"則是主角。末在京劇裏就是"二路老生"，也叫"裏子老生"，都是配

角，如《搜孤救孤》中的公孫杵臼、《捉放曹》裏的呂伯奢等角色。

426

小花臉屬於哪個行當？

小花臉是醜行的別稱。

以臉譜的形式進行化妝的行當，主要是醜行和淨行。淨行之中的正淨以唱工為主，被稱為"大花臉"；副淨包括以工架、表演為主的"架子花"和近似於醜行角色的二花臉，此外還有以武打為主的武淨，被稱為"武二花"。

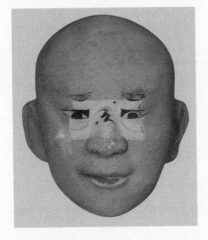

小花臉1

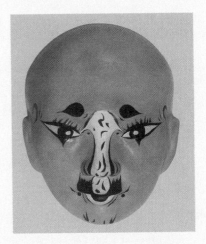

小花臉2

淨行的臉譜是覆蓋整個面部的，而醜行的臉譜只是在鼻樑的部分用白粉塗畫一個方形、元寶形、腰子形、棗核形等形狀的白粉塊，比淨行的臉譜要小得多，所以又被稱為"小花臉"或者"三花臉"。雖然被稱為"醜"，可是醜行扮演的人物角色並不一定醜惡，可能只是醜陋，甚至可能只是地位不高而已。比如在傳統戲中，漁夫、樵夫、農夫、更夫、酒保、茶房、書童、衙役等普通百姓，多是由醜行扮演，他們或詼諧、或熱情、或樂觀、或忠厚，像《秋江》中的老艄公、《蘇三起解》中的老差役崇公道、《落馬湖》中的酒保等。當然，醜行的角色中也有奸邪、陰險的小人，像《望江亭》中的楊衙內、《審頭刺湯》裏的湯勤、《野豬林》裏的高衙內等。所以，醜行扮演的人物雖然卑微瑣屑，但是複雜多樣，也是四個行當中距離生活狀態最近的一個行當。

醜行也可分爲文、武，文醜包括扮演酸腐文人的"方巾醜"和扮演普通勞動者的"茶衣醜"等，武丑扮演高來高去、身手敏捷而又伶牙俐齒、機智幽默的俠客義士。因爲武丑要求念白清脆悅耳，口齒清晰，而且在舞臺上常常躥蹦跳躍，所以又被稱爲"開口跳"。

 | **427**

"跑龍套"中的"龍套"是什麼？

龍套也是京劇中的一類行當，扮演的是劇中兵卒、差役、內侍、隨從等等角色，由於扮演的角色比較雜，也稱"雜行"；由於流動性很大，也稱"流行"。龍套在劇中常常作爲軍卒，當雙方主將對陣交鋒時，龍套在一旁手持各種旗幟，搖旗吶喊，因此也把龍套稱爲"打旗的"。龍套的角色在舞臺上一般以整體形式出現，以四個人爲一堂，這四個人又分頭、二、三、四家（旗），以頭家（旗）爲領隊之人。一場戲在舞臺上用一堂或者兩堂龍套，以示人員眾多，起到烘托和陪襯的作用，所謂"三五步行遍天下，六七人雄會萬師"，這也是一種寫意化的表演形式。龍套的表演在很多情況下以靜爲主，有時候整齣戲中龍套就在"官員"或者"皇帝"後面一直站著不動，所以也有人把龍套稱爲"文堂"。

可是提到龍套這個詞時，我們通常都說"跑龍套"，這又是爲什麼呢？因爲在舞臺上，龍套扮演的兵丁士卒總是要跟著主帥跑上跑下的，這種"跑"也是一種舞蹈，是佇列的舞蹈。上下場、排隊形等都有一定的調度程式，如二龍出水、挖門、斜門、站門、十字花、龍擺尾等。隊形的改變，方位的調整，以至於舞臺氣氛的變化都是靠龍套演員們"跑"出來的，所以龍套雖不是主角，卻是一齣戲中不可或缺的重要組成部分。

| 428

行頭是什麼意思？

行（xíng）頭，是京劇服裝和服飾配件的總稱。

以京劇爲代表的中國傳統戲曲是以歌舞演故事的，有所謂"八字眞言"——有聲必歌、無動不舞，在表演的過程中，演員始終載歌載舞。爲了配合這樣的一種表演特色，京劇的行頭也是舞蹈化的、寫意化的。所以京劇的服裝基本上是一種舞蹈服裝，不考慮朝代，不考慮季節，不考慮地域，乃是將古代服裝提煉、美化而成。如長長的水袖、飄飄的雉尾等都不是古代現實生活之常態，而是以誇張寫意的方式爲載歌載舞來服務的服裝樣式。

 | 429

什麼是盔頭？

盔頭是劇中人物所戴各式冠帽的總稱，分爲冠、盔、巾、帽四大類，冠、盔是硬質的，巾、帽是軟質的。

天平冠、帥盔、文生公子巾、武生公子巾

中國古人對冠帽是十分重視的，男子成年的標誌是爲他加冠，《禮記・曲禮上》："男子二十，冠而字。"這就是冠禮，是"禮之始"。在古代社會上，當冠而不冠是被認爲"非禮"的。至於"孟嘉落帽"，那是魏晉風骨、風流瀟脫之另例了。

我們說的帽，古人稱之爲頭衣或者元服。元者，頭也。據許嘉璐先生著《中國古代衣食住行》云：“古人不戴冠的只有四種人：小孩、罪犯、異族人和平民。”而且同樣是戴帽子，頭上的冠帽也有身份地位的區別，貴族戴冠，平民戴巾。京劇的盔頭也有類似的區別，比如，“冠”如九龍冠、紫金冠等是帝王、貴族所用；“盔”是武將上陣臨敵保護頭部所用，而古人稱“胄”、稱“兜鍪(móu)”；盔頭中的“帽”，名目繁多，有軟有硬，如紗帽、羅帽等；“巾”，帝王將相家居便服時可用，但多數是一些讀書人或平民所戴，如文生巾、方巾等。

430

什麼是水袖？

醬色老旦蟒袍

水袖是指縫在京劇服裝的蟒、帔、褶子、開氅等袖端的一塊長方形白色紡綢，在舞臺上演員舞動雙袖時形如流水，故名水袖。水袖也是中國傳統戲曲藝術中寫意精神的一項具體表現。

古代服裝的袖子比較長，垂臂而不露手。據《禮記·深衣》載：“袂（mèi）之長短，反詘（qū）之及肘”，袂就是袖子，也就是說袖子的長短標準是從手部向上反折，達到肘部即可，這是法定的袖長，雖然現實中並不一定這麼嚴格，但也的確是“長袖”了。而京劇的服裝又在這樣的“長袖”之前再縫上一二尺長的水袖，這實際上是延長了手部，“手舞”之不足故輔之以水袖，撥挑收放，盤旋飛舞，轉折多姿。所以《史記·范雎蔡澤列傳》中云：“韓子稱：‘長袖善舞，多錢善賈。’信哉是言也！”

水袖也不是無中生有的，可能是來自古代的“祛”。清代朱駿聲在《說文通訓定聲》中對於“祛”的解釋是：“析言之則袂口曰祛”，也就是袖口，可見古人的袍袖和袖口是有區別的，京劇正是將這種袖口加以誇張處理，使之成為一種表演和舞蹈的工具，從而更加淋漓盡致地傳達人物內在的情感和心理。著名的京劇大師程硯秋先生將水袖的舞蹈歸納為勾、挑、撐、沖、撥、揚、撣、甩、打、抖十個基本技巧，通過匠心獨具的設計和組合去塑造人物。程硯秋先生曾專門著文《略談旦角水袖的運用》，文中說："最近我在拍攝舞臺紀錄片《荒山淚》，在這部影片中我一共用了兩百多個水袖動作，不過並不是孤立地這兒一個，那兒一個，而是聯繫起來運用的。"關於水袖的尺寸，程先生說："水袖的尺寸不宜太長，如果是狹長一條，不僅不好看，用起來也很難得心應手。我的水袖尺寸是：衣袖長約過手四寸，水袖本身有一尺三寸，這樣的長短運用起來比較得勁。"

 | 431

戲曲中的場面是指什麼？

為戲曲演出進行伴奏的樂隊總稱"場面"。清代李斗著《揚州畫舫錄·新城北錄下》云："後場一曰場面，以鼓為首，一面謂之單皮鼓，兩面則謂之荸薺鼓。名其技曰鼓板。"

"場面"一詞，不知從何而來，有一種說法，是因為舊時樂隊的位置在舞臺中央靠後、"守舊"之前，足以支撐舞臺的場面，所以留下這樣一個以"場面"稱呼樂

單皮鼓、鑼、月琴

隊的說法。既稱戲曲，"戲"是演故事，"曲"則是音樂了，在中國傳統戲曲中，恐怕是無曲不成戲的。演員演故事於舞臺之前，樂隊奏音樂於舞臺之後（現在是舞臺之側），正是戲與曲相輔相成，這樣交相輝映的呈現，真是足以極觀眾視聽之娛，"信可樂也"！

京劇樂隊是由管弦樂器和打擊樂器組成的。管弦樂器稱文場，打擊樂器稱武場。以唱工為主的文戲，以管弦樂器伴奏為主，樂器包括京胡（胡琴）、京二胡、月琴、三弦、笙、笛、嗩吶等；以武打為主的戲主要以打擊樂為主進行伴奏，節奏鏗鏘，音響強烈。武場樂器包括檀板和單皮鼓（合稱鼓板）、大鑼、小鑼、鐃鈸。其中鼓板在整個樂隊中是起指揮作用的樂器，司鼓操板者為鼓師，亦稱鼓佬，就是樂隊的指揮。

432

什麼是砌末？

"砌（qiè）末"是戲曲舞臺上各種佈景和道具的總稱，也作"切末"。宋代無名氏《錯立身》戲文第四齣："孩兒與老都管先去，我收拾砌末恰來。"

砌末和京劇的行頭一樣，是為這種寫意化的表演服務的，不同於生活中的真實用具，是經過誇張和裝飾化的舞臺道具。比如馬鞭，就不同於生活中真實的馬鞭，舞臺上的馬鞭是經過美化的，編著圖案和流蘇，有各種顏色，這馬鞭的顏色象徵不同品種和不同顏色的馬，一根馬鞭既可以表示馬也可以表示騎馬，也可以象徵牛、驢等其他牲口，還可以是打人的鞭子，比如《搜孤救孤》裏"白虎堂奉了命"，程嬰"手執皮鞭將你打"。其他如車旗表示車，水旗表示水，乃至酒壺、燈檯、文房四寶以及各式兵器，都不是生活中的原樣，可以說一切真東西是不准登臺的。

433

"守舊"是什麼？

守舊，即門簾台帳，是傳統戲曲舞臺裝置。過去傳統戲曲演出時所用的台幔和作爲舞臺背景使用的底幕，或以綢緞、或以絲絨爲之，幕上繡有各種裝飾性圖案。

據朱家溍先生記錄的《梅蘭芳談戲曲舞臺美術》一文中說："有些外界朋友聽見這個名詞，還以爲戲班裏把從前的門簾台帳都叫做'守舊'，在文字裏也常常出現這樣一個語彙，其實只是過渡時期少數人隨便一說；這個名詞不太通順，所以我（梅蘭芳）把這種過渡時期的裝置也叫做門簾台帳。"可見"守舊"這個詞，是民國時期新舊舞臺同時存在的時候產生的一種說法。

山西洪洞縣廣勝下寺旁有水神廟——明應王殿，於元延祐六年（1319）重建，殿內保存有元代戲曲壁畫，畫中演員身後的簾幕上除了圖案紋飾之外，上邊還繡有一行大字"大行散樂忠都秀在此作場"，這就是元朝時的"守舊"了。可見守舊除了襯托演員、美化舞臺的效果之外，還有一點宣傳的意味。以前，京劇界許多名演員都有自己的守舊，守舊往臺上一掛，觀眾一望而知，如梅蘭芳先生使用的梅花守舊，馬連良先生使用的武梁祠石刻車馬圖案的守舊等。

一掛守舊或是刺繡圖案，或是單一素色，都與中國傳統戲曲的寫意精神"氣質相合"。而且"在這種素淨的平幕上，可能有助於突出臺上演員"（《梅蘭芳談戲曲舞臺美術》）。素色且不必說，便是刺繡的圖案本身和戲文無關，觀眾在看戲時有充分的想像空間，隨著演員的表演，舞臺空間在觀眾腦中自由變換，或登山、或臨水、或倚樓、或跨馬、或風雪交加、或斜風細雨，無不存乎想像，所謂無畫處皆成妙境者是也！如果改用寫實的佈景，非但不會錦上添花，反而顯得滑稽可笑，失去了自身的文化特質，得不償失了。

| 434

京劇的四功包括哪些內容？

唱、念、做、打是京劇的四種基本的表現手段，也是作為京劇演員的四項基本功，被稱為"四功"。

王國維先生在《戲曲考原》中云："戲曲者，謂以歌舞演故事也。"那麼，京劇這"四功"之中，"唱"與"念"是歌的部分，而"做"與"打"是舞的部分。一個演員利用唱、念、做、打的各種手段來塑造、扮演劇中人物，一齣戲則通過載歌載舞的形式來講述、完成一個故事。

唱功是指歌唱，這是京劇最為重要的一項，致使用英文翻譯京劇時直接以"北京歌劇（Peking Opera）"而言之。雖然許多著名京劇演員已經謝世，許多傳統老戲也久不見諸舞臺了，可是只要有那麼幾張唱片流傳下來，觀眾們依然津津樂道，回味無窮，這是唱的魅力。

念功是指念白，就是具有音樂性的說話。京劇諺語中說得好——千斤話白四兩唱，以顯示念白的重要性。京劇念白有韻白、京白和方言白之分，特別是韻白和京白，是京劇一種十分高明的處置方法。有身份有地位的"鄭重"人物用韻白，地位低的"非鄭重"人物用京白。一位好的演員在舞臺上即使是沒有音樂伴奏的念白，依然能音韻鏗鏘、抑揚有致地做到"說話如歌"。

做功是指舞蹈化的形體動作，打功是指武打和跌翻的技術，都是利用形體手段去表現人物。也有一句京劇諺語中說——口出字，手就到。這就是說形體的動作是要和唱腔、念白相互配合的，所以京劇的四功不是相互獨立的，而是相輔相成、相得益彰的。

435

京劇的五法包括哪些內容？

四功五法是京劇表演的基礎。"四功"已經在前文解釋過了，那麼"五法"又是什麼呢？常見的說法是指"手、眼、身、法、步"，手有手法，眼有眼法，這都可以說得通，可是"法"法是什麼呢？實在有些古怪。於是，有人解釋說是"手、眼、身、髮、步"，頭髮上的功夫值得單立一法嗎？恐怕要有待高明之士去說圓全了。

"五法"之說，程硯秋先生的論述最爲準確——"所謂五法，它是口法、手法、眼法、身法、步法，通稱'口手眼身步'。這五個法子，雖然各有各的獨立性，但是在舞臺上又必須相互爲依、互相配合的。"

與"四功"之中的"唱功"居首相應和，"五法"之中便首先強調"口法"，發音、吐字、換氣、偷聲無不在於口中有法；唱的字正腔圓，念的抑揚頓挫，也必須口中有法。

京劇舞臺，舉手投足無不是舞，齊如山先生著《國劇身段譜》專列有"手譜"，梅蘭芳先生手姿精絕，如何指人、如何持物、如何託盤、如何拈花、如何舉扇，美如蘭花，千姿百態，有手勢譜的照片傳世。

眼爲心之苗，凶、狠、媚、醉、喜、怒、悲、思無不從眼中出，眼之重要自不待言。身體是樞紐，腳步是根基，也必須依"法"而行。

五法與四功相互配合，使演員能夠更好地塑造人物、刻畫性格，使觀眾能夠欣賞到更加完美的戲曲藝術。

 436

什麼是堂會戲？

豪門富室、達官巨賈或因逢年過節、或因喜壽慶典，自己出資邀請演員進行專場演出以招待親友，謂之堂會戲。"堂"——從土，尚聲，尚者高也，所以高大的房屋謂之堂，如殿堂、高堂、華堂，“堂”本是一個很儀式化的地方；“會”者，聚合、集合也，將眾人聚合一處，在自家堂前，歌舞為樂，這就是堂會。

舉辦堂會是因為喜慶之事，演戲之外還要大擺筵宴，得有寬敞的院落和戲臺，所以自己有條件的就在自家舉行，倘若自家條件不全，也可以選擇帶戲臺的大飯莊或者大型會館。如1937年（民國二十六年）正月，適逢著名的戲曲家、收藏家張伯駒先生四十初度，就在隆福寺街福全館——這是北京當年非常著名的大飯莊子——辦了一場慶壽堂會。這一場堂會因為一齣《失空斬》而成為千古佳話，其演員陣容是空前絕後的，主角諸葛亮由張伯駒先生自己出演，一干配角皆由第一流的名角擔任，其中老生宗師余叔岩飾王平，武生宗師楊小樓飾馬謖，王鳳卿飾趙雲，程繼仙飾馬岱，錢寶森飾張郃，慈瑞全、王福山飾二老軍代報子，只有司馬懿一角因為沒有談妥金少山，請的是名票陳香雪。這一場堂會可以說盛況空前，轟動一時。據丁秉鐩先生云：“這次《失空斬》的消息傳出去以後”，“除了北方的張氏友好紛紛送禮拜壽（主要為聽戲）以外，不認識的人也都想法去拜壽為聽戲”，“福全館中，人山人海，盛況不必描述，就可想像而知”。

437

什麼是折子戲？

在全本戲中情節相對完整、可以獨立演出的一個段落，謂之折子戲。

“折”其實在元雜劇時就出現了，當時一部完整的戲通常分為四折。王國維著《中國戲曲概論》云：“雜劇體格，與諸宮調異。諸宮調不分出目，此則通例四折，雖紀君祥之《趙氏孤兒》統計五折，張時起之《花月秋千記》統計六折，顧不多見也。”以元雜劇中的名篇王實甫之《西廂記》為例，這部《西廂記》一共五本，第一本為“張君瑞鬧道場雜劇”，楔子之後即分作四折，直至第五本“張君瑞慶團圞（luán）雜劇”，每本體例皆是如此。

折折相綴，構成了一個完整的戲曲故事，而其中的精彩片段也可拿出來單獨演出，比如整本《牡丹亭》中的《春香鬧學》、《遊園驚夢》、《拾畫叫畫》等都是經常演出的折子戲；京劇中全本《紅鬃烈馬》也由若干折組成——《花園贈金》、《彩樓配》、《三擊掌》、《平貴別窯》、《誤卯三打》、《趕三關》、《探寒窯》、《鴻雁捎書》、《武家坡》、《算軍糧》、《銀空山》、《大登殿》，其中《武家坡》是最常演出的一齣折子戲，生、旦名家屢屢合作。

438

票友、票房這些稱謂是怎麼來的？

"票友"一詞並非京劇原創，而是來自於另外一種姊妹藝術——曲藝說唱。清代初年，有一種藝術形式叫做"子弟書"，是一種類似於單弦牌子曲的說唱表演，也叫"清音子弟書"。稱"子弟書"，因這種說唱表演是八旗子弟所創，並且擅長演出的也是八旗子弟。八旗衙門為了對這部分參與說唱表演的人員進行管理，給他們發派一種執照，也可以說是演出許可證——稱為"龍票"。據朱家溍先生云：龍票"是一張木板印刷品，四周是比較粗糙的龍紋，中間填寫某旗、某佐領下人、姓名、年貌等等"；"凡持有龍票的人，有資格被邀請去演唱子弟書，不要報酬，人稱他們為票友"。後來，隨著京劇的興起，人們把喜愛京劇、不要報酬的業餘演員也稱為"票友"，雖然他們已經不再持有"龍票"了。票友的演出稱作"票戲"，票友轉為職業演員叫"下海"，票友們組織起來的業餘組織被稱為"票房"，北京的票房在清末時有"春陽友會"，現在有湖廣會館的"庚揚集"等。

孫菊仙便裝像

在京劇的歷史中，票友下海成為大名角的不乏其人。老生中有孫菊仙、汪笑儂、言菊朋、奚嘯伯等；小生如德珺如、金仲仁、俞振飛等；淨行如金秀山、黃潤甫等。

票友之中，藏龍臥虎，高明之士甚多，即使保持業餘身份，仍然被內行專業演員所推崇，如清末貴族紅豆館主愛新覺羅・溥侗（1871～1952），號西園，人們尊稱他"侗五爺"，就是內外行公認的文武昆亂不擋的"泰山北斗"。另外，大收藏家張伯駒先生（1897～1982），私淑余叔岩，在票友中最得余氏親傳，掌握余派劇碼最爲準確。還有今年已經九十五歲高齡的醫學專家劉曾復先生，幼嗜京劇，博聞強記，腹笥(sì)之寬，能戲之多，即使專業演員也無人能及了。

 | 439

京劇爲什麼又叫皮黃？

"皮黃"又做"皮簧"，是西皮與二黃（簧）的簡稱，它們是京劇的兩大主要聲腔，所以早年的京劇也被稱爲"皮黃"或"皮簧"戲。

《中國京劇史》說："京劇的前身是徽戲（徽調）、漢戲（楚調）、昆曲、秦腔、京腔，並受到民間俗曲的影響。"特別是徽戲和漢戲的聲腔對京劇的形成影響最大。自清乾隆五十五年（1790）開始，以向乾隆皇帝祝壽爲名，先後有"三慶"、"四喜"、"春台"、"和春"等徽班來到北京演出，史稱"四大徽班"，"先後到京的漢戲藝人多搭徽班演唱"（《中國京劇史》）。二黃（簧）是徽戲的主要聲腔之一，而漢戲聲腔以西皮和漢戲二黃（簧）爲主，它是皮、簧合奏的。隨著徽戲、漢戲的進京演出，使得西皮、二黃（簧）聲腔進一步融合，迅速發展，形成豐富的旋律和完整的板式。

"二黃（簧）"之說多數人認爲來自地名，即湖北的黃岡、黃陂二縣，楊靜亭著《都門紀略》就是這種說法。其他說法還有很多，莫衷一是。至於"西皮"，初稱"襄陽調"，有來源於中國西部的音樂成分，而湖北人稱"唱"爲"皮"，故名"西皮"。二黃（簧）聲腔比較平穩、深沉，適於表現感歎、沉思、悲憤等情緒，而西皮則明快、剛勁，更適合表現激昂的情緒。板式就是節奏，除了原板、慢板、快三眼、導板、回龍、散板、搖板等共同板式之外，西皮之中還有二六、流水、快板等。

| 440

什麼叫文武昆亂不擋？

　　這是對全才演員的稱讚與肯定。文與武暫且不論，先來說說昆與亂。“昆”是指源於江南蘇州一帶的昆山腔（昆曲），“亂”是指“亂彈”。

　　“亂彈”的概念正如它的這個名稱本身一樣有些雜亂，多數的時候是指與昆曲昆腔相對的其他各種地方戲曲。昆曲輕歌曼舞、清麗委婉，發音吐字、舉手投足皆有法度，是雅樂，是正聲，相對而言的梆子、秦腔、楚調也包括後來形成的京劇等民間流行的聲腔、劇種就被籠而統之地稱爲“亂彈”了。與此同時，還有“花部”和“雅部”之分，如《燕蘭小譜》載：“今以弋陽、梆子等曰花部，昆腔曰雅部。”又見《揚州畫舫錄》云：“雅部即昆山腔，花部爲京腔、秦腔、弋陽腔、梆子腔、羅羅腔、二簧調，統謂之亂彈。”“昆”“亂”也好，“花”“雅”也罷，今天看來它們都是中國傳統的聲腔藝術。京劇也是吸收了多個劇種的營養而集大成者。尤其是昆曲，爲“百戲之祖”，法度森嚴，當年的京劇演員都要學習昆曲身段和唱腔，像梅蘭芳先生、程硯秋先生均擅演昆曲。朱家溍先生云：“京戲班老演員都以昆亂不擋作爲衡量演技水準的標準，是有道理的。”對於京劇演員來說，“文武昆亂”的亂主要還是指京劇而言。所以一個演員不論文戲還是武戲，不論昆曲還是京劇，都難不倒他，擋不住他，非但無所不能，而且無一不好，具有全方位的藝術才能，這樣的演員就可以被讚譽爲“文武昆亂不擋”。

| 441

什麼叫六場通透？

　　朱家溍先生《記溥西園先生》一文中云：“溥西園先生的戲，是‘文武昆亂不擋’，並且在戲曲音樂方面也是‘六場通透’。”

　　“六場”是指爲京劇演出進行伴奏的六種主要樂器——胡琴、南弦、月琴、單皮

（鼓）、大鑼、小鑼。這六件樂器被稱為"場"，就是前文介紹過的"場面"的意思，前三件為文場，後三件為武場。"通透"者，透徹、明白是也。倘若對這些樂器件件拿得起，樣樣精通，這就是"六場通透"。有些時候，"六場通透"也不僅僅是指演奏樂器而言，也可用來形容吹、拉、彈、唱樣樣通透的人才，還可以用來形容對於一齣戲的唱、念、做、打乃至鑼鼓經等事事精熟的人才。其實無論是戲曲從業者還是其他行業的人士，一專多能、融會貫通都是值得追求的成才目標。

 | 442

為什麼說生書、熟戲、聽不膩的曲藝？

生書，是說聽評書要聽以前沒聽過的，比較陌生的，這樣越聽越愛聽。這是因為聽書聽的是"扣兒"，每一段書結束時，說書人會留下一個扣子（也就是佈置一個懸念），吸引聽眾下次再來聽。可如果您一切都心知肚明瞭，扣子就"拴"不住您了，您的興趣自然就減弱了，評書的魅力也難以發揮到極致。

熟戲，是指聽戲要聽那些膾炙人口、家喻戶曉的戲，越是這種戲，人們越愛聽。這又是為什麼呢？因為這些戲經過好幾代戲曲藝術家的演出，一遍拆洗一遍新，有的戲甚至達到了千錘百煉的境地，早已成為精華中的精華，瑰寶中的瑰寶。比如《蘇三起解》、《四郎探母》、《鍘美案》，那些帶有濃厚韻味的道白和唱腔，總是被人們津津樂道。

聽不膩的曲藝，是說各種曲藝藝術，比如大家熟悉的單弦、京韻大鼓、快板書、山東快書……，聽眾們聽不膩，不嫌煩，像《大西廂》、《玲瓏塔》、《武松打虎》，要麼旋律優美，要麼字正腔圓。總之，每聽一遍，都是一種美好的享受。由此看來，曲藝是不講新舊、老少咸宜的。

443

什麼是撂地？

撂地指的是解放前表演曲藝或古彩戲法時，設在廟會、集市、街頭空地上的演出場所。一般表演者需租賃一塊地皮，每日午後開始演出，演畢向地主繳納一定數量的租金。撂地賣藝按場地劃分，可分為三等：上等的設有遮涼布棚和板凳，中等的只有一圈板凳，下等的什麼設施都沒有。其經濟收入的手段是：當節目演到關鍵所在時暫時中止，表演者邊說邊收錢，或兜售膏藥、大力丸等。一般撂地者少則一二人，多則三五人，道具輕便，行動靈活。撂地演出受天氣影響甚巨，往往有"風來散，雨來亂"之虞。

在這種場所上賣藝的，還有名曰"撿板凳頭兒的"，即在上午10點多鐘，撂地的藝人還沒出場之前，利用這一空檔在場子演上幾個段子，以斂取少許錢幣度日。或於下午5點後趁正場藝人撤離後的夾檔演唱，則稱"撿板凳腿兒的"。這兩種情形均無需付地租，只以協助打掃場地作為對主人的回報。

444

曲藝中的"遲疾頓挫"是什麼意思？

"遲疾頓挫"是曲藝術語，也稱"遲疾頓垜"，指某些鼓曲曲種在演唱時掌握旋律、節奏、口法的四種技巧。遲，指緩慢；疾，指快速；頓，指停頓、間歇；挫，指板眼連貫。有藝諺總結道："疾是快，遲是慢，垜起板眼唱連貫，頓住的詞句如切斷。"

| 445

曲藝中的"崩打粘寸斷"是什麼意思？

　　"崩打粘寸斷"是曲藝術語，指某些鼓曲曲種的五種唱字方法。崩法，加重唇的力量，用重音來突出字音，將字崩出口後字音上揚，短促而沉重響亮，以造成緊張氣氛；打法，用舌尖把字打響，使字音響亮；粘法，將字音韻調較窄的字，慢慢擴大字音，使其送得遠而音不變；寸法，用在唱疊句、排句時，中間稍作停頓，且又要寸著勁力使字字相連而音斷意不斷；斷法，指將易混攪成一團的兩個字音斷開，個個分明。這五種唱字方法，可供演唱者根據唱詞的具體情況靈活運用。

 | 446

曲藝中的"閃垛卸疊"是什麼意思？

　　"閃垛卸疊"是曲藝術語，指北方一些曲種演唱時運用板頭、節拍的幾種方法。閃，指閃板，即切分的唱法；垛，指垛字，即將一句較長的唱詞，以較快的速度把字疊連在一起的唱法；卸，指卸板，是因內容的需要而由快轉慢的唱法；疊，指疊句，是把兩三句唱詞疊成一串來唱，以烘托氣氛的唱法。

 | 447

什麼是貫口？

　　這是曲藝中常用的一種表演技巧，在"說、學、逗、唱"四門功課裏屬於"說"的一種，也有人把它稱為串口。貫，連貫；貫口，就是帶有連貫性的韻白。在評書和大鼓類長篇書目中，刻畫人物外貌、描寫景色、列擺陣勢、形容武打場面的時候往往需要用詩詞贊賦的形式來表現，這個時候就用得著貫口了。演員以很快的速度背誦韻白，一般是在不換氣或不明顯換氣的情況下進行，由低到高，由弱到強，由慢到快，中間通過短暫停頓和長短字音等手法，使其聽起來起伏跌宕，韻律感極強；尤其到了整段的高潮或結尾時，一氣呵成，往往會博得滿堂喝彩。相聲中也常用貫口，像《八扇屏》、《荣單子》、《開粥廠》、《誇住宅》就是代表。這是《誇住宅》中的一段貫口：

> 您家真是遠瞧霧氣沼沼，近看瓦窯寺劭（shào）。門口有四棵門槐，有上馬石、下馬石、拴馬的椿子，對過兒是磨磚對縫八字影壁。路北廣梁大門，上有門燈，下有懶凳，內有回事房、管事處、傳達處。二門四扇綠屏風灑金星，四個斗方，寫的是"齋莊中正"，背面是"嚴肅整齊"。進二門，方磚墁地，海墁的院子。夏景天高搭天棚三丈六，四個堵頭寫的是"吉星高照"。院裏有對對花盆，石榴樹，茶葉末色兒養魚缸，九尺高夾竹桃，迎春、探春、梔子、翠柏、梧桐樹，各種鮮花，各樣洋花，真是四時不謝之花，八節長春之草。正房五間為上，前出廊，後出廈，東西廂房，東西配房，東西耳房。東跨院是廚房，西跨院是茅房，倒座兒書房五間為待客廳。明摘合頁的窗戶，光亮的大玻璃，夏景天是蝦米鬚的簾子。往屋裏再一看，真是畫露天機，別有洞天……

 | 448

說、學、逗、唱指的是什麼？

"說、學、逗、唱"是相聲中經常提到的術語，以此代指相聲演員的四種基本藝術手段。

說：最基本的一種表演技巧，貌似平常，實則繁難。相聲裏的"說"不等同於生活中的"說"，是經過藝術加工之後的"說"，指敘說笑話和打燈謎、繞口令等，要求吐字清晰，語言流暢，字正腔圓，頓挫遲疾，總之，一切要富於美感。相聲中常常提到的"貫口"、"倒口"等等，都屬於"說"的範疇。所以"說"是一種基本功，聽演員的"說"，既要聽臺詞，也要聽聲音；既重視形式，也重視內容。

學：仿學其他藝術形式，豐富自身的表演。"學"既要學得像，更要學得俏，也就是說討巧最重要。比如摹仿各地方言，學唱各種地方戲、曲藝、流行歌曲，仿學各種買賣的吆喝，以及摹仿各種鳥獸叫聲等口技技巧等。

逗：指表演，抖包袱兒，它是四種技巧的核心，有提綱挈領之功效。相聲中的捧逗雙方互相抓哏逗笑，充分體現相聲的功能。

唱：原指唱太平歌詞。因為太平歌詞是相聲演員必須掌握的一種表演形式，它是傳統相聲藝術的一部分。後來也指演員編唱滑稽可笑的臺詞，用各種曲調演唱，或將某些戲曲唱詞、曲調誇張演唱並引人發笑。

很多相聲都偏重運用其中一兩種手段，比如《八大改行》和《戲劇與方言》偏重於“學”和“唱”，《八扇屏》和《打燈謎》以“說”、“逗”為主。演員也往往以其善於運用某些手段而形成不同的風格。

 | 449

什麼是倒口？

這是曲藝，尤其是相聲中比較常用的一種表演技巧，在“說、學、逗、唱”四門功課裏屬於“說”的一種，也叫怯口；評書中稱為變口，指摹擬各種方言。根據曲目內容需要，演員需要在表演時通過摹擬某地方言方音來敘述故事或刻畫人物。由於語言本身具有鄉土氣息，所以自然幽默風趣。一般多仿學如天津、山東、河南、河北、上海、浙江、廣東等地方言。

相聲中的“倒口活”包括《找堂會》、《怯算命》、《怯弦子書》等。

 | 450

人們常說的“合轍押韻”是什麼意思？

在戲曲曲藝中常常用到這個詞，其實“合轍”與“押韻”含義基本相同，也就是說，只要韻腹相同或相近，韻尾相同，就可以歸為一個韻或一個轍，但“合轍”屬於口語，“押韻”為書面語。

曲藝中經常提到十三道大轍和兩道小轍，其中十三道大轍是：

1. 中東轍，由韻母eng、ing、ong、iong拼成的字，如：鐘、風、龍等。

2. 發花轍，由韻母a、ua、ia拼成的字，如：沙、華、加等。

3. 懷來轍，由韻母ai、uai 拼成的字，如：派、埋、帶等。

4. 江洋轍，由韻母ang、iang、uang 拼成的字，如：方、梁、爽等。

5. 乜斜轍，由韻母ie、ue拼成的字，如：怯、借、月等。

6. 姑蘇轍，由韻母u拼成的字，如：無、湖、書等。

7. 一七轍，由韻母i、v拼成的字，如：西、去、呂等。

8. 油求轍，由韻母ou、iu拼成的字，如：否、秋、九等。

9. 灰堆轍，由韻母ei、ui拼成的字，如：悲、飛、歲等。

10. 人辰轍，由韻母en、in、un拼成的字，如：分、金、倫等。

11. 搖條轍，由韻母ao、iao拼成的字，如：桃、高、叫等。

12. 言前轍，由韻母an、ian、uan拼成的字，如：反、眼、緩等。

13. 梭波轍，由韻母e、o、uo拼成的字，如：佛、羅、撥等。

兩道小轍是：

1. 小人辰兒，包括人辰、梭波、乜斜、灰堆、一七等五道轍韻，如：盆兒、車兒、姐兒、堆兒、枝兒等。

2. 小言前兒，包括言前、發花、懷來等三道轍韻，如：錢兒、荏兒、台兒等。

老藝人流傳下來一首十三轍歌謠，由歷朝歷代的古人名組成，頗爲有趣。

十三轍歌謠

正月裏，正月正，劉伯溫修下北京城；能掐會算的苗光義，未卜先知徐茂公；諸葛亮草船把東風借，斬將封神姜太公。（中東轍）

二月裏，草芽發，三貶寒江樊梨花；大刀太太王懷女，替夫掛印戈紅霞；穆桂英大破天門陣，劉金定報號四門殺。（發花轍）

三月裏，桃花開，呂蒙正無食趕過齋；沿街討飯的崔文瑞，提筆賣字高秀才；蘇秦不遇回家轉，買臣曾經打過柴。（懷來轍）

四月裏，梨花香，鎮守三關楊六郎；白馬銀槍高嗣繼，日收雙妻小羅章；周瑜本是東吳將，狄青門寶收雙陽。（江洋轍）

五月裏，端陽節，劉備潦倒賣草鞋；吃糧當兵漢高祖，平貴乞食在長街；推車賣傘的柴王主，販賣烏梅洪武爺。（乜斜轍）

六月裏，數三伏，王老道捉妖拿黑狐；法海捉妖金山寺，包老爺捉妖五鼠除；濟小塘捉妖收五鬼，張天師捉妖破五毒。（姑蘇轍）

七月裏，七月七，秦瓊全憑鐧雙支；九里山前韓元帥，臨潼鬥寶伍子胥；馬超一怒西涼反，黃飛虎反出朝歌歸西岐。（一七轍）

八月裏，到中秋，李三娘磨房淚交流；柳迎春等夫一十二載，王三姐剜菜盼夫一十八秋；吃齋好善黃氏女，孟姜女哭倒萬里長城頭。（油求轍）

九月裏，雁鳥飛，大鬧江州叫李逵；敬德監工大佛寺，大喊三聲猛張飛；東京打擂呼延慶，楊七郎歸位亂箭錐。（灰堆轍）

十月裏，小陽春，紅袍都督蓋蘇文；袁達本是青臉將，孟獲不馴遭七擒；匈奴大將猩猩膽，開五代後梁太祖叫朱溫。（人辰轍）

十一月，雪花飄，趙匡胤全憑盤龍棍一條；大刀將軍叫關勝，吳漢殺妻保漢朝；久傳綠林王君可，孟良盜骨又把昊天塔來燒。（搖條轍）

十二個月，整一年，金眼毛遂盜仙丹；通城虎鬧城驚聖駕，艾虎大鬧綺春園；南唐報號叫馮茂，寶義虎報號鎖陽關。（言前轍）

十三月，一年多，薛禮救駕淤泥河；文廣遊園救宋主，薛姣長安趕囚車；哪吒救駕西岐地，趙子龍救主長阪坡。（梭波轍）

 451

爲什麼把曲藝中的笑料叫做"包袱"？

這是一個極其形象的比喻。把笑料比作"包袱"，那麼醞釀、組織笑料就是"繫包袱"，迸發時稱爲"抖包袱"。這是以相聲爲首，包括獨腳戲、山東快書、評書、數來寶等曲藝形式的主要藝術手段。通常於刻畫人物、評析世態時，通過冷嘲熱諷營造喜劇情境，借此調節演出氣氛，引發觀衆的欣賞情趣。包袱能否抖響，靈活運用語言的技巧很重要。藝諺中素有"鋪平墊穩"之說，只有悉心揣摩觀眾的心理狀況，適時適地耐心巧妙地用語言一層層繫好包袱，才能取得驟然抖開又滿堂皆響的藝術效果。抖包袱，送笑料，既要多種多樣、不拘一格，又要把握好分寸，謔而不虐者方爲最佳。

 | 452

什麼叫做"三翻四抖"？

這是相聲中組織包袱的常用藝術手段之一，也叫三頂四撞，指表演相聲時，捧逗雙方經過再三鋪墊、襯托，對人物、故事加以渲染或製造氣氛，然後突然將包袱抖開，揭露出矛盾和事物眞相，從而產生笑料。所謂"三翻"，是反覆鋪墊的意思，而不一定正好是三次。比如傳統相聲《黃鶴樓》中的開頭：

逗：……比方說這麼一下，這麼一來，這叫什麼？

捧：雲手。

逗：這你都懂？跟誰學的？

捧：這，誰都知道啊。（一翻）

逗：對，拉雲手。要這樣呢？一上場的這個……

捧：透袖。（二翻）

逗：要這樣呢？

捧：端帶。（三翻）

逗：這樣呢？

捧：正冠。（四翻）

逗：呵！行啊！這……這叫什麼？

捧：鬍子——捋髯，老生出場。（五翻）

逗：這個呢？

捧：分髯。（六翻）

逗：這樣呢？

捧：撕祭——大花臉。（七翻）

逗：呵！行啊！撕祭你都知道。那……這樣呢？

捧：……這，不知道。

逗：鬍子癢癢，抿抿！（抖）

捧：去你的吧！戲臺上抿鬍子？

453

什麼是相聲中的"鋪平墊穩"？

從字面上來看，所謂"鋪平墊穩"，實際上就是"鋪墊平穩"，甚至簡稱"鋪墊"。指相聲表演在組織笑料的時候不能操之過急，要注意事先安排伏線，層層鋪墊，這樣才能抖響包袱。而這種安排伏線的過程就是"鋪平墊穩"的過程。一般來講，鋪，多指正面交代；墊，多是側面烘托。鋪多明說，墊多暗示。已故相聲名家張壽臣先生曾說："只要包袱裏有東西，不怕樂兒來得慢，要用鋪平墊穩攏住聽眾的神，到抖包袱時讓人明白笑的是什麼，笑過之後要留下回味。"這是令人信服的經驗之談。

具體來說，在敘述中交代矛盾衝突的發生和矛盾雙方的基本特徵，這就屬於鋪。作為一個相聲段子，不論包袱大小，前邊的鋪述都應當是後邊矛盾發展、掀起高潮的"鋪平"。比如傳統相聲《關公戰秦瓊》，在墊話中描述舊社會劇場的烏煙瘴氣，就為後面正活的展開鋪平了道路。所謂"墊穩"，就是相聲中凡是與推向高潮和解決矛盾有關的情節都要墊上，而且要墊穩，一層不夠，就墊兩三層。《關公戰秦瓊》中"餓你們三天不管飯"就是與底直接相關的內容，要反覆強調，交代它在不同場合、物件身上所引起的反響，無形中推動了矛盾衝突的發展，也就做到了"墊穩"。像面對韓父的有意刁難，從管事的到演員，都深感為難，這就屬於墊；演員被迫改詞"我在唐朝你在漢，咱倆打仗為哪般"，仍然是墊；直到段子最後的底，"你要不打，（一指韓父）他不管飯"一語道破，能夠令觀眾立刻想到前面的"不管飯"，於誇張的情節中顯露藝人的反抗情緒，"墊穩"功不可沒。

454

什麼是單口相聲？

單口相聲是相聲裏最早出現的形式，它是從民間笑話發展而來的。顧名思義，單口相聲由一個演員進行表演。單口相聲的語言通俗親切，無論敍述評論，還是摹擬角色，語言要跳出跳入，靈活多變。單口相聲的故事和人物極具典型性，故事性強，人物形象生動。單口相聲情節曲折，故事生動，這一點與評書類似，但又有所區別。評書雖然也有包袱，但並非不可或缺，而單口相聲畢竟是相聲的一種，組織包袱是其必不可少的藝術手段。

根據內容的不同，單口相聲可以分爲以下幾種類型：1. 傳說添彩：如帝王傳說《珍珠翡翠白玉湯》、《皇帝選陵》等；三國人物傳說《張飛爬樹》、《草船借箭》；神話傳說《白蛇傳》、《孟姜女》等。2. 故事生輝：有呆女婿或呆兒子式的故事，如《傻子學乖》、《吃月餅》等；有蠢人丟醜的故事，如《山東鬥法》、《知縣見巡撫》等；有褒揚聰明才智的故事，如《火龍衫》、《風雨歸舟》等。3. 軼聞流傳：如取材文人軼事的《兄妹聯句》、《解學士》等；描寫藝人軼事的《鋼刀子》、《賊說話》等；寫軍閥趣事的《韓復榘講演》、《家務事》等。4. 笑話加工：如《山中奇獸》、《巧嘴媒婆》等。

以單口相聲享譽曲壇的相聲名家有張壽臣、常連安、劉寶瑞等，單口相聲代表曲目有《小神仙》、《化蠟扦兒》、《日遭三險》、《君臣鬥》等。

 455

什麼是對口相聲？

對口相聲由單口相聲發展而來，是相聲中最常見的一種形式。對口相聲由捧哏、逗哏兩個演員進行表演。一般來說，逗哏是主要敍述者，捧哏是輔助敍述者，通過兩人的對話表現主題、刻畫人物，這類對口相聲屬於"一頭沉"類型。還有一種形式是通過捧、逗雙方以相互爭辯的形式組織包袱、揭露矛盾，有些近似進入角色的戲劇特點，捧、逗雙方所承擔的任務基本相同，這類對口相聲屬於“子母哏”類型。“一頭沉”類對口相聲的代表曲目有《拴娃娃》、《夢中婚》等，“子母哏”類對口相聲的代表曲目有《五紅圖》、《對春聯》等。

根據表演形式的不同，對口相聲還可分為說、學、逗、唱四類，甚至再加上批、講、論、怯，構成八類。其中，說的曲目所占比例最多，如《開粥廠》、《文章會》等。學的曲目，如《學四相》、《學電臺》等。逗的曲目，如《鈴鐺譜》、《大相面》等。唱的曲目，最早是學唱太平歌詞，後來是學唱各種戲曲和鼓曲等，如《學大鼓》、《學京劇》等；還有帶戲曲走場的“腿子活”，如《黃鶴樓》、《竇公訓女》等。至於批、講、論、怯四類，是從說的節目中分化出來的。批的曲目，多以歪批製造噱頭，如《批三國》、《批聊齋》等；講的曲目，多通過歪講製造包袱，如《講四書》、《講三字經》等；論的曲目，如《打牌論》、《偷論》等；怯的曲目，如《怯拉車》、《怯剃頭》等，“怯”在這裏暗含嘲弄之意。

456

什麼是群口相聲？

由三個或三個以上的演員進行表演的相聲稱為群口相聲，其中三人相聲占的比重較大。在三人相聲中，一為逗哏，一為捧哏，一為膩縫（一作泥縫），近似小鬧劇的特點。在傳統三人相聲中，捧逗雙方是一對矛盾，而膩縫演員往往作為矛盾的調停者出現。

根據內容的不同，群口相聲一般分為兩種：一是出詩答對、文字遊戲式的作品，如《金剛腿兒》、《四管四轄》等；二是小鬧劇式的作品，如《扒馬褂》、《大審》等。

| 457

什麼是大開門和小開門？

這是用來形容評書、評話表演風格的名詞。所謂大開門，其特點是在敘述故事、摹擬人物、表演武打場面時，動作幅度較大，往往離開桌面，並運用腰、腿等產生藝術效果，一般來說更具寫實性。而所謂小開門，其特點是在敘述故事、摹擬人物、表演武打場面時，動作幅度較小，一般只動手肘以下部分，通過一些特定的摹擬動作產生藝術效果，一般來說更具寫意性。

 | 458

定場詩的作用是什麼？

所謂定場詩，指評書、鼓書演員在演出中長篇書目前，往往先念誦四句或八句詩，內容不一定與正書有關，為的是讓全場安靜，快速攏住觀眾耳音，吸引其注意力於己身，這樣演員繼續表演，也就定住了場。定場詩一般摘自於話本小說、風物小說和正統史書，雖短小精悍，但每段或發人深省，或詼諧幽默，總之會給觀眾留下比較深刻的印象。定場詩說完，即開始講說正書，常用這樣幾句套語："幾句殘詞（歪詩）道罷，引出一段什麼什麼故事……"

定場詩在南方評話中一般稱為開詞，即演員在說正書以前先念誦一段詞，詞牌常用〔西江月〕、〔臨江仙〕、〔鷓鴣天〕等，也有用律詩和絕句的。後來北方評、鼓書演員也有以詞為詩的。以下就是評書中常用的一首定場詩：

> 世上行當甚多，惟有說書難習。說演評嘇非容易，千言萬語須記。
>
> 一要聲音嘹亮，二要頓挫遲疾。裝文扮武我自己，好像一台大戲。

這首〔西江月〕也道出了評書藝術的個中甘苦，看似平常，實則繁難。

| 459

傳統評書是如何分類的？

一般來說，傳統評書可以分爲三類：長槍袍帶書、俠義公案書和鬼狐神怪書。

所謂長槍袍帶書，指以歷史戰爭故事爲題材的書目。書中主要人物或是騎馬打仗的武將，或是帝王將相、達官顯貴，根據其手使的長槍、身穿的蟒袍、腰橫的玉帶等標誌性物件而得名。如《三國演義》、《隋唐演義》、《楊家將》、《明英烈》等都屬於長槍袍帶書。

所謂俠義公案書，指以古代劍俠武士交戰及清官斷案等故事爲題材的書目。書中主要人物多是江湖俠義之士和歷代清廉官員。因綠林劍俠比武動手多爲步戰，使用短兵器，故而也叫短打書。如《三俠五義》、《雍正劍俠圖》、《施公案》等都屬於俠義公案書。

所謂鬼狐神怪書，指以神靈魔怪互相鬥法廝殺、鬼狐顯靈等故事爲題材的書目，內容大多荒誕離奇，但也寓有借談狐說鬼手法，批判社會陰暗面之意，在一定程度上反映人們的美好願望。書中主要人物多是天界神仙、妖魔鬼怪。如《西遊記》、《聊齋》、《濟公傳》等都屬於鬼狐神怪書。

 | 460

說評書時用的醒木有什麼講究？

醒木就是一塊長方形的普通小硬木塊，一般長約一寸，厚約半寸，上面抹邊，共二十條邊線，十個平面。到了說書人手裏，就得給它起個好聽的名字。醒者，驚醒也。有藝諺云：“一聲醒木萬人驚。”醒木是說書人的演出許可證。說書人開始表演前拍，聚攏聽眾精神，使其安靜並注意；即將結束時拍，令聽眾懸想回味；演出當中拍，作爲道具烘托氣氛，助長聲勢。

連闊如先生在《江湖叢談》裏提到過一段“醒木詞”：

一塊醒木七下分，上至君王下至臣。

君王一塊轄文武，文武一塊管黎民。

聖人一塊警儒教，天師一塊警鬼神。

僧家一塊勸佛法，道家一塊勸玄門。

一塊落在江湖手，流落八方勸世人。

湖海朋友不供我，如要有藝論家門。

意思是說很多行業、很多人都有一塊木頭，但它們的叫法就不一樣了：皇上用的叫龍膽，娘娘用的叫鳳翥，文官用的叫驚堂，武將用的叫虎威，和尚用的叫禪心，老道用的叫鎮壇⋯⋯說書人用的就叫醒木。醒木不是自備的，而是拜師時由師父傳授給徒弟，徒弟當眾接過來之後，才有資格使用。

 461

什麼是評書中的明筆？

明筆，也叫正筆，指說書人根據事件發展過程的順序依次敘述，時間隨情節進展而流逝，地點隨情節變化而更迭，時空變化一目了然，來龍去脈清清楚楚。明筆是評書敘述中最基本的筆法。採用明筆方法講述故事，總是按事件的發生——發展——高潮——結局這樣一個順序來講述的，強調故事的首尾相連，前後呼應；但首尾相連不等於看頭知尾，前後呼應不等於平鋪直敘。這就要求說書人必須在情節的安排上下功夫，做到曲折離奇，跌宕起伏。

以膾炙人口的短篇評書《蕭飛買藥》為例，試分析一下評書中的明筆。這段書從蕭飛接受進城買藥的任務說起，化裝上路；為了能夠節約時間，順利進城，蕭飛在路上施巧計活捉特務何志武，並繳獲了槍和自行車；蕭飛飛車闖關，進到城中，直接來到平民大藥店買藥；小特務不敢招惹，照方抓藥；蕭飛提起藥箱子要走，迎面碰上日本特務機關長川島一郎，險情驟現；蕭飛沉著冷靜，拔槍脅迫川島帶路，從後院離開，並在門口以自行車換摩托車；最後蕭飛駕摩托車闖出縣城，勝利凱旋。從蕭飛進城到出城，故事發生在不到一天的時間裏，卻幾經波折，變化多端，充分吸引住聽眾的注意力，堪爲典範。

明筆是評書常用的敘述筆法，能夠使情節條理清楚，線索清晰，但若運用不當，也容易使節奏單調而遲緩。爲了彌補這一缺陷，就需要採用橫向穿插的手段，縱橫交錯，凸顯變化。下面將分別對各種橫向筆法進行一一介紹。

 | 462

評書中常常出現的“書中暗表”是什麼意思？

這指的是評書中的暗筆，就是爲了製造懸念，說書人故意對某些情節隱而不講或一帶而過，等情節發展到緊關節（jiē）要之時，突然中斷敘述，對此前設下的懸念加以交代和說明。這種補充說明稱爲暗筆，在評書中常見的標誌性語彙是“書中暗表”、“暗中交代”等。

傳統評書《東漢演義》中有一處情節，隱姓埋名的劉秀化裝成一般舉子進京趕考，在長安城中誤撞一乘官轎，被官員帶回府中審問。那官員隨即說出劉秀手腕上所帶鐲子的來歷，令其大吃一驚。不僅是劉秀，聽衆此時也很奇怪，懸念自然產生：這只鐲子是劉秀東宮太子身份的證明，這個官員怎麼知道呢？他究竟是誰呢？於是敘述暫時中斷，插入“書中暗表”，原來此人姓竇名融，官拜吏部天官。這位竇天官還是漢室老忠臣左班丞相柴文進的內弟，當年把劉秀過繼給孝平皇后，立爲東宮太子，就是他們姐夫、郎舅二人辦的。書說至此，觀衆恍然大悟。這就是巧用書中暗表，通過暗筆敘述解開懸念。

暗筆在評書中很常見，起到補充說明的作用，所插入的成分與故事情節關聯雖並不密切，但也必不可少，否則就會線索不清，使聽衆難以理解。

 | 463

什麼是評書中的伏筆？

伏筆，是對即將在評書中出現的人物或事件預先埋伏下筆墨，即毛宗崗所說的

"投種於地，待時而發"，以求前後呼應。金聖歎稱之為"草蛇灰線法"："如景陽岡勤敘許多哨棒字，紫石街連寫若干簾子字等是也。驟看之，有如無物，及至細尋，其中便有一條線索，拽之通體俱動。"又說："此書每欲起一篇文字，必於前文先露一個消息，使文情漸漸隱隆而起，猶如山川有雲，乃始膚寸也。"

比如《水滸傳》中"醉打蔣門神"一節，武松為替施恩報仇，一路飲酒，來到快活林酒店，經過一場廝殺，把蔣門神的愛妾扔到酒缸之中。而在此之前，武松進店時，說書人必然要特別交代酒缸所處位置，令觀眾對其印象深刻，然後再描繪武松爭鬥，自然流暢。再如《三國演義》中"長阪坡"一節，趙雲救主闖出重圍，曹操緊追不捨，至當陽橋前，張飛趕到，一聲斷喝，阻住曹軍。曹操聽說是張飛，想起一件事：昔日白馬坡關雲長斬顏良之後曾對自己言講，他有一結拜三弟張飛張翼德，能於百萬軍中取上將首級，如探囊取物，反掌觀紋。當時自己還命人記於袍襟之上。想到此處，曹操趕忙撩袍觀瞧，果然上寫"今後與張翼德相逢，不可輕敵"。由此看來，關羽白馬坡對曹操說的那番話就是伏筆，為後文書做了很好的鋪墊。

最精彩的伏筆當屬採用不引人注目的方式，偷偷埋伏，令聽眾入彀（gòu）而不覺，但當最後謎底揭曉時，聽眾追憶前情，又總能找到蛛絲馬跡，繼而恍然大悟。一般說來，伏筆藏於隱處，而照應則顯在明處。只伏不應，伏筆失去意義；不伏有應，情節突兀生硬。因此，評書中伏筆的運用必須做到隱伏與照應協調一致，這樣才能最大程度地彰顯其藝術魅力。

 464

評書中的"剪短截說"是什麼意思？

評書中的常用語之一，又稱"簡短捷說"，是一種表示省略的情節剪裁手法，既可以體現為時間上的省略，也可以體現為故事上的跳躍。

比如，一般評書中表述某人從甲地到乙地，一路之上沒有什麼事情發生，說書人常說"剪短截說，一路之上饑餐渴飲，曉行夜宿，非止一日，到了"。這裏的"剪短截說"就是時間上的省略，沒有特別的事情發生，故而一筆帶過，以免情節冗長累贅。

再如，《岳飛傳》中"槍挑小梁王"一節，說到小梁王柴桂在武科場耀武揚威，尤其是在打敗楊再興之後，場內舉子議論紛紛。這時說書人說："剪短截說，小梁王柴桂連勝五傑，威震科場，等他再叫陣，科場上鴉雀無聲，沒人答言。"這裏的"剪短截說"就是故事上的跳躍。柴桂打敗楊再興之後，武科場比武並未結束，而接下來小梁王連勝五傑，如果一一說來，只不過簡單重複而已。與其讓聽眾索然無味，不如省略。沒有故事的地方節約筆墨，不僅使情節更為緊湊，而且體現說書人的功力。

465

說書人的"冊子"是什麼？

舊時說書藝人說書都有提綱，一般都是口傳心授，然後記錄成文的，這類似於筆記的東西叫做"冊（chǎi）子"。冊子一般由紅格豎寫毛邊紙裝訂而成，上面記的是主要故事梗概、人物名號、兵器馬匹，以及各種詩詞賦贊等，要求演員熟記於心，說書時脫口而出。比如《隋唐》中的賈柳樓四十六友名號、瓦崗山大亮隊所有人的開臉兒、一字長蛇陣的陣形介紹，《東漢演義》中的二十八員雲台將暗合二十八宿，《明英烈》中的黑紅十六將，《施公案》中的百鳥朝鳳、百獸朝麟、百鬼朝閣等等。

一部評書錄在冊子上一般在數千字到萬字之間，總體來說寫得比較簡明扼要，只是起到一個提綱的作用。

466

評書中的"開臉兒"是指什麼？

人物的外貌描寫，包括面貌、穿著打扮及外在特徵等，在評書中有一個專門稱謂——"開臉兒"。在評書中，一個人物出場時，說書人往往要對其相貌進行或細緻或扼要的描述，向聽眾勾畫出其外在模樣的基礎形象，以收先聲奪人之勢。

傳統的開臉兒句式常用程序化的貫口或詩詞賦贊，比如傳統評書中常見的女將開臉兒：

> 觀看這女將，貌美又年輕。柳眉彎又細，杏眼水靈靈。
>
> 膽鼻櫻桃口，牙齒白如銀。頭戴朝鳳冠，朱纓罩頂門。
>
> 金簪壓雙鬢，斜插雉雞翎。懸搭虎豹尾，鎧甲穿在身。
>
> 衲襖紅似火，寶鏡透光明。背插四杆旗，虎皮繡花裙。
>
> 寶弓雕翎箭，青鋒佩在身。跨匹銀鬃馬，花槍繫紅纓。
>
> 兩腳踏鞍鐙，輕輕楊柳身。名門巾幗女，上陣好精神。

而現代評書中的開臉兒本著推陳出新的精神，在句式和語言內容上都有新的探索。比如下面這個江姐的開臉兒：

> 朝天門碼頭左側第六根燈柱旁，此乃鬧市中僻靜之處，立著一位女同志，但見她：身穿油綠緞背淨面絲毛葛長旗袍，高領口是黑緞子滾邊，盤龍桃形扣下別著赤金鑲嵌殷紅寶石蝴蝶扣花，腳蹬半高跟、小牛皮淺口皮鞋，擦得光鑒照人。頭上包了一條豆沙淨面玻璃紗頭巾，額前露出一簇電燙捲髮，恰似一朵梨花覆蓋在額前。左肩斜挎長帶人造革小方包，上綴氧黃桃形搭扣。雙手斜插在大衣外口袋之中。端莊的儀表，安詳中透著機警；寧靜的目光，似遠眺而不失警惕。雍容而不俗，華貴而無嬌，恰似冰霜中的紅梅，猶如暴雨中的白蓮。

 467

最著名的山東快書書目是什麼？

傳統長篇山東快書《武松傳》，是山東快書最早，也是最著名的曲目，主要塑造了武松嫉惡如仇、見義勇為、除暴安良的英雄形象。全書主要由《東岳廟》、《景陽岡》、《陽穀縣》、《十字坡》、《石家莊》、《鬧當鋪》、《孟州堂》、《安平寨》、《鬧南監》、《快活林》、《調虎計》、《飛雲浦》、《鴛鴦樓》、《張家店》、《蜈蚣嶺》、《白虎莊》、《二龍山》等若干中篇聯綴而成，故事情節緊張，人物形象鮮明，語言通俗明快，充滿著濃郁的生活情趣和鄉土氣息。

468

京韻大鼓都有哪些流派？

京韻大鼓藝術在發展過程中，曾出現過各種不同的風格流派，其中最初形成的是劉、白、張三大派系。

劉派京韻大鼓的創始人劉寶全（1869～1942），唱腔高亢有力，慷慨激昂，尤其長於描摹戰鬥場面。代表作如《古城會》、《博望坡》、《關黃對刀》、《單刀會》、《刺湯勤》、《遊武廟》等。此後宗劉派之名家輩出，白鳳鳴、駱玉笙、小黑姑娘、林紅玉、良小樓、孫書筠、小嵐雲等皆是個中翹楚。

白派京韻大鼓創始人白雲鵬（1874～1952），其演唱特點是字重音清，輕巧柔媚，說中夾唱，唱中帶說，樸素自然而溫文爾雅，善於平和地敘述故事，細膩地展現人物的內心世界。他演唱的曲目以《紅樓夢》題材為主，如《黛玉焚稿》、《探晴雯》等；也有取材於民間傳說的故事內容，如《花木蘭》、《孟姜女》等。白派京韻大鼓的優秀傳人有閻秋霞等。

張派京韻大鼓的創始人張筱軒（1876～1948），其唱腔特點是音寬氣足，激昂奔放，於粗獷中顯氣魄，高亢處見精神，尤其擅長表現戰鬥場面，一氣呵成，酣暢淋漓。他演唱的曲目以《三國》題材為主，如《古城會》、《華容道》、《戰長沙》等。目前張派已無傳人。

後來隨著藝術的不斷發展，白鳳鳴（1909～1980）繼承劉派唱腔，並結合自己嗓音另有創造，擅用“凡音”（即以半音行腔），表現剛柔相濟的特點，世人稱為“少白派”（以與白雲鵬之白派區分）。其代表節目有《羅成叫關》、《擊鼓罵曹》等。

一代京韻大鼓名家駱玉笙（1914～2002）在劉派唱腔的基礎上，融合其他流派特點，亦形成自己獨特的演唱風格，唱腔圓潤，深沉穩重，感染力強，被稱為“駱派”。其代表作有《劍閣聞鈴》、《紅梅閣》等。她為電視連續劇《四世同堂》演唱的主題曲《重整河山待後生》更是家喻戶曉，婦孺皆知。

中國人應知的

國學常識

The Knowledge

of Chinese

建築園林

中國人應知的
國學常識 **建築園林**

│ 469

明清紫禁城在建築佈局、風格上有哪些改變？

紫禁城是明清兩朝二十四位
皇帝的宮室，其建築間的佈局、
各建築的風格都不斷發生變化，
這裏就細細說說這些變化發生的
前因後果。

明代反元的口號是"驅逐胡
虜，恢復中華"，於是，在建國
以後其基本國策是希望恢復和發
展唐宋以來的漢族傳統。所以，
在北京建都之初，就已經決定拆
除元宮改建新宮，新宮之選址位
於明北京城城市中軸線上。明紫
禁城在永樂十八年（1420）落成
時即已形成今天的大致格局：包
括自城南正陽門向北，經大明
門、承天門、端門、午門、前三
殿、後兩殿、玄武門的中軸核心
建築，以及外朝內廷的格局。

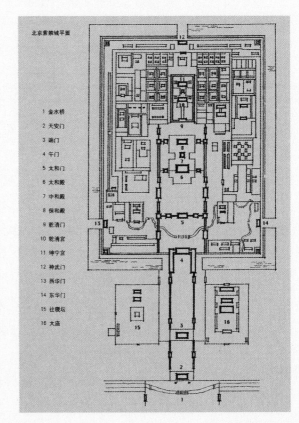

北京紫禁城平面

1 金水桥
2 天安门
3 端门
4 午门
5 太和门
6 太和殿
7 中和殿
8 保和殿
9 乾清门
10 乾清宫
11 坤宁宫
12 神武门
13 西华门
14 东华门
15 社稷坛
16 太庙

紫禁城平面圖

外朝以三大殿——奉天、華蓋、謹身三殿爲核心，並在其東西兩側建文華、武華兩組宮殿，形成外朝中、東、西三路。而內廷軸線由乾清、交泰、坤寧宮組成，在建築形制上仿前三殿的佈局，軸線左右爲東、西六宮，形成十二座方形小庭院，爲后妃們的居所。

紫禁城經明末已經所剩無幾，不過清代入關，沿用舊宮，基本在紫禁城舊址上進行復建，而沒有對其格局進行大的改動。當然，歷代帝王也根據自己的需要，比如康熙和乾隆時期，對紫禁城做了不少改動，比較重大的改變包括養心殿、寧壽宮的改建，以及建福宮花園和乾隆花園的增建。可以說在保持了明代"壯麗"的基礎上，清代對於紫禁城又加入了一些活躍、宜人的元素，錦上添花。

首先說說三大殿部分的改建。明代和清初時候，三大殿作爲中軸線上的主體，採用"廊院式"佈局，即太和殿、保和殿都有斜廊與周圍廊宇相連（後三殿也是如此）。然而，清初的一場火災，讓剛恢復的三大殿再次損毀。於是，在康熙三十四年重建時，三大殿一改明代的格局，取消了兩翼斜廊，改爲階梯狀的烽火山牆，如此，原本連在一起的廊廡就被分割開來。

其次說說養心殿。雍正皇帝即位以後，他將內廷中心由乾清宮移到了養心殿，並對其進行了改建。養心殿主體建築爲"工"字形，前殿七間，出抱廈三間，後殿五間，中間用五間穿堂連接。前殿左右次間是東西暖閣，西暖閣是皇帝召見親近大臣議事的地方，西梢間的小室是著名的"三希堂"。以三希堂爲代表的室內空間親切宜人，空間尺度小巧而富於變化和生活趣味，是清代帝王起居空間的典範。

最後說說寧壽宮和乾隆花園。寧壽宮是乾隆爲了給自己"退休"後做太上皇改建的宮殿，它集中地體現了乾隆鼎盛時期的建築風格和情趣。就形制而論，寧壽宮是名副其實的"城中城"，是紫禁城的縮小版。宮殿分爲前後兩部分，前半部分是對以前寧壽宮的改建，中軸線上以寧壽門、皇極殿、寧壽宮等建築與周圍附屬建築組成"前朝"。後半部分即爲"後寢"，分東、西、中三路。中路作爲主體，以養性門、養性殿、樂壽堂、頤和軒、景祺閣爲軸線。東路建築以暢音閣爲主體，爲紫禁城內最大的戲臺，其北面爲閱是樓，是帝后觀戲的場所，這些建築組成禁宮內唯一的戲園子。西路爲著名的寧壽宮花園，俗稱"乾隆花園"，其格局爲四進小院落，卻極盡園林之能事，尺度與三大殿等儀式性空間形成鮮明對比，也體現出乾隆個人的喜好與品位。

| 470

傳統的祭祀建築都有哪些種類？

　　古建築中的祭祀建築主要可分爲兩大類：祭祀祖先的宗廟性質的建築，以及祭祀自然神，包括天、地、日、月、山川等的建築。這些祭祀建築都是皇帝向天下顯示其對祖先的尊重，顯示其皇權合理性的場所，所以在古代，祭祀建築是僅次於宮殿的重要建築，歷朝歷代都在其上花費了大量精力和物力。

　　祭祀建築受到古代"至敬無文"觀念的影響，一般追求簡潔、端莊、肅穆，此外，還追求豐富象徵性，其格局一般意義性多於功能需求。

　　以位於北京的祭祀建築爲例，祭祀祖先的建築群有太廟、歷代帝王廟等；而祭祀自然神的建築群有社稷壇、天壇、地壇、日壇、月壇等。

太廟正殿

　　太廟按照"左祖右社"的制度位於紫禁城東南側。它建成於永樂十八年（1420），主體爲正殿、寢殿。而後在明嘉靖十四年（1535）一度改變廟制，在正殿左右側爲各代皇帝建設廟宇，共九廟，而嘉靖二十年（1541）新廟宇不幸被雷火焚毀。其後又在嘉靖二十四年（1545）重新建造，也就是我們今天看到的太廟。

今天的太廟內外有兩重牆，外牆開南北門，南門內有金水河，東西側對稱建有神庫、神廚。橋北正對戟門。戟門內中軸線上建有前、中、後三殿。前殿爲祭殿，面闊九間，重簷廡（wǔ）殿頂，形制和太和殿同。中殿爲貯藏九世皇帝木主的寢殿，也爲九間，單簷廡殿頂。後殿以隔牆相隔，內建面闊爲五間殿（後增加爲九間），也爲單簷廡殿頂，貯藏超過九世已祧廟皇帝之木主。這種中軸線上連續四座廡殿頂（戟門也爲廡殿頂）的佈局實爲罕見，級別很高，以表示對祖先的尊重。

471

佛教寺院的典型佈局是怎樣的？

白馬寺

相傳位於西安，也就是漢長安的白馬寺是我國的第一座佛寺建築。據說在東漢永平七年（64），漢明帝遣使赴西域求法，當西域高僧與他們帶著佛經同回長安時，西域高僧先是被安排住在鴻臚寺，第二年才另建住所，也就是白馬寺。從此之後，原來稱呼官署衙門的"寺"就逐漸成爲佛教寺院的稱呼了。

佛教剛剛傳入之時，專門的寺院數量還非常少。於是，一些官吏、富商就將自己的宅院捐獻出來，作爲寺院。在這種合院建築中，前廳用於供奉佛像，後堂作爲學習佛經的經堂，廂房等輔助用房就成了僧人居住之所。佛事活動很巧妙地融入中式合院建築，後者也成爲佛教寺院的基本形式了。

隨著佛教的發展，佛事活動的內容日漸增多，佛寺的規模也越來越大，格局越發成熟起來，不過，都沒有突破合院式的發展模式。典型的佈局仍以軸線作爲線索，中

軸線上從大門進入寺院，第
一棟建築爲供奉天王的天王
殿，其後爲供奉佛像的大雄
寶殿，一般爲寺院內的核心
建築，再後爲誦經修行的法
堂和經樓。一般寺院在天王
殿前的院落中，還左右對稱
佈置有鐘樓、鼓樓，以及一
些記錄寺院發展、修繕歷史

五臺山佛光寺

的石碑。其後的院落四周多佈置爲待客、存物、僧人居住的生活用房，有時也在中
軸線兩邊加建觀音殿、毗盧殿等殿堂。

　　早期的寺院保存下來的有河北正定隆興寺、天津薊縣的獨樂寺、山西五臺山的佛
光寺、浙江寧波的保國寺等。從這些寺院實例中，我們都可以看到類似的佈局模式。

 | **472**

北京四合院的典型格局是怎樣的？

　　說起老北京的標誌性建築，大家可能都能說上一大串：故宮、天壇、北海、國子
監、潭柘寺……它們各有各的特色。然而，僅僅擁有這些建築的北京還稱不上完整的
北京城，那些分佈於全城各處的四合院也同樣是北京文化遺產的重要組成部分，兩者
密不可分，共同傳遞著所謂的京味和京韻。

　　四合院在老北京也叫"四合房"，顧名思義，就是"四面都用房子圍合起來"的
宅院。其實中國很多傳統建築中都採用院落的形式，北京四合院是其中比較典型的一
種。合院建築在我國具有很長的歷史，早在西周時期就已經出現，如陝西鳳雛村的西
周住宅遺址即爲一例，此後在東漢畫像磚上的圖案，以及敦煌壁畫中都發現過合院的
形象。

　　典型的四合院格局都很方正，多數呈長方形平面，採用正朝向。院落的基本單

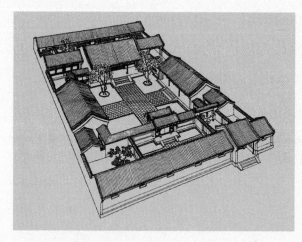

北京四合院圖

位叫"進"和"跨",前者表示院落間前後的串聯關係,即縱向的院落數量,後者表示左右並聯關係,即橫向的院落數量。四合院根據其不同的院落大小及其組合方式,可以分為:單進、兩進、三進、多跨四合院等。大型四合院往往不僅有好幾進院落,還擁有一跨花園,以豐富其空間。

　　單進四合院的構造最為簡單,可以說是個典型的四合房,由院牆、大門、倒座、東西廂房、正房、東西耳房幾個元素構成。一般來說,理想的四合院都要保證正房坐南朝北,也就是院落整體正南正北。大門通常設置在院落的東南角,而非正中,這樣既可以保證院落內的空間不會被外部一覽無餘,還可避開冬天強勁的北風。一些宅門還在正對大門的廂房山牆上做一面照壁,上面裝飾有精美的石雕。大門的西邊是倒座房,通常是作為門房接待客人的,有的還在西南角設有廁所。院落空間多為方形,搭上個葡萄架,夏日就可以在院內乘涼。院落的東西各為兩間廂房,是主人的親戚居住的臥室,當然也可作為主人的起居空間。正房是院落中最為舒適的房間,用作主人的臥室;兩側配以耳房,作為儲物場所。空間層次更為複雜的四合院,如兩進四合院,就會以垂花門將院落分為前、後兩部分。前院比較狹窄,是進入內院的緩衝空間。而內院以垂花門為界,四周有時還以連廊將各個建築連接起來,這樣即使下雨天也可以享用院落空間。

　　現在北京城內保存下來的四合院還是為數不少的。若想體驗王府的恢宏和奢華,一定要去位於什剎海前海的恭王府看看;若想體會一下文人學士的宅第,可以去探訪一下晚清大學士文煜(yù)的宅子(位於北京東城帽兒胡同7-13號);若想見識一下晚清精美的小木作技藝,那麼內務府大臣榮源的宅院(位於東城帽兒胡同)就不可錯過了,這裏還是婉容居住過的地方。此外,還有各種近代的名人故居,如魯迅故居、郭沫若故居、梅蘭芳故居,也都是值得一看的典型北京四合院。

473

"大內"指什麼？"大內"都是由什麼組成的？

武俠作品中經常提到"大內高手"云云，那麼究竟什麼是"大內"？以我們最爲熟悉的北京城爲例，大內即指位於城市核心部分的皇城。皇城內主要佈置皇上的宮殿，以及爲宮廷供應、服務的機構，此外，還包括位於西側的三海苑囿，形成偏向西側的佈局形式。明代的北京大內集中了城中最爲壯麗、宏偉的標誌性建築物，如居中的紫禁城，以及宮殿南側之社稷壇與太廟。且自正陽門向北，經過大明門、承天門、端門、午門，穿過前三殿、後兩宮、玄武門，再經景山，至地安門止，形成了北京中軸線的核心部分。

不過，如此成熟的大內格局也非一日形成。在漢代，大內的格局還未形成系統的規劃。定都長安後，漢高祖就利用秦代興樂宮改建爲長樂宮，並在其西建未央宮，而後又建立了北宮、桂宮、明光宮。這五宮雖然各自功能不同，但在位置上並沒有太多關係。而到了曹魏鄴城時期，大內的規劃已經有了很大的發展。鄴城平面爲橫長的矩形，大內位於西北部，約占全城之1/4以上面積。大內只建北宮一座宮殿，且佈局上已爲前朝後廷之制。城市格局上，由南城中門向北，即南北向主街，

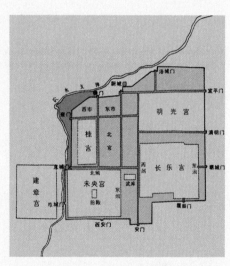

西漢長安城平面圖

可直抵大內宮門，遙對宮中的司馬門和聽政殿一組建築，形成全城之南北軸線。這時的軸線營造手法顯然不如明代多樣，可在空間佈局上也注意到大小庭院之對比，形成大內之內明顯的秩序。此外，大內的位置並不居中，城內的主要街道因此也就沒有受到阻隔，可以說，在這方面鄴城的大內佈局比明代還要高明一籌。

| 474

"街坊四鄰"的坊和街分別指什麼？

我們常常提到"街坊四鄰"，這個詞代指住在一條街巷的鄰居。對於"街"這種城市元素，我們並不陌生：寬闊筆直的大道，如"長安街"；尺度親切宜人的歷史街道，有的蜿蜒曲折，如北京後海的"煙袋斜街"，有的熱鬧非凡，如正陽門前的"大柵欄"。而這個詞裏的"坊"又是什麼呢？"坊"與"街"的關係是怎樣的呢？

街道出現的時間大約已經久遠得不可考證，在周代的《考工記》王城的規劃中，

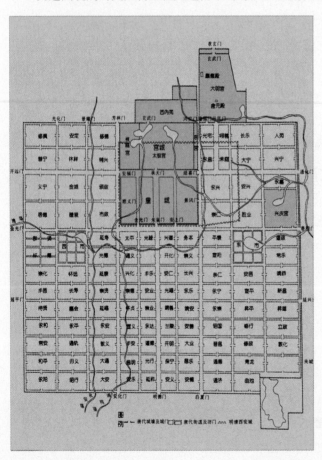

唐長安城圖

就已建議王城的主要道路建成"井"字形，且將道路分主次，相互間垂直連通。而"坊"的由來則出自古代的里坊制度。里坊是古代居住區的基本組織形式，一般五戶為鄰；五鄰為閭；二十閭為坊；十坊為區，同時里坊也是城市規劃建設的基本單位。在東周時期，里也稱為"閭里"，這在《考工記》中也有所提及，這種制度一直延續到唐代。

唐長安城內皇城、宮城東西側各劃分成三行，每行南北劃分為十三坊，一共七十八坊；而東西各以二坊之地設為東市、西

市，實爲 一 百一十坊。坊四周設牆，形如小城堡，中間設十字街，每坊四面各開一門。市的四面也設牆，井字形街道將其分爲九部分，各市臨街設店。到了晚上，坊、市關閉坊門，禁止隨便出入，街上由軍隊巡邏，盤查行人，所以唐長安城其實是一座夜間宵禁的軍事管理城市。

到了晚唐時期，由於商業發展的需要，這種里坊制度日益受到破壞，江浙一帶的商業城市率先突破了束縛，慢慢地坊市結合，有時不設坊牆，夜市也逐漸興盛起來。宋代的城市雖然是在唐代里坊城市的格局上進行改造，但此時商業的繁榮已使城市中封閉的坊市解體，轉變爲開放的街巷制城市。在開放的街巷城市中，居民可以從所居的小巷中直通主要街道，而街道兩側也可以開設店鋪，夜禁也被取消，這在各個方面都活躍了城市的商業活動，也徹底改變了城市的面貌。由此才出現了《清明上河圖》中描繪的宋代汴梁繁榮的市井生活。

 | 475

"明堂辟雍"代表了中國哪種傳統建築理念？

"明堂辟雍"是中國古代最高等級，也是最爲重要的皇家禮制建築之一。明堂是古代帝王頒佈政令，接受朝覲(jìn)和祭祀天地諸神以及祖先的場所。清代學者阮元在《明堂論》中說：明堂，是天子居住的地方。天子在這裏祭祀上帝和祖先，在這裏舉行養老尊賢的典禮，在這裏舉行宴饗、射箭比賽、獻俘等儀式，在這裏頒佈教化、發佈政令，在這裏朝見四方諸侯。

辟雍的本義，辟者璧，璧者玉，雍者圓，圓者中，中者和。《揚子法言》云："辟者，璧也，象璧圓，又以法天於雍水側，象教化流行也。"辟雍，即明堂外面環繞的圓形水溝，環水爲雍，圓形意味辟。它在某種程度上象徵著人倫道德之最高境界。

"辟雍"的功能又是什麼？"辟雍"本爲西周天子爲教育貴族子弟設立的大學。其學有五，南爲成均，北爲上庠，東爲東序，西爲瞽(gǔ)宗，中爲辟雍。其中以辟雍爲最尊，故統稱之。《禮記·王制》云："大學在郊，天子曰辟雍，諸侯曰泮(pàn)

北京國子監辟雍

宮。"《五經通義》:"天子立辟雍者何?所以行禮樂,宣教化,教導天下之人,使爲士。天子養三老,事五更,與諸侯行禮之處也。"由此普遍認爲,明堂與辟雍實爲一事而異名。東漢以後,歷代皆有辟雍,除北宋末年作爲太學之預備學校外,多爲祭祀用。

歷史上最著名的"辟雍"是位於今西安市南門外大道東側的西漢辟雍,建於漢平帝元始四年。其遺址地基爲一高出地面0.3米、直徑62米的圓形夯土台,其上推測爲方形台榭建築,面積3844平方米。建築的中心是一方17米的夯土台,殘高1.5米,其上應爲原來建築的"太室"。在夯土台的四角各築有兩個小方形夯土台,在中心台四壁的外側、各小夯土台之間,均建有橫長型廳堂,稱東、西、南、北四堂,每面寬33米。各面堂前間有地面鋪方磚的突出"抱廈",每面總寬42米。其四周圍牆方235米,中間設門,四角設有曲尺形配房。其外又有正圓形水渠環繞。

古代明堂辟雍作爲體正中和的人倫象徵,其建築的一切形式手法都爲了體現幾何中心至關重要的地位,從而強調"中"、"和"的建築理念。如形式上採用"正方"、"圓形"等中心對稱圖案,入口、牆體的佈局採用中心對稱形式,中心建築的佈局和屋頂形式也以中心對稱,空間佈局上以中心爲最高點向四周擴散。此外,禮制建築受"至敬無文"的思想影響,在用材上追求高貴,但裝飾力求簡潔有度。

476

十三陵的選址和建築格局具有什麼特點？

明代除第一任皇帝太祖朱元璋葬於南京紫金山孝陵之外，其餘各帝都葬於北京昌平，後世稱爲十三陵。在此以前，北宋帝陵雖然也集中興建，但佈局非常分散。十三陵的不同之處在於，它以南北向山谷爲陵區，南端建陵門，穀內各山口建側門、陵牆，由此又形成各自封閉的陵域。十三陵自山谷入口處起建有一條長達7公里的主陵道，南端建有石牌坊，坊北即陵區正門大紅門，門內有碑亭，亭北進入夾道樹立石象生的神道，其後建有石牌坊、五孔橋、七孔橋。神道北端直抵位於主峰天壽山之下的主陵——成祖長陵。其餘各陵也各倚一峰，分列左右。自欞星門以北，有多支路通向其他各陵，主陵與其他各陵共同形成一套完整的陵區，在歷代帝陵中獨具特色。

以保存形制最爲完整的長陵爲例，陵園呈縱長矩形，分爲三進院落。第一進院爲陵門小紅門與祾恩門之間，東側建有碑亭。第二進爲祾恩門與內紅門之間，居中的爲

長陵祾恩殿

面闊九間重簷廡殿頂的享殿祾恩殿，左右各有配殿十五間。這個院落規模宏大，是主要的祭祀場所，相當於陵寢的前朝區域。第三進院落爲內紅門至寶城的方城明樓，是陵寢的寢區。方城明樓爲上建重簷碑亭的方形城墩，下部有門洞通至寶城前小院，是寶城前的標誌性建築。寶城的直徑約300米，四周用城磚砌成圓城，城頂加垜口，其內夯土爲陵山，墓室就在其下方。

由於長陵爲遷都後第一代帝陵，所以形制規模都大於後世諸陵。不過各陵在佈局形制上都與長陵相似：即由次陵道進入，經碑亭，過三座橋，直行至祾恩門，進入有陵牆圍繞的陵園主體。陵園內主體建築爲祾恩殿，其後經三座琉璃門，再行至方城明樓，其後爲陵墓所在的寶城。由此，也反映出明代陵墓規劃之嚴謹、成熟。

477

舍利塔有什麼建築特色？

玄奘舍利塔

舍利子印度語叫做馱都，也叫"設利羅"，譯成中文叫靈骨、身骨、遺身，是高僧們往生，經過火葬後所留下的結晶體。不過舍利子跟一般死人的骨頭是完全不同的。它的形狀千變萬化，有圓形、橢圓形，有的成蓮花形，有的成佛或菩薩狀；它的顏色有白、黑、綠、紅各種顏色；舍利子有的像珍珠、有的像瑪瑙、水晶；有的透明，有的光明照人，就像鑽石一般。相傳佛祖釋迦牟尼佛圓寂火化後，他的遺體灰燼中有一塊頭頂骨、兩塊肩胛骨、四顆牙齒、一節中指指骨舍利和84000顆珠狀眞身舍利子。佛祖的這些遺留物被信眾視爲聖物，爭相供奉。

　　舍利塔，顧名思義，即爲存放得道高僧的舍利而建的佛塔。由於舍利爲身後物，所以舍利塔在材料的選擇上多選擇磚、石；又由於存放聖物，故在形式選擇上多爲密簷塔，平面有方、圓、六角、八角形等多種形式。

　　由石材建成的舍利塔，較爲古老的實例當屬南京棲霞寺舍利塔。該塔始建於隋文帝仁壽元年（601），當時爲木結構，後毀壞。現存塔身建於五代十國南唐年間（937～975）。按初建時木結構塔身原樣，採用石頭榫接方式予以重建。石砌塔高18米，由多層塊石疊砌而成，爲八角形五層密簷塔，表面雕成塔基、塔身、塔簷、塔頂的形式，近似石雕，下層須彌座用塊石拼合而成。

　　磚塔的範例可以參考唐淨藏禪師墓塔。該塔位於河南登封會善寺內，建於唐天寶五年（746），爲單層六角磚塔。塔表面用預製型磚或磨磚、砍磚、雕磚技術，砌成須彌座、仰蓮、柱、闌額、斗栱、門窗等精美圖案，表現出高超的磚飾面工藝。同時期類似的磚塔還有河南安陽修定寺塔、山西運城唐泛舟禪師塔等。

 478

中國古代的城牆是如何建造的？

　　春秋、戰國時期的城牆並非像我們今天所見到的明代長城那樣，是由磚砌成的，而是用夯土夯築而成的。這裏就講講具體的夯築方式。

　　一種方法是"楨幹築牆"。楨是指築牆時所用端範本，其形狀與所要築的牆之斷面相同，一般爲下寬上窄，兩側收坡。幹是側模的古稱，後世稱"膊椽"，也就是每側用2～3根木棍。開始築牆時，在兩端各立一楨，在其間內外兩側各橫置2～3根幹，其間再用草繩繫緊，之後在中間填入土，夯築。夯到最上一根幹相平後，割斷草繩，抬升幹，依法夯築。

　　對於力量較大的城牆、墩台等構築物，則不直接用楨幹築牆，而應改用斜立的杆來控制城牆的斜度，且用版代替楨。夯築時先把數根草繩的一端繫在版的不同位置，另一端繫在木楔，拉緊後木楔釘入地上固定，然後夯築。

　　另一種方法曰是"版築"。這種夯築的雛形在淮陽平糧台龍山文化古城遺址就已經見到，到了周代更為制度化。其做法是範本兩側的邊版為垂直的，一端用端版封堵固定，另一端敞開。把敞開的一端邊板接到已築的牆上，用卡木固定，然後填土夯築。夯平後，撤出卡木，把範本水準前移，繼續夯築。

479

我國傳統建築的屋頂形式都有哪些？

我國傳統建築深遠飛揚的屋頂歷來被視為最顯著的建築特徵之一，用林徽因先生的話說，“（屋頂）其實只是結構上直率自然的結果，並沒有甚麼超出力學原則以外和矯揉造作之處”。由此可見，傳統建築的大屋頂與今日為了民族特色而設計的“大屋頂”有著本質的區別。傳統建築的屋頂雖然從功能出發，但是卻根據建築的不同身份，以及當地的氣候、環境特色，發展出多種多樣的屋頂形式。

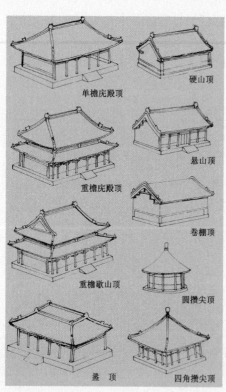

屋頂式樣

在古建築中最為常見的，也是一般官式建築採用的屋頂形式有以下幾種：重簷、廡殿、歇山、懸山、硬山、各種攢尖。重簷又可分為重簷廡殿、重簷歇山、重簷攢尖。攢尖頂又有四角攢尖、六角攢尖、八角攢尖、圓形攢尖。此外，有的屋頂還可依據平面相互組合，形成更為豐富多彩的樣式，比如，承德避暑山莊之水流雲在亭、故宮御花園萬春亭等。這些形式多樣的屋頂被創造出來首先是為了表示等級，重簷、廡殿、歇山都是皇家的專用，一般民宅只能建造硬山建築。

當然這些屋頂形式遠非全部，不太常見的形式還有盝頂、抱廈等等。就民居而言，其屋頂形式也很豐富，比如，平頂、單坡頂、穹隆頂等。

下面具體說說幾種常見屋頂的形式和名稱。重簷，即兩層屋頂，下層屋頂為四坡，上層屋頂則可為廡殿、歇山等，重簷廡殿為清代建築中的最高形制，僅在太和殿、太廟正殿出現。那麼何為廡殿頂？廡殿即四面坡屋頂，在宋代《營造法式》中稱為四阿頂，廡殿頂有五條脊，由正身、山面和轉交部分組成，清代主要採用“順梁法”和“趴梁法”兩種構造。歇山屋頂，在宋代也叫“九脊殿”或“廈兩頭造”，意思是指歇山屋頂有九條脊。從外部形象看，歇山屋頂是廡殿頂與懸山頂的結合，以下金檁為界，上部屋頂為懸山構造，下部分為廡殿。懸山屋頂的宋代名稱叫“不廈兩頭造”，前後兩坡屋頂，而且兩山屋面懸出於山牆或山面屋架之外，其檁木不是包砌在山牆之內，而是挑出於山牆之外，挑出的部分為“出稍”，這也是懸山建築區別於硬山建築的主要特徵。懸山屋頂又可以細分為大屋脊懸山和卷棚懸山，不同之處在於，前者有一條正脊。

480

影壁的種類有哪些？分別具有什麼特點？

影壁是設立在建築群裏面或者外部的牆壁，它面對大門，起到屏障的作用。不論是位於門內還是門外的影壁，都會和進出大門的人打個照面，所以影壁也稱照壁。在古代，影壁也叫“蕭牆”，蕭的意思是恭敬、揖拜，蕭牆也就是雙方見面行敬蕭之禮的地方，引申為分隔內外的屏牆。

我們常見的影壁都有哪些種類？一般可以按照影壁所在位置的不同對其進行分類，如設在大門之外、大門之內、在大門兩側以及其他位置的。設

紫禁城寧壽宮前九龍壁

立在大門之外的影壁是指正對院落的大門，一般隔街或一定距離之外設立的屏牆。一般等級較高的院落門前才有這種影壁，用在皇宮、王府、重要寺廟等建築群的門前，它可以與大門入口建築之間形成呼應，有時還圍合成廣場的形式，起到強調、烘托氣氛的作用。比如，北京紫禁城寧壽宮前的九龍壁、南京靈穀寺前的影壁、浙江寧波天童寺前的影壁，他們有的還特意做成"八"字形，以增加圍合感。這些影壁的形制與獨立的牆體類似，也可分為上、中、下三部分，即壁頂、壁身、壁座。皇家的影壁上部多為琉璃頂，形式類似屋頂的廡殿頂；壁身的四角和中心部分也多用琉璃圖案進行裝飾；而壁座外面也用琉璃瓦裝飾，樣式多為須彌座。

設在大門內的影壁，正對入口，起到隔絕視線的作用，避免人們一進門就對院內一覽無餘，所以一般用在皇家寢宮或住宅院落之中。比如養心殿遵義門內的琉璃影壁、御花園外的影壁。在北京四合院中，我們也經常能看到這類影壁，一般設在院內東南角的山牆面上，而不獨立設牆。壁身的中間部分裝飾以精美的石雕，圖案吉祥，極富生活氣氛。

位於大門兩側的影壁，主要是為了增加大門的氣勢，裝飾作用大於實際功能。比如，紫禁城乾清門兩側的影壁，乾清門作為內廷的入口地位自然非常重要，然而按照規定，它的形制在開間大小、台基高低、屋頂形式上又不可超過太和門。於是，在乾清門左右設八字形影壁，與其融為一體，以增加其氣勢。這種手法在皇家建築中經常可以看到。

 | 481

華表來源何處？其形制有什麼講究？

天安門前金水河畔佇立的一對華表以其挺拔的姿態，精美的雕刻，成為天安門廣場的重要標誌物。那麼，華表的功能是什麼？它是如何產生的？其常見的形態又是怎樣的呢？

對於華表的功能至今還沒有統一的說法，通常是出現在建築群入口、四周等，起到標識、限定空間的作用。除了在天安門前，我們在明十三陵、清東陵、清西陵、北海、白雲觀以及盧溝橋等處也都可以見到華表的身影。

關於華表的來歷也有很多不同的傳說。一種說法認爲，華表又名恒表、表術，它起源於古代的一種立術。相傳在我國堯舜時代，人們就在交通要道豎立木柱，作爲行路時識別方向的標誌，這就是華表的雛形。

另一種說法認爲，華表上古名"謗木"，相傳堯、舜爲了納諫，在交通要道和朝堂上樹立木柱，讓人在上面書寫諫言，鼓勵人們提意見。晉代崔豹在《古今注·問答釋義》中說："程雅問曰：'堯

天安門前的華表

設誹謗之木，何也？'答曰：'今之華表木也，以橫木交柱頭，狀若華也，形似桔槔……"桔槔是古代井上汲水的工具，形狀是一根長杆，頭上綁一個水桶，所以華表最初的形態類似一根頂端有橫木或其他裝飾的立柱。這種形象在宋代張擇端的《清明上河圖》中也有描繪，我們看到虹橋兩頭各有一根木柱，這大約就是立柱的早期形象。當然，這個形象與我們今天看到的華表相距甚遠，不過由於其間歷代的遺存太少，我們無法細細探究其發展變化的歷程。

不過，總結明清的遺存，我們不難發現，華表可以分爲三個部分，即柱頭、柱身和基座。以天安門的華表爲例，華表柱頭上的部分叫"呈露盤"。相傳漢武帝曾命人在神明臺上立一銅鑄的仙人，雙手舉過頭頂，托著一個銅盤，呈接天上的甘露，以爲喝了甘露便可長生不老，這自然是無稽之談。後來這種形式流傳下來，但取消了

仙人，簡化爲柱子上面放一隻圓盤。華表的頂端有瑞獸，名犼"犼(hǒu)"，一種形似犬的瑞獸，根據所在方位的不同，表達的意義也不相同。天安門後面的一對華表上的石犼面朝北方，望著紫禁城，寓意是希望皇帝不要久居深宮不知人間疾苦，應該經常出宮體察民情，所以稱"望君出"。而天安門前面的一對石犼面朝南方，寓意皇帝不要久出不歸，故而稱"望君歸"。華表的柱身呈八角形，一條巨龍盤旋而上，龍身外佈滿雲紋，漢白玉的石柱在藍天白雲的襯托下眞有巨龍凌空飛騰的氣勢。柱身上方橫插一塊雲板，上面雕滿祥雲。華表的基座爲須彌座，而且在基座外添加了一圈石欄杆，欄杆的四角石柱上各有一隻小石獅，頭的朝向與上面的石犼相同。欄杆不但對華表起到保護作用，還將華表烘托得更加高聳和莊嚴。

482

牌樓的形制和功能有哪些？

說到小品建築，牌樓可能是最先引起大家注意的元素，因爲它被設立在一組建築入口的最前端，或者是交通繁忙的街巷上。如果我們去參觀頤和園，首先映入眼簾的就是入口廣場前的琉璃牌樓，色彩華麗，具有極強的裝飾性。此外，在北京的幾處著名的商業街，東單、西單、東四、西四，它們名稱的由來就是因爲街上有過一座或四座牌樓而得名，這些牌樓是街道上的重要標誌物，起到劃分並標識空間的作用，不過這些牌坊在20世紀50年代被認爲有礙交通而被拆除了。

雍和宮牌樓

不論位於何處的牌

樓，從其形態可以看出，它具有建築大門的性質，所以它的起源也和門不可分割。古代建築一般以組群的形式出現，由大大小小的單棟建築組合成具有圍合感的院落，周邊設以圍牆，若想進入其中，只有通過院落的大門，由此，"門"這個元素對於古代建築就具有特別重要的意義了。早期的院門稱作"衡門"，形式還比較簡單，就是兩根豎立的木柱，再在上面加一條橫木。這種古代樸素的房屋稱爲"衡門茅屋"。陶淵明有詩云："寢跡衡門下，邈與世相絕。"後來爲了遮擋雨雪，這種簡單的衡門就被加上木板屋頂，在《清明上河圖》中我們還能看到這種門出現在汴梁城的商戶家中。

在宋代頒行的《營造法式》中還出現了一種名叫"烏頭門"的大門形式。具體構造方式爲：兩根直立的衝天柱，柱頭上以水生植物烏頭裝飾，一條橫木插入柱內，橫木以下安格扇門。其形制已與今天的牌樓非常相似了。

在古代城市中，其基本的居住單位爲里坊，早期的里坊設有坊門專供人們進出，這些坊門稱爲"閭"。有時，閭門之上會寫出里坊的名稱，還可將功臣的事蹟和姓名雕刻其上，予以表彰，是爲表閭制度。由此，這些閭門慢慢發展演變成今日的牌樓，所以，牌樓也具有記載地名，表彰功德的功能。

烏頭門

483

"臺榭"是一種怎樣的建築物？

李白著名的《江上吟》中有一句道："屈平詞賦懸日月，楚王臺榭空山丘。"前句是說，屈原的詞賦長久不衰，而楚王的"臺榭"卻早已不見。於是我們不禁產生這樣的疑問，什麼是"臺榭"？它的形制又是什麼樣子的？

現代意義上的"臺榭"一般是指一些修建在水畔湖邊的平臺，或者體態輕盈開敞的建築。而在屈原生活的春秋、戰國時代，"臺榭"卻不是這個通常的涵義。如果參照現存的戰國時期、秦漢時期臺榭遺址，以及青銅器上面保留下的圖像，不難發現"臺"是指夯土築成的巨大臺階狀的多層土臺。而"榭"指在各層臺上挖出的房間，挖掘時還可以根據使用需要留出分間用的隔牆作為承重牆。並且每間房間均在"臺"邊緣立簷柱，上架屋簷或樓板結構，屋頂形式以單坡屋頂和平頂為主，屋面則以架椽和鋪蘆葦的方式構成。"榭"的最上層在臺頂上築承重外牆，中間立中心柱，也叫"都柱"，從而構成獨立的主體建築。

最初的臺榭可能是供上層階級眺望、宴飲、行射之用。在具體功能的安排上，底層建築是輔助性建築，因其多繞臺一周，故稱"周廡"，主要居住衛士和服務人員。出於安全考慮，底層一般不與臺頂直接相通，而是由單獨的上下梯道連接。臺頂是臺榭的主體建築，一般供王或諸侯居住，有自地面至臺頂的臺階，其中下段登上臺頂的臺階稱為"陛"。

在輝縣出土的一塊戰國銅鑒上就刻畫了一座臺榭，其形制為下部為夯土墩臺，臺中心立中心柱，柱高一層。臺頂部分也為一層，四周有外廊環繞，上為雙坡屋頂。據推測，主體建築大多為土木混合結構。

一種說法認為，臺榭的出現主要由於上層階級需要某種便於"居高臨下"以壯聲威的雄偉宮室，而以當時的技術尚不能平地建造多層樓閣，所以不得已利用多層土臺作為基礎。另一種說法認為，臺榭這樣體量巨大的多層建築可以囤糧、屯兵，具有防衛的功能，在特殊情況下便於據守。

484

"龍生九子"都叫什麼？它們中有哪些在建築中"司職"？

相傳龍有九子，名稱形態各不相同，這些怪獸都在不同程度上糅合了龍的某一種特徵，不過龍之九子究竟誰排老大、誰排老二，民間並沒有明確的解釋。

據說明孝宗朱祐樘曾經心血來潮，問以博學著稱的禮部尚書李東陽："朕聞龍生九子，九子各是何等名目？"李東陽竟也不能回答，退朝後七拼八湊，拉出了一張清單。按李東陽的清單，龍的九子是：八夏（bāxià）、嘲風、睚眥（yázī）、贔屭（bìxì）、椒圖（shūtú）、螭吻（chǐwěn）、蒲牢、狻猊（suānní）、囚牛。不過在民間傳說中的龍子卻遠遠不止這幾個，狴犴（bì'àn）、貔貅（píxiū）、饕餮（tàotiè）、負屭等等也都是龍的兒子。其實所謂龍生九子，並非龍恰好生九子。中國傳統文化中，往往以九來表示極多，而且有至高無上的地位。九是個虛數，又是個貴數，所以用來描述龍子。

椒圖

螭首

那麼，這些龍子中又有哪些在古建築中司職呢？它們的具體工作又是什麼？

八夏，又名蚣夏，樣子似魚非魚，善水性，體態優美，飾於石橋欄杆頂端。

嘲風，樣子像狗，平生好險，殿角走獸是其形象。這些走獸排列著單行隊，挺

立在垂脊的前端，走獸的領頭是一位騎禽的"仙人"，後面依次為：龍、鳳、獅子、天馬、海馬、狻猊、押魚、獬豸（xièzhì）、鬥牛和行什。它們的安放有嚴格的等級制度，只有北京故宮的太和殿才能十樣俱全，次要的殿堂則要相應減少。嘲風，不僅象徵著吉祥、美觀和威嚴，而且還具有威懾妖魔、清除災禍的含義。

椒圖，其形如螺蚌，好閉口，因而其像常被雕在大門鋪首上。

螭吻，又稱鴟尾，形似剪尾的四腳蛇，據說它喜歡在險要處東張西望，喜歡吞火，它們一般被佈置在殿脊、殿角的端頭。

蒲牢，形似龍而身形較小，喜歡鳴叫。寺廟、祠堂內鐘上的獸紐就是它。還傳說它害怕鯨魚，所以撞鐘的長木端頭都是鯨魚的形狀。

赑屭，又稱霸下，形狀似龜，喜好負重。駝載石碑的大龜就是其形象。

狴犴，形似虎，威力十足，而好訴訟，所以獄門上刻的虎頭就是其形象。

負屭，身似龍，雅好斯文，盤繞在石碑頭頂或兩側。

485

"斗栱"在我國傳統建築中起什麼作用？

斗栱，也寫作"枓栱"，是我國古代建築中特有的結構構件，後流傳到東亞、東南亞各國，對亞洲木結構建築具有深遠的影響。目前已知的最早之斗栱形象見於戰國時期的青銅器上，如上海博物館所藏戰國燕樂銅桮（bēi）上刻畫的建築形象。

何為"斗"？在梁思成先生所著的《清式營造則例》中寫道，斗，"承托栱與翹或昂相交之斗形木塊"。何爲"栱"？曰，"大式建築斗栱上與建築物表面平行，置於翹或昂之正心或端上略似弓形之木"。聽著描述似乎有些複雜，還是讓我們先來認識一下"斗栱"的位置。斗栱即爲古代建築中立柱與屋頂之間的過渡部分，也是將屋頂之荷載傳遞到基礎的重要構件。仔細觀察斗栱

一斗三升

不難發現，它是自下而上層層疊加，層層放大，而每層都是由位於下方的一塊碗狀方木承托，其上置"L"形曲木，這下層的方木即爲"斗"，上層的曲木即爲"栱"。林徽因先生在爲《清式營造則例》寫的《緒論》中提到："椽出爲簷，簷承於簷桁上，爲求簷伸出深遠，故用重疊的曲木——翹——向外支出，以承挑簷桁。爲求減少桁與翹相交處的剪力，故在翹頭加橫的曲木——栱。在栱之兩端或栱與翹相交處，用斗形木塊——斗——墊托於上下兩層栱或翹之間。這多數曲木與斗形木塊結合在一起，用以支撐伸出的簷者，謂之斗栱。"這裏不僅談到斗栱的構成，也談到其作用。

斗栱這個構件雖然很早就已經出現，但這個稱呼卻是清代的叫法，在宋代，斗栱叫做"鋪作"。在清代，斗栱的重要作用還在於斗栱的尺寸決定著整個建築的尺寸。此外，雖然這些斗和栱的組合叫做斗栱，但每個斗和栱都依各自的位置不同，有著自己的名稱。最下層的斗叫"大斗"、"坐斗"；最下層的栱則分別叫"正心瓜栱"（平行於面闊）、"翹"（垂直於面闊）；正心瓜栱之上的斗叫"槽升子"，而翹上之斗叫"十八斗"，瓜栱上層的栱叫"萬栱"；在各種外拽栱、裏拽栱的兩端，承托上層栱或枋的斗稱"三才升"。

486

什麼是"石闕"？有哪些種類？

石闕是自秦漢開始出現的一種構築物，一般用於宮殿、祠廟和陵墓前，以壯聲威。石闕一般由闕基、闕身、闕頂三部分組成，闕基為基座，闕身即主體部分，較為細長，闕頂仿古代建築之屋頂形態。

石闕的種類以出現數量之不同，可分為單闕、雙闕（成對），以及子母闕（一大一小相連）。古代王侯的陵墓自戰國時期開始在墓上建封土塚丘、享堂，並且在週邊築圍牆，形成陵園。到了漢代，王陵一般在陵垣四面開門，門外建三重闕，將寢殿、便殿設在陵垣之外。而王以下諸侯的陵墓只能一面開門，使用二重闕。一般的達官貴人多用土穴墓，地上部分有塚丘、墓垣，開一門，門外按照等級用二重闕或單闕。當然，普通人的墳墓是不能使用闕的。可見，石闕的使用也是表示墓主人等級高低的標誌。

漢代高頤闕

目前已知的最古之石闕是發現於四川雅安的漢代高頤闕，是為了表彰高頤（曾任益州太守等職）卓著的功勞而建。高頤闕建於漢獻帝建安十四年（209），形制為子母闕，主闕13層，高約6米，寬1.6米，厚0.9米；子闕7層，高3.39米，寬1.1米，厚0.5米。子闕與母闕形體上相似，闕身以紅砂石英岩石疊砌，其上雕刻精美，闕頂則仿漢代木結構建築。由於現存的漢代建築遺物少之又少，石闕上保留下的大量歷史資訊對於瞭解漢代建築具有重要的研究價值。

487

榫卯是什麼？何時開始應用於建築中？

談到古代木結構建築時，我們常常會提到"榫（sǔn）卯"這個詞。什麼是"榫卯"？它是我國古代建築或者木結構建築獨有的特徵嗎？

寬泛地講，榫卯是一種結構連接中常用到的連接方式，具體來說就是將需要相互連接的兩構件進行凹凸處理，使其連接正好吻合，以達到連接牢固、穩定的作用。凸出部分叫榫（或榫頭）；凹進部分叫卯（或榫眼、榫槽）。打個比方，如果想讓一根柱子和一根梁進行垂直連接，我們可以在柱子上挖出一個洞，同時在梁上做出柱洞大小的凸出物插入，這就完成了一個榫卯連接。由於榫卯連接利用構件相互咬合關係，其連接強度比一般利用膠水直接連接要強上許多。當然，這種連接方式非常普遍，不僅在我國古代木結構建築中，即使在現代建築中有時也會使用，但一般都用在木結構建築中，這又是由於木材本身的力學特點了。

早在寧波餘姚河姆渡新石器時代的遺址中，考古人員就發現了榫卯的使用。在這些木構幹闌建築的殘存構件上，可以看到許多種利用石工具和骨工具加工的榫卯痕跡，這在當時的工藝條件下真可算是"精緻"的傑作了。發現的榫卯結構可以分爲以下幾類：

1）柱腳榫，在圓木端頭的凸出榫頭，用以插入地面或梁枋內。

2）柱身卯口與梁之端頭榫。

3）燕尾榫，用以連接兩個板材的榫，自身中部窄，兩端寬。

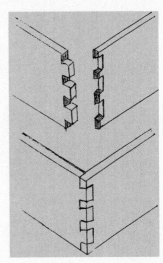

燕尾榫

當然這只是榫卯最初的形態，而隨著技術的發展，到清代榫卯的連接方式已達幾十種之多，不僅連接牢固，且形式豐富而生動，成爲我國古代建築結構中最爲重要的連接方式。

"藻井"從何時開始出現？都有哪些類型？

藻井是中國傳統建築內簷裝修中的獨特元素，早在東漢應劭著的《風俗通義》中就記載："今殿做天井。井者，東井之像也；藻，水中之物，皆取以壓火災也。"可見，藻井的由來反映出古人以此避火的願望。藻井一般用於殿堂的中心天花位置，向上凸起，井口形狀有方形、圓形或多邊形，用以突出室內核心位置的空間，如御座、佛像等上空，達到"穹然高起，如傘如蓋"的效果。由存世的古建築來看，藻井的發展至遲在宋代已經成熟，而到了明清時期，其形制已由簡入繁，由結構性構件成爲裝飾性構件了。

太和殿藻井

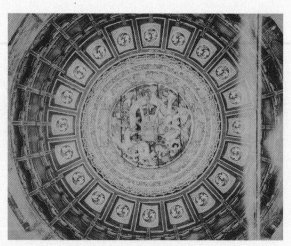

萬春亭藻井

宋代《營造法式》記載的藻井形式主要有兩種，一種大藻井，用於殿身核心位置；一種小藻井，用於殿周迴廊部分。兩者在尺寸大小、式樣繁複程度上都有所差別。大藻井自下而上有三個結構層，分別爲方井層（底層方形）、八角井層（中間八邊形）和斗八層（即最上層覆碗形蓋子）。各層間用斗栱支撐。相關的實例可以在河北薊縣獨樂寺觀音閣，以及山西應縣佛宮寺釋迦塔中找到。小藻井自下而上有兩個結構層：八角井層和斗八層，每層間所用斗栱的層數也少於大斗栱，由此在高度、大小和華麗程度上都不及大藻井。

雖然《營造法式》中提到的藻井形式只有兩種，但從現有遺存的建築來看，其形式遠比《法式》中提到的豐富。金代的建築中有菱形和六角形藻井，如山西應縣淨土寺大殿；元代的建築中有圓形藻井，如山西芮城永樂宮三清殿。

明清時期的藻井更注重裝飾的華麗，其結構仍可自下而上分爲方井、八角井、圓井三層。從下層向上的過渡主要是由一層層縱橫和呈四十五度角向錯的梁累疊而成，按四方變八方、八方變圓的規律構成。其裝飾一是在頂部蓋板（稱明鏡）之下，雕刻蟠龍銜珠的形象，俗稱“龍井”。一般在方井向圓井過渡部分，也安以裝飾性斗栱，雕刻龍鳳圖案。具體的實例可以在北京天壇祈年殿、皇穹宇、承德普樂寺旭光閣等明清建築中見到。

 489

宋代的柱礎雕刻有哪些圖案形式？

提到宋代的建築，就不得不介紹一下產生於北宋年間的《營造法式》，由於宋代的建築遺存實在有限，我們現在對於宋代建築各種形制、設計的瞭解多來自於《營造法式》。“法式”一詞在宋代用得相當普遍，有律令、條例、定式之義，凡是明文規定的都可稱爲“法式”。營造法式的意思就是“關於建造方面的一部國家條例”。

這本書產生的背景要從北宋中晚期建築業的腐敗說起：工程開始前多估工料，虛報開銷；施工過程中偷工減料，監守自盜；工程結束後又謊報結餘。於是，宋神宗在懲處腐敗時就想到要控制建築業的腐敗，熙寧年間他下令將作監（主管建造的部門）編制出一套法式用以加強工程管理。這本書於元祐七年（1092）頒佈，此後又在紹聖四年（1097）下令李誡重新編定，完成於元符三年（1100），並於崇寧二年（1103）頒佈。可見，這本書主要是想通過模數制的建築形制控制工程用工、用料，並以此控制工程花銷。從中，我們也可以比較全面地瞭解宋代官式建築的設計和施工情況。

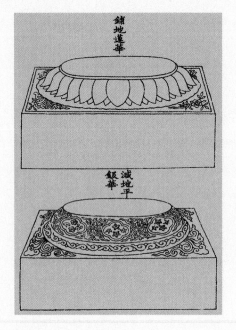

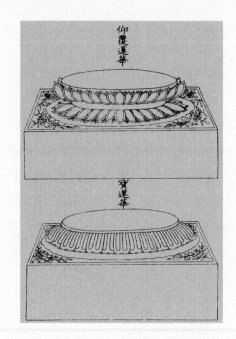

鋪地蓮花、減地平鈒   仰覆蓮花、寶裝蓮花

根據《營造法式》記載，宋代的柱礎大約由以下幾個部分組成：位於最下方的礎
石一般埋於階基內；其上形如倒扣的矮盆的部分，成為“覆盆”，其上的微小凸起為
“盆脣”；在這之上是“木質”；在上安放“柱”。所謂的柱礎雕刻圖案主要是指在
覆盆上雕刻出的不同圖案。

僅僅在《營造法式》中記載的圖案即有，“減地平鈒”、“壓地隱起”、“剔地起
突”、“鋪地蓮花”、“寶裝蓮花”、“仰覆蓮花”，以及磨光無裝飾的“素平”等。

這幾種不同的柱礎圖案如何分辨呢？鋪地蓮花和寶裝蓮花都是單層蓮花瓣雕刻組
成的，兩者的區別在於寶裝蓮花在每瓣蓮花上都有線刻花紋。而仰覆蓮花顧名思義，
就是由兩層寶裝蓮花構成，且上下鏡像。“減地平鈒”、“壓地隱起”、“剔地起
突”三者其實是指三種不同的雕刻手法。“減地平鈒”基本為線刻圖案，主題也一般
以花草紋樣為主；“壓地隱起”是類似於淺浮雕的效果，這方面的實例有蘇州羅漢院
大殿的柱礎；而“剔地起突”則是高浮雕的手法，雕刻的主題也以動物為主，表現其
生動的形態。

490

《考工記》是一部怎樣的書？

《考工記》是中國目前所見年代最早的手工業技術文獻，記述了齊國官營手工業各個工種的設計規範和製造工藝，書中保留有先秦大量的手工業生產技術、工藝美術資料，記載了一系列的生產管理和營建制度，一定程度上反映了當時的思想觀念。

關於《考工記》的作者和成書年代，長期以來學術界有不同看法。目前多數學者認為，《考工記》是齊國官書（齊國政府制定的指導、監督和考核官府手工業、工匠勞動制度的書），作者為齊稷下學宮的學者；該書主體內容編纂於春秋末至戰國初，部分內容補於戰國中晚期。

今天所見《考工記》是作為《周禮》的一部分，《周禮》原名《周官》，由“天官”、“地官”、“春官”、“夏官”、“秋官”、“冬官”六篇組成。西漢時，“冬官”篇佚缺，河間獻王劉德便取《考工記》補入。劉歆校書編排時改《周官》為《周禮》，故《考工記》又稱《周禮‧考工記》。

《考工記》篇幅不長，但科技資訊含量相當大，內容涉及先秦時代的制車、兵器、禮器、鐘磬、練染、建築、水利等手工業技術，還涉及天文、生物、數學、物理、化學等自然科學知識。歷代有關《考工記》的注釋和研究層出不窮，其中成績卓著的學者，有漢代的鄭玄，唐代的賈公彥，清代的戴震、程瑤田、孫詒讓等。

 491

我國最早的建築工官叫什麼？

我國工官制度有著悠久的歷史，“工官”，顧名思義，就是百工之事的官員。《考工記》卷首鄭玄注云：“司空，掌營城郭，建都邑，立社稷宗廟，造宮室、車服、器械，監百工者。”這裏提到的“司空”即為工官之首，工官除了負責城市、宗廟的建設外，還負責各種車輛、服裝、用具的製作，業務是相當廣泛的。

《考工記》中以"匠人建國","匠人營國","匠人爲溝洫"起首,可見匠人是主持建造的主體。《晏子春秋‧內篇雜下第六》中提到,景公新建了一座柏寢之室,發現其方向偏斜不正,就叫來大匠和司空詢問,大匠說是按照宮的方位定的,司空說是按照城的方位定的。古代一般城與宮的方位是一致的,所以兩者所說是一個意思。由此可知,大匠負責一些具體的工程事宜,而司空負責宮城建設,這和《考工記》所說大體相同。

其後歷朝歷代都有工官之職。漢承秦制,其三公之一爲"司空","掌水土事,凡營城起邑,負溝恤,修墳防之事,則議其利,建其功"。秦代主管宮廷工程的爲"將作少府",漢景帝時改爲"將作大匠"。而在東漢時,主管尚書五曹中的民曹,主管修繕。南北朝時,仍有尚書起部和將作監兩個系統,但將作大匠一般省去,工程多由軍工主持。唐代木工首領成爲"都料匠",從事設計和現場指揮,匠人實行輪番服役。到了宋代,出現了三司修造案、尚書工部、將作監三個部門,分管不同事宜。元代設尚工署,主管宮中建造、修繕。明代設工部,工程由營繕清吏司主持。清代工程分爲內工、外工,內工指皇家工程,由內務府營造司負責;外工指政府工程,由工部負責。工官制度在很大程度上起到了連接施工工匠與最高業主的作用,對於工程的順利實施具有重大意義。

 492

《考工記‧匠人營國》中記載的"王城"究竟有多大?

《周禮‧考工記》是我國目前所見年代最早的手工業技術文獻,在城市規劃方面記載了都城、城邑、里、市和王畿(jī)、野等各級城市的規模、模數制度,不僅反映出西周時期的等級制度,也影響了其後歷代的"王城"建設。

《考工記‧匠人營國》云,王城"方九里,旁三門。國中九經九緯,經塗九軌,左祖右社,面朝後市,市朝一夫"。其中的"旁三門"是指各向城牆各開三座城門;"九經九緯"是指南北、東西向各有三條主要街道,相互垂直。"左祖右社,面朝後市"是以宮城的角度,講述宗廟、社稷場所以及朝堂和市場的位置,即,宗廟在宮城中軸之東，社稷在西，朝堂在宮城之南，市場在北。這也就是我國歷代都城都加以參考的"王城"理想格局，不過，要想瞭解理想"王城"究竟有多大，可能就需要再做一番考證了。

"市朝一夫"也就是說，"市"、"朝"的面積爲一"夫"。這裏的"夫"是指古代規劃中的一個面積單位，指一夫所受之田的面積。而這又是多大呢？

據漢代學者鄭玄注，一"夫"爲長寬各100步。在周代1步折合6尺，百步也就是600尺，60丈。這樣，一"夫"的面積也就是3600方丈，而當時一畝地的面積爲36方丈，則一"夫"也就是當時的100畝。

此外，周制又規定，九"夫"爲"井"，"井"方一里。如此，"方九里"的王城，也就是81"井"（9里×9里），729"夫"。

 493

我國古代有公園嗎？

我們通常意義上所說的"公園"，是指一片供公衆休閒、娛樂，而受到保護的自然、半自然或人工營造的區域。如果我們強調公園的公衆屬性，即其所有權是屬於公衆的，那麼古代似乎並沒有今天所說的公共的概念。但如果強調公園是受到保護的自然、半自然或人工營造的區域，那麼古代還是有這樣的園地的，叫做"園林"。

中國古代的園林主要有兩種，一種是皇家園林，一種是私家園林。根據文獻記載，皇家園林的歷史至少可以追溯到商代，那時叫做"苑囿"。苑囿最先的形制就是一塊山林地，裏面放養一些野獸，供帝王行獵。西周時，苑囿的規模有大到方圓70公里的，其中畜養著各種猛獸和魚類，此外，還挖池沼，築高臺，其上建立宮室供帝王享用。漢代長安的上林苑據說長達300里，《漢舊儀》載："苑中養百獸，天子秋冬射獵苑中，取禽獸無數實其中。離宮七十所，皆容千騎萬乘。"《關中記》載，上林苑中有三十六苑、十二宮、三十五觀，其中有大型宮殿建章宮；有演奏音樂和唱曲的宣曲宮等；有觀看賽狗、賽馬的犬台宮、走狗觀、走馬觀、魚鳥觀；有飼養和觀賞大象、白鹿的觀象觀、白鹿觀；有引種西域葡萄的葡萄宮和養南方奇花異木的扶荔宮等。可見苑囿已經在西周基礎上得以發展，苑內以宮室、園池爲主體。

到了魏晉時期，文人士大夫爲了逃避現實，隱逸江湖，寄情於山水之間，紛紛在自己的宅院內營建起具有山水之美的小環境。這個時期正是私家園林營造的開端。此外，這種追求自然情趣的思想對於園林的美學思想的發展也產生了深遠的影響。以往帝王的苑囿只是打獵行樂的場所，對環境的營造只追求奢華，而這時的文人私家園林則追求樸實無華的境界，模仿山水之形態，在園內開池堆山，種植花木，巧設亭臺樓閣，以此寄託情思。可以說，這個時期才是我們傳統意義上的園林產生的時期，其後無論是範圍宏大、氣宇不凡的皇家園林，還是精緻小巧的私家園林都追求自然山水之營造，也由此發展出豐富多彩、極盡巧思的造園手法。

494

我國古代也有高層建築嗎？

對於高層建築結構熟悉的朋友可能都知道"筒中筒"結構，即利用建築的表皮結構和電梯井等內核空間形成兩個筒相套的結構，以增強建築抗震、抗風的能力。不過，大家也許不知道，類似的結構早在遼代就已經被用在木塔的建設中，這就是古建築中的高層建築：應縣佛宮寺釋迦塔。

應縣佛宮寺釋迦塔

應縣佛宮寺釋迦塔位於山西省朔州市應縣城內西北佛宮寺內，俗稱應縣木塔。它建於遼清寧二年（1056），金明昌六年（1195）增修完畢。應縣木塔是我國現存最高最古的一座木構塔式建築，木塔高67.31米，底層直徑30.27米，呈平面八角形，是全國重點文物保護單位。

應縣木塔結構的高妙之處，一是在於其

平面佈局，二是在於其各層間的暗層處理。所謂平面佈局指的就是剛才提到的雙筒結構：應縣木塔建在4米高的兩層石砌台基上，內外兩槽立柱，各層外有24根柱子，內有八根，構成雙層套筒式結構。柱頭間有欄額和普柏枋，柱腳間有地伏等水準構件，內外槽之間有梁枋相連接，使雙層套筒緊密結合。此外，木塔各層間設有暗層，木塔共五層六簷，加上暗層，實為九層。暗層中用大量斜撐構件，結構上起圈梁作用，加強了木塔結構的整體性。

相傳塔建成三百多年後，至元順帝時，曾經歷大地震七日，仍歸然不動，足見其抗震性能之好。

中國人應知的

國學常識

nowledge
hinese

——

中華醫藥

——

中國人應知的
國學常識 **中華醫藥**

| 495

爲什麼說中醫學是"岐黃之術"？

　　"岐黃之術"的"岐黃"指的是古代的兩個人：黃帝和岐伯。

　　黃帝傳說是古代的一個帝王，他出生在軒轅之丘，號有熊氏，所以也叫他軒轅黃帝。黃帝在"三皇五帝"裏有一個席位，是中華民族公認的老祖宗，中華民族常稱自己是"炎黃子孫"，其中"炎黃"就是指的炎帝、黃帝。

　　而岐伯呢，傳說是黃帝的一個大臣，根據《帝王世紀》的記載，黃帝曾經派岐伯嘗味百草，研究醫學，治療疾病，因此岐伯精通醫學，是當時最有名的醫生之一。

　　中醫學之所以又被稱爲"岐黃之術"，主要是因爲奠定了中醫學理論基礎的《黃帝內經》一書是黃帝、岐伯兩人討論醫學問題的對話集。這部醫學典籍幾乎全文採用黃帝提問岐伯回答的體例，所有的醫學理論都是在兩人的討論中闡述清楚的。後世學醫的人追溯起來，認爲中醫學這一門派的祖師爺就是這岐、黃二人，於是稱自己的學科爲"岐黃之術"。

| 496

"懸壺濟世"是不是古代的公費醫療？

　　"懸壺濟世"中的"濟世"是拯救世界、拯救世人、拯救世道的意思，其中的"懸壺"則是以懸掛葫蘆這一形象來代指行醫這一行業。"懸壺濟世"就是說通過醫學技術來把世人從疾病痛苦之中拯救出來。

　　這個詞兒有兩層意思需要理解清楚。第一層是對“濟世”的理解，這折射出中國的傳統醫學不僅僅屬於技術範疇，還飽含深厚的人文關懷。在“濟世”的表述中，我們會感受到中醫學行業的入世理想和救贖情懷，這種情感和中國傳統“士”階層的情感是一脈相承的。因此，古人有“不為良相，當為良醫”、“大醫治國”等說法，中國歷史上的很多名醫也是除了精通醫術外，還對儒、道、釋的思想有很深的理解和認同。時至今日，大凡學習中醫的人都會自覺不自覺地秉承這種“濟世”的社會責任感，這是中醫學文化必然傳承的內涵。

　　第二層是需要弄明白為什麼用“懸壺”來代指醫療行業？關於這一點，通常溯源到《後漢書》中記載的一個故事：在汝南某地有一個管理市場的小官叫費長房，他觀察到集市上有一個賣藥的老翁在店鋪外面掛著一個葫蘆，等收市後老翁就跳進葫蘆裏去。這件事其他人都沒看到，就費長房一個人看到了，費長房覺得非常神異，就很恭敬地去拜訪這個老翁，老翁知道自己秘密已經被他發現了，於是邀請他一起進到葫蘆裏去。葫蘆裏非常豪華，老翁拿出好酒好菜招待費長房，並且囑咐他不要告訴別人。後來老翁告訴費長房：“我本來是神仙，因為犯了過失受到責罰，才來到這裏的，現在我的事情辦完了，要回去了，來與你告別，你願意跟我一起走嗎？”費長房說：“我願意。我願意追隨您學習。”於是費長房就跟著老翁進入深山學習，學會了醫療技術，可以濟世救人了。

 | 497

什麼樣的醫生才能被稱為“華佗再世”？

　　我們今天喜歡用“華佗再世”來形容醫術高明的醫生，是說他好像是華佗重生，神醫轉世。

　　華佗是漢末醫術非常高明的名醫，根據《後漢書·華佗傳》的記載，他的醫術神乎其神，“兼通數經”，對很多學術門類都造詣很高，但是他幾次拒絕出任官府職務。

　　《華佗傳》裏記載了他神奇的醫療技術：第一是精通方藥，他用藥很精當，藥味很少，每味藥物的分量都在心裏掌握，不用稱量也很準確；第二是用灸法治病非常靈驗，只灸一兩處地方，每處灸七八次，病就全好了；第三是針刺技術很高明，扎針的時候先告訴病人會有什麼樣的氣感，病人說氣感到了，他就取出針來，病就好了；第四是嫻熟地應用了心理治療方法——中醫學稱爲"情志療法"，據說他曾經給一個郡守治病，判斷出郡守只需大怒一場病就會好，於是就收了郡守很多的錢財而不給他治療，還留下一份罵郡守的書信後揚長而去，把郡守氣得吐"黑血數升"，然後病就好了；第五是開創了外科手術，他採用"麻沸散"作爲全身麻醉藥，曾經做過"斷腸湔洗，縫腹膏摩"，大概相當於今天的剖開腹部，切斷腸

華佗像

管來清洗，然後縫合腸管和腹腔，然後輔以按摩；第六是有高明的導引養生術，相傳他模仿虎、鹿、熊、猿、鳥五種動物的動作創立了"五禽戲"，他的一個叫吳普的徒弟堅持練"五禽戲"，到九十多歲還牙齒完好，耳聰目明。

所以說一個醫生"華佗再世"，確實是很高的評價了。這裏需要注意兩點，首先"華佗再世"傳遞了對高明醫術的一種期望，那就是像華佗那樣醫德高尚，技術全面且精湛。其次，我們也需要認識到中醫學作爲一個傳統的學術門類，確實存在一定程度的"托古"習慣，這種習慣認爲今不如古，祖師爺總是比徒子徒孫強很多，這也是需要審慎對待的問題。

 | 498

太醫就是御醫嗎？

太醫和御醫在今天老百姓的話語系統中大概是一回事，太醫就是御醫，御醫就

是太醫。而考究這兩個詞的原本意義，或許這兩者之間還是有點細微的差別的。

首先，御醫是指眞正爲皇族診治疾病的大夫，一般而言，這部分醫療人員屬於皇家的私人醫生，不給外人服務，除非皇帝派遣他們去給某個指定的對象診病。在歷史文獻中，宮廷醫官在給皇室診病時被稱爲御醫，平時則稱其官職名——太醫。

太醫，應該說有兩個意義：一是指一個職官系統，這個系統有兩個主要功能，爲皇室及其附屬機構的工作人員提供醫療保健服務和管理皇室下轄的醫療保健系統；一是指由"太醫"這一職官系統中供職的工作人員所構成的特殊群體，比如說太醫職官系統內，分管藥物的，分管處方的，分管植物園的，等等，都可以泛稱爲太醫。

 | 499

"頭痛醫頭，腳痛醫腳" 的郎中就蹩腳嗎？

老百姓日常話語中常常用"頭痛醫頭，腳痛醫腳"來形容醫生的醫術不高明，沒有抓住疾病的本質，被表面矛盾牽著鼻子走，治療沒有章法，沒有解決根本問題。進而引申爲處理問題時看不到整體聯繫，不能觸及問題的本質。

其實在中醫學中並不經常使用這句熟語，反而是文學作品、日常話語中用得更多一些。不過這反映出大眾對中醫的印象：中醫是不主張頭痛醫頭的，如果你頭痛醫頭，那你就是一個蹩腳郎中。"頭痛醫頭，腳痛醫腳"眞的就是蹩腳郎中嗎？

要回答這個問題，就需要瞭解中醫學的治療理念，應該說中醫學正統的治療理念是：頭痛不僅僅醫頭。中醫學堅持從整體的視角去認識疾病，疾病的所有症狀都可以被看作是整體功能失調的表現，如陰陽失衡、表裏不和、寒熱失調等。比如說頭痛這個症狀既可能是少陽膽經的問題，也可能是厥陰肝經的毛病；可能是外感風熱實邪所致，也可能是因腎虛所致，所以在治療的時候往往會針對疾病的根本病機，採用綜合調治的方法。

同時，我們還需要注意到，中醫學還有一個很重要的治療原則：急則治標，緩則治本。意思是說病情急重、症狀嚴重的時候，或者次要的、局部的病變影響到本質的、根本的病變的治療時，必須先解決這些症狀或病證，而在疾病的病情緩和，病勢遷延，暫時不會出現危重狀況的情形下，就應該抓住疾病的本質，想辦法從根本上解決問題。

因此，我們說"頭痛醫頭"未必一定是蹩腳郎中，頭痛就僅僅知道治頭痛的郎中，顯然不是好郎中，頭痛了卻完全不理會頭痛症狀的郎中，顯然也不是好郎中。

 | 500

中醫真的能靠"一個枕頭，三根指頭"診病嗎？

"一個枕頭"指的是脈枕，就是中醫切脈時墊在病人手腕下面的小枕頭；"三個指頭"是指切脈時醫生按在病人手腕處的食指、中指和無名指三個指頭。中醫能不能靠"三個指頭"切脈診病呢？這確實是可以的，脈診是中醫的一種非常重要的診病手段，有些時候脈診得來的資訊至關重要，中醫診病有時候會"捨症從脈"，就是依從脈診得來的資訊，而放棄觀察到的和患者報告的症狀資訊。

但是，如果單純依靠切脈來診病也不是中醫所提倡的，中醫診斷理念中有一句話叫"四診合參"，意思是說要綜合應用診察手段，把四診收集的資料加以綜合分析，才能得出正確的診斷。四診就是指望、聞、問、切，望診就是用眼睛觀察；聞診是用耳朵聽聲音，用鼻子嗅氣味；問診是指圍繞疾病的各種問詢；切診是用手在病人身上或切或按，或觸或叩。

日常生活中有些人認為只靠把脈就能診斷疾病的醫生才算得上是稱職的、高明的醫生，於是去看醫生時一句話也不說，把手一伸，讓醫生給診脈，考一考醫生能不能猜出自己患的是什麼病。其實這是一種認識的誤區，訓練有素的醫生從你踏進診室時就已經開始搜集診斷資料了，氣色、體態、姿勢、精神狀態、氣息、聲音等都被醫生所注意，切脈時從脈象上也會診察到一些有價值資訊，綜合這些資料，醫生往往已經能夠部分地認識疾病了。但是，醫療行為實質上是醫生和病人精誠合作與疾病作鬥爭的過程，這個過程中需要醫患雙方的努力。只有所收集到的資料越細緻、越全面，醫生做出的判斷才能越正確，所以病人應該積極主動地配合醫生關於疾病的問詢和診察。

中醫是怎麼切脈的？

中醫學的脈診經歷了一個演變過程，早期是用"遍診法"，需要切全身的動脈搏動情況，這種診脈方法對應的一個詞叫"三部九候"，三部是上、中、下三部，每一部分別有天、地、人三候，合起來共九候。上部在頭部，分別是兩額、兩側耳前、兩頰的動脈；中部主要在手上切脈，分別切手腕附近的橈側、尺側動脈和手背合穀附近的動脈；下部在下肢切取，分別是腹股溝動脈（女子取太沖穴附近動脈）、大腿內側前緣箕門穴附近的動脈、足內踝後方太溪穴附近的動脈。這種方法在《黃帝內經》中有記載，不過用起來很麻煩，後來慢慢被淘汰，今天中醫診脈基本不用這種方法了。

今天中醫診脈"獨取寸口"，所謂寸口，就是左右手橈動脈靠近腕橫紋的那一部分，中醫學認爲這個地方的脈象可以反映出全身臟腑氣血的情況。診脈時，一般醫生若用右手，就搭病人左手，用左手就搭病人的右手，食指、中指、無名指從外側搭到寸口位置，一般不要橫跨病人的手臂。食指搭的位置在橈骨莖突的後方，中指、無名指順次搭在橈動脈搏動處。這樣一來，寸口脈又分出了三部，食指切得的是寸，中指切得的是關，無名指切得的是尺。左手的寸、關、尺分別對應著心、肝、腎，右手的寸、關、尺分別對應著肺、脾、命門。有少部分人在寸口部位切不到脈，脈斜著飛向了橈骨莖突背側，向合穀方向伸延，中醫學稱之爲"斜飛脈"；如果完全要在腕關節的背側才能切到脈，則稱之爲"反關脈"，這兩種情況都屬於生理變異，診脈位置隨之改變就可以了。

中醫切脈是指下功夫，中醫自己也說"心中了了，指下難明"，需要仔細感受才能捕捉到脈象裏的資訊。中醫切脈有相應的幾種手法，指下重按稱爲"沉取"，得到的是腎臟、腎氣盛衰的資訊；指下中等強度的壓力稱爲"中取"，候的是脾胃；手指輕搭，稱之爲"浮取"，候的是肺；同時沉取應五臟，浮取候六腑。診脈是爲了探察脈的長短，以及脈象在寸口部位脈勢的變化特點，有時需要像捋繩索一樣沿著脈道的縱軸方移動手指，稱之爲"循"；還有"推"，和循類似，不過這時主要集中在一個脈位上下左右內外反覆推動，細細體察脈象特徵。此外，還有總按和單按之別，單按

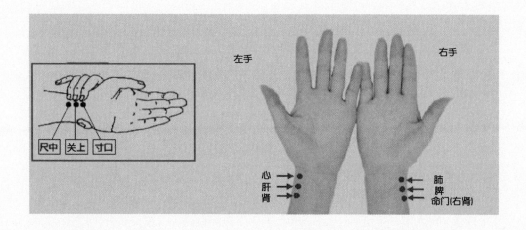

是指用一個指頭按住體察，可以是食指、中指或無名指，總按是三個指頭同時按在脈道上體察。診脈時手指頭要豎起來，用手指尖端的指目去感覺脈，不要用指腹切脈；食指、中指、無名指之間的距離可根據病人體型、胖瘦來調整。診小兒脈時可用"一指定三關"，用一個大拇指按脈就可以了，不必非得用三個指頭，小兒脈道上擱不下。

　　切脈時還得注意心平氣和，靜下心來，調整呼吸，傳統中醫是靠醫生自己一呼一吸之間脈動幾次來判斷病人脈象緩急的，正常人的脈是一息四、五至之間。切脈時的環境也應該儘量安靜，診脈的時間最好選擇在"平旦"，就是清晨人剛剛睡醒，精神清醒了，軀體還沒怎麼活動的時候。

 | 502

切脈能判斷生男孩還是生女孩嗎？

　　中醫脈診依據脈搏在手指下流動的感覺來揣測病人身體狀況，靠的是三個手指頭的觸覺感受，非常講究功夫。識別脈象的細微差別，對醫生提出了很高的要求。傳說中醫大夫可以通過把脈判斷準媽媽肚裏的寶寶是男孩兒還是女孩兒，關於這種技術中醫書籍中確實有一些記載，但也只能存疑待考。而現實中的中醫醫生對能不能切脈判斷所孕是男孩兒還是女孩兒，也有的認為可以，有的認為是在擲骰子——是男是女，總有50%的概率正確。這裏我們不討論真偽問題，僅僅介紹前人的觀點。

首先，中醫學很早就注意到懷孕之後脈象會變化，《黃帝內經》稱之為"手太陰脈動甚"，一般認為這句話說的是妊娠時尺部的脈會變化得滑數流利，這種變化一般在妊娠30～40天左右就能清楚地感覺到。所謂滑數流利，"數"是指脈的頻率，顯得比平常人的脈要快，"滑"是形容脈來去時指下感覺的流暢程度，像珠子在瓷盤裏滾動一樣一滑而過，很流暢的稱之為"滑"，"流利"和"滑"意思大致相同，都形容脈象給人的感覺是很流暢。

關於切脈判別所孕是男是女，中醫學有以下幾種觀點："左疾為男，右疾為女，俱疾為生二子"，即左手的脈跳更急促滑利為男孩兒，右手的脈跳更急促滑利則為女孩兒，兩手都急促滑利，則懷有兩個孩子。"左手沉實為男，右手浮大為女"，是說如果左手尺脈輕按時感覺不明顯，重按才能感覺明顯，且脈象有力，提示孕的是男孩，如果右手尺脈輕按就感覺明顯，且洪大有力，提示孕女孩；"左尺偏大為男，右尺偏大為女"，左手的尺脈比較明顯提示孕男孩，右手尺脈較明顯為孕女孩。

大概都是以"男左女右"來判斷，如果孕的是男孩兒，從左手的脈象上可以見到端倪，如果孕的是女孩兒，從右手脈上可以發現徵兆。

 503

"懸絲診病"真有其事嗎？

懸絲診脈是指病人和醫生不見面，把一根絲線繫在病人的寸口脈部位，然後通過按診這根絲線來診脈，傳說這種方法也可以診病。歷史上有孫思邈為唐太宗李世民的長孫皇后懸絲診脈的傳說，據說開始的時候，宮廷御醫把絲線拴在冬青根、銅鼎的腳、鸚鵡腳上，讓孫思邈來診脈，結果孫思邈還真識別出絲線沒有拴在皇后的手腕上，後來孫思邈通過懸絲診脈判斷長孫皇后是滯產，開了一副催生的方子，使得皇后順利分娩。於是，懸絲診脈成為中醫診病的神奇技術。

真的能夠懸絲診脈嗎？京城四大名醫之一施今墨老先生的說法應該比較中肯客

觀，施老認爲懸絲診脈這種形式在宮廷醫療的歷史上確實存在過，不過醫生對病情的判斷顯然不是靠懸絲診脈所得的資料，因爲醫生懸絲診脈的前後或同時，都能通過后妃們的貼身太監打聽清楚病情，病情清楚後，醫生已經是成竹在胸，懸絲診脈純粹變成了一種形式。

 | 504

中醫也看臉色嗎？

看面相一直以來是一種神秘的存在，甚至成爲一種專門的推斷命運的學問。據說面相學可以通過觀察一個人的面部特徵，看出這個人的個性、思想、善惡、才幹、成就等等。且不論這方面的學問，中醫學倒眞的很重視觀察面部。

古老的《黃帝內經》告訴我們，人的面色與其氣質有關。不過需要注意的是，面色只是中醫識人技術的一個部分，還需要配合收集其他資料，綜合起來才能更準確地判斷其人的氣質特點。

面青多爲木型人："青"，不是那種樹葉的綠色，而是隱隱透著黑色，"青天"的那個顏色，比如"包青天"其實是有點黑。這種人頭比較小，長臉，一般多才多藝，常常多疑，心思很重，力量相對不足。他們"能春夏不能秋冬"，春夏季節會過得很舒服，秋冬季節就不那麼容易適應。

面赤多爲火型人：這種類型的人面色紅撲撲的，顯得很熱情。小頭，圓臉蛋兒，聰明、敏捷，性情急。《黃帝內經》認爲這類人"不長壽、易暴死"。急躁的個性如果後天能得到改善，會對健康狀況有很好的影響。

面黃多爲土型人：這種類型人的面色黃，頭大，臉龐也比較大而且方正，看起來很敦實，肉比較多而且結實。個性敦厚、穩重、勤懇實幹。這類人的健康狀況通常比較好，但是因爲土型人的耐受性較強，一點點病痛往往不會引起他們的警覺。

面白多爲金型人：這種類型人的面色白淨，頭大、面方，體型很俐落幹練，氣質裏有一些淡淡的憂鬱，性格多內向、沉著穩重、精明能幹。"能秋冬不能春夏"，秋冬的天氣對他們很適合，春夏的時候他們稍差一點。

面黑多為水型人：這種面色黑是隱在黃色下面的，黃裏面透出一種黑的色澤來，如果像黑色油漆一樣的純黑則提示疾病了。這類人頭型長，體型有兩類情況，一種是看起來顯得很"緊湊"；一種是看起來顯得比較"胖"，像水漫開的那種感覺。他們的氣質往往深藏不露，性格往往內向。

 | 505

中醫是如何從五官看病的？

所謂的"五官"，指的就是面部的"耳、眉、眼、鼻、口"。中國古代的面相學還給它們都封上一個"官銜"，耳為"采聽官"；眉為"保壽官"；眼為"監察官"；鼻為"審辨官"；口為"出納官"。中醫學眼裏人體有五竅，分別是目、舌、口、鼻、耳，分別對應著五臟：肝、心、脾、肺、腎。

分別來看，肝開竅於目，肝在液為淚，因此眼睛、眼淚的變化往往聯繫著肝的功能失調。不過，眼睛不僅僅只反映肝的變化，還反映著五臟的變化，中醫學有一"五輪學說"，說的是以瞳孔為圓心，眼睛是一輪一輪的，每一輪對應一臟。中央的瞳孔，中醫學叫瞳仁，對應的是腎，叫水輪；往外一點的虹膜，中醫學叫黑睛或者黃仁，對應肝膽，叫風輪；再往外的鞏膜，中醫學叫白睛，對應肺，叫氣輪；再往外的內眥、外眥，中醫認為對應心，叫血輪；再往外就是上眼瞼、下眼瞼，中醫稱之為胞瞼，對應脾，叫肉輪。這"五輪學說"主要在眼科應用，不過對其他疾病的判斷也有參考價值。

接下來是心開竅於舌，舌頭的靈活與否、枯榮潤澤都反映出心氣、心陰的變化。舌頭上也對應有五臟，舌面中央是脾胃，兩側是肝膽，前面舌尖是心，後面舌根是腎。中醫就是如此，處處反映出整體的思想，全息的思想。

脾開竅於口，中醫還認為嘴唇是"脾之華"，"華"的原意就是"花"，嘴唇是脾的花朵，證明嘴唇是脾的外在表現、形象代言人。又認為脾在體液，對應的是涎，即口水、哈喇子對應著脾。所以脾胃功能的變化，往往可以從嘴唇和涎上觀察到，比如說睡覺張著嘴，流哈喇子，往往提示脾氣虛，涎很黏膩、很鹹、臭甚至苦，往往提示脾濕夾熱。

再下來是肺開竅於鼻，《黃帝內經》說"心肺有病而鼻為之不利"，鼻是天地清氣進入人體的通道，而清氣進入人體後是"藏於心肺"的，所以心、肺的功能失調會在鼻子這個官竅反映出來，主要表現是"不利"，即呼吸不暢，這是通道不暢利，或嗅覺失靈，這是功能不暢利，這個時候要從心、肺著手調理。

最後一個是腎開竅於耳，中醫學認為腎的竅有三個：前後二陰及耳。而耳和兩個臟關係密切，中醫學還說心"寄竅於耳"。所以按照中醫學的觀點，耳朵變得不飽滿，失去光澤，縮小，像樹木枯萎的樣子，反映出腎精的虧耗；耳鳴耳聾、聽力減退等耳朵功能狀態的失調也反映了腎中氣血的變化。同時，耳部也是人體上一個很重要的全息反射部位，通過對耳部的探觸可以診斷也可以治療保健，簡單來說耳朵上對應著一個倒躺著的人體。

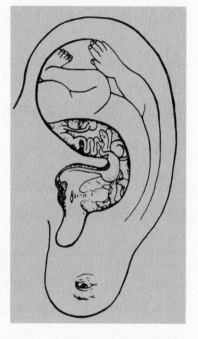

耳朵

 506

中醫看舌頭能看出些什麼來？

看醫生的時候，有時候醫生會要求病人張開嘴，把舌頭伸出來看一看，還會讓病人說"啊"。醫生看舌頭能看出什麼端倪呢？按照中醫的觀點，舌頭也是五臟六腑的一面鏡子，舌尖反映心，舌的兩邊反映脾胃肝膽，舌的後部反映腎，所以舌尖如果很紅，往往提示心火旺。中醫的舌診主要觀察舌質、舌苔，有時候兼顧舌頭的活動狀態和舌下絡脈。

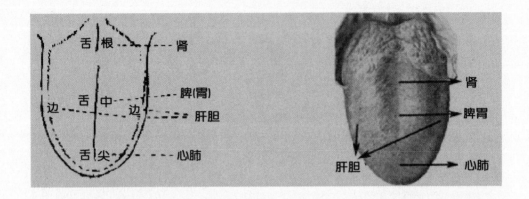

　　舌質正常是淡紅色的，太紅了提示體內有熱，太白了提示氣血虛弱。如果剛剛吃過東西，舌質往往偏紅，所以剛吃過東西就去找醫生看舌，往往不很準確。正常的舌頭動態應該是柔軟而且活動自如，舌頭偏向一側或者活動不靈活了，都提示疾病的可能。正常舌體的大小因人而異，如果舌頭胖大而且舌邊上有齒痕，往往提示脾虛或腎虛，導致水濕彌漫，如果同時發現舌苔也很潤滑，則更說明是水濕盛；如果舌體縮小，萎縮乾燥，也需要警惕疾病的發生。舌下絡脈是指舌頭卷向上時，舌體下面的兩根靜脈，如果舌下絡脈粗大，顏色發暗，往往提示血瘀。

　　正常的舌苔是薄薄的一層白苔，潤澤適中，比較均勻地分佈在舌頭上。舌苔的變化主要反映脾胃的狀況。如果舌苔很厚，一般都提示脾胃功能有失調，正常情況下胃氣是往下走，如果胃氣往下走得不是很順暢，往上薰蒸，就會導致舌苔變厚。如果舌苔上出現裂紋，叫“裂紋舌”，或者乾脆有一塊或幾塊地方沒有舌苔，像地圖一樣斑斑駁駁，叫“地圖舌”，出現這兩種舌象，如果沒有其他不舒服，有可能是生理性的，不用管它，如果是伴隨其他症狀而出現的，則提示陰虛。如果整個舌面沒有舌苔，光滑的跟鏡子一樣，叫“鏡面舌”，那是陰虛得很厲害的表現。關於舌苔的顏色，最常見的異常狀況是舌苔黃或者黑，兩者都提示火熱，如果舌質是嫩紅的，則是虛火，舌質紅還有點暗黑，則提示是實火。

　　中醫舌診時，通常會選擇在自然光下觀察，往往還會問病人吃過什麼東西沒有，那是因為有的東西會把舌苔染上顏色，某些燈光也會影響觀察舌苔顏色。中醫看舌的時候，會要求病人自然放鬆地把舌頭伸出來，然後很快地觀察舌質、舌體動態、舌苔，不會讓病人使勁伸很長，或者伸出很長時間，這樣都會對診斷有影響。有時候，醫生還會拿一個壓舌板輕輕刮一下舌苔，看看舌苔的潤澤程度，觀察下舌苔是不是有根，如果一刮就掉，即使是厚苔也需要考慮氣血虛弱的可能性，如果刮一下感覺像要滴水似的，說明水濕盛。

 | 507

人體有多少經絡？

經絡在老百姓眼中從來都不乏神奇的色彩，究竟什麼是經絡？時至今日還是眾說紛紜，莫衷一是，不過，也有一些共識。所謂經絡實際上是經脈和絡脈的總稱，經脈是主幹，絡脈是主幹上的分支。主幹的經脈只有十二正經、奇經八脈、十二經別，是經絡的主幹道。從主幹的脈分出來許多的絡脈，網路全身上下，分為浮絡、孫絡、十五絡脈。

中醫學認為人體中最基礎、最重要的經脈有十二條，被稱為十二正經。這十二條經絡挨個兒相連，"如環無端"，全身上下、內外都分佈到了。根據這十二條經脈的循行路線、陰陽屬性及其與臟腑的連屬關係，中醫學給它們取了相應的名稱。行於上肢的叫"手經"，行於下肢的叫"足經"；四肢內側屬陰，外側屬陽，走行於四肢內側的為"陰經"，走行於四肢外側的叫"陽經"。陰經中靠前的叫太陰，中間的叫厥陰，靠後的那條叫少陰；陽經中靠前的叫陽明，中間的叫少陽，靠後的叫太陽。六條陽經都與腑連屬，六條陰經都與臟連屬。於是，十二正經就分別是手太陰肺經、手陽明大腸經、足陽明胃經、足太陰脾經、手少陰心經、手太陽小腸經、足太陽膀胱經、足少陰腎經、手厥陰心包經、手少陽三焦經、足少陽膽經、足厥陰肝經。

十二正經的每一條都又分出一支重要的脈，是別行正經，被稱為十二經別。分出的這些脈深入到人體深部，到達十二條正經沒有達到的器官和形體部位。而且十二條經別的走行還有一個特點，互為表裏的兩條經別在循行時很親密，走在深部的時候它們相並而行，淺部出體表的時候陰經的經別又合到陽經的經別中。

除了十二正經、十二經別，人體中還有一類經脈叫奇經八脈，共八條，分別是任

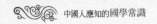

脈、督脈、沖脈、帶脈、陰蹻脈、陽蹻脈、陰維脈、陽維脈。任脈、督脈有穴位，其他六條沒有自己的穴位。

 | 508

人體有多少個穴位？

　　中醫認爲人體的穴位分爲經穴、奇穴、阿是穴。經穴是在經絡循行線路上、可以在體表相應位置尋到、歸屬相應經絡的一類穴位，人體有十四條經絡有自己的腧穴，分別是十二正經和任脈、督脈，任脈、督脈走行在人體前後正中線上，穴位是一個一個的，十二正經對稱地分佈在人體左右兩側，其穴位是左右各有一個，總共有經穴三百六十一個。奇穴是不歸屬於前面提到的十四條經脈的穴位，總共有五十六個穴位，一百七十六處，因爲有的奇穴有好幾個，比如十宣有十處，四縫有八處等。阿是穴是沒有固定部位，隨病變部位或壓痛點而定的穴位，按到這個穴位時，病人會痛得"啊啊"叫，這就是阿是穴。

　　人體這麼多穴位，即使是專業人士把握起來也很麻煩，於是人們根據千百年來總結出的規律，特別選出了一類穴位，稱爲特定穴，這些穴位具有特殊功能和治療作用，是人體這麼多腧穴中的代表。比如針灸學所說的五腧穴、原穴、絡穴、郄穴、下合穴、俞穴、募穴、八會穴、八脈交會穴、交會穴等都屬於特定穴。

　　保健常用的特定穴主要有五腧穴、俞穴等。五腧穴是十二經在肘膝關節以下經穴，每條經各有五個，分別名爲井、滎、輸、經、合，這些穴位各有五行屬性，因爲這五個穴位的經氣由弱到強，流行由淺入深，通過這幾個穴位就可以起到調理整條經絡及五臟六腑的效果。

六陰經	井（木）	滎（火）	輸（土）	經（金）	合（水）
手太陰肺經（金）	少商	魚際	太淵	經渠	尺澤
足少陰腎經（水）	湧泉	然穀	太溪	復溜	陰穀
足厥陰肝經（木）	大敦	行間	太沖	中封	曲泉
手少陰心經（火）	少沖	少府	神門	靈道	少海
足太陰脾經（土）	隱白	大都	太白	商丘	陰陵泉
手厥陰心包經（相火）	中沖	勞宮	大陵	間使	曲澤

六陽經	井（金）	滎（水）	輸（木）	經（火）	合（土）
手陽明大腸經（金）	商陽	二間	三間	陽溪	曲池
手少陽三焦經（相火）	關沖	液門	中渚	支溝	天井
手太陽小腸經（火）	少澤	前穀	後溪	陽穀	小海
足陽明胃經（土）	厲兌	內庭	陷谷	解溪	足三裏
足少陽膽經（木）	足竅陰	俠溪	足臨泣	陽輔	陽陵泉
足太陽膀胱經（水）	至陰	足通穀	束骨	昆侖	委中

然後就是腰背部在脊柱兩旁，脊柱正中線旁開1.5寸，膀胱經上有一組穴位，是五臟六腑之氣輸注於腰背部的地方，背俞穴也是調理五臟六腑時經常用的穴位。

六臟	背俞穴	所平的椎體棘突
肺	肺俞	第3胸椎
腎	腎俞	第2腰椎
肝	肝俞	第9胸椎
心	心俞	第5胸椎
脾	脾俞	第11胸椎
心包	厥陰俞	第4胸椎

六腑	背俞穴	所平的椎體棘突
大腸	大腸俞	第4腰椎
膀胱	膀胱俞	第2骶後孔
膽	膽俞	第10胸椎
小腸	小腸俞	第1骶後孔
胃	胃俞	第12胸椎
三焦	三焦俞	第1腰椎

| 509

少林功夫的"點穴"和中醫學的"穴位"是一回事嗎？

在武俠小說中少林寺的高僧往往點穴功夫了得，點住穴位，馬上就讓對手失去了抵抗力。中醫在給人治病的時候，有時用一根很細的銀針扎進穴位，病人會有酸、脹、麻、重、觸電等感覺，過十幾二十分鐘後取出銀針，經過幾次調理，疾病就會好轉乃至痊癒。這兩門技術都有點穴，那它們的穴位是一回事嗎？

應該說武術技擊所用的穴位和中醫保健治療所用的穴位有同也有異。相同的是，二者的基礎理論是一致的，都以經絡、氣血理論爲指導；二者的取穴方法也有很大相同，都遵循同身寸原則，都需要配合特殊體位和姿勢才能準確取穴；二者很多常用穴位也是相同的，對這些穴位的功效論述也是近似的。有差異的地方在於，因爲目標不一樣，所以對穴位功效的研究的側重點有差別，點穴所用手法有差異。

武術技擊的點穴和中醫學扎針、按摩推拿的點穴一樣需要專門的訓練，不同的是武術技擊不像中醫學這樣屬於公共知識，有許多技術不爲人知，所以對於某些太過玄乎的傳說，還有待其他方面的證據支持。

 | 510

五臟六腑分別是什麼？

五臟是心、肝、脾、肺、腎，六腑是膽、胃、大腸、小腸、三焦和膀胱。但是中醫學的五臟六腑不是指解剖器官，而是一種獨特的藏象學說。所謂"藏象"，大概是介於抽象的符號和實實在在的實物之間一種概括事物的模型，五臟六腑中的任何一個都關聯著實在的、解剖學的器官和組織，同時又是一個抽象化了功能系統的名稱。

五臟也叫五藏，"藏"有內在和儲藏、收藏之意，意思是說五臟都是在內的，功能是收藏精氣，《黃帝內經》說五臟是"藏精氣而不瀉也，故滿而不能實"，認爲五臟所收藏的精氣充滿著五臟，但是五臟不能被實質的、有形的東西堵塞。六腑的腑在古代寫作“府”，是倉庫、庫房的意思，中空而能盛裝東西，《黃帝內經》說它們是“傳化物而不藏也，故實而不能滿”，六腑是傳導、變化飲食物質的場所，不能把飲食物質儲藏起來不傳導出去，所以要保持一定的食物充盈其中，但是不能脹氣。因此，中醫學所謂的健康狀態，落實在五臟六腑，可以說就是五臟的臟氣飽滿且沒有有形之物，六腑則始終有一定的有形之物充實其中，不斷被傳導變化而出，吐故納新，且氣機通暢，沒有脹氣之類的毛病。

臟中所藏都是精氣，是天地清氣和從飲食而來的精微，所以要好好保藏，不要輕易耗掉。腑中“地氣所生”的“奇恒之腑”，包括腦、髓、骨、脈、膽、女子胞，功能特點跟大地的特徵類似，藏精氣而不瀉漏出去；還有一類腑是“天氣所生”，胃、大腸、小腸、三焦、膀胱屬於這一類，叫“傳化之腑”，功能特點和天的特點類似，是瀉而不藏的。

511

中醫為何認為臉上印著五臟六腑？

《黃帝內經·靈樞》的“五色篇”講述了面部對應著五臟六腑。

面部以鼻子為中央，《內經》說“五臟次於中央”，意思是沿著鼻子這一條線上就分別駐紮著五臟，因為臟是屬陰的，應該駐紮在中間，駐紮在靠裏的地方。眉心對應肺，眉心往下一點是心。再往下大約到了鼻樑的中間部位，是肝。再往下到了鼻尖，這裏是脾，被稱為“面王”。到腎這裏有點特殊，中醫認為腎主管人體的

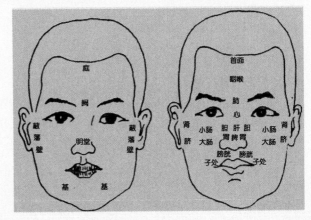

水液，水都是在周圍的，就像海洋都是包圍在陸地周圍，所以周圍的地盤全都劃給了腎，兩頰和下巴頦都是屬於腎。然後"六腑挾其兩側"，臉頰的兩側分別對應著六腑，肝的兩側是膽，膽的外側是小腸，小腸的下方是大腸，鼻翼上分佈的是胃，再下方的人中溝兩邊是對應膀胱和子宮。

 | 512

中醫所說的"精氣神"是什麼？

中醫在中醫學概念系統裏，精是人體一種非常細微的物質。這種物質，就是構成人體生命的精華，也就是構成人體形態、維持人體生命活動的物質基礎。《黃帝內經》將"精"分為兩類。一類是廣義的，維持人的生命健康、生命活力的最基本的物質都叫做精，包括精、血、津液等等。第二類是狹義的，更具體一些，主要是指腎精，特指主管人的生殖、生長發育的精微物質。"精"的來源有兩個，一個是先天的，從父母親那裏遺傳下來的，是秉受於父母的，它在整個生命活動中起到了"生命之根"的作用；一個是後天的，也就是人出生以後吃的食物，喝的水，叫水穀精微，這是一種營養物質。先天之精需要不斷地有營養物質補充才能保證人的精不虧，才能發揮其功能，才能維持人體生命活動，這種物質就是後天之精。此外，還要呼吸大自然界的精氣。這兩個方面就形成了人的後天之精。

中醫學所說的"氣"，按照來源主要有三種"氣"：第一種是先天的，從父母親那裏傳下來的"先天之氣"，也叫"元氣"，可以寫作"原氣"，就是最本原的、最原始的氣。第二種是源於自然界的清氣，也就是呼吸之氣，又叫做"後天之氣"，就是宇宙空間外在之氣。第三種源自於我們的飲食。飲食吃下去的營養成分，也可以形成後來的氣，這個氣叫水穀之氣，也屬於後天之氣。《黃帝內經》裏講的是四種氣：第一種氣叫元氣，主要是來源於腎臟，因為腎臟藏精，精又可以化成氣。後來道家把它稱為"先天之氣"，寫作"炁(qì)"。從字形上看，"炁"字底下四點，表示火在下燃燒，這種"火"是生命的原動力。第二種氣叫宗氣，這個宗氣主要來源於後天的呼吸，是呼吸之氣。第三種氣叫做營氣，是流行於人的血脈當中的。營的意思就是營養，營氣對人體起到一種營養滋養的作用。第四種氣叫做衛氣，它是運行於經脈之外的，基本上是在體表，衛就是保衛、護衛，衛氣起到一種保護人體、抵禦外邪的作用。

神是精神、意志、知覺、運動等一切生命活動的最高統帥。這種廣義的"神"包括魂、魄、意、志、思、慮、智等活動，通過這些活動能夠體現人的健康情況。如"目光炯炯有神"就是神的體現，也是生命力旺盛的體現。《黃帝內經》認為，神雖然分佈在五臟中，但主要是藏在心，"心藏神"，這是狹義的"神"，具體來說就是指人的意識、思維、精神活動，中醫認為這些活動是由心發出的，由心主管的。

 513

為什麼"精氣神"被稱為人身的"大藥"？

把精氣神稱為人身的"大藥"主要來源於道家的內丹學說，道家內丹學說認為精、氣、神是人身的三寶，是煉製內丹的藥物。

內丹的思路與道士煉外丹有相近之處，也講要成丹，整個煉丹過程也是逆轉陰陽，目標都是成仙長生。不過內丹所用的爐鼎是人的身體，所用的藥材是人體內的精、氣、神，經過百日築基，然後煉精化氣，煉氣化神，煉神還虛。整個過程都由意念控制，在下、中、上丹田中養煉"藥物"。在修煉過程中，精、氣、神自然滿溢，激發一定的功能狀態，在意念控制下進入丹田，正式成為內丹修煉的用功對象，於是被稱為內丹修煉的藥物。煉精化氣階段產生的藥物叫外藥，煉氣化神階段產生的藥物叫內藥，大藥則是煉氣化神階段由內外兩種藥物相合凝成的藥物，是一種精、氣、神三寶合一、能量巨大的東西。

由此可見，今天提精氣神是人身的大藥，旨在說明精、氣、神對人體生命的重要性，從這個意義說，這種提法是正確的。如果就嚴格的內丹修煉而言，內丹學對精、氣、神的劃分顯然有其精細獨特之處，因此"大藥"並不僅僅是中醫學概念裏的精、氣、神，而且內丹所謂的爐鼎、藥物、大藥都只有在修煉狀態才能體悟到。

514

"氣沉丹田"的"丹田"在哪裏？

一般認爲"氣沉丹田"的"丹田"在肚臍下三寸。這裏說的"三寸"不是用我們今天使用的標準的尺子量出來的，而是用的"同身寸"，就是把肚臍到恥骨上緣之間的距離當成5寸，丹田就在這條連線的下2/5和上3/5接的部位，相當於中醫學所說的關元穴部位。實際上這裏確定"丹田"，用的是中醫學取穴位的方法，這種方法確定的"丹田"位置，相對而言有客觀性的一面。不管這個"丹田"是在關元，在石門，還是在氣海，位置都是可以確定的。

"丹田"也是養生導引中非常重要的一個術語，比如道家養生家一般認爲人體的丹田有3個：上丹田位於兩眉之間；中丹田在我們胸部正中的位置，相當於中醫學的膻中穴附近的位置（膻中穴位於人身體的前正中線與兩乳頭連線的交點處）；下丹田的位置在肚臍下3寸附近。

丹田，既然稱之爲"田"，表示要有一定空間，有一定範圍，這樣才能夠種"莊稼"，只不過這個"莊稼"是人身本來就有的"大藥"——精、氣、神。丹田是結丹、養丹的場所，所謂的"丹"主要是指內丹，即把人身當成爐鼎，通過文武火內煉精、氣、神這三種大藥而結成的丹藥，這種煉養功夫從金元時代開始，慢慢發展成一門獨立的養生學問，被稱爲"仙學"，也被稱之爲"內丹學"，在道家典籍中經常提到的"金丹大道"就是指這門學問。在道家養生家看來，丹田的位置只是大略區域，根據每個人的感受不同而有不同，更有的道書說人身處處是丹田。從這層意義上說，"丹田"應該是一種功能狀態下體驗出來的東西，其位置並不拘泥於形態學上的身體特徵，可能近似於身體的某些特定區域，但不僅僅是身體區域。

"氣沉丹田"的"氣"，養生家一般認爲是指"真氣"，是一種修煉狀態體會出來的氣感，而不是呼出來、吸進去的空氣。

中醫學和道家養生學說都認爲人的呼吸越綿長越好，如果簡單地呼哧呼哧吸進去、吐出來，顯得很膚淺，不太符合養生學的原則。中醫認爲"肺爲氣之主，腎爲氣之根"，人除了要吸進自然界的清氣、排出體內濁氣以外，還要有保持清氣的能力，像蓄水池一樣，有一定的儲備能力，這就需要腎的納氣功能來完成。中醫學所謂的腎臟，最大的功能特點就是"封藏"，到腎臟這裏的東西都是人身的根本和精華，腎臟把它們封起來、藏起來，保管好。氣也是這樣，清氣這樣的好東西也需要沉到丹田去，丹田所在的部位也正好和腎所在的部位相當，實際上氣沉丹田也是更好地發揮、應用和鍛煉腎主納氣的功能。如果氣沉不到丹田，很淺地轉一圈就呼出去了，或者呼出的多，吸進的少，人就會總感覺氣不夠用，精氣神都會受到影響，往往也提示健康狀況不是很好。

 | 515

"小周天"是怎麼回事？

"小周天"是在內丹修煉中常用到的一個術語，說的是內氣在人體經脈中緩緩運行的路線及完成這個運行後達到的功能狀態。人體的任脈走行在人體前正中線，督脈走行在人體後正中線，這兩條經脈形成了一個環。內氣從下丹田開始沿著任脈往下走，過下陰部，轉而沿督脈上行，達到腦部再轉而下行去接通任脈，內氣循行一周就是一個"小周天"。因為任督二脈所構成的這個環有兩處是斷開的：一個口腔處，一個是會陰處，所以內丹修煉中說"舌抵上齶自生津"，舌頭要頂住上齶才能接通督脈，而內氣經過會陰處時要閉氣提肛，不能漏氣。

不過內丹學主要在道教中流傳，所以它不同於中醫學，不屬於公開的知識，很多東西秘而不宣，用的術語很隱秘，而且有些關鍵的地方需要老師開小灶，口耳相授。道教常常把內氣沿小周天運行的過程看做是追求成仙的天路歷程，想像成登昆侖山求仙，用圖畫的形式來表現內氣運行的過程。

516

"金針度人" 是指中醫扎針嗎？

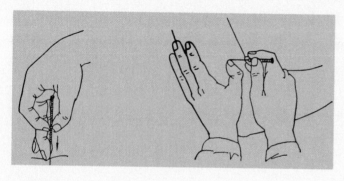

扎針

"金針" 的含義是寶貝的針，神奇的針。關於金針度人的傳說中，這個 "金針" 是織女送給虔誠的紡織女工的禮物，這個織工自從得到了 "金針"，紡織技藝得到了神奇的提高。中國傳統文化裏除了做針線活兒、刺繡用針，還有中醫也用針，中醫把這種治療方法叫針法，針法和灸法合在一起就是針灸。

針法是中醫治療疾病的手段，是把毫針刺入一定的穴位，並可以運用撚轉、提插、彈撥等針刺手法，從而發揮治療保健的功效。《黃帝內經·靈樞》主要講針灸，其中有一篇《九針十二原》提到的針具有9種之多，分別是鑱（chán）針、員針、提針、鋒針、鈹（pí）針、員利針、毫針、長針、大針，每種各有其形狀、長短、用處。現在用於針灸治療的針具仍然有很多種，如三棱針、梅花針、七星針等。其中具有代表性、常規使用的是毫針，一般用不銹鋼製成，歷史上也出現過用金、銀製作的針，不過比較少用，毫針之所以也稱爲 "銀針"，大概是形容它的色澤銀光閃閃，很精緻漂亮。

在針法治療時，先要選擇針具，那些針尖受損、針身彎曲或生銹、污染的毫針都不能使用。進針部位也要按照辨證論治的思想來選擇，被選的穴位常常被稱爲針灸處方。辨證處方後，就可以進行針刺了，根據穴位和治療目標的不同，進針的角度、深淺、快慢等也有所不同。毫針刺入之後，如果辨證準確、認穴準確、手法正確，患者往往有或酸、或麻、或脹之類的感覺，有時也會出現熱、涼、癢、痛、抽搐、蟻行等感覺，這種針感反應還會沿著一定的路線放射傳遞，都屬於正常針感，稱爲"得氣"。"得氣"時，醫生也能體會到手上的針傳來沉緊、澀滯或針體顫動等感覺。

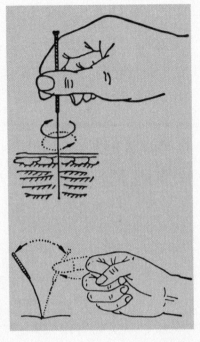

扎針

爲了達到針刺的治療效果，醫生扎針時通常會用到一些特定的手法，基本的手法是提插法、撚轉法。提插法是針刺入一定深度後，上提下插，針上下提插的幅度不宜過大，一般以3～5分鐘爲宜，頻率也不宜過快，每分鐘60次左右就可以了。撚轉法是刺入一定深度後，向前向後撚轉操作，撚轉的時候不要單向撚針，單向撚容易使針身被肌纖維等纏繞，造成疼痛或滯針，撚轉的角度一般也控制在180°～360°之間。還有一些手法是刺激得氣或加強氣感的，比如循法，是用手指順著經脈循行路線，在針刺穴位的附近部位輕柔地按揉；彈法是用手指輕彈針尾或針柄，使針體微微振動，可加強針感；刮法是先抵住針尾，用拇指、食指或中指的指甲，頻頻刮動針柄，以增強針感；搖法是手持針柄，輕輕搖動毫針。

針法治療時常常需要把針留置一段時間，留針也有講究，一種是得氣後自然地留置，不再運針，過一段時間後出針；一種被稱爲動留針，留針時反覆運針，留針時間一般是10～20分鐘。

治療結束，札入身體的毫針還得取出來，這在中醫學叫出針、起針或退針。依治療的不同要求，可以很快取出，叫"疾出"，緩緩起出，叫"徐出"；還有疾按針孔或搖大針孔等出針方法。出針後一般都用消毒棉球輕壓針孔片刻。出針後，要查看針孔是否出血，詢問針刺部位有無不適，檢查核對針數以防遺忘，還應注意有無暈針延遲反應徵象。

總之，針法治療是一門專門的技術，需要經過正規的訓練才能正確操作，在針法治療過程中要注意觀察患者的表現，完善保暖等防護措施，並懂得對暈針、斷針、彎針、滯針等突發情況的處理。

| 517

怎麼做艾灸？

今天我們對針灸這個詞並不陌生，其實這個詞包括了兩種治療方法：針法和灸法。其中灸法，主要是艾灸。用艾作爲灸法的材料在春秋戰國時代就已經開始了，《孟子》裏提到"猶七年之病，求三年之艾也"，《莊子》裏提到"無病自灸"，可以看出艾灸是一種醫療方法。

自己做艾灸，需要把握幾個要點：第一是選擇合適的穴位和施灸順序，而且選的都是一些重要的保健穴，比如足三裏、三陰交等，順序要先上後下、先背後腹、先頭項後四肢、先灸陽經後灸陰經。第二個是要控制刺激強度，通常的做法是在所選的穴區反覆上下左右移動，保證火力均勻而且不中斷。灸法中常用的是懸灸和隔物灸，隔物灸中常用的有隔薑灸、隔蒜灸、隔鹽灸。懸灸就是把艾條的一端點著，在所選穴位或部位燻灼，離體表有一定距離，所用艾條如果純是艾絨卷成的叫清艾條，如果艾絨中混有特定的藥物叫藥艾條；隔薑灸是把生薑片放在所選穴位或部位，薑片上放艾絨柱，然後點燃艾柱就可以了；隔蒜灸用的間隔物是蒜片，隔鹽灸用的間隔物是食鹽，幾種隔物灸法也需要注意防止燙傷。

艾灸屬於溫熱療法，在北方、寒冷季節較適合，對寒性病證、偏寒體質的人較適

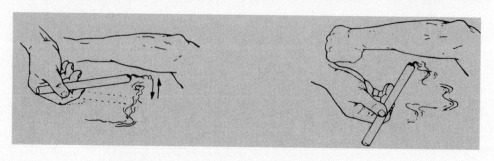

艾灸

合，紅、腫、熱、痛的實熱之證慎用艾灸法。

 | 518

爲什麼選在“三伏天”、“三九天”來做貼敷？

貼敷療法屬於中醫的外治法，不用內服藥物，而靠把中藥製成特定劑型外用於體表特定部位或穴位，從而發揮其調治作用。今天讓貼敷法盛名遠播的是“冬病夏治”和“夏病冬治”，所謂“冬病”即冬天容易患或容易復發的病，“夏病”即夏天易患或易復發的病。一般認爲，“入伏”的第一天、“進九”的第一天的貼敷效果好，“三伏”中每一伏的第一天、“三九”中每一九的第一天都貼敷。“冬病”則夏天貼，即“三伏”貼敷，“夏病”則冬天貼，即“三九”貼敷。

中醫認爲，隨著天地之間陽氣的閉藏，人體在冬天的時候陽氣不足，那些冬天容易反覆發病的常見病，往往因爲陽氣的不足，加之感受外邪或引發宿邪而發病。中醫學又有很強的“治未病”思想，認爲“渴而穿井”是不明智的做法，所以就主張借夏季時天地間陽氣充盈的勢頭，利用人體陽氣相對充沛活躍的時機，通過適當地內服或外用一些方藥來調整人體的陰陽，從而改善體質狀況，乘勢祛除體內宿存的邪氣，達到治療宿疾的目的。反之亦然。

但是冬病夏治和夏病冬治的貼敷療法不是包治百病，那些急性的、感染性的疾病、處於疾病進展過程中的疾病就不太適合，皮膚容易過敏者也要謹慎使用。貼敷期間宜清淡飲食，勿食肥甘、油膩、刺激性食物，還要規律生活，調理情緒。一般認爲冬病夏治或夏病冬治的貼敷方法需堅持二三年，效果會更好。

 | 519

推拿和按摩有區別嗎？

推拿早期的名字叫按蹺(qiāo)、案杌，按照《黃帝內經・素問・異法方宜論》王冰的注釋“按，謂抑按皮肉；蹺，謂捷舉手足”，即按的意思是推、按、撥、拿肌肉皮膚；奔的意思是引導肢體做被動活動。"推拿"一詞專門用來指代此類治療、養生保健方法大約在明代才開始廣泛使用，並出現一些以"推拿"冠名的專著，小兒推拿也在這段時期逐漸獨立成為專門學問。而按摩一詞出現得相對較早，比如《黃帝內經》中說："形數驚恐，經絡不通，病生於不仁，治之以按摩、醪藥。"隋唐時期還有專門的按摩博士在太醫院供職，按摩成為專科。究其實質，今天話語裏的推拿和按摩基本指的是一回事，相對而言，醫生的專業操作更習慣用推拿來指稱，居家自己操作更習慣稱作按摩。

推、拿、按、摩都屬於此類治療保健技術的手法。推法是用指或掌等部分著力於被按摩的部位上，進行單方向的直線推動，動作要領是吸定皮膚，用力要穩，推進緩慢而均勻，不要硬用壓力，也不能搓揉皮膚。拿法是用單手或雙手的拇指與食、中兩指，或拇指與其他四指指面著力，相對用力，在一定的穴位或部位上進行有節律的提拿揉捏，操作時肩臂放鬆，手腕和掌指關節靈活活動，力量要深透。按法是用指、掌、肘或肢體的其他部分著力，用力按壓在被按摩的部位或穴位上，停留一段時間，力量先由輕到重，再由重到輕地緩緩放鬆，如果是用拇指點按，就是所謂的點穴法，病人會有痠、脹、熱、麻等感覺。按法操作時著力部位要緊貼體表不移動，用力方向與體表垂直，要力透達到組織深部。摩法是用食指、中指、環指指面或手掌面附著於被按摩的部位上，腕部連同前臂，作緩和而有節奏的環形撫摩活動，這是一種常用的保健法，比如說摩腹。但在成套的推拿按摩操作中常常會結合其他手法一起用。

520

如何拔罐？

拔罐是中醫常用的一種治療手段，常以杯、罐作工具，通過借熱力等方法，排去罐中的空氣產生負壓，使罐在一定時間內持續吸著於皮膚。早期的時候拔罐和切開創口排膿常聯繫在一起，是一種吸膿的方法，慢慢地人們根據經絡腧穴理論，覺察到選擇人體一定的經絡、腧穴或特殊部位拔罐，不但可以調治疾病，還有保健功效。

拔罐所用的罐，古代有陶瓷、獸角、竹筒等，現在常用的有竹筒罐、陶瓷罐、玻璃罐，還有新型的抽氣罐等。爲了使罐內產生負壓，常用的方法有火罐法、水罐法、抽氣法。其中火罐法又有好幾種方法，投火法是往罐裏投一個燃燒的紙卷或紙條，然後將火罐迅速扣在選定的部位上，投火時要等燃燒物燒得較小時再投，這樣紙卷或紙條就能斜立在罐的一邊，火焰不會燒傷皮膚。閃火法是經過專門訓練的醫生常用的方法，用酒精棒稍蘸95％酒精，點燃酒精棒，將帶有火焰的一頭往罐

拔罐用的罐

底一閃，迅速撤出，馬上將火罐扣在應拔的地方。還有一種方法是在罐子內壁中部滴1～2滴酒精，轉動罐，使酒精均勻地附著於罐的內壁上，然後將酒精點燃，迅速將罐子拔住，這個叫滴酒法，要注意別滴太多酒精，以免燃燒的酒精順著罐壁流到皮膚上而燒傷皮膚，也不要讓酒精沾到瓶口。操作起來相對簡單安全的是架火法，先在拔罐部位放一個不易燃燒及傳熱的塊狀物，再在這個東西上放小塊酒精棉球，點燃棉球，把罐子扣上。水罐法是先將竹罐放在鍋內加水煮，用的時候將罐子傾倒用鑷子夾出，甩去水液，趁熱按在皮膚上。抽氣法用的是特殊的罐，將罐裏的空氣抽出就可以吸住了。

拔罐時依據情況可以選擇只用一個罐，或者用好幾個罐。拔罐後常常讓罐在皮膚上留一定的時間，一般留置5～15分鐘，以不讓皮膚破損爲宜；還可以閃罐，就是把罐拔上後立即取下，反覆吸拔多次，至皮膚發紅；還可以走罐，罐口一般先塗了一些潤滑油，將罐吸上，手握罐底稍傾斜，慢慢向前推動，在皮膚表面上下或左右來回推拉移動數次，至皮膚潮紅爲止。

拔罐和針刺法相結合稱爲針罐，先扎針，得氣後不起針，再拔上火罐，針位於罐中中心。拔罐還可以和三棱針刺血療法相結合，稱爲刺血拔罐法，先用三棱針刺破小血管，然後拔以火罐，可以加強刺血法的效果。

521

什麼是刮痧？自己操作時要注意些什麼？

刮痧用的砭石

刮痧療法可以追溯到舊石器時代，那個時候的人們就知道用手、砭石等撫摸、捶擊或刮拭身體某些部位來治療病痛，這些活動被看做今天的推拿按摩、刮痧、針刺療法的起源之一。今天的刮痧已經比較規範化了，一般是用牛角、玉石做成的刮痧板或者是用火罐等器具在皮膚的相關部位刮拭，通常刮痧會使被刮皮膚上出現紅、紫、黑斑或黑泡，皮下會有像細沙一樣的點狀出血，這叫出痧，屬於正常反應，通過痧點可以發散邪氣，刮痧的刺激又可以鼓舞正氣，疏通經絡，活血化瘀。

刮痧有幾個要素，第一是刮痧用具，現在一般用刮痧板，古代還用過錢幣、梳子、瓷杯的杯蓋等器物，刮痧時為了保護皮膚需要先塗抹刮痧油，或者用刮痧板蘸刮痧油。第二是刮痧部位，其選擇要考慮病情、個人體質、季節氣候、所在環境等因素，選擇的理論基礎是經絡理論中關於十二皮部的論述，這個理論認為人體體表的所有皮膚分屬於五臟六腑系統。第三個是刮痧的手法，刮痧手法有十幾種，其中最常用的是手拿刮板，刮拭方向一般選擇從頸到背、腹，從上肢再到下肢，從上向下刮拭，胸部從內向外；刮板與刮拭方向一般保持在45°～90°。第四個是刮痧程度的把握，一般每個部位刮3～5分鐘，對於一些不出痧或出痧少的患者，不可強求出痧，以患者感到舒服為原則；一般是第一次刮完等痧退後再進行第二次刮治。

刮痧還有一些注意事項，比如刮痧板一定要消毒，如果病人一刮就暈厥過去，屬於暈刮，要注意病人的保溫，及時有效地處理。刮痧還有一些禁忌，比如孕婦的腰骶部、皮膚容易過敏者、有出血傾向者、重症病人等，都不能刮痧。

足夠苦的才是良藥嗎？

在我們的傳統文化中，很早就認識到了"良藥苦口"，比如在《韓非子》中就提到過這一說法，在《史記‧留侯世家》中提到"毒藥苦口利於病"，在《孔子家語》中也提到"良藥苦口利於病"，其中"毒藥"是個同義複詞，毒就是藥，藥就是毒，所謂毒藥就是治病用的藥物。不管怎麼表述，都傳遞了一個大略相同的認識：好的藥多數味道比較苦，但是對治療疾病卻有好處。那麼，是不是療效好的藥都味道很苦呢？是不是味道苦的藥通常療效比較好呢？要回答這個問題，就需要瞭解一點中藥學的基本常識。

首先，藥苦不苦和劑型有一定關係。不可否認，傳統的中藥湯劑，就是用藥罐子熬出來的中藥湯水，味道確實不怎麼樣，不等入口就能聞到很重的中藥味兒。湯藥的好處在於可以發揮渾厚的藥力，容易吸收，見效快。除了比較難喝的湯藥，中醫學中還有幾種相對"可口"一些的劑型，比如丸劑，現在很多的中成藥都做成藥丸，藥丸吸收起來較慢，藥力持久，服用、保存起來也比較方便；還有散劑，是把藥物研磨成細末，服藥的時候用溫水、米湯或者酒送下去；還有膏劑，是把藥物反覆煎，用文火濃縮成膏狀，通常還會加入蜂蜜或者紅糖矯味，比如龜苓膏就屬於膏劑。製成丸、散、膏等劑型的藥雖然還是有一些中藥味兒，卻並不是那麼"苦口"了，甚至有一些膏劑還是很可口的。

其次，中藥也不全都是苦味的。實際上，中藥是酸、苦、甘、辛、鹹五味都有，醫生治療疾病時會根據治療目標而選擇不同味道的藥物。傳統中藥理論認為酸味的藥物大多能收澀；甜味的藥物大多能滋補；鹹味的藥物大多能軟化腫塊；辛味的藥物大多發散，能促進氣血的運行；而苦味的藥物能清火。所以，苦味藥只是一部分中藥的味道，有些中藥是不苦的，比如枸杞、百合等還有點甜味兒呢。

最後，是不是"良藥"也不是單憑味道夠不夠苦來判斷的。一種中藥能不能稱得上"良藥"與很多因素有關，比如說與產地有關，與生產技術和炮製工藝有關，在這方面中醫提出了"道地藥材"的概念，所謂的"道地藥材"就是指那些產地適宜、品種優良、產量高、炮製考究、療效突出、帶有地域性特點的藥材。是不是"良藥"還要看藥和病是不是相符合，藥不對症，即使是珍貴的野山參、冬蟲夏草也算不得這個病症的"良藥"；藥症相合，即使是田間地頭找來的馬齒莧、蒲公英也是治病的"良藥"。

 | 523

小偏方眞的管用嗎？

　　用湯藥治病是中醫學的看家本領，中醫開具的處方一般包括藥物名、藥物的劑量、藥物的用法、服藥時間長短及服藥方法等內容。千百年來中醫總結了很多有效的方子，比如被稱爲"醫聖"的張仲景寫過《傷寒論》和《金匱要略》，其中的方子被稱爲"經方"，意思是說這些方子是經典的，是後世所用方子的老祖宗。

　　與"經方"相對的是"時方"，指漢代張仲景以後的醫家所創製的方，其中又以唐宋時期創製使用的方爲主。

　　而"偏方"則是指藥味不多，對某些病症具有獨特療效的方子，這類方往往在民間流傳，特點是簡單、價格便宜、效果比較好。但是偏方也有它的弱勢，老百姓使用時往往是"對症抓藥"，沒有辨症論治過程，方子是否切合病情在兩可之間，有時候同一個偏方對甲患者管用，對乙患者就不一定好使，春天管用，冬天未必管用等等；偏方中有時候會用到冷僻的藥物，要找到它不容易，甚至用到有毒之品，用藥安全也需愼重考慮。所以，對待偏方要持理性的態度，千萬不要犯"病急亂抓藥"的錯誤，最好找中醫醫生諮詢，在醫生的指導下使用。

 | 524

藥膳適合哪些人？

　　藥膳，顧名思義，就是指藥材與食材配伍製作而成的膳食，是兼具藥材功效和美食口味的特殊食物。今天人們已經知道很多藥物均可以做藥膳，比如冬蟲夏草、人參、當歸、天麻、杜仲、枸杞子等。而有一些藥物則本來就是藥食兩用的，比如百合、蓮子、大蒜、生薑、大棗等。中醫學認爲藥食同源，比如專門研究治病藥物的本草著作也有涉及飲食問題，如唐代的《食療本草》，講的內容是食物治病，如用蕎麥、綠豆、菠菜等食物來調治疾病。再比如明太祖的第五個兒子朱橚編著的《救荒本草》，序文裏說，在鬧饑荒的時候可以按照書中所寫的去尋找食物，可以免得挨餓。

既然藥膳的製作使用了藥材，自然要遵循一些藥材使用的基本原則：首先，選藥製膳要辨症施膳，以平爲期，比如寒性體質，陽氣偏虛的人，可以適當選用溫補性質的藥材來製作藥膳。其次，要注意食材、藥材之間的配伍，在中藥學理論裏面有"十八反""十九畏"之說，在製作藥膳時同樣要遵循，其中十八反是：甘草反甘遂、大戟、海藻、芫花；烏頭反貝母、瓜蔞(lóu)、半夏、白蘞(liǎn)、白芨(jī)；藜蘆反人參、沙參、丹參、玄參、細辛、芍藥。十九畏是：硫黃畏樸硝，水銀畏砒霜，狼毒畏密陀僧，巴豆畏牽牛，丁香畏郁金，川烏、草烏畏犀角，牙硝畏三棱，官桂畏赤石脂，人參畏五靈脂。最後，製作藥膳也需考慮時令特徵，因時、因地、因人施膳，比如當歸生薑羊肉湯性屬溫補，比較適合在冬季食用，而在夏季則更適合食用蓮子粥。

 | 525

白娘子爲何喝了雄黃酒就現原形？

古人配製雄黃酒的方法是"研雄黃末，屑蒲根，和酒飲之，謂之雄黃酒"，即把雄黃研磨成細末，蒲黃根切成碎屑，調和到白酒或黃酒中，這樣製作而成的酒就是雄黃酒。雖然在雄黃酒的製備方法中說"和酒飲之"，似乎是要喝下肚去的，但是這種喝雄黃酒的做法卻值得商榷。

因爲雄黃是一種礦物藥，主要功效是解毒殺蟲，燥濕祛痰，截瘧。可以用來治療蟲蛇咬傷、瘧疾等。《日華子本草》中說辨別雄黃好壞眞僞的方法就是看看它能不能殺死蟲子，臭氣少而且有光澤的品質較好。需要特別注意的是：歷代醫籍中大都記載雄黃有毒，用法以外用爲多，本草書都說"內服愼用"。現代藥理學研究也證明雄黃這種礦物是一種砷硫化物，是有毒的，不能隨便服用。

那麼，爲什麼民間傳說中的白娘子還傻乎乎地喝這雄黃酒呢？這和民俗有關，我國南方地區的人們很早就認識到，端午節前後氣候濕熱，蟲蠍之類都出來活動，疫癘之氣容易流行，這個時候人們應該保護好自己，避免受到毒蟲、邪氣的傷害。因此端午節前後的許多民俗都寄託著這種養生保健願望，比如在《風俗通》中記載五月五日用青、赤、黃、白、黑等五彩絲線編成繩索拴在手臂上，稱爲"長命縷"或"續命縷"，說這樣做可以驅瘟病，除邪，止惡氣。雄黃酒也是端午節前後民俗養生的產物，民間用雄黃酒主要有兩個用法：一個是噴灑在住處的周圍、牆壁角落，用來殺蟲；一個是塗抹在耳朵、鼻子、額頭、手、足等處，尤其是小孩子。至於說飲用雄黃酒，一般只是象徵性地飲，酒中的雄黃含量很微小。而白娘子飲用的估計是濃度很高的雄黃酒，中毒失控現原形也就在所難免了。

526

蒙汗藥厲害還是麻沸散厲害？

今天我們一般認爲蒙汗藥和麻沸散的主要組成藥材都是曼陀羅，這種植物的毒理成分主要是東莨菪(làngdàng)鹼、莨菪鹼等，它所致的中毒早期症狀主要是口咽發乾、吞咽困難、聲嘶、脈快、瞳孔散大、皮膚乾燥潮紅、發熱等，如果吸收的藥量很大就會導致昏迷、呼吸淺慢、休克等危險症狀。

蒙汗藥的名氣大振完全跟《水滸傳》有關，《水滸傳》中開人肉包子店的孫二娘使用的招牌做案工具就是蒙汗藥。據小說記載，吃完蒙汗藥就會昏睡如死，吃得少的還有可能過一陣自然醒來，吃得多的都需用解藥解救。蒙汗藥倒人眞的這麼立竿見影嗎？一般認爲蒙汗藥名字中已經描寫了這種藥物中毒之後的症狀，"蒙"是昏蒙，大概就是意識不清醒，恍恍惚惚。孫二娘開的是黑店，幹殺人的勾當，自然下的是重藥，不過剛喝下肚就"倒也！倒也！"也不太合乎邏輯。喝下蒙汗藥，經胃腸吸收到出現症狀，一般是30分鐘左右以後的事情。這也給我們解蒙汗藥中毒提供一個方向：及時把蒙汗藥吐出來。

　　麻沸散是名醫華佗在做外科手術時使用的麻醉劑，據《後漢書·華佗傳》記載，華佗是"令先以酒服麻沸散"，他先讓手術病人喝下麻沸散，"既醉無所覺，因刳破腹背，抽割積聚"，等到病人醉得沒有知覺，再割開腹部開始手術，把裏面的腫塊割掉拿出來。看起來麻沸散的麻醉效果還不錯，對起效時間卻沒有神乎其神的描述。

　　可以說蒙汗藥和麻沸散實際上不相上下，畢竟它們的主要組成藥材是一樣的。

華品文創出版股份有限公司
Chinese Creation Publishing Co.,Ltd.

《中國人應知的國學常識1》

編　　著：中華書局編輯部

總 經 理：王承惠

總 編 輯：陳秋玲

財 務 長：江美慧

印務統籌：張傳財

美術設計：vision 視覺藝術工作室

出 版 者：華品文創出版股份有限公司

　　　　　地址：100台北市中正區重慶南路一段57號13樓之1

　　　　　讀者服務專線：(02)2331-7103　(02)2331-8030

　　　　　讀者服務傳真：(02)2331-6735

　　　　　E-mail：service.ccpc@msa.hinet.net

　　　　　部落格：http://blog.udn.com/CCPC

總 經 銷：大和書報圖書股份有限公司

　　　　　地址：台北縣新莊市五工五路2號

　　　　　電話：(02)8990-2588

　　　　　傳真：(02)2299-7900

印　　刷：卡樂彩色製版印刷有限公司

初版一刷：2010年9月

初版七刷：2014年5月

定價：平裝新台幣380元

ISBN：978-986-85927-7-3

行政院新聞局局版臺陸字第101311號

國家圖書館出版品預行編目資料

中國人應知的國學常識1/ 中華書局編輯部編. --
初版. -- 臺北市 ：華品文創, 2010.09
　　面 ； 　公分
ISBN 978-986-85927-7-3(平裝)

1.漢學 2.問題集

030.22　　　　　　　　　　　　　　99017723